O caráter nacional brasileiro

FUNDAÇÃO EDITORA DA UNESP

Presidente do Conselho Curador
Mário Sérgio Vasconcelos

Diretor-Presidente
Jézio Hernani Bomfim Gutierre

Superintendente Administrativo e Financeiro
William de Souza Agostinho

Conselho Editorial Acadêmico
Carlos Magno Castelo Branco Fortaleza
Henrique Nunes de Oliveira
João Francisco Galera Monico
João Luís Cardoso Tápias Ceccantini
José Leonardo do Nascimento
Lourenço Chacon Jurado Filho
Paula da Cruz Landim
Rogério Rosenfeld
Rosa Maria Feiteiro Cavalari

Editores-Adjuntos
Anderson Nobara
Leandro Rodrigues

Dante Moreira Leite

O caráter nacional brasileiro
História de uma ideologia

8ª edição revista

Série Dante Moreira Leite
Organizador
Rui Moreira Leite

© 2002 Editora UNESP

Direitos de publicação reservados à:

Fundação Editora da Unesp (FEU)
Praça da Sé, 108
01001-900 – São Paulo – SP
Tel.: (0xx11) 3242-7171
Fax: (0xx11) 3242-7172
www.editoraunesp.com.br
www.livrariaunesp.com.br
feu@editora.unesp.br

Dados Internacionais de Catalogação na Publicação (CIP)
Odilio Hilario Moreira Junior CRB-8/9949

L533c
Leite, Dante Moreira

O caráter nacional brasileiro: história de uma ideologia / Dante Moreira Leite; organizado por Rui Moreira Leite. – 8. ed. – São Paulo: Editora Unesp, 2017.

ISBN: 978-85-393-0680-0

1. Características nacionais brasileiras. 2. Psicologia social. 3 Caráter – Brasil. I. Leite, Rui Moreira. II. Título.

2017-231   CDD 155.8
                 CDU 159.922.4

Editora afiliada:

Obras de Dante Moreira Leite

Plano da série

Psicologia e literatura
O caráter nacional brasileiro
O amor romântico e outros temas
Psicologia diferencial e outros estudos
O desenvolvimento da criança

Desses cinco volumes, submetidos a uma revisão cuidadosa, *Psicologia e literatura*, *O caráter nacional brasileiro* e *O desenvolvimento da criança* são reeditados sem maiores alterações em relação às últimas edições, que já incorporavam correções do autor.

O amor romântico e outros temas, sob tantos aspectos um trabalho paralelo a *Psicologia e literatura*, tem outros textos dispersos incluídos em apêndice, relacionados ao ensaio *O caráter nacional brasileiro*.

Psicologia diferencial e outros estudos já fora reeditado sem alterações; nesta edição incorpora inéditos do autor, que compunham a primeira parte de sua *História da psicologia contemporânea* – Freud e as teorias dinâmicas, além do relato de dois experimentos já divulgados. Não será reeditada a antologia *Personalidade*, que não pôde ser revista pelo autor.

Esta edição das obras de Dante Moreira Leite procurou respeitar as exigências do autor e só incluiu os textos considerados concluídos, ainda quando inéditos.

UNIVERSIDADE DE SÃO PAULO
FACULDADE DE FILOSOFIA, CIÊNCIAS E LETRAS

BOLETIM N.º 230 PSICOLOGIA N.º 7

DANTE MOREIRA LEITE

CARÁTER NACIONAL BRASILEIRO

Descrição das características psicológicas do brasileiro
através de ideologias e estereótipos

SÃO PAULO — (BRASIL)
1954

Boletim da Faculdade de Filosofia, Ciências e Letras da Universidade de São Paulo, 1959, reproduzindo a tese de doutoramento de Dante Moreira Leite, defendida em 1954.

Existe é homem humano.
Guimarães Rosa

Sumário

Prefácio à segunda edição   15

1 As raízes do caráter nacional   17
O estranho e o conhecido 17; Etnocentrismo e autoritarismo 24; Nacionalismo 28; O racismo 36; Caráter nacional 39; Nacionalismo europeu e nacionalismo brasileiro 44.

2 Sistematização do conceito de caráter nacional e sua crítica   47
Teóricos do século XIX 47; Crítica da antropologia e da sociologia 51; Crítica da psicologia diferencial 53; Crítica da genética 54; A variabilidade psicológica das nações 55; A persistência das descrições 56.

3 Formulação de uma nova teoria do caráter nacional   61
Contribuição da antropologia 61; Contribuição da psicanálise 63; Kardiner e a personalidade básica 66; Erich Fromm e o caráter autoritário 69; David Riesman e a multidão solitária 76; Caráter nacional na Segunda Guerra Mundial 79; Caráter nacional e política 89.

4 Teoria e prática do caráter nacional 91
   Utilização de conceitos psicanalíticos 92; Estudo à distância 105; Análise do cinema e do teatro 106; Caráter cultural, personalidade modal e caráter social no estudo do caráter nacional 111; Sociedade e motivo de realização 116; Questionários de atitudes ou de opinião pública 120.

5 Caráter nacional: pressupostos e preconceito 129
   Cultura e personalidade 129; Cultura e personalidade: formação 147; Cultura nacional: os contatos com outras culturas 154; Cultura nacional: a diferenciação interna 156; Tradição e mudança 160; Caráter nacional, nacionalismo e racismo 165; A psicologia e os enigmas da história 167.

6 Método de análise das ideologias 173
   Teoria e ideologia 173; Análise quantitativa e análise intuitiva 188; As várias fases das ideologias do caráter nacional brasileiro 192.

7 Fase colonial: a descoberta da terra e o movimento nativista 195
   A carta de Pero Vaz de Caminha 195; Notícias, grandezas e histórias 197; A descrição na poesia: Bento Teixeira, Manuel B. de Oliveira e Manuel de Santa Maria Itaparica 205; A crítica social de Gregório de Matos 207; O nativismo do século XVIII 209.

8 Romantismo: a independência e a formação de uma imagem positiva do Brasil e dos brasileiros 215
   Características gerais do romantismo 215; A natureza e o homem 221; O indianismo 225; O idioma nacional 228; A luta pela abolição da escravatura 231.

9 Realismo e pessimismo 235
   Realismo e romantismo no Brasil 235; Sílvio Romero e o cientificismo do século XIX 237; Uma filosofia da história brasileira 245; Os traços do caráter nacional e sua origem 250; A ideologia do pessimismo 253.

10 A reação ingênua e patriótica   257
Patriotismo e moral 258; As raças formadoras 259; O caráter nacional 261.

11 Grandeza e miséria dos sertões   265
A literatura regionalista do século XIX 265; A originalidade de Euclides da Cunha 268; Uma filosofia da história brasileira 270; Significação da obra de Euclides da Cunha 277; A literatura regionalista no pré-modernismo 278.

12 As raças e os mitos   283
Nina Rodrigues e o racismo 283; Oliveira Viana: os grandes proprietários, os arianos e a plebe 290; Alfredo Ellis Júnior e a raça de gigantes 305; Artur Ramos e o inconsciente primitivo do brasileiro 312; Resíduos índios e negros 320; Uma história antissemita do Brasil 325.

13 Prenúncios de libertação   329
Manuel Bomfim: ensaio de afirmação das classes desprotegidas 329; Alberto Torres e a organização do país 336.

14 Luxúria, cobiça e tristeza   343
Paulo Prado e o modernismo 343; O Retrato do Brasil como história psicológica 346; A estrutura e a motivação social de Retrato do Brasil 350.

15 Em busca do tempo perdido   355
A fase inicial da carreira de Gilberto Freyre 355; A história da sociedade patriarcal no Brasil 358; Teoria e método de Gilberto Freyre 360; A interpretação da história do Brasil e do caráter nacional brasileiro 365; Características gerais da vida brasileira 369; Gilberto Freyre e o pensamento conservador 370.

16 Cordialidade e aventura   379
Sérgio Buarque de Holanda e o homem cordial 379; Fernando de Azevedo: bondade, reserva e desconfiança 388; Viana Moog e o sentimento de inferioridade diante dos Estados Unidos 395.

17 Uma filosofia brasileira   403
   As premissas do pensamento brasileiro 403; História, psicologia e pensamento 405; Cruz Costa e a renovação do pensamento brasileiro 407.

18 Superação das ideologias   411
   Período intermediário: a ruptura no pensamento ideológico 411; Caio Prado Júnior e uma nova interpretação da história brasileira 417; Análise sociológica da situação racial 420; Os estudos de comunidade 422; O nacionalismo a partir da década de 1950 423; A universalidade da literatura brasileira 426.

Sumário e conclusões   431

Índice onomástico   437

Bibliografia   447

Prefácio à segunda edição

A primeira edição deste livro foi redigida em 1954, apresentada como tese de doutoramento à Faculdade de Filosofia, Ciências e Letras da Universidade de São Paulo, e publicada como boletim da Cadeira de Psicologia daquela faculdade.

Para esta edição, o trabalho foi inteiramente reescrito, de forma que é realmente um outro livro: não só ampliei o campo de análise, mas também suprimi o relatório de uma pesquisa sobre estereótipos de alunos do curso secundário. Espero que, com essa nova redação, o estudo apresente maior unidade e possa auxiliar a compreensão de um problema que por tanto tempo ocupou os intelectuais brasileiros.

Como orientadora de minha tese de doutoramento, e pelo seu constante estímulo ao meu trabalho, o nome de Dra. Anita de Castilho e Marcondes Cabral deve continuar ligado a este livro. Quero lembrar também Dr. Eurípedes Simões de Paula, que, na época de meu doutoramento, era diretor da Faculdade de Filosofia, Ciências e Letras da Universidade de São Paulo e que, infatigavelmente, auxiliava os que então começavam a carreira universitária.

A Lourenço Filho, Roger Bastide, Paul Arbousse Bastide e Mário Wagner Vieira da Cunha – da banca de meu doutoramento – devo agradecer as sugestões que, na medida de minhas possibilidades, procurei aproveitar.

A João Cruz Costa, que foi meu professor de Filosofia, muito deve esta nova edição: o seu interesse pela primeira edição foi uma das mais fortes razões para que eu tentasse ampliar o estudo.

À minha mulher devo várias sugestões e o paciente trabalho de datilografia dos originais.

Araraquara, fevereiro de 1968

1
As raízes do caráter nacional

O estranho e o conhecido

Parece possível distinguir duas tendências fundamentais na reação ao grupo estranho: uma de admiração e aceitação, outra de desprezo e recusa.

Aparentemente, quase todos os seres humanos apresentam essas duas tendências fundamentais. A participação em nosso grupo provoca sentimentos de segurança e bem-estar, pois supomos entender que os que falam a nossa língua têm um passado em comum conosco, e também sabem o que esperar de nós. Mesmo quando nos desentendemos, sabemos por que isso ocorre, podemos esperar que nosso interlocutor acabe por nos entender e aceitar. E nisso talvez a linguagem desempenhe um papel fundamental, pois os homens geralmente são incapazes de utilizar perfeitamente mais de uma língua, e só naquela aprendida na infância somos capazes de exprimir todas as sutilezas do pensamento, todas as formas de ódio e amor. Além disso, o local em que nascemos e crescemos, a paisagem que conhecemos, tudo isso parece constituir um universo próximo e amigo, cujo reencontro é sempre uma alegria e uma consolação.

No outro extremo, o estrangeiro provoca a nossa desconfiança, às vezes o nosso medo. Nem sempre entendemos os seus gestos e certamente não compreendemos a sua língua. Ele não se veste como nós, a sua fisionomia pode ser diferente da nossa e não adora os nossos deuses. Entre os primitivos, o estrangeiro passava por uma complexa cerimônia, destinada a afastar os malefícios que trouxesse de seus demônios; ao voltar de uma viagem, as pessoas deveriam permanecer isoladas por algum tempo, até que delas se afastassem os demônios estranhos, acaso encontrados pelo caminho.

E, no entanto, sentimos que o contrário também é verdade. Frequentemente sonhamos com o país distante, a terra prometida onde possamos realizar nossos desejos. Sentimos que aqueles que mais nos conhecem são também capazes de ignorar o que de melhor trazemos conosco. E o provérbio "ninguém é profeta em sua terra" traduz precisamente essa ideia de que não podemos compreender integralmente quem está muito próximo de nós. As situações novas, além disso, são atraentes e provocantes: o novo ou desconhecido parece, pelo menos durante algum tempo, mais belo e mais atraente do que o velho; os nossos olhos parecem mais penetrantes ao observar a nova paisagem, ao admirar outras figuras humanas.

Basta enunciar ou descrever essas tendências aparentemente antagônicas para verificar que não estamos diante de situações simples ou unívocas. Ainda quando atraente, o estranho provoca uma reação de medo mais ou menos intensa; outras vezes, essa reação é de asco ou repugnância, mais ou menos frequente diante de alimentos exóticos. E Heider (1958, p.194) observa que o estranho provoca resistência estética ou intelectual, pois não corresponde às nossas expectativas.

De outro lado, na reação negativa ao estranho quase sempre é possível descobrir um aspecto positivo de curiosidade, geralmente oculto sob a reação negativa fundamental. Além disso, ao grupo estranho atribuem-se, além das características negativas, alguns traços sobre-humanos ou fantásticos: embora sofra preconceito, o estranho é muitas vezes descrito como possuidor de alguma força extraordinária, uma habilidade acima do comum. Se aceitamos a ideia freudiana da ambivalência fundamental dos sentimentos, isto é, o amor sempre contém um elemento de ódio, e vice-versa, essa observação não parecerá surpreendente. E no domínio das relações entre os sexos essa ambivalência da reação ao estranho se revela com toda a intensidade e dramaticidade. Na Alemanha, apesar do preconceito antissemita, eram numerosos os casamentos entre "arianos" e "judeus"; no sul dos Estados Unidos, apesar da legislação proibitiva, sempre houve uniões entre brancos e negros. É que talvez na relação entre os sexos se revele, mais profundamente do que em outras situações humanas, a nossa ambivalência fundamental diante do estranho e do conhecido. Se o primeiro desperta reações profundas de medo e desconfiança, possui também o fascínio de algo que se pode descobrir e conquistar; se o conhecido pode ser agradável e amistoso, contém, no seu limite extremo, um elemento de tédio e desinteresse.

Talvez não seja absurdo supor que essas tendências antagônicas – de rejeição ou admiração do estranho – podem ser notadas entre os animais. De um lado, verificamos que muitos animais – pássaros, mamíferos e peixes – costumam marcar o "seu" território e depois defendê-lo da invasão estranha. De outro, notamos que o animal, embora precise vencer ou superar temores, gosta de aventurar-se por territórios desconhecidos, investigar um ambiente novo ou estranho. Portanto, mesmo nos animais encontramos esse choque de tendências antagônicas, que é talvez a raiz mais profunda – ou biológica – das reações humanas correspondentes.

Mas se em todos os seres humanos encontramos as duas tendências, algumas pessoas apresentam uma acentuação quase exclusiva de uma delas. Num caso, denominado *xenofilia*, a pessoa terá tendência a desprezar o seu grupo e seus padrões, ao mesmo tempo que afirma a superioridade do grupo estranho. No segundo, denominado *xenofobia*, o seu sentimento será oposto, isto é, tenderá a rejeitar integralmente o grupo estranho e seus costumes.

Na verdade, em certos casos podemos ser levados a supor a existência de razões objetivas para uma tendência ou outra. É compreensível que o índio brasileiro, ao comparar seus instrumentos de trabalho com os utilizados pelos brancos, acabe por aceitar estes últimos. É compreensível, também, que um grupo com música pouco desenvolvida acabe por aceitar os elementos musicais do grupo estranho. E a cozinha brasileira apresenta exemplos magníficos de aceitação de padrões estranhos, pois são cada vez mais populares alguns pratos aqui introduzidos por italianos, sírios, alemães e norte-americanos. Essa aceitação de padrões estranhos permitiu a R. Linton escrever uma página antológica sobre estrangeiros na cultura norte-americana. Nesse trecho, Linton (1943, p.355-6) mostra que praticamente todos os objetos utilizados pelo norte-americano típico foram criados por outros povos: a cama, o pijama, o sapato, a camisa, a gravata, o café, o açúcar; os animais abatidos para sua alimentação, como o porco, a galinha, a vaca, foram domesticados por povos distantes. Ao fim da descrição, Linton supõe um cidadão conservador que, depois de utilizar todos esses objetos importados, leia notícias sobre dificuldades em países estrangeiros, e agradeça "a uma divindade hebraica, numa língua indo-europeia, o fato de ser cem por cento americano". E a ironia de Linton poderia ser levada um pouco mais longe, pois quando se fala em *civilização ocidental* frequentemente se pensa num conjunto de crenças, valores e objetos que, em grande parte, se não em sua maior parte, são de origem oriental.

Esse processo de aceitação de padrões estranhos é contínuo e parece ainda mais intenso e rápido no mundo contemporâneo. Observe-se, por exemplo, o que ocorreu com o supermercado americano, processo de venda que tende a universalizar-se; ou com certos padrões artísticos e certas técnicas de produção que rapidamente se difundem pelos mais diversos países dos vários continentes.

Nem sempre, no entanto, é o grupo menos capaz – em determinado terreno – o que adota os padrões de outro grupo. Estes últimos podem ser aceitos pelo seu exotismo, pelo fato de introduzirem uma nota diferente em padrões envelhecidos pelo uso. Nas influências estéticas, por exemplo, o aspecto fundamental parece ser o "cansaço" ou a saciedade das formas tradicionais; aparentemente, todo movimento artístico tem uma duração limitada, a partir da qual precisa renovar-se com elementos exóticos. E estes são quase sempre obtidos em grupos estranhos – às vezes de outra classe social, às vezes de outro povo. Para dar apenas um exemplo disso, pense-se na influência da pintura oriental sobre a europeia, em fins do século XIX (Read, 1959, p.23ss.). Nesse caso, parece evidente que a pintura europeia tinha uma história muito mais rica e complexa do que a oriental; apesar disso, o exotismo desta última representou um significativo elemento de renovação.

Hoje, tais reações e interações são vistas como resultantes de um mundo essencialmente cosmopolita, onde as distâncias se tornam cada vez menores, e onde o conhecimento do estranho e do diferente parece uma forma de ilustração pessoal e amadurecimento. Além disso, poder-se-ia sugerir que, num mundo em rápida transformação, o homem perdeu a possibilidade de realmente viver na sua terra natal, ou a esta retornar, pois a cidade em que nasceu se transforma a cada dia que passa, e todos sabemos que o amanhã não será igual ao ontem. Foi essa situação do mundo contemporâneo que permitiu a Max Weber dizer que o homem contemporâneo não pode saciar-se da vida, pois esta não se repete.

O cosmopolitismo, no entanto, não é invenção moderna, pois os gregos e romanos ricos desde cedo aprenderam a considerar as viagens como forma de ilustração pessoal. E os romanos – os grandes cosmopolitas da Antiguidade – aceitaram em seus costumes e sua religião os hábitos e os deuses dos povos conquistados por seus exércitos.

Sob outro aspecto, podemos notar que o desenvolvimento da civilização é mais nítido nos períodos de encontro ou fusão de povos diferentes, como se o pensamento humano fosse estimulado pela diversidade e pelo antagonismo de opiniões. Não deve ser apenas coincidência o fato de a ciência grega ter iniciado o seu período áureo de desenvolvimento nas ilhas jônicas, centro de comércio e navegação no século VI a. C., nem o fato de o grande desenvolvimento do período do Renascimento europeu acompanhar o maior conhecimento da Antiguidade clássica e de povos não europeus. No extremo oposto, parece verdade que os povos isolados – dos quais a China constitui até o século XIX um exemplo bem nítido – tendem a estabilizar seus conhecimentos e seus costumes.

Nessa discussão, convém não esquecer que alguns contatos entre povos diferentes podem ser fatais para um deles, isto é, podem provocar sua destruição total ou parcial. Em todos os países americanos, encontramos, em maior ou menor proporção, grupos de índios que se arrastam melancolicamente nas margens de uma civilização que destruiu a cultura indígena. É que, nesse caso, o grupo tecnicamente mais evoluído procurou explorar o grupo menos adiantado, enquanto este não teve recursos para se defender. Mais ainda, a civilização branca introduziu, na vida indígena, alguns instrumentos que seriam fatais para o seu sistema de crenças e valores; por exemplo, a arma de fogo tende a destruir a significação da educação e da hierarquia indígena. Apesar disso, mesmo nesse caso extremo o grupo vencedor aceitou, em seus costumes, alguns dos padrões criados pelo grupo vencido, utilizando-os em sua adaptação ao novo ambiente geográfico.

Finalmente, deve-se admitir que ainda não existe uma explicação satisfatória para o fato de alguns indivíduos terem tendência quase exclusiva para a xenofilia, enquanto outros tendem para a xenofobia. O que se pode dizer, com razoável segurança, é que apenas estes últimos apresentam problemas para a vida dos grupos. De fato, a xenofilia pode criar agudos desajustamentos para o indivíduo: se rejeita seu grupo e não pode viver em outro, torna-se infeliz e desadaptado. Mas como, apesar disso, pertence ao seu grupo, para este não apresenta uma situação dramática: em alguns casos, será ridicularizado; em outros, poderá contribuir para uma saudável renovação dos padrões existentes. Uma exceção a isso poderia ser encontrada nos indivíduos que desenvolvem preconceito contra o seu grupo; este seria o caso de judeus e negros que não só se recusam a participar do grupo a que pertencem, mas também procuram atacá-lo e destruí-lo. Neste caso, dir-se-ia que o agredido se identifica com o agressor e, por um processo quase patológico, passa a negar suas características reais e a julgar que efetivamente pertence ao grupo estranho. A rigor, não se trata aqui de um caso de xenofilia, mas de xenofobia, pois o indivíduo julga pertencer ao grupo estranho.

A xenofobia, ao contrário do que ocorre com a xenofilia, pode canalizar sentimentos de hostilidade contra o grupo estranho e, ao fazê-lo, provocar a acentuação do preconceito e o aparecimento de conflitos mais ou menos violentos. Os exemplos são de todos os dias. O branco que admira e estima os negros pode ser ridicularizado ou colocado no ostracismo pelos outros brancos; o brasileiro que procura imitar os franceses ou norte-americanos pode sofrer os mesmos tipos de sanção. Mas o branco que odeie os negros ou o brasileiro que odeie os franceses poderiam – em certas condições – liderar movimentos de preconceito ou destruição do grupo estranho.

Pelo que sabemos, a xenofobia não é sentimento mais profundo ou generalizado do que a xenofilia; ocorre que esta, como qualquer sentimento positivo ou de aceitação dos outros, não apresenta um problema para a vida social. A xenofobia, ao contrário, pode ser, e muitas vezes é, a causa imediata de conflitos entre grupos. Isso é suficiente para explicar que sociólogos e psicólogos tenham dado maior atenção às várias formas de xenofobia.

Etnocentrismo e autoritarismo

O conceito de etnocentrismo foi sistematizado por William Graham Summer (1965), que o define como o conceito que descreve o fato de o indivíduo considerar o seu grupo como o "centro de tudo", isto é, como critério de avaliação. Para Summer, o etnocentrismo leva as pessoas a exagerarem o que, nos seus costumes, distingue seu grupo de todos os outros. Como exemplo talvez extremo de etnocentrismo, Summer lembra o fato de vários povos se denominarem "os homens", "os seres humanos", e diz que, entre os civilizados, encontramos a mesma tendência, embora apresentada de maneira menos ingênua.

A seguir, ao conceito de etnocentrismo Summer liga os conceitos de patriotismo e chauvinismo. O primeiro corresponde ao sentimento comum nos Estados modernos e, segundo Summer, opõe-se à noção medieval de catolicidade, isto é, universalidade. O chauvinismo seria um grau exacerbado de patriotismo ou uma autoafirmação violenta do grupo. E aqui vale a pena discutir uma observação de Summer a respeito de patriotismo: para ele, as massas são mais propensas ao patriotismo, enquanto o cultivo intelectual e as viagens tornam os homens cosmopolitas. Contra essa observação, como se procurará sugerir mais adiante, existem os fatos históricos: o nacionalismo é movimento que nasce nas classes mais ilustradas, e só depois chega ao que Summer denomina "as massas". Além disso, em vários países os grupos dominantes impõem – pela educação e pelos vários meios de comunicação – o sentimento patriótico, o que evidentemente seria desnecessário se este fosse espontâneo nas massas populares.

Uma suposição semelhante à de Summer é apresentada por Max Weber (1964, v.I, p.315), para quem pode haver desprezo ou veneração pelo "diferente", mas a repulsa seria a reação "primária e fundamental". Aparentemente, Weber explica essa repulsa por um processo de aprendizagem, pois diz que não decorre de caracteres hereditários, mas de aspectos exteriores. Se Weber apenas de passagem se refere a esse problema, George P. Murdock (1951, v.V, p.613) vai um pouco mais longe, e procura uma explicação *funcional* para o etnocentrismo. Segundo Murdock haveria esta sequência: no seu processo de adaptação ao ambiente, o grupo cria certos padrões adequados para a satisfação de suas necessidades; quando se afasta de tais padrões, sente medo ou enfrenta um desastre. Por isso, o desvio com relação aos padrões é considerado errado ou criminoso. Finalmente, quando os membros de outro grupo não obedecem a esses mesmos padrões, são vistos como perversos ou imorais.

Vários fatos, todavia, impedem uma aceitação pura e simples das teorias de Summer, Weber e Murdock. Em primeiro lugar, o etnocentrismo, se fosse global, deveria conduzir à endogamia. No entanto, sabemos que a regra no grupo primitivo parece ser a exogamia – o que permitiu a Freud a análise clássica de *Totem e tabu*, onde procura explicar a origem da proibição do casamento entre pessoas do mesmo totem. Em segundo lugar, em vários encontros entre povos diferentes, notamos que um dos grupos tende a aceitar e a admirar o outro, em vez de combatê-lo ou tentar destruí-lo. Um exemplo disso foi apresentado pelos indígenas americanos, que quase sempre recebiam bem os europeus. Se isso não desmente a existência de conflito, nem o fato de que os europeus chegaram a pôr em dúvida a *humanidade* dos índios, mostra que a repulsa pelo grupo estranho não é sempre, nem necessariamente, a reação espontânea dos homens.

Finalmente, convém discutir a passagem, suposta por Summer, do etnocentrismo para o nacionalismo. Até certo ponto, poder-se-ia imaginar que durante a Idade Média e na Época Moderna houvesse apenas etnocentrismo entre os vários grupos regionais da Europa. Restaria explicar a transformação de etnocentrismo em nacionalismo, fenômeno característico do século XIX. Ora, essa explicação não é fácil. A ligação da pessoa com o "seu" ambiente não se estende a todo o país, e Hans Kohn (1949, p.19) tem razão ao demonstrar que esses dois sentimentos não são contínuos. Afinal, a ligação afetiva e espontânea da pessoa parece referir-se à sua cidade, à sua aldeia, aos locais em que viveu acontecimentos significativos com regiões muito distantes de nossa experiência pessoal, e isso explica que seja característico de períodos de educação popular e comunicação fácil e contínua entre várias regiões e vários grupos. Sob outro aspecto, é impossível pensar que o nacionalismo se ligue – pelo menos tão estritamente quanto o etnocentrismo primitivo – a padrões bem definidos de comportamento, pois as nações contemporâneas se caracterizam pela diferenciação em classes, e estas apresentam diferenças bem nítidas em tais padrões.

No nível psicológico, o conceito de autoritarismo é o equivalente ao conceito sociológico de etnocentrismo. Nos estudos sobre a personalidade autoritária – iniciados com os trabalhos de E. Fromm (1941) e Adorno et al. (1950) –, o foco de análise é não o grupo, mas o indivíduo. A personalidade autoritária caracteriza-se pelo julgamento negativo do grupo estranho; tende a atribuir a este todas as más qualidades, enquanto as boas são atribuídas ao próprio grupo. Poder-se ia dizer que a personalidade autoritária manifesta um etnocentrismo extremo, embora os grupos excluídos sejam, frequentemente, subgrupos da sociedade mais ampla, por exemplo, negros e judeus.

No estudo de Adorno, a personalidade autoritária opõe-se à personalidade democrática, e o desenvolvimento de um ou de outro tipo dependeria, segundo os criadores desses conceitos, de processos de educação, sobretudo das relações com os pais. Embora alguns críticos – por exemplo, Hyman & Sheatsley (1954) – tenham procurado mostrar que o autoritarismo depende do desenvolvimento intelectual, isto é, existiria elevada correlação entre autoritarismo e pouca educação escolar, o conceito parece bem estabelecido. Na verdade, a comprovação, provavelmente correta, de relação entre pouca educação escolar e autoritarismo não desmente a existência de tendências autoritárias em pessoas de nível intelectual relativamente elevado. Mas é fora de dúvida que a pessoa autoritária – no conceito de Adorno – será quase sempre menos inteligente e, portanto, menos informada que a democrática. Ou, sob outro aspecto, será mais sensível às técnicas de propaganda que difundem uma visão estereotipada de povos e raças. De outro lado, nos grupos economicamente desprotegidos, podemos encontrar formas agudas de preconceitos, exatamente porque tais grupos são os mais ameaçados pela presença ou concorrência de outros. As classes mais elevadas, ou mais seguras de sua posição, podem ter uma atitude paternalista, quando não de tolerância, em suas relações com grupos considerados inferiores ou piores.

Essas observações apresentam uma outra forma de discutir a afirmação de Summer, que, segundo já foi indicado, supunha que as "massas" fossem mais sensíveis ao etnocentrismo ou patriotismo. Como observação de fatos brutos, a afirmação de Summer é correta; seu erro está na explicação para o fato. Para Summer, o etnocentrismo seria uma reação natural ou espontânea, enquanto a atitude de aceitação de grupos estranhos seria consequência de educação. Como se verá agora, o patriotismo ou nacionalismo foi, ao contrário, imposto de cima para baixo, num movimento intelectual e político, e não decorreu de movimento popular ou espontâneo. Mais ainda, a constante propaganda nacionalista – que naturalmente se acentua em períodos de crise ou guerra – indica que esse sentimento é sustentado pela educação e pelos veículos de comunicação de massa. Se fosse verdadeira a suposição de Summer, essa propaganda seria desnecessária; mais ainda, seria difícil explicar como as simpatias e antipatias *nacionais* podem sofrer modificações tão bruscas. Na verdade, tais modificações são impostas por grupos de liderança política e são aceitas pela comunicação de massa – o jornal, o rádio, a televisão.

Isso pode ser esclarecido quando consideramos a evolução histórica do nacionalismo contemporâneo.

Nacionalismo

A maior dificuldade para uma explicação coerente do nacionalismo é o fato de apresentar formas e origens muito diversas, de acordo com a época e o país em que se manifesta. Pode-se dizer que o romantismo alemão foi nacionalista, embora tenha sido um movimento intelectual de pequeno ou pouco intenso colorido político. Nacionalista foi a Revolução Francesa, movimento político liberal; nacionalista foi também o nazismo alemão, movimento político autoritário.

Além disso, dificilmente encontramos objetividade ou neutralidade naqueles que estudam ou analisam os movimentos nacionalistas. Para alguns, o nacionalismo seria um movimento profunda e inevitavelmente irracional, erguido como obstáculo à aproximação e ao entendimento entre os homens. Para outros, haveria um nacionalismo saudável e um nacionalismo doentio e agressivo. E, de certo modo, todas essas opiniões são corretas, desde que possamos explicar os limites de sua validez.

De um ponto de vista rigorosamente lógico, o nacionalismo implica a exaltação das qualidades de um povo, o que leva inevitavelmente à comparação com outros, então considerados inferiores. É que o nacionalismo, entendido como força política, nunca pode ser apenas uma análise objetiva das características nacionais e, além disso, suporia sempre uma afirmação de poder e grandeza. De outro lado, nem todos os nacionalismos tiveram, na realidade, essa afirmação de poder, o que levou Max Weber (1964, v.I, p.326) a dizer que nesse caso não estamos diante do nacionalismo verdadeiro ou integral.

Se consideramos a tese de que há nacionalismos saudáveis e outros, doentios e destrutivos, não será difícil encontrar exemplos desses últimos – dentre os quais o mais notório seria o nazismo –, embora não fosse tão simples exemplificar nacionalismos saudáveis. Haveria, é verdade, o caso do nacionalismo dos países sul-americanos, frequentemente defensivo, isto é, desenvolvido como processo de simples afirmação nacional diante do imperialismo. Mas ainda aqui, esse nacionalismo saudável é apenas forma de oposição ao expansionismo de outros países, e este dificilmente poderia ser entendido como caminho para maior entendimento entre os povos. Saber se, no futuro, os homens encontrarão processos e instituições capazes de harmonizar os diferentes nacionalismos, sem destruir as peculiaridades nacionais, é outro problema, mas atualmente não temos recursos para responder a essa questão.

Em resumo, não dispomos de uma teoria unitária, capaz de explicar a origem e as características mais gerais do nacionalismo, embora tenhamos algumas histórias mais ou menos minuciosas desse movimento nos trabalhos de H. Kohn (1949) e F. Hertz (1950). O que a seguir se apresenta é uma descrição muito esquemática – e reconhecidamente incompleta – do nacionalismo europeu, por meio da qual seja possível localizar os dois conceitos básicos para este ensaio: o racismo e o caráter nacional.

O nacionalismo, tal como o conhecemos hoje, só apareceu nos fins do século XVIII, de certo modo acompanhando a Revolução Francesa de 1789. Na forma aí apresentada, o nacionalismo era um movimento tipicamente liberal e constituía uma ideologia política destinada a substituir a concepção do Estado organizado sob uma casa reinante. Na concepção revolucionária de 1789, o governo seria exercido por delegação do povo soberano, isto é, da nação. O caráter revolucionário no novo sentido de Estado não escapou aos contemporâneos e continuou a influir na vida política dos séculos XIX e XX.

A França apresentava o primeiro exemplo europeu do Estado-nação, isto é, um governo que decorria de uma escolha popular, e não de direito divino, exercido por uma família. Isso não significa que a Revolução de 1789 fosse um movimento nacionalista, pelo menos no sentido em que a palavra passou a ser entendida durante os séculos XIX e XX; nem significa que antes dessa época não houvesse indícios de nacionalismo.

Ocorre que, embora não fosse inicialmente um movimento nacionalista, a Revolução tinha uma dinâmica que acabaria por intensificar e, em outros casos, despertar os vários nacionalismos europeus. Inicialmente cercados pelos monarquistas europeus – que na Revolução viam ameaça à sua estabilidade –, os revolucionários franceses sentiam-se investidos da missão de libertar os outros povos. Na verdade, a França apresentava condições muito especiais, pois a sua unidade nacional tinha sido realizada sob o governo absoluto. Se comparamos a Alemanha à França, isso se torna muito claro: enquanto a primeira continuava dividida em vários Estados independentes, a França apresentava um governo central muito forte, que antes da Revolução reduzira ou eliminara os poderes dos senhores feudais. Essa diversidade, como se verá mais adiante, pode explicar a notável diferença entre o nacionalismo francês e o alemão.

De outro lado, é evidente que o nacionalismo não nasceu nos fins do século XVIII e início do XIX. Embora o problema não esteja bem analisado, nem seja muito fácil fazê-lo, parece claro que o nacionalismo português, por exemplo, apareceu muito antes dessa época. E não seria difícil mostrar em *Os lusíadas* (1572) expressões características do nacionalismo:

> Vereis amor da pátria, não movido
> De prêmio vil, mas alto e quase eterno;
> Que não é prêmio vil ser conhecido
> Por um pregão do ninho meu paterno.
> Ouvi: vereis o nome engrandecido
> Daqueles de quem sois senhor superno,
> E julgareis qual é mais excelente,
> Se ser do mundo Rei, se de tal gente.
> (Canto I, 10)

> Fazei, Senhor, que nunca os admirados
> Alemães, galos, ítalos e ingleses,
> Possam dizer que são para mandados,
> Mais para que mandar, os portugueses.
> (Canto X, 152)

Aí notamos dois traços bem característicos do sentimento nacionalista: a ligação com a terra e a comparação com outras nacionalidades. Mas, de outro lado, é evidente também que o nacionalismo não é aí o sentimento dominante que viria a ser no século XIX, pois a expansão da fé cristã – a sua universalização – parece o valor supremo da expansão portuguesa.

Afinal, por vias indiretas e aparentemente contrárias ao movimento inicial – isto é, através das guerras napoleônicas –, os exércitos franceses acabaram por levar o liberalismo e o nacionalismo aos outros povos europeus. O exército nacional francês, em luta com exércitos mercenários, demonstrou sua superioridade; mais ainda, o nacionalismo francês, em seu contato com outros países, nestes despertou sentimentos nacionalistas até então adormecidos. A derrota final de Napoleão e o Congresso de 1815 foram, apesar de tudo, episódios secundários: o plano da Restauração, liderado por Metternich, estava destinado ao fracasso, pois era apenas um anacronismo. Apesar de Metternich, apesar dos acordos entre as casas reinantes europeias, já era impossível deter a nova concepção do Estado, ou deter os movimentos nacionalistas de unificação da Itália e da Alemanha ou, finalmente, impedir a independência das colônias sul-americanas.

Essa fase do nacionalismo é, pelo menos superficialmente, um processo explicável. Quando se inicia a industrialização, e quando o comércio e a urbanização estabelecem novas necessidades para o sistema econômico, este precisaria eliminar o regime de privilégios da nobreza e do clero. O nacionalismo seria, assim, uma ideologia tipicamente burguesa, capaz de unir o povo para o estabelecimento do liberalismo econômico. Nessa perspectiva, seria compreensível que em alguns países – como a Itália e a Alemanha – ainda não unidos como um Estado-nação, e que ainda estavam num estágio pré-capitalista de economia, a ideologia nacionalista procurasse provocar a união nacional e, por meio desta, a união econômica. De outro lado, como nesses países a ideologia nacionalista antecede a formação do Estado nacional, os teóricos do nacionalismo precisam buscar as raízes históricas, e até míticas, de um *espírito nacional* que justifique e garanta a nação.

A comparação entre a Ilustração francesa e o romantismo alemão esclarece muito bem essa diferença no estágio de desenvolvimento do sentimento nacionalista. Os filósofos franceses do século XVIII são racionalistas e universalistas, isto é, parecem menos interessados pelas peculiaridades do francês do que pelas características universais do homem e suas perspectivas futuras. Os românticos alemães, ao contrário, serão os iniciadores dos conceitos modernos de *caráter nacional* ou *espírito nacional*. É que para os franceses a unidade nacional e o prestígio francês em toda a Europa eram indiscutíveis: o século XVIII foi um século francês. Os alemães, ao contrário, precisavam provar a existência da unidade alemã e, como não a encontravam no presente, precisavam justificá-la com a história. À falta desta, justificaram a nação pelo mito. Tanto isso é verdade que o pensamento nacionalista francês só apareceu nos fins do século XIX, depois da derrota diante da Prússia; nesse caso, os autores franceses precisavam provar que a Alsácia e a Lorena eram regiões francesas, e não alemãs.

De outro lado, embora esse esquema seja racionalmente satisfatório e pareça explicar o nacionalismo do século XIX, não nos permite uma compreensão adequada de suas peculiaridades ou de sua dinâmica. Na verdade, o nacionalismo foi muitas vezes reivindicatório, caracterizando-se como tentativa de independência nacional para grupos englobados em antigos Estados. Esse aspecto caracterizou, por exemplo, o nacionalismo húngaro, contra o domínio da Áustria, e o polonês, contra a Rússia. Em outros casos, ao contrário, os movimentos nacionalistas se caracterizaram por tendência expansionista, realizada à custa de outras nações. Esse expansionismo apresentou menos problemas quando se voltou para a África e a Ásia, onde não enfrentava nacionalismos já amadurecidos, mas foi catastrófico para as relações entre países europeus. A propósito, será suficiente lembrar o conflito pelo domínio da Alsácia e da Lorena, questão permanente entre a Alemanha e a França.

Tais situações de conflito, em que era difícil decidir a nacionalidade de um grupo, exigiram o estabelecimento de critério para a definição de nação. Como se sabe, historiadores e sociólogos chegaram a dois tipos de critérios: os objetivos e os subjetivos. Entre os primeiros, têm sido mencionados um território comum, a língua, a religião. Embora, para as minorias nacionais colocadas em outro Estado nacional, tais critérios sejam satisfatórios, em outros casos são pelo menos contraditórios. A língua comum não impediu que o Brasil se opusesse, nacionalisticamente, a Portugal, nem que as colônias sul-americanas se opusessem à Espanha; de outro lado, o fato de os suíços estarem divididos em três regiões linguísticas não impediu a sua intensa unidade nacional. O mesmo pode ser dito a propósito da religião: embora seja um critério para distinguir dois grupos nacionais em conflito, sobretudo quando vivem no mesmo território, não é critério nacional. O critério mais perturbador é, no entanto, o da existência de um território comum. Há o caso extremo do grupo judaico que, embora sem território comum, pode se unir em movimento nacionalista de que resultaria a organização do Estado de Israel. Em outros casos, pode-se observar que grupos de imigrantes e seus descendentes, embora sem possibilidade ou desejo de voltar ao território comum, continuam a cultuar os símbolos nacionais.

Essa relativa insuficiência dos critérios objetivos levou à formulação de critérios subjetivos, isto é, à escolha individual de nacionalidade. Em alguns casos concretos, esse critério chegou a ser utilizado em plebiscitos em que o grupo definia sua ligação ou preferência nacional. Ainda aqui, no entanto, verificam-se gradações no sentimento nacionalista. Se os irlandeses se opuseram ao domínio político da Inglaterra, isso não ocorreu com os escoceses, embora também estes se considerem uma nação diversa. Outro exemplo de nacionalismo que não se exprime em planos de autonomia política pode ser encontrado na União Soviética, onde várias nações se congregam sob o mesmo Estado.*

Essa aparente diversidade do nacionalismo não impediu que este se constituísse num dos processos mais significativos – e, às vezes, mais trágicos – da história dos séculos XIX e XX. Não seria descabido perguntar de onde o sentimento nacionalista retira tantas reservas de energia e ódio, capazes de justificar guerras e eliminação de pessoas. Ou, o que seria mais ou menos a mesma coisa, perguntar pela origem da aparente incompatibilidade entre alguns grupos nacionais.

Se propomos essas perguntas em nível de maior generalidade, vemos que são falsas ou, melhor, que o nacionalismo é apenas uma justificativa ideológica de grupos que, por outras

---

* O texto original, publicado em 1969, refere-se à antiga União Soviética. (N. E.)

razões, já estão em conflito. Em outras palavras, parece não existir nenhuma incompatibilidade entre indivíduos ou grupos de várias nações, mas, ao contrário, essa incompatibilidade resulta do fato de dois ou mais grupos lutarem por um objetivo que, pelo menos aparentemente, não pode ser compartilhado. Se quisermos analisar a questão em nível quase microscópico, podemos lembrar a rivalidade entre cidades próximas e que desejam os mesmos recursos ou o mesmo prestígio. Depois de algum tempo, os grupos em conflito acabam por criar uma imagem ideal de cada cidade, e nessa imagem acentuam ou criam diferenças que um observador imparcial pode ser incapaz de perceber. Outra característica importante desse tipo de conflito é o fato de não ocorrer entre cidades distantes ou muito diversas, mas apenas entre cidades próximas e, frequentemente, muito semelhantes. Está claro que, a partir do conflito, as possíveis diferenças, ainda que pequenas e secundárias, são acentuadas. Ora, nos conflitos entre nações observamos mais ou menos a mesma coisa. O nacionalismo alemão, no século XIX, é consequência direta das guerras napoleônicas; o nacionalismo contemporâneo, característico dos países subdesenvolvidos, é uma forma de conflito econômico.

Essas observações não desmentem um aspecto positivo do nacionalismo, que é sua expressão criadora, mas mesmo esta é ambígua. Quando se defendem algumas tradições nacionais, pensa-se que a influência estranha pode destruir certas formas características de um povo. Essa observação tem um fundo de verdade, pois a vida cultural – não a tecnológica – parece ser sempre resultante de um longo depuramento que acaba por encontrar expressão em formas quase definitivas para o espírito humano, e a grande obra de arte parece ser a expressão de uma forma peculiar de vida, e não do cosmopolitismo. Ou, para dizer de outro modo, o espírito humano parece incapaz de aprender uma condição geral do homem, a não ser na medida em que esta se exprime em formas particulares. No entanto, como já foi sugerido antes, o desenvolvimento dessas formas particulares depende do contato com outras culturas. E, como também já foi sugerido, só em casos muito específicos o contato entre povos diferentes é destrutivo; na maioria das vezes, o contato é uma forma de enriquecimento e progresso, enquanto o isolamento conduz à esterilidade das formas culturais.

O racismo

Embora em certos momentos possam reunir-se, racismo e nacionalismo são conceitos independentes, pois o primeiro apresenta – mesmo quando deformado ideologicamente – um conteúdo biológico, enquanto o segundo tem conteúdo histórico, cultural e político. De um ponto de vista rigorosamente nacional, isto é, que procure englobar toda a população, o conceito de raça é destrutivo, dadas as evidentes diferenças raciais existentes em todos os países. De forma que o racismo, antes de ser uma ideologia para justificar a conquista de outros povos, foi muitas vezes uma forma de justificar diferenças entre classes e castas.

Segundo Hans Kohn (1951, v.XIII, p.36-41), é em Aristóteles que devemos ver a primeira expressão de racismo para justificar diferenças entre classes: para Aristóteles, algumas raças estavam destinadas à escravidão, outras ao governo. E, para Kohn, embora com justificativas teoricamente menos elegantes, a mesma doutrina pode ser encontrada sempre que um grupo racial domine outro – tal como ocorria no sistema de castas da Índia.

Esse mesmo princípio pode ser observado na segunda metade do século XIX e início do século XX – período que foi a época áurea do racismo. Otto Klineberg (1966, p.7-8) lembra que Lapouge julgava ter encontrado diferenças entre os crânios retirados de um cemitério de classes mais elevadas e os obtidos no cemitério de classes inferiores. A partir dessas diferenças entre medidas dos crânios Lapouge distinguiu o *Homo europeus* e o *Homo alpino*: o primeiro seria o nórdico, destinado a dominar; o segundo seria destinado a trabalhar e a obedecer.

Mas é na figura central do racismo do século XIX – o conde de Gobineau (s. d.) – que se encontra mais nitidamente a identificação entre classe social e raça. Se acompanhamos E. Cassirer (1947, p.264-92), vemos que Gobineau pertencia à nobreza decadente da França e que seu livro era uma tentativa de demonstrar a superioridade de sua linhagem; mais ainda, seu último livro é a descrição de sua árvore genealógica, por meio da qual chega ao deus *Odin*. É fácil concluir com Cassirer que Gobineau revela traços de megalomania; mais difícil seria explicar o extraordinário êxito de sua obra principal. Gobineau pretende escrever uma filosofia da história a partir de características raciais: a raça superior é a ariana, da qual o ramo ilustre é o dos teutos – a que pertencia, naturalmente, a nobreza francesa –, enquanto os servos seriam da raça galo-romana. As suas verdades são facilmente provadas, pois quando não existem confirmações para suas hipóteses, Gobineau afirma que "não poderia ser de outra forma"; por isso, se a China teve um período de desenvolvimento da civilização, isso só pode ser explicado pela presença de um núcleo da raça branca, pois os amarelos são incapazes de criar civilização. Como suas outras demonstrações são do mesmo gênero, não podem explicar que Gobineau fosse prestigiado. O seu êxito deve ser procurado em outro aspecto: sua teoria é não apenas uma justificativa para a supremacia da nobreza, mas para o domínio do europeu sobre os países menos desenvolvidos. Esse foi o aspecto divulgado e aceito da teoria de Gobineau.

Uma outra face de sua teoria, todavia, deve ser recordada, ao menos como curiosidade. A rigor, Gobineau deseja explicar não tanto o desenvolvimento, mas a decadência da civilização. Para ele, essa decadência é um aspecto trágico, mas inevitável, da história, pois o aparecimento dos arianos, embora seja um acontecimento sem precedente na ordem cósmica, está marcado por uma fatalidade: o seu domínio supõe as raças inferiores dominadas e esse contato leva inevitavelmente à decadência da raça superior. Está claro que esse aspecto de Gobineau não foi o utilizado pelos racistas posteriores: para eles – isto é, Chamberlain, Woltmann, Ammon – foi suficiente guardar a ideia de características permanentes das raças. E a doutrina racista passaria posteriormente, com os nazistas, à ideia não de classes dominadoras e outras dominadas, mas de povos de senhores e povos escravos. Nesse momento, uma teoria de classes passaria para uma teoria de nações. Como se notará depois, nas ideologias brasileiras – sobretudo com Oliveira Viana –, a teoria racista voltou ao seu conteúdo primitivo, isto é, voltou a ser empregada como arma na luta de classes, pois também no Brasil a linha de classes tende a coincidir com a linha de raças.

Se desejarmos saber por que o racismo conseguiu tão grande prestígio nos fins do século XIX e na primeira metade do século XX, veremos que há duas razões para isso. Em primeiro lugar, era a fórmula preciosa para justificar o domínio branco sobre o resto do mundo: se as outras raças eram biologicamente inferiores, se eram incapazes de atingir os valores mais elevados da civilização, só poderiam sobreviver como as massas trabalhadoras submetidas aos brancos. Essa justificativa era mais sutil do que parece à primeira vista: por ela, o europeu não chegava a sentir conflito ideológico com seus ideais democráticos e liberais. Não fora ele, europeu, que intencionalmente estabelecera as diferenças entre as raças; ao contrário, estas eram determinadas pela natureza. Em segundo lugar, o racismo parecia justificado pela teoria evolucionista de Darwin, e também sob este aspecto se harmonizava com a vida intelectual europeia: se o homem resultara de uma longa evolução, na qual sobreviveram os mais capazes, as várias raças estariam em estágios diferentes de evolução, e as menos capazes deveriam ser destruídas pelas mais aptas. Também essa teoria aparecerá nos autores brasileiros, especialmente em Euclides da Cunha. Como se verá depois, o racismo foi teoricamente superado pela psicologia e pela sociologia; para os leigos, bastaria ver o desenvolvimento obtido nos últimos anos pelas raças consideradas inferiores para que as teorias racistas fossem afastadas. Mas a ideologia racista nunca foi uma verificação racional, nem uma tentativa de interpretar objetivamente a realidade; ao contrário, sempre teve o caráter de justificativa para as desigualdades entre classes e povos. Por isso, os argumentos puramente racionais parecem insatisfatórios para a sua destruição.

Caráter nacional

Embora seja possível imaginar antecedentes e precursores do conceito de caráter nacional, a sua forma atual decorre do romantismo alemão ou, mais precisamente, do pré-romantismo, do movimento conhecido como *Sturm und Drang*. E, entre os pré-românticos, o principal responsável pelo conceito de caráter nacional foi Herder. Mas se quisermos ter uma ideia da verdadeira inovação introduzida por ele, convém comparar, ainda que esquematicamente, as concepções históricas dos pré-românticos alemães a um autor típico da Ilustração. Aqui será escolhido Condorcet (*Esquisse d'un tableau historique des progrès de l'esprit humain*) [*Esboço de um quadro histórico dos progressos do espírito humano*], pois sob vários aspectos apresenta um sumário da concepção iluminista da história. Para Condorcet, como de modo geral para os iluministas, o princípio fundamental é a razão, igual em todos os homens. Desse princípio, deve decorrer a igualdade fundamental entre homens e nações, quanto a riqueza, instrução, liberdade. De forma que a história do espírito humano é concebida como o progressivo avanço para um conhecimento cada vez maior, cujo limite não pode ser estabelecido. De outro lado, se os indivíduos são fundamentalmente iguais, também as artificiais diferenças entre as nações devem ser eliminadas. Por isso mesmo, a história humana é concebida como linear, isto é, uma sequência quase contínua – e o quase é explicado pela interrupção medieval. De outro lado, as contribuições dos vários países são vistas como homogêneas, isto é, todas se integram no progresso do espírito humano. Por isso, Condorcet pôde traçar uma história que vai do momento em que os homens se organizam em tribos, passam para o pastoreio e a agricultura e, finalmente, descobrem o alfabeto; depois, o progresso continua na Grécia, passa por um período de decadência na Idade Média e volta a se afirmar no período das Cruzadas; a seguir, Condorcet traça o progresso obtido com a imprensa, com a liberdade diante da autoridade, e com a filosofia de Descartes, até atingir o período da Revolução Francesa. Escrevendo nesse momento, Condorcet antevê o progresso futuro do espírito humano e, com uma visão realmente genial, prediz alguns dos problemas – como os do aumento da população – que serão enfrentados pelos homens dos séculos seguintes.

No movimento do *Sturm und Drang* – que surge na Alemanha por volta de 1770 e cujos principais autores foram J. G. Herder, Mathias Claudius, H. W. Gerstenberg, M. Klinger, Lenz, Heinse, Moritz, Goethe e Schiller –, várias dessas teses serão refutadas (Cf. Cassirer, 1948, p.311-22; Meinecke, 1943, p.305-78; Carpeaux, 1964, p.56-68; Rosenfeld, 1965).

Nega-se, em primeiro lugar, a importância fundamental da razão, e, portanto, o sentimento e a intuição passam para o primeiro plano. Mais importante ainda, fraciona-se a unidade fundamental da humanidade, que passa a ser vista não apenas na sequência histórica – o que já era feito pelo Iluminismo –, mas nas suas peculiaridades regionais, nacionais e individuais.

Embora se costume lembrar que as realizações do *Sturm und Drang* estiveram muito abaixo de seus planos e programas, costuma-se lembrar, também, que o seu fermento continua a ser sentido até hoje em nossa vida intelectual: renovaram o gosto literário, por meio de uma volta às fontes populares da poesia e da acentuação do característico e particular; impuseram a importância do estudo evolutivo das línguas; à unidade clássica do homem opuseram a sua diversidade. Por isso se disse muitas vezes – erradamente, segundo Cassirer (1948) e Meinecke (1943) – que os românticos criaram o sentido do histórico. Mas é certo que criaram o conceito da peculiaridade histórica do povo e da nação, e é nesse sentido que interessam ao estudo do caráter nacional. E para esse conceito o mais importante dos pré-românticos é Herder.

Segundo Hans Kohn (1949, p.357ss.), seria preciso distinguir vários aspectos na conceituação de caráter nacional por Herder. O menos significativo é a repetição de algumas ideias feitas a respeito de povos e nações, em que se revelam os preconceitos correntes. Na linguagem contemporânea, aceitaria estereótipos a respeito, por exemplo, de alemães e franceses: os primeiros seriam mais profundos, os segundos, mais superficiais.

O segundo aspecto – e este muito mais significativo para a história futura do nacionalismo – é a ideia do desenvolvimento orgânico das nações. O espírito nacional se revela, e só pode revelar-se, em determinada língua; daí a valorização das canções populares como expressão ingênua e ainda jovem do espírito nacional. Esse princípio leva Herder a valorizar a originalidade de cada povo e, na verdade, a estimular o desenvolvimento de peculiaridades ou características específicas de cada um. Levado às suas últimas consequências – por exemplo, na teoria de Spengler –, esse princípio conduziria à ideia de que as culturas têm um ciclo quase vegetal e nada podemos fazer para impedir a sua decadência e morte, nem para conseguir uma efetiva comunicação entre as culturas.

Em Herder, no entanto, esse princípio de originalidade é valorizado sem que se tenha a ideia de sobrepor uma cultura a outra. Nesse sentido, Herder é um legítimo herdeiro da Ilustração, pois não defende o nacionalismo exclusivo que se manifestará nos fins do século XIX ou na primeira metade do século XX. Mas se comparamos Herder a Condorcet, a diferença entre o iluminista e o romântico já aparece com toda a nitidez: se Condorcet pensa no progresso do espírito humano, considerado globalmente, Herder supõe desenvolvimentos autônomos e heterogêneos das nações.

Essas teses de Herder, como de modo geral as inovações românticas, eram fundamentalmente ambíguas: de um lado, conduziam à valorização da arte e das tradições populares e, nesse sentido, representavam um enriquecimento da sensibilidade e da inteligência; de outro, conduziam também à valorização do passado e a uma fuga diante da vida moderna. Sob outro aspecto, poderiam conduzir à valorização da individualidade e da nacionalidade, o que era maneira de fugir à monotonia do racionalismo e do formalismo no pensamento e na arte, na medida em que o sentimento e a intuição pessoal encontrariam meios de expressão; no outro extremo, isso conduzia à incomunicabilidade interindividual e a uma separação entre culturas supostamente heterogêneas.

Se é verdade que as teses românticas encontraram enorme aceitação – a ponto de, para nós, quase se confundirem com todo o século XIX –, isso não significa que o pensamento iluminista, fundamentalmente clássico e racionalista, tivesse desaparecido. Por todo o século XIX, e até nossos dias, as duas tendências ora se opõem ora se fundem; de qualquer modo, raros são os que ignoram totalmente as teses românticas da originalidade individual e nacional.

Entre os que, pelo menos até certo ponto, conseguiram uma conciliação entre as duas tendências está Hegel, na sua *Filosofia da história*: para ele, a história humana tem unidade, mas ao mesmo tempo o *espírito* se manifesta de forma diversa nas várias nações, até que entre os alemães encontra sua forma de convergência. Romântico ao afirmar a diversidade das nações e dos povos, Hegel é racionalista ao reunir essa diversidade numa tendência única, isto é, voltada para um só objetivo.

De outro lado, se abstrairmos as suas tendências políticas, o positivismo nos parecerá uma continuação da filosofia do Iluminismo: o espírito humano passa pelas mesmas etapas, num processo universal de desenvolvimento que não depende de características nacionais.

Finalmente, o marxismo é uma das poucas tendências que ignoram totalmente o problema do nacionalismo. Para Marx – que nisso se ligava muito diretamente ao racionalismo e ao classicismo –, o nacionalismo era apenas um movimento irracionalista. Na sua aplicação prática, no entanto, o marxismo não pôde deixar de enfrentar as várias formas de nacionalismo, e os soviéticos voltaram, aparentemente, a algumas das teses de Herder, ao supor a necessidade de desenvolvimento de culturas nacionais, ainda quando sob uma organização estatal relativamente unitária. Disso decorreu a valorização das várias nacionalidades na União Soviética, onde as línguas e as tradições populares foram estimuladas, a ponto de se organizar a escrita para as línguas que ainda não a possuíam (Nestury, s. d., p.113-7).

Embora de maneira menos sistemática, a noção de caráter nacional invadiu a literatura, seja na crítica seja na atividade criadora. Na literatura alemã, é conhecida a atração pela Itália, sobretudo por Veneza, que afinal encontraria sua expressão mais dolorosa, e talvez mais bela, em *Morte em Veneza*, de Thomas Mann: é em Veneza que se fundem, no espírito da personagem, a angustiada aproximação da velhice, a intoxicação da beleza e do pecado, a sedução de um clima e de uma atmosfera. Mas, sob esse aspecto, essa novela não está isolada na obra de Thomas Mann. O leitor observa que em *A montanha mágica* as personagens representam não só posições ideológicas, mas também nacionalidades diferentes; finalmente, no *Dr. Fausto*, sua intenção parece ter sido a de apresentar um aspecto trágico do caráter alemão.

Nacionalismo europeu e nacionalismo brasileiro

A independência das colônias sul-americanas coincide com o nascimento do nacionalismo europeu. Na realidade, a ideologia que preside esse movimento de independência e o seu fortalecimento é nitidamente importada da Europa. Não admira, por isso, que os temas de nossa independência e de nosso nacionalismo sejam uma transposição, mais ou menos adequada e feliz, dos encontrados no nacionalismo europeu da época. Como se verá nos capítulos seguintes, a volta à tradição – pregada pelo nacionalismo europeu – aqui encontrará um símile na volta ao passado colonial, às vezes na celebração do indígena. A relação entre a natureza e o homem será apresentada ou suposta de várias maneiras. Em vários períodos de nossa história intelectual, vem à tona o tema de uma língua brasileira, a única na qual o brasileiro poderia exprimir-se e que, ao mesmo tempo, já seria expressão de nossas características mais autênticas. Se acompanharmos os escritores brasileiros do século XIX – sobretudo os políticos, os cronistas e os críticos –, veremos como aos poucos se construíram os símbolos ou mitos que justificam e explicam a nacionalidade; como Tiradentes aos poucos emergiu para a história e as comemorações patrióticas, como o 7 de Setembro acabou por constituir-se em data nacional, como os brasileiros chegaram a formar uma imagem nacionalista do Brasil. Nesse sentido, a formação do nacionalismo acompanha, em suas linhas gerais, a organização dos vários nacionalismos europeus. Embora esse aspecto só indiretamente interesse ao tema deste ensaio, lembre-se uma característica fundamental dessa formação do nacionalismo brasileiro: este, como os outros nacionalismos, parece exigir uma continuidade histórica e, mais que isso, um passado comum, que frequentemente se aproxima do mito – característica que aqui, como em outros países, é a atmosfera que cerca os heróis nacionais.

Sob outro aspecto, a vida intelectual brasileira repete, embora em tom menor, o conflito entre clássicos e românticos que dominou grande parte da literatura europeia. Entenda-se: na literatura brasileira, o conflito se deu entre o universalismo, que para nós quase sempre se confundiu com o europeu, e a expressão da vida nacional ou regional. Na Europa, o conflito referia-se à luta entre o clássico – fundamentalmente o grego – e o romântico ou nacional. Enquanto na Europa os românticos criticavam a imitação do grego, no Brasil criticava-se – e talvez ainda se critique – a imitação do europeu. Mas lá, como aqui, as ironias históricas nem sempre respeitam as intenções dos indivíduos criadores. Os imitadores dos antigos nem sempre conseguem esconder suas peculiaridades nacionais; os mais nacionalistas às vezes encontram ecos naqueles que, supostamente, não deveriam entendê-los. Herder foi um dos pais do nacionalismo eslavo. Nietzsche, por mais que bradasse contra a Alemanha, foi frequentemente erguido às alturas de herói nacional alemão. Goethe, espírito universal, para quem "pátria é onde me sinto feliz", é às vezes considerado tipicamente alemão. Spengler – que se considerava alemão e não acreditava na tradução real de cultura – foi traduzido e lido no mundo todo, comovendo e mistificando os jovens de duas gerações atrás.

Mas antes de analisar as teorias do caráter nacional brasileiro, convém historiar o destino dessas ideias nos países em que se alimenta a nossa cultura intelectual.

2
Sistematização do conceito de caráter nacional e sua crítica

Teóricos do século XIX

Quando a ideia de caráter nacional aparece no romantismo alemão tem uma conotação nitidamente irracionalista: é uma forma de afirmar os direitos do sentimento contra a razão, da história contra o presente. Mas à medida que avançamos para a segunda metade do século XIX, a ciência positiva parece conquistar todos os domínios do conhecimento e chega a invadir até a literatura. Nesse sentido, Zola é típico da mentalidade do cientificismo do século XIX, ao tentar um romance em que se provem verdades científicas. A esse influxo cientificista não escaparam os escritores portugueses e brasileiros dos fins do século XIX e início do XX. Basta lembrar que Eça de Queiroz (1929, p.179) chegou a escrever que "a nova musa é a ciência experimental dos fenômenos" e que Euclides da Cunha (1941, p.41) admitiu que "o artista de hoje é um vulgarizador das conquistas da inteligência e do sentimento", para ter ideia do predomínio de ideais aparentemente científicos.

Na verdade, esses ideais eram muito limitados, às vezes muito mal compreendidos. Se, na história literária, tiveram importância por permitirem a incorporação de um domínio da realidade que até então ficara relegado ao domínio do anestésico, no campo das ciências humanas representaram, pelo menos no momento, um grande empobrecimento. É que a ciência frequentemente não era mais que uma palavra valorizada, cujo emprego parecia justificar todos os preconceitos da época. Disso decorre uma situação paradoxal: para o leitor atual, os ensaios dos românticos parecem mais significativos e esclarecedores do que os trabalhos supostamente científicos da segunda metade do século XIX e início do XX. Como exemplos desse período, aqui serão apresentados três autores: Taine, Fouillée e Letourneau.

Taine tornou-se mais conhecido por tentar a fundamentação científica da crítica literária (Cassirer, 1951, p.119ss.; Lanson, 1912, p.1043ss.), supondo que a obra resulte de três fatores: a raça, o meio e o momento histórico. Para o estudo do caráter nacional, seu livro mais interessante é o que escreveu a respeito da Inglaterra – *Notes sur l'Angleterre* – e, neste, o capítulo VIII, em que analisa o espírito inglês, comparando-o ao francês.

Para Taine, o traço fundamental do caráter francês seria a análise de ideias, enquanto o inglês teria uma preocupação fundamental com fatos, e não com ideias. Embora aceite que essa característica inglesa possa ser em parte explicada pela educação, pelas leituras e pelo gosto de viajar, sustenta que tais fatores não seriam suficientes para explicar essa inclinação. Além deles, Taine supõe a existência de uma tendência inata "na raça", isto é, os ingleses teriam gosto pelos fatos e pela indução. A prova dessas afirmações seria dada não só pela filosofia e pela literatura inglesas, mas por toda a vida nacional da Inglaterra e pela língua inglesa. Para Taine, ao contrário do que ocorre com a língua francesa, a inglesa não tem palavras para exprimir corretamente as ideias gerais.

Não é difícil notar que Taine dispõe de dois conceitos básicos e complementares, embora manejados sem muito rigor: o de raça e o de hereditariedade. Se é verdade que suas afirmações se baseiam em observações, estas são necessariamente superficiais e parecem traduzir alguns estereótipos correntes; é isso que ocorre, por exemplo, com a ideia de que a vida cultural inglesa se liga aos fatos, enquanto a francesa se liga às ideias. Outro aspecto importante a ser notado em Taine – e que poderá ser observado em muitos autores posteriores – é a confusão entre raça e povo ou nação.

Fouillée (1903) é mais explícito na distinção dos vários fatores que contribuem para a formação do caráter nacional. Esses fatores são divididos em dois grandes grupos: os estáticos e os dinâmicos. Entre os primeiros estariam a raça, da qual se excluem as variações introduzidas pelos cruzamentos, e o meio, do qual se excluem as diferenças introduzidas pela civilização. Os fatores dinâmicos são os seguintes: os fisiológicos, isto é, a seleção das raças mais adaptadas ao meio físico ou social; os sociológicos, vale dizer, história do povo, relação com povos vizinhos, bem como o desenvolvimento intelectual, estético e moral.

A partir dessa distinção, o autor supõe um caráter inato, ou psicológico, e um caráter adquirido ou psicossociológico. Apesar dessas distinções, as raças continuam a ser fatores importantes, pois, se não determinam, condicionam o desenvolvimento de um povo, assim como a constituição fisiológica e cerebral de um indivíduo marca os limites de sua possibilidade de desenvolvimento. Se um indivíduo pertence a uma raça degenerada ou inferior, será incapaz de ir além de determinado ponto de desenvolvimento. Para Fouillée, existe, portanto, interdependência de clima e raça, mas é a reunião dos homens em sociedade que determina maior ou menor desenvolvimento. Por isso, são as forças psicossociais mais profundas – simpatias ou comunidades efetivas, acordo de inteligências e vontades –

que permitem a constituição não de raças, mas de tipos nacionais. Assim, cada povo resulta de influência mútua entre seus membros.

Apesar dessas distinções, nos casos concretos Fouillée aceita a explicação por meio das raças. Por exemplo, ao descrever o povo russo, lança mão dos conceitos de raça e nação.

Essas indicações serão talvez suficientes para mostrar que, em Fouillée, a noção de caráter nacional perde suas dimensões literárias ou culturais, mas não chega a adquirir o rigor indispensável, mesmo para um estudo científico preliminar. Como em Taine, fez-se uma confusão entre raça e povo, de forma que se começa a falar em raça alemã, em raça inglesa.

Em outro escritor, mais ou menos da mesma época, Charles Letourneau (s. d.), encontramos, em ponto grande, as limitações de uma ciência mal compreendida. Está claro que Letourneau não tem nem sequer o nível de um Taine ou de um Fouillée, e hoje seria considerado apenas um vulgarizador. Mas, durante algum tempo, foi autor lido e respeitado no Brasil – destino que, como se sabe, tiveram também outros vulgarizadores do século XIX e início do XX.

O plano de Letourneau é aparentemente grandioso e supõe a possibilidade de traçar a evolução da vida mental, desde os animais até as construções mais elevadas do espírito humano, como as ciências e as artes. Esse plano gigantesco é sustentado sobre premissas muito simples: o evolucionismo explica o desenvolvimento, e a lei da evolução depende apenas de dois princípios, isto é, a luta pela vida e a transmissão de caracteres adquiridos. Por isso, Letourneau pode partir da influência da domesticação sobre os animais e considerá-la como forma rudimentar de socialização; depois, supõe que a criança apresente em seu desenvolvimento todas as fases pelas quais já passou a humanidade. Daí chega aos clãs, entendidos como "células da sociedade", e traça a evolução da humanidade até o século XIX.

A teoria de Letourneau continua a transposição de uma teoria de raças para uma teoria de povos, mas isso não significa que se tenha perdido o conteúdo de luta de classes, existente em todas as teorias racistas. Embora admita que os países europeus apresentam o ápice do desenvolvimento humano, supõe que nem todas as classes atingiram o mesmo nível e que os operários estão atrasados com relação à "pequena elite". Como seria de esperar dentro desse esquema, Letourneau supõe que a hereditariedade seja mais importante que a educação.

Aqui, não será demais comparar essa vulgarização com o panorama apresentado pelos iluministas. A um leitor desprevenido, Letourneau sustenta algumas teses muito próximas das apresentadas por Condorcet. Ambos pensam numa evolução linear, ambos combatem o que denominam obscurantismo religioso, ambos acreditam no progresso científico. Mas uma diferença básica os separa: Condorcet supõe que o progresso obtido pelas ciências deve estender-se indistintamente a todas as nações; Letourneau, ao contrário, supõe que alguns homens, pelo seu passado biológico, são mais capazes de progredir e beneficiar-se do progresso científico. Em outras palavras, com Letourneau o conceito de diferenças entre as raças e nações utilizava o evolucionismo como fundamento ideológico para justificar o imperialismo europeu e as diferenças entre classes sociais.

Mas, nas várias ciências humanas, aos poucos se formulam críticas tão severas à noção de caráter nacional que durante algum tempo o tema deixará de ser discutido pelos cientistas mais esclarecidos.

Crítica da antropologia e da sociologia

A antropologia destrói uma das suposições básicas do caráter nacional, pois nega ou, pelo menos, não afirma a relação entre raças e características psicológicas. Mais ainda, a noção de raça, que até o início do século XX parecia muito clara, torna-se um conceito extremamente discutível, senão inútil. Há, em primeiro lugar, a variabilidade de critérios: alguns pensam em cor de pele; outros, nas proporções de medidas da cabeça. E não só os critérios não são superponíveis, mas também existem os tipos intermediários ou mistos, cuja classificação apresenta uma dificuldade insuperável.

Apesar disso, algumas conclusões parecem corretas. Em primeiro lugar, não existem raças puras e todas as raças são da mesma espécie. Em segundo lugar, do ponto de vista da evolução biológica, não se pode supor que umas raças sejam menos evoluídas do que outras. Finalmente, não se pode estabelecer uma relação entre raças e características psicológicas, pois estas resultam não da raça, mas da cultura.

E, assim, na antropologia do século XX, o conceito de cultura substitui o de raça, para dar conta das diferenças entre povos. A distinção entre esses conceitos não deve ser esquecida, pois divide a antropologia atual da que nos foi transmitida pelo século XIX: raça é conceito biológico e, portanto, hereditária; cultura é conceito social, supondo-se que, ao contrário do que ocorre com a herança biológica, possa ser transmitida pelas várias formas de experiência e aprendizagem, bem como transformada pelos homens.

Na antropologia norte-americana, o principal responsável por essa transformação foi Franz Boas (1931, p.141), embora sua opinião quanto à relação entre raça e cultura tenha sido relativamente ambígua, ora afirmando a inexistência de qualquer relação entre elas ora afirmando que não se podia afastar a possibilidade de características psicológicas das raças (Lowie, 1946, p.169; Vallois, 1953, p.156). Na verdade, como Boas chegava a atomizar as culturas por ele estudadas, a sua influência mais ampla consistiu em eliminar o problema do caráter nacional ou racial. Como se verá no capítulo seguinte, só os discípulos de Boas chegarão a reconsiderar a possibilidade da descrição global de cultura.

No campo da sociologia, a crítica indireta foi feita pelos estudos de marginalidade.[1] Nesse caso, demonstrava-se que as características dos híbridos raciais não decorrem de fatores biológicos, mas de fatores exclusivamente sociais. O híbrido não apresenta, ao contrário do que foi suposto muitas vezes, as piores características das raças originais; também não apresenta características uniformes que pudessem ser atribuídas à hibridação. Ao contrário, suas características psicológicas resultam da situação de conflito em que é obrigado a viver, e suas características dependem diretamente da intensidade de tais conflitos.

De acordo com esses estudos, as características geralmente atribuídas ao mulato brasileiro – seu pernosticismo, sua instabilidade emocional – não decorrem do processo de hibridação racial, mas da indefinição de sua posição nos grupos sociais de que participa.

Crítica da psicologia diferencial

O fato de a antropologia e a sociologia provarem que as diferenças entre povos e raças decorrem de diferenças culturais ainda não eliminaria a existência de diferenças psicológicas entre esses grupos. Haveria a possibilidade de que, colocadas nas mesmas condições culturais, as raças reagissem de forma desigual. E, realmente, os dados obtidos nas primeiras aplicações de testes coletivos de inteligência pareciam indicar essa situação: nos Estados Unidos, os brancos revelavam maior inteligência do que os negros. Embora não se possa dizer que o problema esteja encerrado – pois frequentemente reaparecem as

---

1 Exemplos no estudo clássico de Stonequist, *O homem marginal*.

teses de superioridade dos brancos –, a tese mais aceita pode ser resumida da seguinte forma: as diferenças observadas decorrem das condições em que vivem diferentes grupos raciais. Portanto, se os negros não têm a mesma possibilidade de acesso à educação, não se deve esperar que apresentem resultados iguais aos dos brancos.[2]

De outro lado, o desenvolvimento das medidas psicológicas, sobretudo por meio dos testes, mostrou as dificuldades imensas para uma comparação significativa entre grupos heterogêneos. Embora o problema das medidas deva ser retomado nos capítulos seguintes, aqui importa lembrar a sua importância para a história do conceito de caráter nacional. Para muitos, o estágio científico de determinado domínio do conhecimento só é atingido com a quantificação. E, efetivamente, há um abismo entre essas duas afirmações: *A* é inteligente e *B* não tem inteligência; *A* é duas vezes mais inteligente do que *B*. A primeira afirmação não é exata e, mais do que isso, dificilmente pode ser provada; a segunda só pode ser feita por meio de medida e está claro que saber se, em psicologia, podemos fazer uma afirmação desse tipo – isto é, dizer que uma inteligência é duas vezes maior que outra – já é um problema teórico muito importante.[3] E, nesse caso, qualquer que seja a resposta do psicólogo, não pode deixar de lado o problema de quantificação, sob pena de não ter recursos para comparar indivíduos e grupos.

Crítica da genética

A genética contemporânea, ao afastar a ideia da transmissibilidade dos caracteres adquiridos, afastou um dos pontos fun-

---

2 Na grande bibliografia sobre o assunto, as várias posições são sumariadas em Klineberg (1966), Anastasi & Foley (1949) e Tyler (1947).
3 Esses problemas são discutidos com relativa minúcia em Anastasi (1965).

damentais das teorias de caráter nacional e racial: uma evolução linear da sociedade, com a transmissão de caracteres adquiridos na luta pela vida (Dunn & Dobzhanski, 1946, p.76ss.; Jennings et al., 1946, cap.I e II). À tese de transmissão de caracteres adquiridos, a genética mendeliana opôs a ideia de mutações. Além disso, os estudos de genética tiveram importância para o estudo da raça ao demonstrarem que, com exceção do reduzido grupo de australianos primitivos, todos os outros grupos raciais estão no mesmo grau de evolução.[4]

A variabilidade psicológica das nações

Se um outro fundamento das teorias de caráter nacional era a existência de traços fixos, a comparação entre descrições do mesmo povo, em épocas diferentes, foi suficiente para pôr em dúvida a validade de todas as teorias.

Brown (1936, p.126), por exemplo, indicou diferenças nas descrições de alemães. Antes da Primeira Grande Guerra, eram considerados econômicos, sentimentais e amantes da liberdade. A partir de 1918, com a modificação das condições gerais da vida alemã, houve modificação no caráter alemão. Por exemplo, durante o período inflacionário, desapareceu inteiramente a tendência alemã para a economia.

Outro autor a salientar a transformação do caráter nacional foi Hamilton Fyfe (1946, p.74), em livro de divulgação científica. Um dos seus exemplos refere-se à transformação, no século XX, da valorização do comércio pelos ingleses. Até o início do século, supunha-se que o comerciante enriquecido deveria abandonar os negócios e transformar-se num *gentleman*. No entanto, depois disso condições diferentes fizeram que

---

4 Cf., entre outros, Birket-Smith (1949, p.73ss.); tem-se posto em dúvida esse primitivismo dos australianos. Ver também Barnett (1950, p.95ss.).

houvesse um movimento inverso: pessoas com títulos de nobreza passaram a trabalhar no comércio ou em bancos.

No período de 1920 a 1940, a crítica aqui exemplificada em Brown e Fyfe tornou-se frequente e era, talvez, a atitude mais difundida entre psicólogos, sociólogos e antropólogos. Se não era possível indicar caracteres fixos, não teria sentido falar em caráter nacional ou psicologia de um povo.

A persistência das descrições

Neste como em outros domínios do conhecimento, no entanto, não existe uniformidade de informação. Se os especialistas em ciências humanas já não falavam em caráter nacional, o mesmo não acontecia com historiadores, ensaístas e filósofos da cultura.

Nesse outro nível – nem sempre intelectualmente inferior ao dos especialistas em ciências humanas –, continuava a haver a confusão entre povo e raça, continuava a existir a crença na possibilidade de encontrar caracteres fixos nos povos, continuava-se a supor, implícita ou explicitamente, a transmissão de caracteres adquiridos.

Alguns exemplos permitem ilustrar essas afirmações: Ortega y Gasset (1948, p.106), ao descrever a Espanha, indica as seguintes características. O traço fundamental do espanhol seria a aristofobia, ou ódio aos melhores. Para Ortega y Gasset, os espanhóis detestariam todos os homens exemplares ou, pelo menos, seriam incapazes de ver as suas melhores qualidades. De outro lado, quando os espanhóis se comovem com alguém, esse alguém é quase certamente pessoa ruim ou inferior. Ora, como Ortega y Gasset supõe que a peculiaridade de uma raça se define pelos modelos que escolhe – assim como, diz ele, "na escolha da amada fazemos, sem sabê-lo, nossa mais autêntica confissão" –, isso significa que o espanhol é também medíocre ou insignificante.

Uma análise dessa descrição mostraria que, longe de nos esclarecer a respeito de um povo, apresenta inúmeros problemas que somos incapazes de solucionar. Se não nos deixarmos seduzir por sua linguagem fulgurante e procurarmos comprovar suas afirmações, inevitavelmente voltaremos de mãos vazias. Pense-se, por exemplo, na afirmação de que o homem se revela na escolha da amada. Essa afirmação só seria correta se pudéssemos comprovar – o que parece muito pouco provável – que as mulheres pelas quais o homem se apaixona têm alguma semelhança física ou psicológica. Essa prosaica necessidade de verificação evidentemente tira o brilho da frase de Gasset, mas, ao mesmo tempo, nos mostra que talvez esta seja apenas uma frase de efeito retórico. Se, depois, passarmos para a análise dos heróis nacionais, a comprovação é ainda mais difícil. Precisaríamos perguntar como se formam os heróis nas sociedades de massa; precisaríamos saber quais os grandes homens de um período e quais as possibilidades de conhecê-los. Essas observações sugerem que essa aparente descrição só nos seduz se não for analisada em suas premissas e suas possibilidades de confirmação.

Outro exemplo de descrição global pode ser encontrado em Patrick Romanell (1954, p.30), que compara latino-americanos e norte-americanos. Os primeiros seriam caracterizados pelo "sentimento trágico da vida", enquanto os segundos se caracterizam pelo "sentimento épico". O sentimento trágico decorreria do conflito entre os valores índios e os valores europeus, enquanto a tradição puritana e democrática dos Estados Unidos explica o sentimento épico. Enquanto o latino-americano tenderia a submeter-se ao destino, o norte-americano tenderia a construir o seu próprio destino. A seguir, Romanell apresenta provas para essas afirmações: na filosofia, o existencialismo exprime o sentimento trágico, enquanto o pragmatismo exprime o sentimento épico; no esporte, o beisebol é um simples jogo, enquanto a tourada seria "um elegante ritual que simboliza o sentimento trágico com todos os presságios".

Em Romanell, a raça deixa de ser um critério explicativo, pois é a história que determina o caráter nacional. Mas a sua descrição tem ainda dois outros aspectos muito significativos: a comparação entre duas culturas e o fato de não procurar uma valorização de acordo com um critério único. Também aqui a descrição parece adequada, mas dificilmente suportaria uma análise minuciosa. Pelo menos alguns dos aspectos indicados por Romanell – por exemplo, a tourada, o existencialismo, o puritanismo – foram importados de outras culturas. E não seria fácil – embora talvez não fosse impossível – explicar como o aspecto de uma cultura pode exprimir uma outra. E talvez não fosse absurdo mostrar, na história dos Estados Unidos, aspectos trágicos, o mais significativo dos quais foi a Guerra de Secessão.

Um exemplo final, retirado de Fidelino de Figueiredo (1941, p.133ss.), que indica três traços predominantes no português: o individualismo, o irrealismo ou utopismo e o erotismo. O individualismo é "comprovado" pela incapacidade de organizar um governo estável, depois da queda do absolutismo. O irrealismo revela-se em seu desinteresse pelas necessidades imediatas da vida, pelo sonho de grandeza e, hoje, pelo orgulho passadista. O erotismo é comprovado na poesia – seja na poesia grosseira da Idade Média, seja no platonismo, seja no voo místico de outros autores.

Embora seja possível fazer a essa descrição de Fidelino de Figueiredo críticas muito semelhantes às apresentadas a Ortega y Gasset e Romanell, será suficiente pensar no erotismo. Aqui, basta perguntar se este não poderia ser dito a respeito de qualquer povo ou da poesia de qualquer povo. A pergunta é suficiente para pôr em dúvida essa caracterização, com a vantagem – neste caso de que existe a possibilidade de comprovação mais ou menos objetiva. Seria suficiente fazer uma análise de conteúdo da poesia de algumas épocas para verificar se na poesia portuguesa – comparada à poesia de outros países europeus – existe maior predomínio de temas eróticos. Antes dessa prova, a afirmação é apenas uma hipótese.

3
Formulação de uma nova teoria do caráter nacional

Nos estudos de caráter nacional, podemos observar um princípio muitas vezes aparente no trabalho intelectual: a uma fase de entusiasmo sucedeu um período de crítica e ceticismo, em que o conceito de caráter nacional foi inteiramente abandonado; depois, por meio de novos pressupostos, o conceito pôde ser retomado, embora em bases inteiramente diversas. Como se verá nos capítulos seguintes, esse movimento de fluxo e refluxo – ou, se se quiser, de criação e crítica – continua até hoje, e agora cada vez mais rápido, dadas as novas condições de comunicação entre os cientistas.

Contribuição da antropologia

Inicialmente, como foi sugerido no capítulo anterior, a contribuição da antropologia para o conceito de caráter nacional foi quase exclusivamente negativa: mostrar a dificuldade da classificação racial da humanidade, mostrar a inexistência de relação entre raça e características psicológicas. Nas mãos dos antropólogos, o conceito de cultura parecia permitir apenas uma série de pesquisas de pormenor, muito distantes das ousadas generalizações anteriores. Essa fase pode ser bem representada pelo trabalho de Franz Boas – que não chega a descrever globalmente uma cultura, nem a desenvolver todas as implicações de sua teoria (cf. Lowie, 1946, p.187).

É com Ruth Benedict (1934) – discípula de Boas – que a antropologia volta a pensar numa cultura global. Embora seja muito prudente em suas afirmações, Benedict não tem muita dúvida em retomar a ideia de uma cultura *orgânica*, isto é, que deva ser vista globalmente. Para ela, os antropólogos anteriores não tinham apreendido esse caráter global das culturas porque eram estudiosos de gabinete, interessados em reunir aspectos específicos, observados em sociedades muito diversas. Por isso, supõe que os trabalhos de Malinowski – com sua análise funcionalista de determinada sociedade – sejam dos primeiros a atingir essa apreensão global.

Essa perspectiva teórica teve uma outra consequência muito importante. Na descrição de diferentes culturas, Benedict observa que os indivíduos geralmente se conformam aos padrões aceitos em sua sociedade. Assim, se os dobu são violentos, ciumentos e dados à feitiçaria, isso se explica pelo fato de sua cultura valorizar esses aspectos do comportamento; se os zuñi são controlados e pacíficos, isso decorre de outro padrão cultural – aquele que Benedict denominou *apolíneo*.

Ora, essa afirmação corresponde a um postulado básico dos estudos de caráter nacional que seriam desenvolvidos alguns anos mais tarde. Ao negar que raça fosse um conceito explicativo para as diferenças entre povos e ao considerar a cultura como fonte de tais diferenças, Ruth Benedict apresentava uma formulação quase explícita para os estudos de caráter nacional. No entanto, a autora reconhecia a dificuldade para fazer um estudo semelhante a respeito da sociedade ocidental, em primeiro lugar por causa de seu cosmopolitismo e, depois, pelo fato de apresentar tantas diferenciações entre subgrupos. Além disso, a Ruth Benedict faltava uma forma adequada para explicar a maneira pela qual um padrão cultural se transforma em padrão de personalidade. Nesse sentido, sua descrição parece hoje um pouco ingênua: a partir do comportamento das pessoas, constrói um padrão cultural e, depois, afirma que a personalidade apresenta tais ou quais comportamentos porque a cultura os impõe. Em outras palavras, esquece que o *dado* de que partiu era a personalidade e que a cultura era apenas um conceito formado pelo pesquisador, a partir das observações e que, portanto, personalidade e cultura precisariam ser necessariamente homogêneas, se não idênticas. A falha básica dessa explicação torna-se clara quando Benedict tenta explicar o indivíduo desajustado à sua cultura: nesse caso, precisa utilizar uma explicação fundamentalmente biológica, quando para explicar o indivíduo ajustado recusara esse tipo de explicação.

Curiosamente, essa circularidade da explicação e a sua impossibilidade de explicar o desajustamento não foram consideradas pelos críticos. Ao contrário, as discussões referiam-se ao acerto ou não da descrição, bem como à ideia de uma tipologia das culturas, inferência que Benedict afastara explicitamente em seu livro.

De qualquer forma, era evidente a ausência de uma teoria psicológica que permitisse ligar o padrão de cultura ao padrão da personalidade. Essa teoria seria a psicanalítica.

Contribuição da psicanálise

Não é totalmente errado dizer que a psicanálise, além de ser um método de tratamento, constitui também uma filosofia da história e da sociedade. Como filosofia da história, a psicanálise pode ser sumariada da seguinte forma. Na horda primitiva, o macho mais velho – que era o pai – conquistava para si todas as fêmeas. Revoltados, os filhos uniram-se, mataram e comeram o pai, de forma a acabar com a horda patriarcal. Ao comer o pai, identificaram-se com ele. Por isso, a refeição totêmica – na qual se repete e se comemora o crime – é o início da organização social, da moralidade e da religião. Mas como, além de odiar o pai, também o amavam, sentem remorso e se proíbem de fazer aquilo que, antes do crime, desejavam, isto é, proíbem o incesto. Ao mesmo tempo, proíbem também a morte do animal totêmico, pois este é um substituto do pai (o primitivo se considera descendente de um animal); assim, o totem só é morto cerimonialmente, numa festa coletiva (Freud, 1950, p.141-6). Nessa tentativa de explicação da sociedade, Freud pensava, evidentemente, num paralelismo entre o desenvolvimento da sociedade e o do indivíduo. Assim como todo o desenvolvimento do indivíduo se explica, em última análise, pelo complexo de Édipo, a sociedade se desenvolve também a partir dessa tragédia primordial.[1]

Quanto à filosofia da sociedade, embora com algumas oscilações, Freud (1952, p.788-9) parece entender que o preço da civilização é a repressão dos instintos. Portanto, quanto maior a repressão, maior a civilização, pois esta se nutre de energia desviada de seu objetivo inicial, isto é, o amor ou destruição (ibidem, p.783-4). Em carta à noiva (Jones, 1956, v.I, p.190-4), Freud chegara a estabelecer essa diferença entre classes sociais, ao dizer que o proletário, mais feliz por não ter tantas inibições na vida sexual, é por isso mesmo incapaz de utilizar energia para a vida intelectual.

---

1 Em *Civilization and its discontents*, Freud (1952) ampliou sua teoria, embora conservando a ideia do paralelismo. Mas essa ampliação – que se fundamenta basicamente na luta entre Eros (amor) e Tânatos (morte e destruição) – parece não ter tido influência nítida nos estudos de caráter nacional ou personalidade e cultura.

Ora, não seria difícil imaginar que essa segunda parte da teoria freudiana é que poderia conduzir a pesquisas destinadas a verificar diferenças na repressão de diferentes sociedades. No entanto, não foi isso que aconteceu. Seja porque suas hipóteses se referiam a um período anterior às sociedades organizadas – isto é, os antropólogos não conhecem sociedades sem repressão e Freud (1952, p.788-9) reconhecia isso –, seja porque é extremamente difícil verificar o que se entende por repressão no sentido freudiano, seja porque, finalmente, a repressão do impulso sexual deixou de ter para nós a importância que efetivamente tinha na Europa vitoriana, raramente se tentou essa investigação, pelo menos de acordo com as premissas freudianas. Convém lembrar que um aspecto da teoria de Freud, isto é, menor inibição de impulso sexual nas classes mais pobres, parece confirmado pelas pesquisas de Kinsey e outros investigadores. No entanto, ainda aqui convém não esquecer que a confirmação não é total: se as classes mais pobres admitem meios de expressão direta do sexo, são mais severas quanto a várias expressões sexuais – por exemplo, exibicionismo, masturbação, etc. Também não parece fácil provar a segunda parte da teoria – isto é, que os indivíduos mais criadores tenham maiores inibições sexuais.

A contribuição de Freud para a renovação dos estudos de caráter nacional foi indireta e decorreu da parte de sua teoria que pareceria menos significativa para esse campo de estudos: a universalidade do complexo de Édipo. Esse princípio foi discutido por Malinowski, e essa discussão abriu novo caminho à pesquisa da formação da personalidade. Em primeiro lugar, Malinowski (1949, p.142-3) abandonava a ideia de evolução linear, suposta por Freud, e pensava nas culturas como unidades autônomas; em segundo lugar, Malinowski supõe que a formação da família depende "da estrutura e da cultura de uma sociedade".

Esses dois princípios inevitavelmente conduziriam à conclusão de que os conflitos observados por Freud seriam específicos da sociedade por ele conhecida, e não conflitos universais. Em outras palavras, o complexo de Édipo, na forma observada por Freud, decorria da sociedade europeia do século XIX; em outra sociedade, apareceriam outros conflitos, decorrentes de outra organização da família, de outras formas de educação.

Essa ligação entre a teoria psicanalítica e a teoria da cultura, todavia, só seria realizada integralmente por Kardiner, com o conceito de personalidade básica.

Kardiner e a personalidade básica

Ao apresentar um resumo de sua teoria, Kardiner (1948, p.431-47) sugere, inicialmente, a necessidade de integrar duas técnicas – a antropológica e a psicológica. Afasta a possibilidade de utilizar uma teoria de aprendizagem, embora reconheça que as culturas são transmitidas de geração a geração, pois a aprendizagem não pode explicar as relações emocionais do indivíduo com seu ambiente, nem explicar a mudança cultural, a não ser pela influência de outra cultura. Para dar conta do processo de integração da personalidade, a técnica psicanalítica pode ser mais útil, e é por ela que Kardiner chegará ao conceito de personalidade básica.

De outro lado, Kardiner admite que esse conceito só se tornaria útil quando fosse possível identificar suas causas e, ao mesmo tempo, suas consequências no processo adaptativo. A partir de descrições concretas de algumas culturas primitivas, foi possível correlacionar a personalidade com as instituições dessas culturas.

A análise se processa em duas etapas: na primeira, verifica-se de que forma certos processos de tratamento da criança se refletem em certos padrões da personalidade; estes, por sua vez, se refletem nas ideologias religiosas pelo processo de projeção.

Como se vê, o conceito de personalidade básica, embora se ligue indiretamente ao trabalho de Benedict, deste se afasta de maneira quase radical. Já não se trata de correlacionar diretamente o padrão de cultura com a personalidade, mas de estabelecer um processo duplo: de um lado, certas técnicas de educação provocam determinada personalidade básica e, de outro, os conflitos dessa personalidade se projetam em instituições sociais – por exemplo, a religião, a mitologia, a forma de tratamento.

Existiria, portanto, uma interação profunda e inconsciente entre a personalidade básica e as instituições sociais ou, talvez fosse melhor dizer, entre a forma de tratamento da primeira infância e as instituições sociais, pois a personalidade é apenas um elo intermediário. Por exemplo, o estudo de Cora Du Bois sobre os alorese (*people of Alor*) mostrou que o sistema de trabalho feminino faz que as crianças desde cedo fiquem privadas da atenção e dos cuidados maternos. Disso decorre a fraqueza do ego e o desenvolvimento da angústia. Nas instituições sociais, observamos uma religião fraca, ausência de idealização da divindade e realização do culto apenas em condições de grande necessidade (Kardiner, 1948, p.437-9).

Embora a hipótese de Kardiner represente indiscutivelmente um avanço teórico, pois reconhece a necessidade de verificar de que modo se dá a manutenção dos padrões culturais, as dificuldades de comprovação continuam imensas. Se admitirmos a correção da teoria, imediatamente enfrentamos dois problemas: o primeiro, a existência de desajustados, isto é, de indivíduos que não apresentam o padrão da personalidade básica de determinada cultura; o segundo, a possibilidade de mudança histórica. Quanto à primeira questão, Kardiner responde que a personalidade individual decorre de muitos fatores – potencialidades inatas e influências específicas no processo de desenvolvimento –, mas que a influência do grupo se dá dentro de certa amplitude; é essa amplitude que constitui a personalidade básica. Assim, em nossa cultura, a personalidade básica inclui alguns conflitos característicos – por exemplo, complexo de Édipo, complexo de castração – que Freud erradamente considerou como universais. Quanto ao segundo problema – o da mudança histórica –, a resposta de Kardiner é muito menos segura. Se a personalidade básica depende das condições concretas da existência – Kardiner fala em organização social e técnicas de subsistência –, a mudança nestas últimas deveria provocar mudança na personalidade básica. Mas os casos indicados por Kardiner (1945, p.426 ss.) referem-se a perturbações doentias, isto é, em que a personalidade básica não está *preparada* para novas condições econômicas. Ora, o importante seria mostrar como a transformação nas condições concretas determinaria transformações na maneira de educar crianças e, posteriormente, na personalidade básica e em suas projeções nas instituições sociais. Em outras palavras, embora a intenção de Kardiner seja encontrar formas de transformação da personalidade básica, a sua teoria, se correta, permitiria explicar a circularidade de condições concretas, isto é, personalidade básica – instituições sociais – ou os casos de perturbação nessas sequências, mas não o processo pelo qual a transformação num dos elementos provoca a formação de um novo ciclo.

Um exemplo bem simples mostra a dificuldade para aceitar a teoria de Kardiner. Para este, a religião resulta da projeção da personalidade básica. Ora, se o cristianismo é aceito há quase dois mil anos, dever-se-ia esperar que a personalidade básica, em todo esse período, tivesse permanecido aproximadamente a mesma. Ainda que se considerem variações teológicas nesse período, estas não seriam tão numerosas que explicassem as profundas transformações aparentes nos homens desse longo período. Se, ao contrário, admitíssemos que não houve transformações tão grandes na personalidade básica, esse conceito decerto perderia grande parte de seu valor explicativo, pois seríamos obrigados a dizer que não existem diferenças fundamentais entre o homem medieval e o homem contemporâneo. Nem se diga que o argumento não procede, pois foi Kardiner (1945, p.430) quem procurou mostrar como o sistema de educação infantil de *Plainville* – comunidade norte-americana, estudada por James West – permitia a formação de uma personalidade básica que se projeta na religião cristã.

Erich Fromm e o caráter autoritário

Hoje, depois de Fromm ter publicado *Meu encontro com Marx e Freud* e outros livros[2] que tornaram mais explícitas as suas intenções, é mais fácil entender o esquema de *O medo à liberdade* (1941), que o consagrou, não apenas entre especialistas, mas também para o grande público. De qualquer forma, esse é ainda o seu trabalho mais significativo, pois aí já estão implícitas as teses dos livros seguintes e esse foi o ponto de partida de vários estudos de psicólogos e sociólogos.

A intenção de Fromm parece ter sido conseguir uma síntese de Marx e Freud, mas na verdade a sua teoria, como se verá agora, afasta-se de ambos, embora algumas de suas teses nos lembrem ora o esquema freudiano ora o marxista. E convém sintetizar os dois esquemas, antes de apresentar a teoria de Fromm.

Resumida a uma fórmula bem simples, a teoria freudiana afirma que o homem é dotado de impulsos biologicamente estabelecidos, e que uma vez totalmente liberados o reduziriam à sua condição animal, em que não haveria vida social e muito menos cultura. O processo que permite a vida social e a cultura é o da repressão dos impulsos biológicos – que, para Freud, são os do amor e os da morte e da destruição. Mas a energia de que o homem pode dispor decorre dessas forças instintivas

---

2 Ver Fromm (1955, 1947, 1951, 1961). Os três primeiros são os mais significativos para o problema aqui estudado; os outros livros seus, não indicados, não têm importância direta para a análise aqui empreendida.

que são apenas redirigidas. De outro lado, a repressão excessiva, embora tenha um efeito benéfico para a vida social, é prejudicial para o indivíduo, na medida em que o predispõe à neurose. E nesse sentido a teoria de Freud é irremediavelmente pessimista, pois o progresso do homem depende de sua infelicidade. Outra forma de dizer isso seria dizer que Freud acredita que o homem é individualista e egoísta, e que a vida social é uma carga imposta contra a sua vontade, e à qual nunca se adapta integralmente. Ou, em outras palavras, o homem é infeliz e neurótico porque já não pode ser o animal egoísta e destruidor, criado pela natureza, e é obrigado a uma vida social constrangedora.

Para Marx, o homem vive em estado de necessidade, isto é, ainda não se produz uma quantidade de bens que permita a satisfação de todos. Por isso, a história do homem pode ser escrita como a história do domínio de uns homens por outros, em que apenas os senhores se apropriam dos bens, enquanto os dominados, embora produzam, não recebem os bens a que teriam direito. Ao escrever no século XIX, Marx admitia que estaria próximo o momento da libertação, pois a classe dominada era apenas o proletariado, e esta poderia unir-se e assumir o controle da sociedade. Mas ao contrário do que ocorreu em outras revoluções – em que o grupo até então dominado conseguia o domínio da vida econômica –, o proletariado já não teria a quem explorar. Por isso, ao libertar-se, o proletariado realizaria a última revolução e libertaria o homem. A partir dessa libertação, como os bens de produção seriam usados para atender a todos, e não apenas a alguns grupos, o homem superaria o estado de necessidade e ingressaria num período de liberdade. Entenda-se que, para Marx, ser livre significa estar livre da necessidade, e que apenas então começaria a verdadeira história do homem. Marx não acreditava que fosse possível prever o que ocorreria nesse momento, pois não temos recursos nem sequer para imaginar o que será o homem livre da necessidade.

Deve-se lembrar, também, que Marx nunca pensou que o móvel fundamental do homem seja o econômico; ao contrário, o interesse econômico é apenas uma deformação imposta pela exploração de um homem por outro, e essa deformação, por sua vez, resulta do estado de necessidade.

Vê-se logo que essas teorias são literalmente incompatíveis. E Freud (1952, p.787-8) o percebeu claramente, ao escrever que, embora o comunismo pudesse um dia eliminar as diferenças referentes à propriedade, isso não eliminaria a agressividade entre os homens, pois essa agressividade pode ser identificada no fundo das relações de afeição e amor entre seres humanos – com a exceção, talvez, acrescenta Freud, do amor da mãe por seu filho. De outro lado, os marxistas nunca tiveram muitas dúvidas em condenar a psicanálise como "psicologia do homem ocioso", pois Freud teria esquecido que os homens se definem pelo seu trabalho, por sua relação com o mundo objetivo (cf. Lukács apud Foulquié, 1965, p.197).

Agora, Erich Fromm, para quem o homem é um ser dilacerado entre duas tendências antagônicas: a de participação e a de autonomia. Na história individual, a criança liberta-se aos poucos de sua dependência, primeiro do organismo materno e depois dos cuidados maternais. Ao mesmo tempo que deseja sua libertação, sente uma certa nostalgia da situação anterior, na qual tinha maior segurança; no entanto, o homem caminha para essa libertação, num processo que Fromm denomina individuação. Um processo semelhante ocorre na história da espécie humana, em que um mito representa perfeitamente a separação entre homem e natureza: a situação de Adão e Eva no paraíso é imagem da identificação do homem com a natureza. Como todos lembram, essa expulsão foi provocada por um ato de independência ou desobediência: a partir do momento em que experimenta o fruto da árvore do bem e do mal, o homem começa a utilizar a razão e fica definitivamente isolado do estado de inconsciência do resto da natureza.

A partir daí, se o homem continua em busca da liberdade, sente constantemente a atração da participação ou integração em forças superiores.

Ao analisar o desenvolvimento histórico, Fromm acredita que o primeiro período de liberdade é o do Renascimento e da Reforma religiosa. No Renascimento, destrói-se a unidade medieval entre o homem e a sociedade, abrindo-se novas possibilidades de expansão para o indivíduo; ao mesmo tempo, este sentia-se mais só e obrigado à luta de vida e morte para a conquista da riqueza e do poder.

De outro lado, o desenvolvimento do capitalismo nos séculos XV e XVI provoca profundas transformações na vida europeia: o tempo começa a ser mais valorizado, e o trabalho adquire uma importância que não tinha tido até então. Se a situação se tornou pior para algumas classes – para os pequenos artesãos, os camponeses e, de modo geral, a classe média –, deve-se notar que o capitalismo libertou o indivíduo do sistema corporativo, fazendo que vencesse ou fosse derrotado isoladamente; o dinheiro se torna o critério quase único de valorização do indivíduo. Nesse processo, ao mesmo tempo que o indivíduo sente maior liberdade, experimenta maior solidão.

Nesse ambiente, aparecem Lutero e Calvino, cujas doutrinas atendem à necessidade do homem da época: de um lado, contribuem para sua maior liberdade – com relação à autoridade da Igreja – e, de outro, para uma total submissão à vontade divina. Se é verdade que o homem nada pode fazer para modificar o seu destino – pois Deus o escolhe para a salvação ou a danação, por um ato independente de nossa vontade –, a possibilidade de cada um manter uma vida virtuosa é sinal da preferência de Deus, indício de que a pessoa está entre as escolhidas. E Fromm lembra que foi a esse aspecto do calvinismo que Max Weber deu importância fundamental para a explicação do aparecimento do capitalismo.

A partir da Reforma, o homem tem cada vez mais liberdade, mas, ao mesmo tempo, sente que aumenta sua solidão. Nessa situação, o homem tem duas opções. A primeira é avançar para uma "liberdade positiva", isto é, ligar-se espontaneamente ao mundo pelo amor e pelo trabalho, de forma a unir-se novamente com os outros homens e a natureza. A segunda consiste em renunciar à liberdade; no entanto, como não pode regredir ao momento de sua união primitiva, essa renúncia só pode realizar-se por mecanismos de fuga.

Em *O medo à liberdade*, Fromm analisa três desses mecanismos: autoritarismo, destrutividade e conformismo automático.

O autoritarismo resulta de duas tendências antagônicas: do masoquismo, pelo qual o indivíduo se anula diante dos outros, e do sadismo, pelo qual procura submeter e dominar os outros. Pelo masoquismo o indivíduo não apenas sofre, mas, sobretudo, torna-se parte de algo maior e mais forte que ele – uma pessoa, uma instituição, Deus, a nação. Pelo sadismo, a pessoa domina outra, torna-se o deus desta última. Embora até certo ponto contrárias, as duas tendências têm como elemento comum o abandono do eu; além disso, costumam aparecer reunidas, de forma que Fromm pode falar num caráter sadomasoquista ou, para evitar a conotação patológica, *caráter autoritário*. A destrutividade, como o nome indica, é a tendência para eliminar o objeto e decorre da frustração das tendências de expansão do eu, bem como da inveja diante dos poderosos. Para Fromm, esse sentimento seria característico da classe média inferior e tem como consequência o moralismo, isto é, tendência para condenar o que é desejado, mas inacessível. Finalmente, no conformismo automático, o indivíduo renuncia ao seu eu por uma espécie de hipnose difusa, pela qual aceita os padrões impostos pelos meios de comunicação; em outras palavras, em vez de procurar ser ela mesma, a pessoa procura ser aquilo que os outros esperam que seja.

Partindo dessa caracterização dos mecanismos de fuga, Fromm analisa dois dos regimes políticos da época (1941): o nazismo e a democracia. No nazismo identifica, especialmente, o caráter autoritário, embora reconheça que este predominava apenas na classe média. Ocorre que os proletários, depois das derrotas sofridas em seus movimentos organizados, não têm elementos para resistir; o mesmo ocorre com os liberais e a burguesia católica. Se esses grupos não desejam nem apoiam o nazismo, não têm recursos para resistir a ele. Finalmente, os grandes industriais e proprietários utilizam o nazismo para satisfazer seus interesses, de forma que Hitler se torna um instrumento dessas classes. A ideologia nazista, portanto, era inteiramente satisfatória apenas para a classe média, pois nesta o caráter autoritário era predominante; se essa ideologia aparece nessa época, isso se deve ao fato de, a partir de 1918, se terem acentuado as condições desfavoráveis a essa classe: a inflação destrói as suas economias, a ascensão política do proletariado ameaça suas posições.

O nazismo, como ideologia, satisfaz as duas tendências básicas do caráter autoritário: pelo combate às minorias – no caso, os judeus – pode satisfazer o sadismo; pela submissão ao líder e à pátria atende ao impulso masoquista.

Na democracia, Fromm observa o predomínio de um dos mecanismos de fuga à liberdade: o conformismo. Fundamentalmente, isso significa que a cultura aprova os processos de submissão aos outros, e não os que conduziriam à originalidade. Essa análise de *O medo à liberdade* – que em *Analysis of man* e *The sane society* tornou-se clássica – seria mais tarde ampliada e foi glosada de várias formas, sobretudo por Riesman, como se verá a seguir. Aqui, importa lembrar a solução indicada por Fromm: para ser livre e não cair na solidão, o homem deve ter atividade espontânea, isto é, em que seja ele mesmo. Essa atividade pode ser vista claramente no artista e na criação intelectual, mas é também característica do amor verdadeiro, em que o indivíduo não se destrói nem destrói o objeto amado, mas *une-se* a ele.

Explicitamente, Fromm (1941, p.271) admite que o homem já pode superar o domínio da escassez e deixar de lutar por sua sobrevivência, de forma que o problema atual seria tornar o homem senhor, e não escravo, das forças sociais e econômicas. Do ponto de vista teórico, Fromm chega a uma concepção semelhante à de Kardiner, embora utilize termos diferentes: enquanto Kardiner fala em *personalidade básica*, Fromm utiliza o conceito de *caráter social*. Mas também para Fromm o caráter social abrange a estrutura de caráter da maioria dos membros de um grupo. Esse caráter social se forma pelas "experiências e pelo modo de vida do grupo", e aqui aparece a primeira diferença com relação à teoria de Kardiner: para este a personalidade básica resulta do tratamento recebido na infância, enquanto para Fromm essa suposição não é tão explícita. Embora também fale em influência de modelos da família, tem-se a impressão de que o caráter social se forma *diretamente* por experiências de vida.

Sob outro aspecto, a teoria de Fromm é mais complexa. Em primeiro lugar, Fromm supõe que a vida econômica, o caráter e as ideologias sejam interdependentes, mas, ao mesmo tempo, conservem uma relativa autonomia, isto é, a vida econômica não depende da motivação psicológica, embora possa influir nesta e, depois, ser por ela influenciada; a motivação psicológica depende das condições reais da vida, mas tem um dinamismo próprio; a ideologia é autônoma na medida em que depende de leis de lógica e de uma tradição de conhecimento. Se se pensa em caráter social, este decorre da adaptação à sociedade, de forma que, quando esta se modifica, também se modifica o caráter social. Depois, este pode influir na ideologia, e assim sucessivamente.

Outra diferença é que Fromm supõe certos impulsos básicos do homem – a busca de autonomia, por exemplo – que não podem ser inteiramente afastados ou reprimidos; quando as condições reais não permitem sua expressão, acabam por manifestar-se indiretamente. De forma que, ao contrário do que ocorre com a teoria de Kardiner, Fromm não cai no relativismo cultural, mas, ao contrário, tem critérios para verificar se uma sociedade é saudável ou não.

Outra diferença fundamental deve ser observada. Como Freud, Fromm pensa na história ocidental, especialmente a europeia, e nesta verifica um desenvolvimento linear; Kardiner, ao contrário, pensa em desenvolvimentos culturais independentes entre si, e independentes também da história europeia.

Finalmente, deve-se observar que, de todas as análises de Fromm, a psicologia parece ter aceito a noção de autoritarismo, ponto de partida para o desenvolvimento da escala de autoritarismo construída por Adorno et al. (1950). A noção de caráter social, sem as suas conotações e explicações mais características, foi um dos elementos para o conceito atual de caráter nacional. A outra noção básica de Fromm – a de conformismo – foi ampliada por David Riesman.

David Riesman e a multidão solitária

A intenção fundamental de Riesman[3] foi conseguir uma tipologia das sociedades, a partir de processos ou estágios demográficos.

Na fase em que a população é relativamente estável – elevada natalidade e elevada mortalidade –, predomina o tipo "dirigido pela tradição". Neste, o comportamento é determinado pelos padrões culturais, pela religião, pela família, isto é, controlado por forças externas ao indivíduo. Por isso, a sociedade desse tipo é denominada dependente da orientação da tradição. Nesse caso, Riesman fala ainda em "elevado potencial de

---

3 Ver Riesman, Denney e Glazer (1950) e Riesman & Glazer (1953).

crescimento", supondo que, se se reduzir o elevado índice de mortalidade, haverá uma rápida expansão da população. Como exemplos disso, Riesman cita a Índia, o Egito, a China, os grupos não civilizados da África Central e das Américas. São sociedades em que, fundamentalmente, não se valoriza a individualidade ou originalidade, mas a obediência minuciosa aos padrões tradicionais.

Nas populações de crescimento de transição, aparece um outro tipo, o "dirigido pelo seu íntimo". Esse crescimento da população ocorre quando, embora haja redução no índice de mortalidade, o de natalidade continua elevado. O exemplo mais estudado e conhecido dessa transformação pode ser observado na Europa, entre 1650 e 1900. O tipo "dirigido pelo seu íntimo" não precisa do minucioso controle das normas tradicionais, pois toma decisões pessoais. O predomínio desse tipo indica o triunfo do individualismo e da expansão da sociedade – seja a expansão econômica no país seja a expansão geográfica, pelo imperialismo e pela colonização.

Finalmente, na terceira fase, a população começa a declinar ou a estabilizar-se, e surge o tipo "dirigido pelos outros". Nesse caso, a queda da mortalidade é acompanhada por uma queda da natalidade e é possível um elevado nível de consumo. O tipo "dirigido pelos outros" decorre do fato de, nessa sociedade, o homem ter um contato cada vez menor com a natureza, ao mesmo tempo que depende de seu contato com os outros. Estes – entendidos como os seus colegas ou companheiros – é que determinam o que é certo ou errado. Os pais deixam de ser aqueles que impõem a disciplina e passam a exigir o ajustamento dos filhos aos seus companheiros. Ou, na expressão de Riesman, a pessoa deixa de ser dirigida pelos seus ancestrais e passa a ser dirigida pelos seus contemporâneos. E o exemplo do predomínio desse tipo pode ser encontrado em certas regiões metropolitanas dos Estados Unidos, Canadá e Austrália. Na realidade, esse tipo é que ocupa a maior parte da descrição de

Riesman, pois o seu interesse parece centralizado na descrição do caráter americano contemporâneo. Riesman indica, bem explicitamente, a relação entre sua teoria e a de Fromm, e, de fato, o tipo dirigido pelos outros parece ligado à noção de conformismo automático e à de personalidade do mercado – criadas por Fromm para descrever uma das orientações básicas do homem contemporâneo. Vale dizer, as suas descrições da sociedade atual – especialmente a americana – são muito semelhantes. De um outro ponto de vista, no entanto, suas teorias são quase opostas: enquanto Fromm parece voltado para os processos de *autonomia*, Riesman parece voltado para os processos de *conformismo*. Por isso, Fromm pensa na história humana como a progressiva libertação do homem, capaz de tornar-se cada vez mais espontâneo e original; Riesman pensa em diferentes maneiras de conformismo, isto é, de obediência à tradição, aos ancestrais ou aos contemporâneos. Embora considere, como Fromm, que o Renascimento e a Reforma facilitaram ou permitiram o aparecimento de um homem relativamente autônomo, Riesman admite esse período como passagem para um outro, de maior conformismo ainda.

Analisada como teoria global, a descrição de Riesman apresenta alguns problemas imediatos. Um deles seria o caso da França, onde o declínio ou estabilidade da população não provocou o aparecimento do tipo dirigido pelos outros. Riesman reconhece a contradição, mas sugere que a transição para esse período pode ter sido longa e difícil, e que isso pode explicar a permanência do modo de conformismo adequado ao período anterior. Mas está claro que isso equivale à introdução de uma outra variável, cuja atuação não é bem especificada. Outra questão – a ser proposta pela evolução política dos últimos anos nos Estados Unidos – refere-se à apatia política que Riesman, sobretudo em *Faces in the crowd*, salientou na população norte-americana. Esse é um caso em que já dispomos de recursos para refutar a teoria: a apatia desapareceu e, sobretudo nos jovens norte-americanos, parece haver uma tendência cada vez mais acentuada para a participação política. Em outras palavras, embora a descrição de Riesman fosse correta para a década de 1950, apreendia uma situação momentânea, e não uma tendência duradoura.

Caráter nacional na Segunda Guerra Mundial

Mais ainda que a guerra de 1914-1918, a Segunda Guerra Mundial (1939-1945) mobilizou os cientistas sociais americanos para diferentes tarefas, algumas das quais seriam continuadas no período da guerra fria. A descrição do caráter nacional foi uma dessas tarefas, embora nesse caso não fosse possível atingir a precisão e a sistematização obtida no monumental estudo de Stouffer et al. (1949). Se isso poderia lançar, preliminarmente, uma suspeita de simples propaganda nacionalista, nem por isso se deve deixar de lado esse material, pois talvez por isso mesmo esclareça alguns aspectos do processo pelo qual chegamos a descrever ou explicar características de diferentes povos. Aqui não será feita uma resenha compreensiva de todos esses estudos, e serão escolhidas apenas algumas das análises mais conhecidas, a fim de indicar o tipo de explicação suposto em tais trabalhos.

Ao escrever logo depois de os Estados Unidos terem entrado na guerra, Margaret Mead (1942) procura indicar os elementos do caráter norte-americano que poderiam facilitar ou dificultar uma vitória sobre o inimigo. Para isso, tenta uma descrição do caráter nacional, pela cultura americana, de acordo com três linhas fundamentais: a formação dos Estados Unidos, a mobilidade social e geográfica da população, o sistema de educação na família. Na verdade, a descrição de Mead não acompanha as descrições clássicas das culturas primitivas, provavelmente porque a autora percebe que isso seria extremamente complexo; além disso, introduz uma dimensão histórica muito mais rica do que é usual na descrição de povos primitivos, provavelmente porque o tempo histórico tem maior significação nas sociedades chamadas civilizadas. Apesar disso, embora rejeite explicitamente a existência de diferenças psicológicas determinadas pela raça, Mead supõe diferenças determinadas pela cultura – entendida, sobretudo, como a forma de educar crianças – e que separam os países civilizados.

Na formação dos Estados Unidos, observa o fato de que sua população foi constituída por levas de imigrantes europeus que tinham uma vasta região para conquistar. A fixação social em novo ambiente tem várias consequências. A primeira delas é que o imigrante deseja adaptar-se e, sobretudo, deseja que seu filho se integre na nova sociedade e atinja um posto para ele, imigrante, inacessível. Por sua vez, o filho de imigrante deseja ultrapassar o pai, esquecer o sotaque que ouvia em sua família. A terceira geração já está integrada e é por isso que Mead pode dizer que "todos somos terceira geração". Esse fato define o americano e pode ser observado em sua necessidade de formar grupos e associações, capazes de garantir a sua ligação com o ambiente mais amplo.

Essa característica precisa ser explicitada por meio de outra – a mobilidade social e geográfica da população. Como existem muitas oportunidades de trabalho, e como o indivíduo acredita em sua possibilidade de ascensão, a população americana está em movimento constante, de cidade para cidade. De outro lado, como os limites de classe são mal definidos, basta passar para outra cidade para que a classe social seja esquecida e o indivíduo possa ingressar em outro grupo.

Finalmente, essa mudança constante tem influência decisiva na organização da família e na educação da criança. Os jovens esposos, separados de seus pais, não têm critérios tradicionais para a educação dos filhos: por isso, precisam valer-se dos conselhos dos técnicos e obedecer a diferentes *modas* na maneira de educar. Quando a criança vai para a escola e começa a aprender coisas que os pais ignoram, estes continuam a não ter critérios independentes para avaliar os progressos dos filhos. Por isso, são obrigados a valer-se das notas escolares e, sobretudo, da comparação com outras crianças. Esse princípio continuará a ser utilizado durante toda a vida dos filhos: a forma de avaliar o seu mérito é compará-lo aos outros, conhecer o seu rendimento em dólares.

Talvez por pensar na situação de guerra, Margaret Mead dá importância muito grande ao controle da agressividade, sobretudo no caso do menino. Geralmente, esse controle é feito pela mãe, e não pelo pai; consequentemente, a criança não recebe informações sobre a maneira de comportar-se diante de outras crianças. O menino recebe instruções para não começar uma briga e não bater em meninos menores; de outro lado, não deve fugir diante de um agressor de seu tamanho ou um pouco maior. Além disso, Mead supõe que esses princípios, aceitos na infância, são transferidos para a vida adulta e as relações internacionais. Nestas, os americanos não começam uma luta, nem fazem guerra a países mais fracos – e os casos em que aparentemente isso aconteceu são explicados como *ações policiais*, e não guerra. Por isso, pode concluir que a guerra então iniciada era uma situação adequada para o caráter americano.

Nesse livro é muito fácil aprender um tom nacionalista bem nítido, explicável pela situação de guerra. Mas isso tem outras consequências para o pensamento antropológico e a noção relativista de cultura. Se esta é variável de povo para povo, e se não podemos falar em culturas superiores e inferiores, como justificar uma guerra para destruir uma ou várias culturas, ou como sugerir que *nossa* cultura é melhor que a do inimigo? Margaret Mead oscila na resposta à pergunta: ora sugere que a cultura americana é realmente superior – pelos menos à alemã e à japonesa – ora procura mostrar a necessidade de aproveitar os aspectos positivos de outras culturas. A atitude que se denominaria etnocêntrica é bem nítida, por exemplo, ao salientar o conteúdo moral da cultura americana, como se outras culturas também não se fundamentassem em conteúdo moral, isto é, no princípio de bem e mal, certo e errado. Por exemplo, salienta a noção de *fair play*, supostamente inexistente na cultura alemã. Outro erro evidente refere-se à descrição da fantasia infantil de ser uma criança adotada; embora Mead procure mostrar que essa fantasia decorre da estrutura da família americana, o processo já tinha sido analisado por Freud: essa fantasia aparece quando a criança descobre que os pais não são perfeitos, e imagina que os pais verdadeiros sejam os modelos de perfeição que deseja encontrar.

Se esses equívocos poderiam ser considerados secundários, o certo é que revelam dificuldades aparentemente insuperáveis dessa aplicação do conceito de cultura. Em primeiro lugar, confunde cultura alemã e nazismo – e forçosamente esquece que movimentos muito semelhantes apareceram em muitos países. Consequentemente, pensa na necessidade de reformar toda a educação alemã para evitar o reaparecimento do nazismo. Em segundo lugar, não dá o devido relevo à semelhança entre o preconceito antissemita e o preconceito contra o negro – embora mencione o problema para a reconstrução do mundo de após-guerra. Em terceiro lugar, embora afaste o Sul como região nitidamente diversa do resto do país, deixa de lado diferenças regionais e de classes no interior da cultura, isto é, apresenta uma imagem unitária que evidentemente não corresponde à realidade. Para dar apenas dois exemplos: o controle da agressividade e os cuidados médicos com as crianças. Mead pensa, aparentemente, nos padrões de classe média e alta, quando é evidente que a classe mais pobre apresenta padrões bem diversos para essas duas formas de comportamento. Nos Estados Unidos, como em outros países, a classe mais pobre tem menos controle da agressividade – o que se verifica, por exemplo, no tipo de criminalidade das várias classes – e tende a utilizar padrões tradicionais no cuidado com as crianças.

Sem dúvida, a dificuldade mais séria, tanto teórica quanto prática, refere-se ao problema de mudança cultural. Mead chega a pensar na necessidade de várias gerações para a modificação de um padrão. Como Kardiner, admite que as experiências infantis são decisivas e se perpetuam, de forma que a modificação do padrão de comportamento exigiria, pelo menos, uma geração que, desde o berço, fosse educada de forma diferente, para que o nazismo fosse erradicado da Alemanha. Aparentemente, dever-se-ia ingressar na ficção científica ou, pelo menos, no *Admirável mundo novo*.

A análise da cultura japonesa, realizada por Ruth Benedict (1946), parte de suposições teóricas muito semelhantes às de Mead: a personalidade se forma sobretudo na infância e o comportamento é em grande parte aprendido. Como a descrição de Mead, a de Benedict supõe, implícita mas não explicitamente, a personalidade modal ou básica, embora sem os seus pressupostos teóricos. Na comparação entre os dois livros não convém esquecer, também, que Mead escreveu no início da guerra, numa tentativa de elevar o moral do povo americano, enquanto Benedict escreveu depois da guerra, num momento em que já não seria contraditório falar em compreensão do inimigo ou nas suas qualidades positivas.

A partir da atuação internacional do Japão, Ruth Benedict procura explicar o aparente dualismo de toda a vida japonesa – dualismo indicado pelo título de *O crisântemo e a espada*. Em última análise, o dualismo é explicado pelo dualismo da educação e da vida japonesa: a criança tem toda a liberdade e satisfação na primeira infância, mas sofre restrições cada vez maiores à medida que se aproxima da vida adulta. Para Benedict, esse dualismo explica que o japonês oscile entre a maior submissão à família e o excesso do amor romântico, entre submissão e arrogância, entre timidez e bravura, entre conservantismo e renovação, entre disciplina e insubmissão, e assim por diante. De forma que comportamentos aparentemente contraditórios são explicáveis por essa formação contraditória do caráter japonês (ibidem, p.290-1). A suposição explícita é que o caráter *ocidental* seja mais uno, ou menos contraditório, isto é, revele um comportamento mais coerente nas várias esferas da vida social e individual.

Ruth Benedict não salienta apenas essa diferença entre o ocidental – sobretudo o norte-americano – e o japonês; para a autora, existem diferenças igualmente importantes em outros aspectos, e a descrição dos padrões japoneses constitui o núcleo de seu livro. Uma das características do caráter japonês é o sentimento de dívida do indivíduo com relação àqueles que lhe fizeram algum favor, bem como o sentimento de dever diante do trabalho, do país, da família, do próprio nome. Esse aspecto explica a capacidade de trabalho do japonês, bem como sua disciplina com relação aos superiores ou aos pais. Mas em contradição com esse universo estrito de dever e obrigação moral, a cultura japonesa admite uma esfera dos sentimentos, em que o dever não impera e o indivíduo é relativamente livre. Esse é o universo do prazer – desde o prazer, para nós inocente, do gosto de uma xícara de chá, de contemplação de uma cerejeira em flor ou do banho quase cerimonial, até os prazeres, para nós pecaminosos, do sexo. Como a cultura japonesa não reprime o corpo, não constrói tabus em torno do sexo, muito embora separe nitidamente o domínio espiritual do físico. Essa situação cria um outro estado de tensão na vida japonesa: depois de aprender a apreciar os prazeres físicos, deve aprender a dominá-los, não porque sejam maus, mas porque o homem só se eleva na medida em que é senhor de si mesmo. O domínio é conseguido desde muito cedo, não porque a criança japonesa receba uma série de regras abstratas, mas porque aprende hábitos bem específicos, até tornar-se capaz de executá-los com grande perfeição.

Aqui é necessário deixar de lado as descrições pormenorizadas desses padrões, a fim de discutir a ideia fundamental apresentada por Ruth Benedict, isto é, a tensão peculiar ao caráter japonês. As tensões e contradições parecem realmente notáveis, pelo menos até o momento em que pensamos em contradições semelhantes, e às vezes quase idênticas, que podem ser encontradas nas chamadas culturas ocidentais. Por exemplo, Ruth Benedict dá grande importância à separação, na vida do homem japonês, entre a vida de família e a vida amorosa ou sexual. A esposa é escolhida pelos pais, e o homem tem obrigações bem definidas no lar; ao mesmo tempo, em outra esfera, satisfaz sua vida sexual em casas de gueixas ou prostitutas. Essa separação parece estranha apenas até o momento em que lembramos contradições muito semelhantes nas culturas ocidentais, onde também existe prostituição. De outro ponto de vista, a contradição em nossa cultura parece ainda mais intensa, pois a prostituição só muito recentemente passou a ser combatida, em vez de ser negada e aceita pelas mesmas pessoas. Quase a mesma coisa pode ser dita a propósito do casamento: é muito recente o ideal de coincidência entre o amor romântico e o casamento, de forma que o padrão japonês está menos longe do nosso do que parece à primeira vista.

Para demonstrar outras características da cultura japonesa, Ruth Benedict sugere que algumas palavras são intraduzíveis, pois indicam sentimentos desconhecidos em outras culturas. Uma dessas palavras seria *on* – que indica as várias formas de obrigações que uma pessoa deve a outra, e, por isso, a língua japonesa possui várias maneiras de dizer *muito obrigado*: *kino doku* ("oh! este sentimento venenoso!"), *arigatô* ("oh! esta coisa difícil"), *sumimasen* ("oh! isto não termina!"), *katajikenai* ("estou insultado e agradecido", isto é, agradeço e sinto que não mereço o favor recebido). Ruth Benedict indica as várias oportunidades em que essas várias formas sutis de agradecimento são ou devem ser utilizadas. No entanto, se analisarmos as formas de agradecimento utilizadas comumente em português – *muito obrigado*, *agradecido*, *Deus lhe pague* –, veremos que essas três formas, se empregadas com seu conteúdo integral, revelam uma relação diferente entre as pessoas. A relação de maior distância é traduzida por *Deus lhe pague*, e é – ou devia ser – empregada nos casos em que a pessoa não tem nenhuma possibilidade de retribuir o favor. Por isso, é geralmente empregada pelo mendigo para agradecer a esmola, ou por qualquer pessoa que receba um favor muito grande. A expressão *obrigado* indica, ao contrário, que a pessoa se coloca no mesmo nível de quem fez o favor; a expressão *agradecido* sugere uma relação menos intensa. Mas está claro que nem sempre as palavras são usadas com o seu conteúdo integral e, sobretudo no caso de fórmulas sociais, são frequentemente usadas sem nenhuma referência a tal conteúdo. Além disso, ainda que se admita que a língua japonesa seja mais rica quanto às formas de agradecimento e gratidão, isso não significa que pessoas de outras culturas não sintam aquilo que a língua japonesa exprime.

 O agradecimento e a gratidão, por exemplo, são sentimentos reconhecidamente complexos: não gostamos de dever favor quando não podemos retribuí-lo, às vezes desconfiamos de quem deseja fazer um favor não justificado pela relação existente, e assim por diante. Não temos palavras para traduzir ou indicar esses sentimentos, mas somos capazes de identificá-lo em nós ou nos outros. Um exemplo de língua mais próxima da nossa pode indicar nitidamente o processo. Em alemão, a palavra *Schadenfreude* indica a alegria que a pessoa tem com a infelicidade de alguém de que não gosta. O fato de não termos a palavra correspondente – e traduzirmos *Schadenfreude* por alegria maliciosa ou maldosa – não significa que estejamos imunes a esse sentimento. Mas está claro que, se partimos dessa palavra, podemos tentar explicá-la por certas características alemãs, e justificar sua ausência na língua portuguesa por outras características brasileiras e portuguesas.

Quanto à existência de diferenças reais nos sentimentos, uma prova poderia ser dada pela nossa compreensão da arte japonesa: por exemplo, do cinema japonês. Embora admita essa compreensão – o que desmentiria grande parte de sua interpretação –, Ruth Benedict supõe que compreendemos na medida em que substituímos os sentimentos realmente descritos ou apresentados, colocando em seu lugar os nossos sentimentos usuais. Como esse problema será discutido nos capítulos seguintes, aqui deve ser apenas indicado.

Finalmente, uma outra observação sobre o livro de Ruth Benedict. Em toda a sua descrição, o problema econômico praticamente não aparece, seja na vida japonesa seja nas relações do Japão com outros países. As guerras com os Estados Unidos ou com a China aparecem como fenômenos culturais, independentes da luta por mercados ou por matérias-primas; as condições impostas pelos Estados Unidos teriam sido interpretadas como *ofensas*, mas não como restrições econômicas. De forma que a missão norte-americana, depois da vitória de 1945, é vista como tentativa de reeducação para a democracia, na suposição de que os países democráticos só fazem guerras defensivas e não de conquista imperialista. Para essa reeducação, Ruth Benedict julga que o Japão apresenta condições mais favoráveis que a Alemanha, pois a família japonesa não é autoritária como a alemã.

Por isso, será oportuno lembrar um estudo mais ou menos da mesma época, realizado por Schaffner (1948), e referente aos padrões da família alemã. Ao contrário do que ocorreu com Mead e Benedict, Schaffner utilizou-se de técnicas quantitativas, sobretudo de frases incompletas que as pessoas devem completar (por exemplo: "Se um pai não inspira respeito ao seu filho...").

De qualquer forma, as perguntas fundamentais supostas por Schaffner poderiam ser resumidas às seguintes: como foi possível que os alemães aceitassem o nazismo? O que é possível fazer para conseguir uma vida política democrática na Alemanha?

Para a primeira pergunta, Schaffner encontra uma resposta na peculiar organização da família alemã. Em primeiro lugar, a família, ao contrário do que ocorre com a norte-americana, não se funda no amor romântico. O casamento decorre, pelo menos em grande parte, da escolha dos pais, e o *dote* para as noivas ainda é uma instituição aceita. Em segundo lugar, o homem tem o domínio absoluto do lar, não apenas com relação aos filhos, mas também com relação à mulher. De forma que esta deve procurar sua realização pessoal em tarefas tradicionalmente femininas: o cuidado com a casa, com a cozinha e as crianças pequenas.

Nessa família, a criança aprende a obedecer e a trabalhar. A opinião do pai é definitiva e indiscutida; o trabalho é imposto à criança como algo capaz de resolver os problemas e superar as dificuldades, como a forma de obter felicidade. Embora tenha o auxílio da família quando o trabalho é difícil, a criança sabe que será desprezada se não atingir os padrões dela exigidos. Dessa dedicação reunida ao medo da autoridade decorrem os traços do caráter alemão: a necessidade de levar um trabalho até o fim, a preocupação com minúcias, a incapacidade de ver alternativas para a realização de um objetivo. Para Schaffner, essa peculiar estrutura da família alemã era um terreno propício para o aparecimento do nazismo: habituado a obedecer, o alemão não encontrou dificuldades em submeter-se à autoridade do chefe nazista.

Segundo Schaffner, portanto, o nazismo não foi um movimento episódico na história alemã, mas uma forma política que de certo modo decorre da família e da educação alemãs. A reação dos alemães à ocupação comprova esse ponto de vista, pois sua tendência era a submissão às ordens das novas autoridades, para as quais transferiam a fidelidade antes dedicada aos chefes nazistas. E as experiências políticas com jovens mostravam as dificuldades para a transformação da Alemanha: mesmo os pais e professores que se opuseram ao nazismo tinham dificuldades em aceitar a autonomia política dos jovens, sua capacidade para decisões pessoais. Também eles admitiam que os jovens deviam obedecer aos mais velhos, isto é, tendiam a continuar a organização autoritária da família, da escola e da vida política. Assim, uma organização democrática da vida política alemã depende de uma transformação do padrão tradicional da família. Em outras palavras, a modificação nas ideologias políticas e nas instituições legais e sociais não atingirá seus objetivos sem modificação nas relações interpessoais e na família. Para isso, as crianças devem ser educadas de forma que, mais tarde, não imponham o autoritarismo na família.

Em Schaffner, como em Mead e Benedict, o padrão cultural tende a ser visto como algo que independe da realidade econômica e social. Em outras palavras, é o caráter alemão que determina a capacidade de trabalho do povo; é a psicologia que determina a vida econômica e social, e não o contrário. Disso resulta uma volta aparente a uma forma de pensar que se supunha ultrapassada: os povos têm características psicológicas e são estas que determinam as guerras, a vida econômica e política de um país.

Caráter nacional e política

Essas descrições sugerem que, pelo menos nesse período inicial, os antropólogos que aceitam a ideia de caráter nacional trabalham com um esquema etnocêntrico. Sua intenção, confessada ou não, é fazer que outros povos aceitem os padrões culturais supostamente característicos dos Estados Unidos, isto é, uma vida política democrática, na política interna, e um ideal pacifista, na política externa. Apesar de sua formação antropológica, não reconhecem que os alemães e japoneses também tinham uma *justificativa* para a guerra, exatamente como os americanos. Também para eles a guerra tinha sido uma coisa imposta pelos outros países, e Hitler, como se sabe, apresentava-se como um campeão da paz que os líderes estrangeiros conduziram à guerra.

Como, de outro lado, não pensam na Segunda Guerra Mundial como fenômeno político – no sentido mais amplo da palavra –, precisam explicá-la como decorrência de fatores psicológicos, enraizados no caráter dos povos inimigos, e de onde poderiam ser eliminados por meio de um gigantesco programa educacional.

Um observador verifica que essas características psicológicas são, em grande parte, inferidas da vida política e, depois, servem para explicar essa mesma vida política. É um processo circular, muito semelhante ao indicado na explicação que Ruth Benedict apresenta em *Patterns of culture*. A comprovação desse vício lógico na explicação pode ser verificada na impossibilidade de estender a mesma análise a outros países que aceitaram ou sofreram o fascismo. Para que a explicação de Schaffner, por exemplo, pudesse ser aceita, seria preciso demonstrar que todos os países europeus que pelo menos durante algum tempo estiveram sob o regime fascista – Itália, Espanha e Portugal – têm a mesma estrutura de família autoritária encontrada na Alemanha. E, na verdade, em todos esses países o fascismo foi mais duradouro que na Alemanha; se o nazismo alemão chamou mais a atenção, isso se deve talvez ao fato de ser país mais industrializado, economicamente mais poderoso.

Dizendo de outro modo, para que a explicação do fascismo pelo caráter nacional pudesse ser aceita, seria preciso demonstrar que essa forma de domínio político só aparece quando o povo tem determinadas características psicológicas. Sem essa demonstração, estamos diante de uma explicação *ad hoc*, que precisaria ser praticamente invertida para dar conta de fenômenos semelhantes ou idênticos, apresentados em condições aparentemente muito diversas. Mas se essa nova fase do caráter nacional se inaugurava sob o signo do nacionalismo e do etnocentrismo, o término da Segunda Guerra Mundial não diminuiu o ímpeto de antropólogos, e depois também de psicólogos, que se voltaram para o estudo do caráter nacional.

4
Teoria e prática do caráter nacional

Já se disse que o fim da Segunda Guerra Mundial não extinguiu, pelo menos entre antropólogos e alguns psicólogos, o interesse pelos estudos de caráter nacional. Como se verá no capítulo seguinte, pelo menos a partir de 1950 foram apresentadas críticas muito severas a tais estudos, mas isso parece não ter diminuído o entusiasmo de seus proponentes. E na década de 1950 concentram-se análises concretas e discussões teóricas, nem sempre com grande coerência, cuidado ou informações históricas. Apenas para facilidade de exposição, este capítulo refere-se exclusivamente a essas análises positivas, enquanto o capítulo seguinte será dedicado à sua análise crítica, embora algumas destas tenham sido – como as de Róheim – apresentadas já em 1950. Com isso, perde-se um pouco a sequência cronológica dos estudos, em favor de uma apresentação mais lógica ou sistemática.

Utilização de conceitos psicanalíticos

Como se verá no Capítulo 5, especialmente por intermédio de Róheim, a psicanálise ortodoxa ou freudiana manteve-se distante dos estudos de caráter nacional. No entanto, algumas hipóteses e alguns conceitos da psicanálise foram utilizados nesse campo, ora por leigos ora por psicanalistas convertidos ao que se chamaria, com certa impropriedade, uma psicanálise cultural. Na verdade, essa teoria, também um pouco impropriamente denominada neofreudismo, constituiu, senão o fundamento, ao menos o clima de opinião para os estudos de caráter nacional (Lindesmith & Strauss, 1950). Convém examinar um pouco seus pressupostos para ver de que forma puderam ser utilizados pelos estudos de caráter nacional.

Os neofreudianos – Fromm, Horney, Sullivan, para mencionar apenas os mais importantes[1] – sustentaram que Freud dera uma explicação excessivamente biológica do comportamento; por isso, pretendiam uma explicação social, fundamentalmente baseada nas condições sociais de conflito e nas relações interpessoais. Isso equivaleria a aceitar os processos descritos por Freud, mas não o seu conteúdo; por exemplo, embora se admita a situação edipiana, admite-se também que o conflito descrito por Freud – atração sexual pela mãe e ódio ao pai – poderia não aparecer, ou aparecer sob formas bem diversas em outras sociedades. Outra diferença bem nítida entre Freud e os neofreudianos refere-se ao nível de análise: enquanto Freud pensava nos processos inconscientes, os neofreudianos pensam especialmente nos processos conscientes. Na terminologia psicanalítica, Freud pensa em processos no *id*, enquanto os neofreudianos pensam principalmente nos processos do *ego*. Como os processos conscientes surgem em período mais avançado do

---

[1] Essas várias teorias são sumariadas por Clara Thompson e Patrick Mullahy.

desenvolvimento, os neofreudianos podem explicar o comportamento como resultante de conflitos surgidos até na adolescência, enquanto para Freud estes últimos já seriam consequência de conflitos anteriores.

De outro lado, como se verá agora, o emprego da terminologia e das hipóteses freudianas nem sempre se faz de forma coerente: enquanto num caso a explicação é dada pelo período de desmame do bebê, em outro, a explicação é apresentada por processo adolescente.

Erik H. Erikson (1950, p.281-315), ao explicar o triunfo do nazismo, liga a família autoritária a condições históricas. A autoridade do pai alemão não é autêntica, pois não resulta da "integração de ideal cultural e método educacional". Isso, por sua vez, resulta do fato de na Alemanha não ter havido uma verdadeira revolução democrática, pela qual as outras classes acabassem por identificar-se com a aristocracia. O pai alemão, ao contrário, comporta-se como um sargento ou oficial inferior, sempre temeroso de perder sua precária autoridade e sua segurança.

O outro aspecto importante no desenvolvimento do alemão seria a adolescência: na Alemanha, mais que em outros países, a adolescência marca uma ruptura com o pai, uma rejeição dos valores aceitos por este. Ao mesmo tempo, como a autoridade foi firmemente implantada, essa rebeldia só pode provocar o sentimento de culpa, de forma que o jovem acaba por renunciar a essa liberdade e por identificar-se novamente com o pai. Assim repete-se o ciclo, isto é, no momento exigido a nova geração passa a exercer o mesmo tipo de autoridade, com o mesmo tipo de dúvida, pois a aceitação do papel tradicional significa desistir de sua genialidade e de sua individualidade.

Se Hitler conseguiu conquistar as massas, isso se deve, segundo Erikson, ao fato de não procurar ser o pai, mas pretender ser o irmão, que continuava rebelde e capaz de sacrificar-se. Dessa forma, adquire sentido o fato de Hitler não se casar, de se apresentar como puro, sem vícios, sem outra ambição além de servir à pátria.

Finalmente, Erikson salienta o perigo da passagem de "imagens familiais" de uma nação para suas "atitudes nacionais e internacionais". Sua forma de realizar essa passagem consiste em supor um "plano inconsciente de vida", resultante de alguns "conceitos temporais-espaciais" que seriam historicamente determinados. No caso da Alemanha, tais conceitos poderiam resumir-se a "unidade e desunião" e "fechamento e espaço vital". A análise de alguns autores alemães – Max Weber, Nietzsche e Thomas Mann – permite a Erikson dizer que é errado supor que o nazismo tenha vencido *apesar* da grandeza intelectual da Alemanha; ao contrário, teria resultado da orientação "associal" de seus grandes homens. O medo da desunião explica por que houve a pregação de pureza e de preconceito contra grupos minoritários. Convém ainda notar que, embora fale das dificuldades econômicas do período entre a guerra e o triunfo do nazismo, e embora fale de algumas diferenças entre classes, tais observações tornam-se nitidamente secundárias diante das notas *psicológicas e históricas*.

Na análise do norte-americano, Erikson (p.244-83) utiliza ainda a situação infantil e a adolescência para explicar as peculiaridades do caráter nacional – que prefere denominar "identidade nacional". A sua primeira observação refere-se à peculiar organização da família americana, em que a figura do pai se apaga diante da mãe dominadora e moralista. Segundo Erikson, esse tipo de mãe seria consequência da vida nas regiões pioneiras, onde a mulher não só representava os princípios da moralidade, mas era também obrigada a defender-se de homens ambiciosos e sem princípios.

Na situação contemporânea, a mulher tem um ideal – o próprio pai, que viveu como pioneiro – e do qual o marido não consegue aproximar-se. Disso decorre o desprestígio do marido e, embora Erikson não o diga com todas as palavras, a insatisfação da mulher. A ausência de uma autoridade bem definida faz que o jovem tenha tendência à competição em seu nível de idade, e não com seu pai.

Esse desenvolvimento do jovem parece boa preparação para a vida democrática, mas Erikson vê dois perigos para a democracia americana. Em primeiro lugar, o jovem ressente a chefia ostensiva, mas pode não estar preparado para resistir ao "chefe" oculto atrás do sistema de comunicação ou da organização política. Em segundo, o jovem pode ser seduzido pelo "maquinismo", isto é, pela eficiência mecânica, desprovida de objetivos.

Como se vê por esse esquema, tanto na análise da juventude americana quanto na da alemã, Erikson utiliza o esquema edipiano para explicar o desenvolvimento; no entanto, procura mostrar a padronização cultural do conflito, isto é, mostrar que diferentes situações de família conduzem a problemas peculiares na juventude e na vida social.

Outros exemplos de utilização de conceitos psicanalíticos podem ser encontrados nos trabalhos de Geoffrey Gorer (1948b, p.273-9; 1948a; Gorer & Rickman, 1950).[2] Em seu pequeno artigo sobre os japoneses, Gorer parte, como o fará Ruth Benedict, das contradições existentes da cultura japonesa, e chega a dizer que esta é, aparentemente, a "cultura mais paradoxal" que conhecemos. Sem conhecer a língua japonesa, e sem conhecer o Japão, Gorer utiliza informações de japoneses residentes nos Estados Unidos e seus descendentes, ou ainda de pessoas com grande conhecimento da vida japonesa. Os seus informantes eram pessoas de grupos urbanos e de classe média ou alta; sua informação sobre o Japão rural decorre do conhecido estudo de Embree, *A Japanese village*.

Aos informantes Gorer apresentou um minucioso questionário sobre a educação na primeira infância e, a partir de algu-

---

2 Outro trabalho de Gorer (1955) emprega método diverso.

mas generalizações, tentou explicar o comportamento japonês em várias situações. Quanto à educação na primeira infância, Gorer conclui: 1. os japoneses gostam de ter filhos, sobretudo meninos, que se tornam o centro de atenções da casa; 2. o primeiro filho é carregado pela mãe, enquanto os outros são carregados pelos irmãos mais velhos; 3. durante os dois primeiros anos de vida, a criança passa quase todas as horas de vigília amarrada às costas das pessoas; 4. a criança é superalimentada; 5. o desmame se dá por volta dos dois ou três anos de idade; 6. a criança sofre restrições em seu comportamento, pela posição em que é carregada às costas, pelas rígidas regras quanto aos lugares em que pode pisar na casa e quanto à maneira de sentar-se e saudar os mais velhos; 7. o treinamento da limpeza é muito severo, sobretudo o que se refere ao controle das fezes, qualquer falha da criança é severamente punida; 8. não existe grande repressão das manifestações sexuais infantis; 9. o menino pequeno pode exprimir sua agressividade sobretudo com relação às mulheres – ainda que seja sua mãe –, mas é obrigado à obediência cega aos homens mais velhos, a partir da idade escolar a agressividade é proibida; 10. a menina aprende a ter um comportamento submisso e passivo; 11. o riso é considerado um severo castigo, e Gorer supõe que isso explicaria o castigo físico conseqüente a um comportamento ridículo da criança.

A seguir, Gorer acompanha as "ramificações" desses aspectos da educação na vida adulta, limitando-os e ao que denomina três "temas": o controle gastrointestinal; a aprendizagem ligada à atitude diante dos pais; a aprendizagem referente ao controle do corpo e do ambiente animado e inanimado.

Quanto ao primeiro, Gorer supõe que a superalimentação na infância impeça a "angústia de fome", de forma que o japonês não dá importância ao alimento, nem desenvolve uma etiqueta de refeições. A outra conseqüência é o horror à sujeira, embora esse horror se manifeste na casa, mas não em lugares públicos, pois estes seriam neutros. O medo à sujeira seria um dos fundamentos do culto religioso japonês, e Gorer concorda com George Sansom, para quem o japonês não tem o conceito de pecado, distinto do de sujeira. Isto se liga à educação na primeira infância, que acentua o certo e o errado em situações específicas, mas não os princípios gerais. De outro lado, a especificidade da reação conduz à adaptação do japonês e explica que o máximo de tradicionalismo coincida com sua adaptação a situações novas. Finalmente, a obediência às características específicas da situação conduz o japonês ao ritualismo – o que na sociedade contemporânea corresponderia ao caráter compulsivo.

Ora, no caráter compulsivo se oculta um desejo reprimido de agressão, o que explica o contraste entre a delicadeza da vida japonesa e a crueldade do japonês na guerra.

A aprendizagem de atitudes diante dos pais conduz o japonês à divisão do mundo em aspectos masculinos e femininos: os primeiros devem ser obedecidos cegamente, os segundos podem ser amados, mas são também desprezados. Essa constelação passa para as relações internacionais: inicialmente vistos como masculinos, depois da derrota russa de 1905 os brancos são vistos como femininos. Como não reagem masculinamente, as democracias ocidentais são atacadas e destruídas, exatamente como o menino pequeno ataca a própria mãe.

No controle do corpo e do ambiente, Gorer sugere que ao rigoroso controle de todos os movimentos corresponde o controle do ambiente. Este pode ser controlado de duas formas: pelo afastamento ou pelo domínio. Depois de aceitarem, até as reformas de 1867, a técnica de afastamento, os japoneses iniciaram a técnica de controle do ambiente externo. Mas esse é um processo interminável, e os japoneses percebem que só se sentirão seguros quando tiverem o controle do mundo todo.

Essa descrição do caráter japonês permite supor que Gorer pretendeu apenas explicar a agressividade japonesa na Segunda Guerra Mundial, justificando-a pela educação na primeira infância.

O trabalho seguinte de Gorer, sobre o caráter americano, é muito mais extenso, e, além disso, usa hipóteses de um outro nível para a explicação. Se no caso dos japoneses partiu da educação na primeira infância para explicar as instituições, no caso dos americanos parte da história e das instituições para explicar a educação na primeira infância.

Para Gorer, o aspecto fundamental da vida americana – e o que de certo modo determina os outros – é a rejeição do pai imigrante. Na independência política, os americanos destruíram a autoridade, nesse momento representada pelo governo inglês, e procuraram impedir o aparecimento de novas autoridades. Disso decorreram o igualitarismo e a desconfiança de qualquer autoridade, que passou a ser considerada pecado. Essa é, também, a origem da desconfiança com relação aos políticos e aos militares, de forma que os americanos admitem nos políticos a defesa de interesses particulares, mas não o desejo de autoridade.

Essa é também a origem do pacifismo americano e de sua oposição a qualquer planejamento econômico: ao contrário do que se poderia supor, os americanos não têm horror à luta e à violência, mas não aceitam a guerra porque esta implica o exercício de autoridade.

Na família, a rejeição do pai decorre do fato de este desejar que o filho seja inteiramente americano; além disso, como aprende a não aceitar a autoridade, o pai americano não consegue impô-la ao filho. Os princípios são aprendidos com a mãe e a professora, e o pai deve apenas exemplificá-los aos olhos dos filhos. Em outras palavras, a autoridade é exercida pela mãe e, consequentemente, a consciência moral americana é predominantemente feminina. A menina, por isso, tem um papel mais fácil que o menino – que carrega consigo a mãe que censura e aconselha. Como a mulher aconselha, mas não pode exemplificar com o comportamento, a moralidade americana é idealista, isto é, consiste em regras para os outros, e não atinge todos os domínios da vida; por exemplo, não cabe nos negócios, e estes passam a constituir um universo isento de regras morais.

Considera-se que as crianças têm as maiores potencialidades, desde que recebam educação adequada; o problema é saber o que é uma educação adequada. Como não aceita os padrões da geração anterior – geralmente estrangeira –, a mãe americana procura os conselhos técnicos em alimentação, saúde ou psicologia. Apesar das variações decorrentes de técnicas diferentes, Gorer supõe a existência de um padrão comum, resumido da seguinte forma: a) a insegurança quanto ao método provoca a angústia maternal; b) com isso, a alimentação adquire um valor excessivo, e o mesmo ocorre com a satisfação oral; c) o horário rígido de alimentação faz que a criança passe fome até acostumar-se a ele, do que decorre o medo à fome; d) da fome também decorre o valor erótico dos seios (enquanto outras sociedades valorizam as pernas), supondo-se que o gosto pelo leite tenha também um valor simbólico; e) alguns alimentos, dados como prêmio, se tornam sinais de amor, enquanto a recusa de alimento é recusa de amor; f) desde muito cedo – na verdade, desde a fase de bebê – a criança é colocada em comparação e competição com outras, inicialmente por tabelas de crescimento e, depois, por sua atividade nos brinquedos e por suas notas na escola; g) com medo de que o filho se transforme num "maricas" (*sissy*), a mãe valoriza todas as suas iniciativas, e, como os pais dão grande importância à narrativa de suas aventuras, o americano se caracteriza pela autoglorificação (*boasting*), bem como pelo valor dado às palavras, aos advogados e aos especialistas em relações públicas; h) a escola é principalmente um centro cívico e apenas em segundo lugar um local para a transmissão de conhecimentos; i) estimula-se o trabalho dos jovens (meninos e meninas) no período extraescolar.

Ao descrever o amor e a amizade entre americanos, Gorer dá uma grande importância ao *date*, por ele considerado instituição peculiar da vida americana: o *date* é um encontro entre um jovem e uma jovem – entre os 12 e os 25 anos de idade – onde existem todas as aparências, mas não o conteúdo do amor; o *date* raramente tem conteúdo sexual, sendo, ao contrário, uma forma de exibição pessoal e de competição, o que demonstra o horror à solidão. Além disso, esse período dos 12 aos 25 anos de idade é considerado a época de ouro da vida, e os pais fazem o possível para que os filhos possam desfrutá-la. Quanto à amizade, Gorer admite que, entre os americanos, tem mais extensão que profundidade, e "é fundada mais em interesses comuns que em semelhanças de caráter".

A importância dada à amizade e ao amor invade todos os domínios da vida, pois esses sentimentos indicam que a pessoa venceu. De outro lado, o igualitarismo emocional exige que todas as relações se assemelhem ao amor e à amizade: na vida política, contam as relações pessoais; na vida comercial, há o ensino de relações públicas; em alguns bares e restaurantes, o serviço é realizado por moças seminuas, numa sugestão de amor.

A personalidade é algo que pode ser controlado, quase como se fosse matéria-prima, e o caráter está subordinado à vontade; essa concepção passa para a psicologia americana, em que se admite que a personalidade possa ser transformada e controlada. Essa concepção se liga à importância da máquina na vida americana: se, inicialmente, a máquina foi necessária para substituir o trabalho artesanal, a linha de montagem é o ponto final dessa evolução, pois agora o homem complementa a máquina, realiza os movimentos que esta ainda é incapaz de realizar. Mas a máquina tem ainda outras influências na vida americana: o operário não se integra no trabalho e, pela indústria de diversões, tenta fugir ao tédio; foi a máquina que permitiu a grande riqueza do americano; à atomização do movimento – realizada na máquina – corresponde a atomização do conhecimento, entendido como acúmulo de coisas e fatos isolados; enfim, quase tudo pode ser reduzido ao funcionamento da máquina, isto é, desmontado e montado em modelo mais moderno. A isso escapa muito pouca coisa na vida americana, mas certamente escapam algumas instituições e a constituição dos Estados Unidos, considerada insuperável.

Nas relações com pessoas, o homem tem uma insegurança básica, enquanto a mulher não manifesta essa perturbação; é que o domínio masculino é o universo das coisas. Isso decorre das condições de vida do pioneiro, obrigado a enfrentar um ambiente desconhecido e frequentemente hostil, obrigado a trabalhar a matéria-prima. Por isso também, a terra é *esgotada* e depois abandonada, pois são muito recentes os movimentos para a conservação do solo e dos recursos naturais. Apesar disso, o americano se notabiliza pelo *know-how*, isto é, desenvolvimento e aperfeiçoamento de invenções feitas por outros; é muito pequeno o número de invenções básicas de americanos.

A diferença entre o tratamento de coisas e o de pessoas se transfere, até certo ponto, às relações com empregados e com outros povos. Num extremo, o empregado é considerado o irmão menor que precisa de uma ajuda; no outro extremo – numa relação facilitada pelo escravo negro e pelos migrantes –, o empregado quase adquire as características de coisas. Por isso mesmo, não se desenvolve a ideia do operariado como *classe*, e os partidos socialistas e comunistas sempre se restringiram a imigrantes, seus filhos e intelectuais.

Na avaliação do triunfo, o dólar é um critério universal, mas o dinheiro não é valorizado em si mesmo, o que permite a generosidade e a hospitalidade do americano. Ao mesmo tempo, o americano é competitivo e a frase *"keep up with the Joneses"* traduz a ideia de que a pessoa precisa ter o que os outros têm, seja em roupa seja em residência.

Finalmente, Gorer procura demonstrar que os americanos são *etnocêntricos*, embora não empregue a palavra, pois mostra que, para eles, a vida e a política americanas são critérios universais; sustenta também que as relações internacionais, assim como as pessoais, são vistas por intermédio do amor. Para o americano, a coisa mais importante, nas relações internacionais, é o fato de conseguir conquistar efetivamente os outros povos, embora não procure saber se *ele* gosta dos outros. Esse ideal é dificultado pelo contraste que o americano apresenta nas relações internacionais: de um lado, o rapaz bom e simples; de outro, o comerciante implacável, capaz de arruinar o concorrente.

Embora Gorer separe, como regiões bem diferenciadas, o Sul, a Nova Inglaterra, o Texas e a Califórnia, esse aspecto pode ser ignorado aqui. Mas é importante lembrar que praticamente não faz distinções de classe, embora não seja difícil notar que suas observações parecem voltadas para as classes média e alta. Outra observação refere-se ao método: embora lembre a oportunidade que teve de ouvir gravação de um tratamento psicanalítico, os seus dados parecem obtidos pela observação direta e por noções de história dos Estados Unidos. A terminologia psicanalítica praticamente desaparece – a não ser quando fala, por exemplo, em Superego (ou consciência moral) feminino. Outras ligações, embora curiosas ou surpreendentes, parecem menos justificáveis: por exemplo, a suposição de que os seios adquiram valor erótico pelo fato de a criança ser alimentada em horário rígido.

O estudo sobre os russos parece dos menos significativos na obra de Gorer. Tal como ocorreu no estudo sobre os japoneses, seu trabalho fundamentou-se na informação de imigrantes e seus filhos, além de usar o depoimento de John Rickman, coautor do livro, que durante algum tempo foi médico de camponeses russos (de 1916 a 1918). Isso representa não só uma deformação quanto ao período examinado, mas também quanto à escolha de pessoas, pois é provável que o grupo imigrante – exatamente por ter emigrado de um país – não possa ser considerado como representativo de uma cultura que abandonou, por uma razão ou por outra. Aparentemente, Gorer não se perturbou com essas possíveis objeções, pois sustenta que, para os observadores, a vida do camponês russo não sofreu muitas modificações nos últimos anos, pois seu ambiente continua basicamente o mesmo, embora haja mais eletricidade, mais higiene, mais escolas e movimentos antirreligiosos.

Para a análise do desenvolvimento do caráter, supõe ser necessário falar em duas castas: a da elite dirigente e a dos camponeses.

Entre os camponeses, a criança é normalmente enfaixada – em cueiros, o que a imobiliza – até aproximadamente os nove meses; na elite dirigente, apesar das campanhas em contrário, esse hábito continuou muito difundido. Para Gorer, o enfaixamento explica, pelo menos, parte do desenvolvimento do caráter russo: enquanto enfaixadas, as crianças passam pelo início da dentição e as fantasias de morder e destruir pela deglutição têm papel importante na cólera da criança. Disso decorre, aparentemente, o relevo dado aos dentes na propaganda russa contra os inimigos, pois haveria interferência de dois processos descritos pela psicanálise: a *onipotência do pensamento* e a *projeção*: o primeiro daria o sentido de poderosa força destrutiva; o segundo levaria a criança a projetar no adulto seus pensamentos e desejos.

A cólera impotente – lembre-se de que a criança está enfaixada – conduz a sentimentos de culpa, de forma que o russo é capaz de aceitar responsabilidade pelos pecados de todo mundo, tal como ocorre nas confissões da Igreja Ortodoxa, bem como nas confissões públicas. Além disso, o fato de a criança poder olhar, mas não tocar, estaria na origem do valor dado, pelos russos, aos olhos e ao olhar: o amor pode revelar-se pelos olhos e os pais e professores podem manter a disciplina por meio de olhares. O enfaixamento não permite a separação entre eu e não eu, e isso está na fonte do sentido coletivo da revelação religiosa e na vida russa atual.

Como a criança tem participação na vida coletiva, e não apenas na vida com os pais, e como o castigo que recebe depende do humor dos pais, e não do que fez de errado, a consciência moral russa parece *deficiente*: ao lado do sentimento de culpa ocorre também a *vergonha*. Por isso, ao contrário das culturas que acentuam a vergonha ou o sentimento de culpa, a cultura russa acaba por não dar "o controle ético que orienta a conduta da maioria dos ocidentais", nem a ênfase na vergonha, característica de várias sociedades primitivas. Disso decorre que, apesar do interesse pelos problemas éticos mais amplos, os russos não têm interesse pelas regras morais de conduta.

Ao resumir as características das duas castas russas, Gorer faz a seguinte caracterização. As massas têm sentimentos de culpa e hostilidade, mas pouca angústia; oscilam de um extremo a outro, entre violência e delicadeza, atividade e passividade; suportam o sofrimento físico e são indiferentes ao sofrimento dos outros; esperam hostilidade dos diferentes; consideram-se superiores ao resto do mundo, pois estão de posse da verdade; tendem a confundir pensamento e ação; não dão atenção a ordem, eficiência e pontualidade. As elites veem inimigos por toda parte, até no povo que dominam; admitem igualdade ou subordinação completa, mas não pontos intermediários entre esses extremos; aceitam a violência como forma de libertação e criação de ordem.

Dessa caracterização psicológica Gorer chega a dez *máximas* de ação política, adiante resumidas. 1. É inútil tentar conquistar as massas russas, com o intuito de obter transformações políticas, pois a massa não tem influência na orientação política do país; 2. como os líderes suspeitam dos grupos subordinados, se desconfiassem da fidelidade do povo – que passaria a favorecer um país estrangeiro – isso aumentaria seus temores e os levaria a uma guerra, como recurso para desviar a hostilidade; 3. ainda não existem técnicas para eliminar a suspeita com que os russos encaram os outros povos e, como esse sentimento é irracional, não pode ser afastado por "ações racionais"; 4. a expansão da Rússia precisa ser contida por uma política firme; 5. há necessidade de consistência na política de contenção da Rússia; 6. para os russos, o recuo não é humilhação; 7. a melhor forma de negociação com a Rússia é a que estabelece uma "igualdade simétrica"; 8. é inútil usar argumentos ideológicos com os russos; 9. os russos não aceitarão um "Estado mundial" que possa agir contra eles, a não ser que tivessem o domínio desse "Estado"; 10. com *firmeza* constante diante dos russos, não há razão para que não se consiga um *modus vivendi* por tempo indefinido.

Estudo a distância

Como algumas sociedades desapareceram, e delas restam apenas sobreviventes isolados, e como outras podem ser inacessíveis ao estudo direto, alguns antropólogos criaram o chamado estudo a distância (Mead & Métraux, 1953). Na verdade, é um pouco pedante falar de *método* específico para o estudo a distância, pois o antropólogo utiliza aproximadamente os mesmos recursos empregados no trabalho de campo, isto é, entrevistas com informantes. A diferença é que, nesse caso, não há possibilidade de observar o comportamento concreto, e o antropólogo precisa encontrar outros processos para verificar a correção da palavra dos informantes. Se essa verificação é reconhecidamente difícil, compreende-se que o método de estudo a distância só seja justificável para as culturas extintas e para as inacessíveis.

O primeiro caso é evidente, e nem sequer precisa ser comentado: se uma cultura está extinta, o antropólogo só pode trabalhar com os seus sobreviventes (Zborowski & Herzog, 1952). O segundo precisa de comentário mais extenso. A chamada cultura inacessível só o é porque está em guerra – fria ou quente – com a sociedade de que o antropólogo participa. Este não tem um interesse *técnico* por essa sociedade, mas apenas procura descobrir as técnicas psicológicas mais capazes de vencer ou dominar a sociedade inimiga. Essa observação vale para os estudos de Benedict e Gorer sobre o Japão, bem como para os de Gorer e Mead (1955) sobre a Rússia. Nesse caso, os riscos de erro ou má interpretação aumentam extraordinariamente, não pela distância física entre o antropólogo e a cultura estudada, mas pela distância psicológica existente, pelo julgamento de certo e errado que está implícito na maioria das análises. Essa é a grande deficiência de tais estudos, principalmente porque essa avaliação é apresentada como um dado objetivo, e não como opinião de um pesquisador inimigo.

Se essa é a objeção fundamental ao método, não é a única. O *informante* não é, ou já não é, pessoa integrada na cultura. A sua primeira deformação decorre da memória. A segunda decorre das razões que o levaram a abandonar a cultura e a tentar *adaptar-se* a outra. Quaisquer que tenham sido tais razões, a deformação é inevitável. Se a pessoa foi obrigada a sair por razões econômicas – como é o caso do imigrante –, pode haver tendência para ver um passado *cor-de-rosa*, mais ou menos distante de suas experiências reais. Ao contrário, se a pessoa saiu por estar mais ou menos desajustada, suas evocações podem ter a deformação inversa. A outra objeção básica refere-se à utilização de alguns poucos informantes – como o fizeram Benedict e Gorer no caso de japoneses e russos – para a análise de cultura supostamente compartilhada por milhões de pessoas.

Em resumo, os vários cuidados sugeridos por Mead, Métraux e outros colaboradores parecem pouco convincentes, sobretudo quando se pensa nas nações contemporâneas.

Análise do cinema e do teatro

Na lógica dos estudos de culturas, é perfeitamente justificável a análise de qualquer aspecto da vida coletiva. De fato, se admitimos que a cultura é – ou deve ser, pois seria preciso admitir, pelo menos hipoteticamente, os casos de culturas *desorganizadas* ou contraditórias – um todo orgânico, que tem um sentido, qualquer que seja o aspecto analisado chegaremos sempre à mesma configuração ou aos mesmos elementos fundamentais. Para entender essa suposição, pode-se pensar num símile com a personalidade. Se admitimos que a personalidade é um todo, podemos empreender o estudo do indivíduo por seus gestos, sua voz, seu andar, ou por sua história de vida ou por sua fantasia – em qualquer caso deveríamos chegar ao mesmo resultado. Apesar disso, nada impede que, na cultura ou na personalidade, alguns aspectos sejam mais reveladores e que o estudo deva incidir, de preferência, sobre tais aspectos. E assim como no estudo da personalidade se tem dado preferência ao estudo pela fantasia – por exemplo, por histórias narradas diante das gravuras do T.A.T. –, também no caso da cultura alguns autores preferiram o estudo pela fantasia. Nesse caso, pelo cinema e teatro.

Essas suposições são explicitadas por Kracauer (1947), para quem o cinema reflete, mais precisamente que outras manifestações artísticas, a mentalidade de uma nação; em primeiro lugar, porque as fitas de cinema não resultam do trabalho de um só indivíduo; em segundo, porque são destinadas às multidões anônimas e, mais ainda, frequentemente procuram satisfazer aos desejos de grandes grupos. Kracauer admite, também, que a popularidade mensurável – isto é, o êxito de bilheteria – não seria tão importante quanto a repetição de certos temas, sobretudo se estes forem apresentados em vários níveis, isto é, desde as fitas mais populares até as mais ambiciosas. Por isso, pretendeu chegar a uma interpretação baseada em fitas de todas as categorias.

Concretamente, analisou o período de 1918 a 1933, na Alemanha, dizendo que, embora essa época tenha sido estudada do ponto de vista político, econômico e social, ainda não conhecemos sua história psicológica. Esta, segundo Kracauer, pode ser escrita pelo cinema – forma de expressão que, na Alemanha, passou a ter importância a partir da Primeira Guerra Mundial, inicialmente como propaganda e, logo depois, como expressão da derrota. Ora, a primeira fita significativa do período de após--guerra é *O gabinete do dr. Caligari*; aqui, o espírito oscila entre o caos e a tirania: qualquer fuga à tirania parece conduzir à confusão. Além disso, ele apresenta o normal como um hospício de alienados, o que é uma forma extrema de frustração. Finalmente, o filme revela sadismo e o desejo de destruição. E como esses temas reaparecem sob vários aspectos, chega-se à conclusão de que são salientes na "alma coletiva" da Alemanha.

Na verdade, o autor mostra que a situação não é tão simples quanto se poderia pensar por meio desse esquema. No período de 1924 a 1929, esses traços não seriam observados, o que, segundo Kracauer, deve ser explicado pelo fato de esse período assinalar uma decadência do cinema alemão, talvez resultante da imitação do cinema estrangeiro. A seguir, no período pré--hitlerista, haveria a acentuação das tendências apresentadas no após-guerra.

A análise de Kracauer exige, evidentemente, algumas observações. A primeira refere-se à ideia de caráter nacional: para Kracauer, não se pode falar em traços fixos do caráter, mas apenas em traços peculiares a uma época. A outra observação refere-se à ausência de critérios quantitativos: como Kracauer não faz a verificação da aceitação pelo público, nem da relativa predominância do tema em todas as fitas – ou, pelo menos, em amostra casual –, o seu critério de escolha é inevitavelmente subjetivo. Vale dizer, não sabemos até que ponto os temas analisados são os predominantes, ou até que ponto são apenas os que sensibilizaram o analista.

Sob esse aspecto, a análise do teatro, realizada por Mc-Granaham & Wayne (1950, p.97ss.), apresenta vários aspectos positivos. Os autores compararam as peças mais populares na

Alemanha e nos Estados Unidos, durante o ano de 1927. A seleção mostrou ser possível reduzir as peças a 45 em cada país, medindo-se sua popularidade pelo número de exibições nos dois países. Dessa relação foram excluídas óperas, comédias musicais e revistas, bem como as peças que não tinham sido escritas por alemães ou norte-americanos. A fim de evitar interferência de subjetivismo, a análise foi feita não apenas pelos autores, mas também por outros sete juízes, de origem distinta, e procurava verificar variações quanto ao tema das peças, seu epílogo, conflitos apresentados etc.

Quanto aos temas, as peças alemãs apresentam predomínio de a) idealismo; b) poder; c) amor. Nas americanas, a ordem de frequência foi: a) amor; b) moralidade; c) carreira. Quanto ao nível de ação, as diferenças são também claras; nas peças alemãs, 51% se passam no nível "ideológico", enquanto isso ocorre em apenas 4% das peças americanas. Quanto ao epílogo, a diferença é ainda sensível: entre as americanas, 67% têm *happy end*; isso ocorre apenas em 40% das alemãs.

As diferenças tornam-se ainda mais acentuadas quando se considera a estrutura de cada um dos temas nas peças alemãs ou americanas. No tema amor, enquanto as peças americanas apresentam os conflitos entre adolescentes e pais ou entre amor verdadeiro e amor doentio, as alemãs apresentam conflitos entre amor e ideais ou valores mais elevados.

Como esses resultados poderiam indicar apenas uma situação peculiar do período nos dois países, os autores tentam uma comprovação pelo exame de peças do período 1909-1910, no qual encontram resultados basicamente idênticos. A partir disso, McGranaham & Wayne concluem pela existência de diferenças entre o caráter alemão e o americano, embora não afastem a possibilidade da influência de condições peculiares ao teatro dos dois países. No entanto, consideram que as diferenças observadas coincidem com as notadas na política e na filosofia dos dois países.

Se a quantificação e a escolha por diferentes juizes aumentam a confiança nos resultados, nem por isso respondem a questões muito importantes. Uma delas – que talvez seja a mais importante e foi sugerida pelos autores – refere-se às peculiaridades do teatro nos dois países. Embora parte dessa diferença tenha sido controlada pela eliminação dos níveis mais *populares* de teatro – por exemplo, as comédias musicais –, nada garante que as peças sejam do mesmo nível de gosto artístico. Assim, a diferença quanto à proporção de *happy end* pode ser devida não ao caráter alemão ou americano, mas ao fato de as peças alemãs consideradas serem de nível artístico mais elevado. Em outras palavras, em qualquer país as peças de gosto mais refinado geralmente não terminam bem; se não conhecemos o nível do público que aceitou as várias peças, corremos o risco de atribuir ao caráter nacional essa diferença de gosto.

Esse problema aparece muito nitidamente no estudo de Wolfenstein & Leites (1950) sobre o cinema. Os autores comparam fitas americanas, francesas e inglesas, centralizando a análise em quatro temas básicos: amantes e amados; pais e filhos; assassinos e vítimas; atores e espectadores.

Embora a análise pareça muitas vezes convincente – além de ser também cheia de humor e compreensão –, padece de um vício básico: não apresenta nenhuma tentativa de estabelecimento de níveis de gosto dos filmes. Os autores reconhecem o problema, mas procuram superá-lo, ao dizer que a necessidade de satisfazer a bilheteria e o código de ética indica sentimentos difusos na cultura americana. Isso não seria obstáculo à comparação com filmes ingleses e franceses, se também estes fossem escolhidos no mesmo nível; no entanto, tem-se a impressão de que os filmes ingleses e franceses utilizados para comparação eram de nível artístico mais elevado que os americanos. Em outras palavras, não se sabe até que ponto as tendências analisadas refletem padrões universais de gosto ou características nacionais. Quando Wolfenstein & Leites afirmam que os filmes americanos tendem a apresentar apenas um amor verdadeiro na vida da personagem, é provável que isso indique o gosto mais *popular*, e não tendência característica da vida americana; o mesmo pode ser dito a respeito da frequência do *happy end*. Essa diferença é bem nítida em aspecto a que os autores parecem dar muita importância: o fato de o cinema americano acentuar as dificuldades externas, enquanto o cinema inglês acentuaria os conflitos internos da personagem. Ora, essa diferença pode ser observada em vários países, desde que comparemos obras de diferentes níveis: o romance mais popular gira em torno do acontecimento, enquanto o romance mais artístico procura analisar a relativa autonomia da personagem.

Em resumo, a análise do cinema e do teatro como expressões do caráter nacional parece pouco convincente. No Capítulo 5 será apresentada discussão mais minuciosa do problema, visto pela comunicação entre as culturas nacionais contemporâneas.

Caráter cultural, personalidade modal e caráter social no estudo do caráter nacional

Diante dessa diversidade aparente de perspectivas, convém tentar uma sistematização, ainda que grosseira e provisória, dos pressupostos teóricos dos diferentes estudos. Para isso, aqui será seguido o esquema proposto por Milton Singer (1961, p.9-90), para quem os estudos de caráter nacional seguem três orientações – caráter cultural, personalidade modal e caráter social –, embora nem sempre seja fácil distinguir entre elas.

A teoria do caráter cultural estaria suposta nos estudos de Mead, Benedict e Gorer. Sob alguns aspectos, suas análises se aproximam do conceito de personalidade básica, criado por Kardiner, mas deste se afastam por não estabelecerem uma relação tão estrita entre a educação na primeira infância, de um lado, e as instituições secundárias e a personalidade básica, de outro. Por isso, se acompanhamos as análises de Gorer, por exemplo, vemos que sua explicação se baseia no tratamento recebido na primeira infância e suas consequências para a personalidade adulta. Todavia, Gorer não pretende chegar a uma descrição tão exata quanto a de Kardiner, isto é, não supõe que tenha identificado a personalidade básica de japoneses, russos ou americanos. Ao contrário, como o sugere em seu trabalho sobre os japoneses, imagina ter identificado alguns *temas* nessas culturas, e por meio deles estabelece relações entre experiências infantis e comportamento adulto.

Sob um outro aspecto, essa análise se afasta da de Kardiner: este supunha a possibilidade de verificação por meio de provas psicológicas – sobretudo testes projetivos –, enquanto Gorer supõe uma relação quase direta entre a experiência infantil e o comportamento adulto, embora seja plausível supor a mediação de processos psicanalíticos. Dois exemplos esclarecerão essa hipótese. No caso da cultura americana, Gorer supõe que o horário rígido de alimentação tem como consequência a valorização erótica dos seios. A "tonalidade" psicanalítica parece óbvia, pois Freud não só estabeleceu a existência de uma fase oral no desenvolvimento, mas também admitiu uma relação entre amor e alimento. Mas a teoria freudiana não parece justificar a hipótese de Gorer. Este não diz qual seria a consequência da fome do bebê no desenvolvimento do erotismo feminino, nem comprova que, em outras culturas, os seios não tenham a mesma valorização. E se meninos e meninas passam pela mesma experiência de fome infantil, esta deveria provocar comportamentos específicos não apenas no homem, como na mulher: se esses comportamentos não são idênticos, mas complementares – isto é, o homem admira e a mulher exibe os seios –, é difícil dizer que tenham a mesma origem.

A outra dificuldade resulta da existência do mesmo padrão em outras culturas, mesmo naquelas em que não se estabelecem horários rígidos de alimentação. A comprovação disso pode ser obtida pela aceitação dos padrões eróticos do cinema americano: se os seios femininos só fossem eroticamente valorizados pela cultura americana, seria difícil explicar que as artistas *sexy* americanas fossem assim identificadas e admiradas em outras culturas.

O segundo exemplo refere-se à hipótese de Gorer quanto às consequências do enfaixamento para o desenvolvimento da personalidade russa. Aqui, imagina que o fato de estar presa durante o período da primeira dentição pode provocar a cólera impotente e, posteriormente, sua *projeção* no mundo ambiente. A relação com hipóteses psicanalíticas é ainda mais tênue, pois fica reduzida a uma extensão do mecanismo de projeção. E também aqui falta uma comprovação não muito difícil: se em várias culturas europeias existe ou existia o costume de enfaixamento de crianças em cueiros, isso não deveria provocar os resultados supostos na cultura russa? Finalmente, seria curioso observar que duas supostas frustrações violentas na primeira infância provocam resultados tão diferentes: por ter passado fome, o americano desenvolve uma admiração erótica pelo seio feminino; por ter ficado enfaixado, o russo odeia o mundo.

Em outras palavras, os antropólogos que utilizaram o conceito de caráter cultural não tentaram a descrição de uma personalidade básica, mas, em vez disso, utilizaram a intuição de algumas características e, depois, procuraram experiências infantis que pudessem explicar as características psicológicas supostamente observadas em determinada cultura. Mais ainda: quando os fatos parecem desmentir a intuição original, o cientista dá outro nome ao fato, de maneira que este adquire um outro conteúdo. Um exemplo será suficiente para demonstrar isso. Na descrição do americano, Mead sustenta que, na cultura americana, não se admite que o mais forte lute com o mais fraco: isso seria verdade para o menino – que não deve brigar com o menor – e para o país como um todo – que não deve utilizar suas forças armadas para vencer um país menos poderoso. Diante do fato indiscutível de que os Estados Unidos se envolveram em lutas com países menores, Mead tem uma resposta semântica: nesses casos, não havia guerra, mas simples *ação policial*. Mas sua hipótese pode ser desmentida por uma comparação com outras culturas. Será muito difícil encontrar uma cultura onde se admita, explicitamente, que o mais forte tem o direito de maltratar o mais fraco, ou onde seja heroísmo vencer um inimigo mais fraco.

Em resumo, o caráter cultural é obtido exclusivamente pela intuição do pesquisador e não é verificado por meio de comparação com outras culturas. Se isso não impede que tais intuições sejam ocasionalmente corretas, seria evidentemente absurdo admitir que a demonstração de sua origem na experiência infantil possa ser aceita como *prova*. Afinal, se não se provou a existência de uma característica, como supor a possibilidade de demonstrar a sua causa?

A descrição do caráter nacional como personalidade modal seria forma de fugir a algumas dessas dificuldades, além de ser uma possível confirmação para as deduções referentes à personalidade básica. Em resumo, a personalidade modal seria a personalidade quantitativamente predominante em determinada cultura, o que seria verificável por provas psicológicas. Talvez Alex Inkeles seja o mais fervoroso defensor desse tipo de estudo no campo do caráter nacional (cf. Inkeles & Levinson, 1954; Inkeles et al., 1961). Infelizmente, seu mais conhecido trabalho, a respeito de personalidade modal na União Soviética, dificilmente pode ser visto como algo mais que uma série de hipóteses, muitas delas contraditórias. Inkeles e seus colaboradores examinaram refugiados da União Soviética, dos quais quase todos eram russos (alguns eram ucranianos). Foram estudados intensivamente 51 indivíduos (41 homens) que, durante a Segunda Guerra Mundial, saíram da União Soviética. Essa amostra, como o leitor verifica imediatamente, apresenta dois problemas muito sérios. O primeiro refere-se ao seu número e à sua posição na sociedade soviética: é difícil admitir que 51 pessoas seja um número capaz de servir de amostra para uma população de aproximadamente duzentos milhões de habitantes, sobretudo se não se conhecem as principais categorias dessa população, isto é, camadas de educação, salário, formação política, grupos urbanos e rurais etc. O segundo problema é talvez mais sério: será que uma pessoa que foge de um país tem uma personalidade representativa desse país? Pois bem: apesar de reconhecer esses problemas, Inkeles passa a examinar o ajustamento da personalidade modal – descrita a partir dessas pessoas – ao sistema político da União Soviética. E chega à conclusão, pouco surpreendente, de que esses refugiados tinham uma personalidade incompatível com o sistema sociopolítico da União Soviética. Apesar do tamanho da amostra e das dificuldades enfrentadas por refugiados, no entanto, admite que os conflitos observados nessas personalidades devem ser representativos dos conflitos existentes entre o tipo de personalidade russa e o sistema soviético.

Em resumo, também nesse caso falta confirmação empírica: não existem dados objetivos que permitam afirmar a existência de uma personalidade modal do brasileiro, do inglês, do francês, e assim por diante.

A noção de caráter social está muito próxima do conceito de personalidade modal, embora introduza uma outra variável: a adequação entre o caráter social – que também poderia ser denominado "personalidade típica" – e as necessidades sociais objetivas. Já foram indicados dois exemplos dessa concepção: a teoria de Fromm e a de Riesman.

Em ambos os casos, não se supõe que personalidade e condições sociais sejam independentes; ao contrário, essas condições *exigem* um certo tipo de personalidade que, de certo modo, a elas se ajusta. Mas de outro lado, um certo tipo de personalidade tende a exprimir-se em certas instituições ou certo tipo de vida política, de forma que se pensaria numa interdependência entre o *sistema* da personalidade e o *sistema* social. Assim se explicaria a relação entre o caráter autoritário e o nazismo.

No caso de Riesman também haveria uma relação entre o tipo de sociedade, considerado a partir do estágio de desenvolvimento da população, e o tipo de personalidade, considerado a partir da fonte de valor ou autoridade para o indivíduo. Seja para a teoria de Fromm seja para a de Riesman, a dificuldade continua sendo a mesma: não existem provas objetivas do predomínio de determinado tipo de personalidade em determinada cultura.

Os métodos a seguir sumariados indicam tentativas para obter dados objetivos, capazes de comprovar as hipóteses sobre diferenças psicológicas entre povos.

Sociedade e motivo de realização

Um dos empreendimentos mais ambiciosos na medida de características nacionais foi apresentado por David C. McClelland (1967). Os seus estudos começaram com uma técnica para medir o motivo de realização, pela fantasia. Diante do estímulo – que era uma figura –, a pessoa deveria contar uma história; esta era depois analisada pelo examinador, em razão de seu motivo de realização, isto é, desejo de sair-se bem ou triunfar. Nesse método, convém assinalar, a necessidade de realização é medida pela fantasia, isto é, não se mede a realização, mas o desejo – que pode até ser inconsciente – de vencer.

Depois dessas mensurações iniciais, McClelland e seus colaboradores procuraram estabelecer correlação entre o motivo de realização e muitas outras variáveis. Por exemplo, estabeleceram correlações entre religião – católica ou protestante – e motivo de realização; entre educação e motivo de realização, e assim por diante. Uma verificação interessante refere-se às profissões preferidas pelos jovens com elevada necessidade de realização, quando respondiam a um teste vocacional: corretor de ações, corretor de imóveis, propagandista comercial, comprador de mercadorias, gerente de fábrica. Verificou-se também que as crianças de famílias protestantes apresentavam maior necessidade de realização que as crianças católicas, o que pareceria confirmar a hipótese de Weber sobre a origem do capitalismo. Finalmente, os colaboradores de McClelland estabeleceram outra relação: aparentemente, as crianças com elevada necessidade de realização são aquelas que desde cedo são obrigadas, pela família, a tomar iniciativa, a serem ativas, a se orientarem sozinhas na cidade; embora façam poucas exigências, aquelas que são feitas devem ser atendidas bem cedo, e, de outro lado, as mães avaliam positivamente a realização das crianças e dão recompensas, por meio de carinhos. As mães de crianças com baixa necessidade de realização fazem mais restrições e não estimulam a autoconfiança.

A partir dessas verificações, McClelland é levado à hipótese de que os empresários são motivados pela necessidade de realização. Em outras palavras, McClelland afasta a ideia de que os empresários sejam conduzidos "pelo lucro", pois esse motivo aparece em usuários, embora estes não se transformem em empresários: o que caracteriza estes últimos é o fato de reinvestirem o dinheiro ganho, para obter maior expansão. Além disso, o espírito empresarial pode aparecer nos países comunistas, embora estes permitam expansão e êxito, mas não o "lucro".

A seguir, McClelland apresenta a hipótese de que, embora outros fatores também possam interferir, o motivo de realização é um fator decisivo no desenvolvimento econômico das diferentes sociedades, presentes ou extintas. Para verificar a hipótese, estudou vários países, por meio de um processo muito curioso. Para avaliar o desenvolvimento econômico, considerou a produção de energia, com relação à sua população, a partir de dois anos-base, 1929 e 1950. Para verificar a necessidade de realização, analisou – por processo igual ao utilizado para verificação individual de necessidade de realização – livros de leitura de vários países. Nesse caso, considerou 1925 e 1950 como anos-base.

A sua conclusão é que a necessidade de realização – observada nos livros de leitura – antecede o desenvolvimento econômico. Em outras palavras, não existe relação entre o avanço da produção de energia elétrica em 1950 e a motivação de realização observada nos livros de leitura desse ano, mas sim entre avanço na produção de energia e o motivo de realização apresentado nos livros de leitura de 1925. Isso significaria uma inversão na causalidade geralmente admitida: não é o avanço econômico que provoca o aparecimento da necessidade de realização, mas, ao contrário, essa necessidade é que provoca o desenvolvimento econômico.

Depois de estudar dessa forma as nações contemporâneas, McClelland analisou também o desenvolvimento e a decadência de Atenas. Pelo cálculo da extensão da zona de comércio ateniense e pela análise do motivo de realização em peças literárias das várias épocas, o autor pensa ter verificado o seguinte esquema: a necessidade de realização era maior no período inicial de desenvolvimento, isto é, antecedeu a fase de maior grandeza econômica e cultural. Nessa fase de grandeza, o motivo de realização já era menor e continuou a declinar. Em conclusão, a guerra do Peloponeso não foi, na verdade, o início da decadência; esta já se vinha elaborando lentamente, pela redução da necessidade de realização.

Aqui, não importa discutir os resultados concretos de McClelland, mesmo porque os economistas talvez não aceitem os seus "índices de desenvolvimento", o que tiraria grande parte da força de seu argumento. Na verdade, McClelland não usa a relação entre energia elétrica e população, nem o aumento entre 1929 e 1950: se usasse essas relações, verificaria – o que não é novidade e ele próprio reconhece – que os países ricos ficaram mais ricos e os pobres mais pobres. Não pôde usar uma outra relação que deveria ser fundamental: nos países em que os livros de leitura apresentam maior necessidade de realização, as pessoas também deveriam ter essa maior necessidade. Ao tentar estabelecer essa correlação, verificou que não era positiva, de forma que também nesse caso foi obrigado a lançar mão de várias hipóteses *ad hoc*, a fim de explicar que isso não desmente a hipótese básica – isto é, relação positiva entre necessidade de realização e desenvolvimento econômico.

Também não será necessário dar exemplos brasileiros para invalidar a teoria de McClelland. Lembre-se, a título de curiosidade, o desenvolvimento econômico provocado pela extinção do tráfico de escravos, o que permitiu a utilização de capitais em vários campos, ou o desenvolvimento, se não provocado, ao menos acentuado pela guerra de 1914-1918. Nesses dois casos, seria difícil provar ou supor a existência de aumento na necessidade de realização.

Finalmente, parece desnecessário demonstrar como é pouco provável que a motivação psicológica tenha possibilidade de desenvolver-se ou exprimir-se no vazio, isto é, independentemente das condições reais enfrentadas pelo indivíduo. Essa dificuldade parece ainda maior quando se pensa que esse motivo de realização foi medido na fantasia: a observação diária mostra que a fantasia de realização pode, em muitos casos, ser compensação para a incapacidade de ação, e não o móvel para ação ajustada. Quando se pensa nos estudos sobre nível de aspiração, esse processo fica ainda mais claro: a partir de certo nível, a aspiração substitui a capacidade realista, isto é, o indivíduo aumenta o seu nível de aspiração para compensar o fracasso.

Apesar de todas essas críticas possíveis, o estudo de McClelland apresenta uma virtude indiscutível: um método que permite comparar indivíduos e obras de diferentes culturas. Em outras palavras, é um método pelo qual será possível verificar a correção de uma hipótese, e o fato de sua utilização parecer falha – talvez por ser excessivamente ambiciosa ou, como se procurará mostrar no Capítulo 5, por ser uma justificativa ideológica de um sistema – não significa que não possa ser utilizada com outros objetivos e de maneira mais realista.

Questionários de atitudes ou de opinião pública

Considerando-se o grande desenvolvimento dos estudos de atitudes, bem como o relativo rigor obtido com essa técnica, parece um pouco surpreendente o pequeno número de pesquisas sobre o caráter nacional já realizadas por esse método. Um estudo de atitudes, realizado de acordo com exigências metodológicas já muito analisadas, apresenta vantagens evidentes. A primeira é eliminar ou, pelo menos, reduzir o subjetivismo das impressões pessoais ou de aparências enganadoras. A sua maior desvantagem, também evidente à primeira vista, é o fato de proporcionar respostas isoladas, cujo nexo nem sempre se revela de maneira objetiva. Por isso, o pesquisador é obrigado a interpretar as respostas, e essa interpretação nem sempre independe da formulação peculiar do investigador. Apesar disso, como as respostas são também apresentadas, outros pesquisadores podem avaliar a correção das interpretações sugeridas.

De outro lado, como se verá nos casos concretos, existe uma dificuldade fundamental para a aplicação de testes de atitudes: a possibilidade de encontrar situações basicamente equivalentes para as várias culturas. Mesmo na pesquisa de dados perfeitamente objetivos esse problema aparece, pois a significação de um dado só se revela quando podemos relacioná-lo com outros, de que depende ou com os quais está muito ligado. Suponhamos, por exemplo, uma pesquisa sobre a leitura de livros, revistas e jornais, realizada em três ou quatro países. Os dados obtidos só adquirem sentido quando conhecemos também os dados referentes a seu custo relativo em cada país, a sua acessibilidade física, a porcentagem da população alfabetizada, e assim por diante. Além disso, a interpretação apresenta problemas, pois pode haver uma demanda invisível de livros, ainda não atendida pela produção comercial ou que esta conhece e é incapaz de atender pelas condições do custo industrial do livro. Essas condições podem ocasionalmente ser alteradas por algumas medidas simples, seja do governo seja dos editores. Embora tudo isso seja ou possa ser verdade, os dados permitem um contato com a realidade que seria impossível pela pura especulação ou por observações impressionistas. Se passamos para atitudes ou opiniões, os problemas se tornam ainda mais complexos, mas são de natureza semelhante.

Os estudos de atitudes ou opiniões podem ser classificados em várias categorias. Em primeiro lugar, poderiam ser indicados os estudos a respeito de uma atitude, verificada em diferentes países; esses estudos são os mais simples, embora seus resultados possam oferecer dificuldades de interpretação. Uma segunda categoria refere-se aos estudos de *diagnóstico* de um país, por meio de atitudes ou opiniões, sem que exista possibilidade ou intenção de comparações com outros países. Para o estudo do caráter nacional, o grande risco é, nesse caso, uma comparação implícita e informal com outros países, embora não existam dados a respeito desses últimos. Finalmente, haveria os estudos globais de atitudes ou opiniões, realizados em vários países. Apesar de sua aparente produtividade, aqui existem poucos dados seguros.

A respeito da primeira categoria, Inkeles (1960; 1967, cap.4) reuniu várias pesquisas, algumas realizadas em épocas diferentes, e conseguiu estabelecer várias relações muito esclarecedoras. A partir da suposição de que o processo de industrialização tende a provocar percepções, atitudes e valores padronizados, Inkeles examinou vários estudos que lhe permitissem analisar respostas de pessoas de diferentes países. No entanto, como as pessoas de cada país estavam também divididas de acordo com sua classe social, Inkeles verifica que a padronização de resposta segue *linhas de classe* e não *linhas de cultura nacional*.

Convém notar alguns exemplos de seus dados. Quanto à *satisfação com o trabalho*, nos países a respeito dos quais existem dados – União Soviética (obtidos por refugiados), Estados Unidos, Alemanha, Suécia e Noruega –, nota-se que, quanto mais elevada a classe, maior a satisfação com o trabalho. Quanto ao que Inkeles classificou como *felicidade* – categoria muito ampla, em que foram classificadas pesquisas a respeito de "felicidade", "alegria e dor", "progresso satisfatório" –, observa-se a mesma relação de classe. Por exemplo, na categoria "programa individual satisfatório" – a respeito do qual existem dados da Austrália, Áustria, Bélgica, Brasil (apenas São Paulo e Rio), Grã-Bretanha, Dinamarca, Alemanha, Japão, Holanda, Noruega e Suécia –, embora os resultados sejam muito variáveis, em nenhum caso a classe pobre se sentia melhor que a classe rica.

Embora Inkeles seja o primeiro a chamar a atenção para a deficiência e as limitações de seus dados, estes permitem uma avaliação da atitude diante de aspectos concretos da existência; mais ainda, servem como controle de inferências e intuições a respeito de uma cultura nacional.

Como exemplos de estudos de atitudes num país, além do livro de Schaffner, já citado no Capítulo 3, convém considerar o estudo de Stoetzel (1954) sobre os japoneses e o de Daniel Lerner (1961, p.427-42) sobre os franceses.

Em 1952, Stoetzel, encarregado pela Unesco de estudar as atitudes da juventude japonesa, centraliza a pesquisa em três perguntas: atitudes dos jovens japoneses com relação ao estrangeiro, comportamento com relação às instituições nacionais e características pessoais mais significativas dos jovens. Para realizar a pesquisa, Stoetzel usou, na realidade, diferentes ordens de dados: questionário de atitudes respondido por amostras de várias categorias da população (dividida segundo idade e segundo residência no campo e na cidade); com amostra menor, usou também um teste projetivo (reação a temas narrativos e adaptação do T.A.T. de Murray), entrevista dirigida em que as pessoas explicariam suas opiniões. Além disso, embora não as tenha analisado para a pesquisa, Stoetzel apresenta algumas autobiografias do futuro, escritas por jovens japoneses.

Para tornar significativos os seus resultados, Stoetzel apresenta uma informação geral sobre o Japão, em que resume não apenas a sua história, mas também as características gerais da sociedade japonesa, a situação dos jovens e o sentido geral das reformas empreendidas a partir da ocupação americana, depois do fim da Segunda Guerra Mundial (1945). A partir dos dados obtidos na pesquisa, descreve: as atitudes da juventude em relação ao resto do mundo, com relação às instituições públicas (situação econômica, participação política, autoridade e o imperador) e à vida particular (a família; a mulher; casamento, amor e lar; religião e moral). Finalmente, apresenta os traços mais gerais da personalidade dos jovens.

Como seria de esperar num período imediatamente posterior à ocupação do país e à imposição de normas inteiramente novas a certos aspectos da vida japonesa, a juventude apresenta atitudes contraditórias. Além disso, certas atitudes conscientes não são confirmadas com a utilização de técnicas projetivas, o que revelaria uma contradição entre os dois níveis. De outro ponto de vista, a pesquisa de atitudes mostra que certas interpretações globais – por exemplo, a de Ruth Benedict – podem ser válidas apenas para alguns setores da população. Por exemplo, enquanto Benedict afirmava que os japoneses aceitam o casamento proposto pelas famílias, e não a escolha baseada no amor romântico, a pesquisa de Stoetzel revela um quadro muito diferente: a grande maioria espera o casamento por amor, e não por imposição de família. E Stoetzel sugere que a interpretação de Benedict talvez seja válida apenas para a alta burguesia japonesa.

A grande limitação desse estudo – como o reconhece Stoetzel – é o fato de não contar com pesquisas semelhantes, realizadas em outros países, e que permitissem uma comparação adequada. Considere-se um exemplo. O questionário de Stoetzel pode verificar a pequena importância da religião para a juventude japonesa. Esse é um dado significativo para o conhecimento dessa população, mas só adquiriria sentido integral no momento em que tivéssemos dados semelhantes a respeito de outras populações.

Restrições mais sérias podem ser apresentadas ao estudo de Daniel Lerner sobre os franceses. Na verdade, Lerner limita muito bem o grupo de franceses entrevistados: são mil e quinhentas pessoas da "elite" francesa, incluindo quinhentos grandes comerciantes e industriais, trezentos líderes políticos (incluindo quase todos os primeiros-ministros e ministros de Relações Exteriores do período de após-guerra), cem funcionários de alto nível, cem militares graduados, cem pessoas da Igreja e representantes de sindicatos, fazendeiros etc.

Ocorre que, depois de delimitar muito bem a amostra com que trabalha, Lerner insensivelmente passa a falar em *franceses*, como se os seus dados permitissem essa generalização. Ora, é fácil verificar que aí existem dois problemas diferentes: o primeiro, saber até que ponto o que foi observado na elite francesa é válido para o resto da população do país; o segundo, saber até que ponto elites de outros países não apresentariam reações muito semelhantes às observadas nesse grupo. Mais ainda, Lerner observa que a elite francesa que conseguiu entrevistar – e que já constituía um grupo altamente selecionado – não incluía os *esquerdistas* ou *esquerdizantes*, pois muitos destes se recusaram a responder. De forma que seus dados, se válidos, o são apenas para grupos do centro e da direita.

Quanto às observações de Lerner, algumas parecem referir-se, nitidamente, a grupos de elite. Por exemplo, a resistência à entrevista: será que essa *resistência* inicial a um entrevistador é característica da elite francesa ou seria também observada em grupos equivalentes de outros países? Quanto ao conteúdo das entrevistas, pode-se dizer mais ou menos a mesma coisa. Se Lerner nessa elite observa a necessidade de um ambiente estável, com limites bem definidos, não se sabe se isso não é traço comum aos grupos dominantes de todos os países. Quando Lerner diz que "os franceses" não gostam de participar de organizações voluntárias – ao contrário do que ocorreria com os norte-americanos –, pode-se perguntar também se isso não é apenas característica do grupo dirigente, e não do proletariado, pois este possui imensa organização sindical. E quando o autor mostra a comparação, feita por franceses, entre a cozinha francesa e a chinesa, parece que indiscutivelmente estamos diante de atitude de classe alta, e não da população global.

Finalmente, em certos casos, Lerner retoma um tipo de comparação muito frequente em estudos de caráter nacional: supor diferenças psicológicas a partir de fórmulas estereotipadas de linguagem. Por exemplo, sugere que a maneira de o francês atender o telefone (*"j'écoute"*, isto é, "escuto") indica uma posição defensiva diante do interlocutor. Quando se pergunta ao francês *"comment va?"* (sic), responde: *"on se défend"* ("a gente se defende"), o que também indicaria uma atitude de reserva e autoconsciência. Embora seja quase desnecessário comentar essas suposições, observe-se que, mesmo que essas fórmulas fossem as mais usadas, ainda assim o seu conteúdo não é tão claro, pois as formas de tratamento nas várias línguas têm sempre uma longa história, mas esta não interfere no momento de sua utilização. Por exemplo, todos sabem que, em português, o tratamento "você" deriva de uma forma respeitosa de dirigir-se a alguém. Mas o emprego atual de "você" revela, ao contrário, um tratamento de proximidade ou superioridade. Em outras palavras, hoje é o superior que usa "você" para dirigir-se ao inferior, e não o contrário. E qual o sentido dessa mudança? Provavelmente nenhum, a não ser uma evolução que independe da motivação psicológica no momento do emprego. Assim também o fato de o brasileiro e o norte-americano responderem ao "como vai?" com "muito bem, obrigado" não implica temperamento otimista nesses dois povos.

Na terceira categoria indicada, isto é, questionários idênticos apresentados em vários países, o trabalho mais extenso é talvez o de Buchanan et al. (1953). Esse estudo apresenta os resultados de questionário aplicado nos seguintes locais: Austrália, Grã--Bretanha, França, Alemanha (zona inglesa de ocupação e Berlim Ocidental, e nesta cidade houve um levantamento em 1948 e outro em 1949), Itália, México, Holanda, Noruega e Estados Unidos. O questionário referia-se a relações internacionais, mas os autores procuraram ver até que ponto certas variáveis – por exemplo: educação, sexo, classe social – poderiam determinar as atitudes da pessoa com relação a seu próprio país e aos países estrangeiros.

Embora não interesse, aqui, resumir os principais dados obtidos, pelo menos alguns parecem bem esclarecedores. Um deles é a existência de uma clara tendência para atribuir ao próprio país as melhores qualidades e, ao mesmo tempo, atribuir a países inimigos as piores. Nesse momento, e na maioria desses países, os russos aparecem com as qualidades mais negativas. O resultado torna-se compreensível quando se recorda que a pesquisa foi realizada num período de grande intensidade da "guerra fria" entre os Estados Unidos e a União Soviética. A propósito, deve-se recordar uma observação de Buchanan et al. quanto aos estereótipos de russos, aceitos por norte-americanos. Os autores compararam resultados de uma pesquisa realizada em 1942 (quando os Estados Unidos e a União Soviética eram aliados na Segunda Guerra Mundial) com a realizada em 1948 (período da guerra fria). Considerando-se apenas os estereótipos mais e menos frequentes: em 1942, os russos eram considerados trabalhadores (61%), corajosos (48%) e progressistas (24%), e as qualidades menos indicadas eram vaidosos (3%) e cruéis (9%). Em 1948, as características mais indicadas eram cruéis (50%), trabalhadores (49%), vaidosos (28%) e corajosos (28%); as menos indicadas eram inteligentes (12%), práticos (13%) e progressistas (15%). Buchanan et al. admitem, provavelmente com razão, que essa mudança só pode ser explicada pela transformação nas relações entre Estados Unidos e União Soviética.

Finalmente, um estudo dessa amplitude, sobretudo quando existem dados anteriores para comparação, mostra um aspecto que nem sempre aparece em estudos isolados de uma nação: a profunda semelhança entre vários povos. Por exemplo, o fato de o grupo se atribuir características positivas tende a ser característica universal. Além disso, vários povos submetidos à mesma influência política podem apresentar opiniões políticas e estereótipos muito semelhantes.

5
Caráter nacional: pressupostos e preconceito

Neste capítulo, serão discutidas as críticas aos estudos contemporâneos de caráter nacional, não apenas pelos exemplos apresentados nos capítulos anteriores, mas também em razão de ausência de algumas comprovações indispensáveis à sua aceitação. Até certo ponto, todas as críticas giram em torno de duas questões fundamentais: de um lado, a relação entre cultura e personalidade, de outro, a existência de culturas nacionais.

Cultura e personalidade

Como foi indicado nos capítulos anteriores, as ciências sociais do século XX refutaram a relação entre raça e características psicológicas. Mas está claro que as diferenças entre povos continuaram a ser notadas, e isso explica a criação de novos conceitos, aparentemente capazes de dar conta de tais diferenças. Para explicar as aparentes diferenças intelectuais, foram criados os testes de inteligência, supostamente capazes de verificar de modo objetivo as reais diferenças entre vários grupos. Como se sabe, depois de um longo processo de aplicação de testes e análise de seus resultados, a conclusão quase indiscutível é de que as diferenças de inteligência entre raças devem ser explicadas pelas condições sociais e econômicas de desenvolvimento dos vários grupos. Para explicar as aparentes diferenças afetivas ou de personalidade, passou-se a aceitar a relação cultura e personalidade. Essa relação foi inicialmente estabelecida no estudo antropológico de pequenos grupos primitivos, geralmente não isolados da civilização, mas em contatos mais ou menos intensos com os civilizados, e mais ou menos dependentes desses últimos. Nesse estudo, o antropólogo faz um levantamento da cultura do grupo, isto é, anota os seus instrumentos, a sua roupa, suas construções e, de outro lado, os aspectos ditos "espirituais", isto é, crenças, linguagem, padrões de comportamento. Embora o ideal aparente desse levantamento seja uma descrição completa da vida do grupo, é evidente que isso não ocorre, nem poderia ocorrer.

Por mais ingenuamente que procuremos ver a realidade, sempre utilizamos alguns esquemas pelos quais procuramos organizar nossas observações. Não teria sentido imaginar que isso seja uma falha de antropólogos, pois qualquer realidade – do mundo físico ou social – é sempre tão complexa que não podemos esgotá-la, isto é, descrevê-la integralmente. No caso de antropologia, esse processo é mais visível porque o observador precisa valer-se de auxiliares do grupo observado. Às vezes, esse informante é uma pessoa bilíngue, e que por isso pode servir de intérprete para o antropólogo, em seus contatos com o grupo. Outras vezes, a escolha independe do antropólogo: este utiliza a pessoa bem informada ou aquela que, por condições de personalidade, se torna mais acessível ou se dispõe a colaborar.

No momento de organizar o material é que o antropólogo pode falar em cultura como um todo, isto é, em maneira de viver de um grupo. Essa descrição, ou síntese, é um trabalho inevitável, e indispensável, do antropólogo, da mesma forma que a imagem de determinada personalidade é obra de síntese do psicólogo. Este precisa organizar as observações a respeito de uma pessoa, da mesma forma que o antropólogo precisa organizar as observações a respeito do grupo. E assim, como o psicólogo precisa de alguns conceitos para realizar a síntese da personalidade, o antropólogo precisa de outros conceitos, capazes de permitir a síntese da cultura.

Saber se cada indivíduo *tem* uma personalidade e se cada grupo *tem* uma cultura é questão que ainda divide os cientistas sociais. De fato, alguns sustentam que personalidade e cultura são apenas conceitos (*constructs*), isto é, forma cômoda de resumir as observações a respeito de uma pessoa, no caso da personalidade, ou de um grupo, no caso da cultura. O argumento desses cientistas pode ser resumido da seguinte forma: se admitirmos que o indivíduo tem personalidade, será necessário admitir que, além de suas características observáveis, o indivíduo tem uma outra característica mais geral, que seria a personalidade. No entanto, quando tentamos descrever um indivíduo, encontramos apenas comportamentos e, se podemos falar em personalidade, isso se deve ao fato de encontrarmos comportamentos que se repetem ou se assemelham. Assim, quando dizemos que uma personalidade é rígida, ou introvertida, ou egotista, resumimos comportamentos e, para facilidade de exposição, em vez de dizer que em tais ou quais condições a pessoa tende a comportar-se de tal ou qual maneira, indicamos esses traços gerais ou um traço global predominante. Na posição oposta, encontramos a tese de que a pessoa é alguma coisa, e que essa alguma coisa – sua personalidade – pode ou não ser descoberta pelo cientista, mas sempre existe.[1]

---

1 Cf. Allport (1961, cap.2). Allport aceita a ideia de uma personalidade "real", mas discute também tese oposta.

A situação, no caso da cultura, é ainda mais complexa e facilmente pode conduzir à ideia de uma "mentalidade coletiva", cujas várias partes se encontram em indivíduos separados, às vezes muito distantes no tempo e no espaço. Assim, admitir a existência objetiva de uma cultura pode conduzir à ideia de que a mesma cultura se manifesta em épocas diversas e em pessoas geograficamente separadas. Não será absurdo falar numa cultura com séculos de existência, e mantida por grupos espalhados por um grande território? O absurdo deixa de existir quando o antropólogo evita a *reificação* ou *coisificação* da cultura e passa a descrevê-la como um conjunto ou sistema de normas, relações, padrões ideais e reais de comportamento. Nesse sentido, pode-se dizer que uma cultura aceita a escravidão; esta evidentemente não é uma coisa, mas um tipo de relação, isto é, alguns indivíduos aceitam ou são obrigados a aceitar esse tipo de relação. Os conceitos descritivos da cultura são necessários porque muitas relações que encontramos em indivíduos e grupos são complementares: só existe vendedor quando existe pelo menos um comprador; só pode haver esposa quando existe marido; a noção de pai supõe a de filho, a de senhor supõe a de escravo, a de capitalista moderno exige a de proletário. Inevitavelmente, a linguagem acaba por abstrair tais relações e utilizar conceitos que englobam suas partes antagônicas ou complementares. Depois, por um processo que também parece inevitável no pensamento humano, os conceitos adquirem as características de coisas e reagimos a eles como se estivéssemos diante de objetos e não de palavras que resumem relações observáveis entre pessoas ou grupos reais. Por isso, teria sentido dizer que uma cultura é religiosa. Com esse conceito seria possível resumir numerosas observações, segundo as quais muitos comportamentos do grupo se referem a crenças religiosas, ou segundo as quais essas crenças determinam muitos comportamentos dos membros do grupo. Isso não significa que todos os comportamentos do grupo sejam religiosos ou determinados exclusivamente pela religião, porque qualquer grupo precisa apresentar atividades de subsistência, adaptadas ao ambiente.

Observe-se que só nesse sentido se pode dizer que uma pessoa é alegre ou religiosa; com isso indicamos que a pessoa é mais alegre ou mais religiosa que outras, ou que a alegria ou a religião se salientam em seu comportamento. Mas não queremos dizer que seja sempre alegre ou sempre religiosa; se ficasse alegre em situações que normalmente provocam tristeza ou angústia, seria considerada anormal; se se comportasse religiosamente em situações que não exigem comportamento religioso, também seria considerada anormal ou desajustada. De outro lado, essas afirmações não significam que só uma cultura seja religiosa, só uma pessoa seja alegre. A rigor, como todas as culturas admitem alguma forma de religião, e como todas as pessoas têm um mínimo de alegria no seu comportamento, essas afirmações só adquirem sentido integral se puderem ser quantificadas. Assim, seria necessário calcular a proporção de religiosidade nos padrões do grupo, bem como calcular a proporção de alegria de uma pessoa. Além disso, como a religião e a alegria adquirem sentido em situações concretas, estas precisariam ser consideradas no cálculo. Como se observa, é esse o argumento lógico suposto nos chamados testes psicológicos, em que diferentes pessoas reagem a situações padronizadas, de forma que podemos quantificar as suas semelhanças e diferenças.

Na verdade, nas ciências humanas precisamos contentar-nos com muito menos. A mensuração de características psicológicas apresenta problemas bem mais sérios que a mensuração física, ainda quando estejamos diante de características relativamente bem definidas – por exemplo, da inteligência. Percebemos que tem sentido dizer que uma régua de dois metros é duas vezes maior que uma régua de um metro, ou que um relógio com duzentos gramas é duas vezes mais pesado que um com peso de cem gramas, mas não tem sentido dizer que um QI de 100 seja duas vezes maior que um QI de 50. Imagina-se facilmente a dificuldade para medir características emocionais de indivíduos e, mais ainda, de grupos. Apesar de tais dificuldades, o estágio científico do estudo da personalidade e da cultura só será atingido pela quantificação. Antes disso, o psicólogo e o antropólogo podem utilizar suas impressões e tentar verificações qualitativas, frequentemente mais próximas de uma avaliação estética do que de uma verificação científica. Mas isso não significa que psicólogos e antropólogos não disponham de recursos para comprovar ou refutar relações qualitativas, acaso estabelecidas. Mais importante ainda é talvez notar que, na descrição de grupos e indivíduos, o preconceito geralmente não aparece nas características encontradas, mas na explicação apresentada. Por exemplo, dois pesquisadores verificam que o nordestino não trabalha, mas enquanto um deles explica esse comportamento por um traço psicológico – por exemplo, *vadio* –, o outro explica o mesmo comportamento por ausência de emprego ou por doença.

Depois dessas observações preliminares, parece possível discutir os estudos sobre a relação cultura-personalidade.

Num primeiro nível, essa relação é tautológica. Observa-se o comportamento de pessoas de uma cultura e, depois, diz-se que a cultura *exige* esse comportamento. A segunda afirmação é apenas uma forma de resumir a primeira, isto é, não pode ser entendida como explicação do comportamento observado. Apesar disso, não se pode dizer, por exemplo, que a afirmação de que a cultura exige alegria seja inútil; se for correta, pode representar uma grande economia no tratamento dos dados e, como se sabe, uma das virtudes do pensamento científico – sobretudo nesse nível puramente classificatório – é permitir a reunião, em poucos conjuntos, de grande número de objetos. Nesse caso, já conheceríamos um traço dos membros do grupo e, por isso, mais facilmente nos adaptaríamos a eles.

Antes de aceitar a descrição de um grupo, ou de uma cultura, no entanto, precisaríamos saber como o antropólogo pode chegar a ela. Ora, toda percepção depende do percebedor, das condições ambientais e das qualidades do objeto percebido. Isso significa: as características emocionais e intelectuais do antropólogo interferem na percepção; nesta também interferem as condições da percepção, isto é, as atividades do grupo, época da observação, e assim por diante; finalmente, os comportamentos específicos dos indivíduos observados também determinam o resultado final da percepção. Infelizmente, embora esse processo esteja relativamente bem analisado para o caso da percepção de coisas, é ainda mal conhecido no caso de percepção (Cf. Asch, 1952; Bruner & Tagiuri, 1954; Tagiuri & Petrullo, 1958). Apesar da pobreza de nossa informação, sabemos que o percebedor não está afetiva ou intelectualmente neutro na percepção de pessoas ou grupos. Para a percepção sempre traz predisposições (*sets*) intelectuais e emocionais, em grande parte determinadas por suas experiências anteriores e suas expectativas. Se a predisposição nem sempre impede uma percepção realista, é responsável por certas acentuações, bem como pela eliminação de outros dados perceptuais. Na verdade, se nas descrições antropológicas não temos comprovação de deformações provocadas por predisposições, podemos supor que isso ocorre em muitos casos. Foi o que ocorreu, talvez, na divergência entre a descrição de Ruth Benedict e a de outros antropólogos que estudaram os mesmos povos.

Por isso, vale a pena tentar examinar, sob esse aspecto, três descrições de povos muito diferentes, feitas por três antropólogos, e procurar a possível interferência de predisposições intelectuais. Aqui serão discutidas as descrições de Ruy Coelho (1964), Harald Schultz (1964) e Herbert Baldus (1964), publicadas no mesmo número de revista especializada.

Embora sem a intenção de realizar uma pesquisa no nível do estudo da personalidade-cultura, Ruy Coelho mostra que entre os karaíb negros a alegria aparece "em todas as atividades humanas" e, de maneira convincente, sugere que a expansão –

nos vários aspectos da vida – pode ser considerada o seu objetivo fundamental. Isso se revela no orgulho do grupo, no desejo de aumentar a riqueza, o poder e o desenvolvimento intelectual, artesanal e religioso; revela-se também nas festas, nos bailes, na generosidade. Sob outro aspecto, revela-se na desconfiança com que são vistas as pessoas tristes ou que exteriormente demonstram medo. Aparentemente, embora sem desejar uma descrição da personalidade modal dos karaíb negros, Ruy Coelho tinha essa descrição como predisposição (*set*) intelectual. Vale dizer, sua formação teórica o conduziu a uma interpretação global e coerente da cultura e da personalidade do grupo estudado. Sob outro aspecto, pode-se dizer que era menos sensível às diferenças individuais acaso existentes no grupo.

A descrição dos índios canoeiros, feita por Harald Schultz, não só apresenta um nível diferente, mas também enfrenta a necessidade de compreender um pequeno grupo com pouquíssimos contatos com a civilização e com o qual a comunicação era extremamente precária, pois a linguagem se limitava quase exclusivamente a gestos (os índios sabiam algumas palavras e frases de português). Embora a possibilidade de comunicação por gestos, entre pessoas de culturas muito diferentes, tenha uma extraordinária significação psicológica e a sua existência ponha em dúvida muitas afirmações mais radicais das análises de personalidade cultura, esse aspecto não será analisado aqui. Para uma comparação com o trabalho de Ruy Coelho, será suficiente observar dois aspectos básicos. Em um nível, Schultz descreve o que o antropólogo e o psicólogo se habituaram a denominar padrões de comportamento. Por exemplo, salienta o fato de os índios tratarem amavelmente o visitante, terem uma norma para a troca de objetos, terem uma divisão de trabalho entre homens e mulheres, obedecerem a certas normas de etiqueta nas refeições (que nem sempre coincidem com as nossas), aceitarem formas características de lidar com as crianças (por exemplo, estas estão sempre acompanhadas por adultos ou por crianças maiores), terem maneira característica de brincar e vestir (por exemplo, ao contrário do que ocorreria em nossa cultura, o homem se recusa a ficar inteiramente nu em público, mesmo que esteja em companhia exclusivamente masculina). Em outro nível, Schultz observa personalidades diferentes e até antagônicas entre os poucos homens que conhece na tribo. Por exemplo, mostra que *Radiokobi* e *Tapiama* têm personalidades opostas: o primeiro é "bem-humorado, expansivo...", e pronto a prestar informações; *Tapiama*, embora gentil, fala pouco e baixo, "é introvertido e um tanto apático, mas, ao mesmo tempo, amistoso". Quanto a um terceiro índio, *Mapatáti*, diz Schultz que é "exatamente bondoso e modesto". Em resumo, embora o pesquisador procure a abstração de algumas características gerais do grupo, também procura individualizar e distinguir psicologicamente as pessoas. Embora se possa dizer que Schultz estava em contato com um grupo menor, o que facilitaria a apreciação de diferenças individuais, isso não altera o fato: um pesquisador salienta o que é comum nas personalidades de uma cultura, enquanto outro, ao lado disso, mostra diferenças individuais.

No artigo de Baldus sobre o xamanismo é ainda mais clara essa diferença entre a descrição *cultural* e a *individual*. É certo que Baldus descreve um processo cultural: o simples fato de apenas algumas culturas terem xamãs – isto é, médicos feiticeiros que, por meio de sonhos, estão em contato direto com o sobrenatural – mostra que não se trata de uma característica individual. Mas os xamãs descritos por Baldus entre os tapirapés são personalidades muito diferentes: *Kamairohó* era fundamentalmente um diplomata, expansivo, pouco dado a esforços físicos; *Urukmy* era calmo e discreto, equilibrado e cumpridor dos deveres; *Vuatanamy* era do tipo guerreiro, retraído, avesso aos estrangeiros; *Maninohó* era uma figura trágica e triste, combatida na própria casa. Aqui será preciso deixar de lado a história, traçada por Baldus, dos xamãs e do xamanismo entre os tapirapés, com sua sequência de mortes e perseguições, até que a aculturação elimine de vez o xamanismo para substituí-lo por outra forma de expressão do conflito entre o bem e o mal, pois, diz Baldus, estes parecem forças eternas aos olhos dos homens. Importa notar que até nessa função especializada existe variação de personalidade. E temos a comprovação de que Baldus estava teoricamente predisposto a perceber individualidades e não apenas padrões culturais. Em trabalho teórico, depois de refutar as teorias do século XIX que basicamente distinguiam entre "povo cultural" e "povo natural", Baldus (1953, p.429-47) sustenta que numa aldeia índia, em processo de aculturação, encontramos variações na maneira de aceitar os padrões introduzidos pelo homem branco; mais ainda, além dos contrastes também observados entre civilizados, parece que entre os índios encontramos os mesmos tipos psicológicos observáveis na civilização: "o expansivo e o fechado", "o generoso e o sovina", "o agressivo e o pacífico", e assim por diante.

A lição desses exemplos parece muito clara. Três pesquisadores, cuja atenção fundamental está voltada para um nível descritivo de três culturas diferentes – e não especificamente para a relação cultura personalidade –, parecem ter predisposições intelectuais diferentes para a percepção do que é comum aos indivíduos e do que os distingue. Evidentemente, trata-se de uma diferença de grau, e não de tudo ou nada, mas isso não modifica a conclusão básica: a simples predisposição intelectual – pois nesses exemplos seria absurdo falar em preconceito dos pesquisadores – faz que se salientem certos aspectos do comportamento do grupo, ou das diferenças individuais neste existentes.

Em conclusão, o fato de o observador esperar uniformidade no comportamento pode fazer que seja levado a encontrá-la ou torná-la mais saliente. Considerando ainda a perspectiva do observador, é preciso indicar um outro fato. Diante do grupo estranho, o observador tem duas tendências deformadoras: de um lado, perceber todos os participantes do grupo estranho como se fossem iguais; de outro, dar um valor desproporcional às características distintas do grupo estranho. A primeira tendência aparece, por exemplo, na dificuldade que os brasileiros sentiam, no início da imigração japonesa, para distinguir fisicamente os japoneses; aparece também na tendência para imaginar todos os alemães como loiros e altos. Do ponto de vista psicológico, essa tendência conduz aos estereótipos, isto é, caracterização grosseira e indiscriminada do grupo estranho. A segunda tendência nos leva a supor que as características aparentemente mais diversas das nossas sejam as mais importantes. É difícil avaliar a deformação provocada por esses fatos, mas compreendemos a sua significação nas descrições que a pessoa de um país faz de outro, ou nas descrições feitas por brasileiros de várias regiões. Como o participante de uma cultura pode, pelo hábito, deixar de perceber características evidentes para os estranhos, é muito difícil corrigir essa deformação.

Por exemplo, o paulista e o carioca têm mais probabilidades de perceber a pobreza do Nordeste brasileiro do que o nordestino, sobretudo se este não conhece outras regiões. O estrangeiro percebe, mais facilmente que o norte-americano, a maneira caracteristicamente norte-americana de tratar a criança pequena, ou de esta chamar a atenção dos adultos. Esses dois exemplos servem também para mostrar a possível deformação na percepção do estranho: talvez a pobreza do Nordeste seja um aspecto básico da região, e talvez a maneira norte-americana de tratar as crianças pequenas seja um aspecto secundário. No entanto, nem sempre se pode dizer que o próprio grupo seja mais capaz de identificar os aspectos significativos de sua cultura.

Quando o grupo pode ler o relatório do antropólogo ou ser informado a respeito da sua descrição, é frequente que apareça um nítido desacordo entre a autoimagem da cultura e a imagem "técnica". Bastam alguns exemplos do processo. No já citado artigo sobre o xamanismo entre os tapirapés, Baldus diz que os índios consideraram "bobagem" aquilo que um antropólogo (C. Wagley) escrevera sobre um dos aspectos do xamanismo. É bem verdade que, nesse caso, as mudanças na cultura poderiam explicar o desacordo. Mas essa explicação não caberia para o fato de os habitantes da Plainville – pequena comunidade norte-americana – não aceitarem a descrição do antropólogo James West (pseudônimo de Carl Withers); ora, a população de Plainville parece ter reagido amargamente à descrição antropológica (Gallaher Junior, 1961).

Em outros casos, a situação é ainda mais complexa. Lévi-Strauss[2] diz que, ao fazer uma descrição do caráter nacional a estudantes franceses e estrangeiros, os primeiros permaneceram neutros e os estrangeiros revelaram aceitação entusiástica, dizendo que era assim mesmo que viam os franceses. Lévi-Strauss supõe que uma forma de explicar tais resultados seria dizer que os estudos de caráter nacional constituem uma espécie de teste projetivo, em que o observador se revelaria. Se a hipótese de Lévi-Strauss fosse verdadeira – o que provavelmente não acontece –, em diferentes povos os mesmos indivíduos projetariam aproximadamente as mesmas características e, portanto, outro povo seria apenas um estímulo ambíguo, em que os observadores poderiam *ver* suas características pessoais. Em outras palavras, a percepção dos grupos estranhos decorreria apenas de características do observador, e não das condições de percepção e das características reais do grupo percebido. Isso aparentemente não ocorre em caso algum, sequer nas técnicas projetivas padronizadas ou na percepção de anormais. Sabe-se que as técnicas projetivas atingem ou provocam a manifestação de certos aspectos da personalidade, não de todos, e, se mudarmos os estímulos, obteremos outras respostas também ligadas a esses estímulos. No caso do anor-

---

2 Discussão transcrita em Tax et al. (1953, p.138-9).

mal, a percepção é "irrealista", mas isso não significa que seja inteiramente independente do estímulo original.

Mas a dificuldade maior para a aceitação dessa hipótese de Lévi-Strauss reside no conceito de projeção, pois este não foi empregado com o mesmo sentido nas chamadas técnicas projetivas e na descrição psicanalítica. Nesta última, só se pode falar em projeção quando a pessoa vê, na outra, sentimentos que não reconhece em si mesma e que, por isso, se tornaram inconscientes. Portanto, a prova de projeção exige duas etapas: inicialmente, a prova de que a pessoa vê, nas outras, sentimentos ou intenções condenáveis (pelo menos para quem atribui tais características); depois, prova de que não as percebe em si mesma. Na vida diária, esse conceito parece obter boa confirmação, e o mesmo ocorre nos casos patológicos. Apesar disso, o conceito é frequentemente usado como forma de "desmascaramento" e, nesse sentido, pode ser indiscriminado e inútil, pois equivale às acusações de racionalização não comprovada. Vale dizer, quando *A* acusa a agressividade de *B*, *B* sempre pode responder que *A* projeta sua própria agressividade, mas a projeção só estaria comprovada se *A* fosse agressivo sem o perceber, e *B* não fosse agressivo. No caso da projeção em grupos, seria preciso provar que o percebedor tem determinada característica e que a projeta num grupo que não a tem.

São muito reduzidas as provas experimentais da projeção em indivíduos e grupos. No caso da projeção em indivíduos, a única prova satisfatória parece ter sido a obtida por Sears (1936); no caso da projeção em grupos, o estudo – não experimental, mas relativamente bem controlado – de Bettelheim & Janowitz (1950).

Falar em projeção no outro sentido – isto é, dizer que o povo estranho funciona como estímulo ambíguo que provoca revelação de tendências inconscientes e conscientes – é provavelmente incorreto; pelo menos, nada leva a crer que isso efetivamente ocorra. O exemplo de Lévi-Strauss mostra bem essa dificuldade: se os estrangeiros, vindos de vários países, têm a mesma imagem dos franceses, parece claro que aí não existe projeção, pois esta deveria levar a imagens diversas, tal como ocorre nas pranchas de Rorschach ou nas gravuras do T.A.T.

Mas o fato indicado por Lévi-Strauss é real e deve ser explicável, pois é frequente que em certo nível de percepção de um povo por outro ocorram imagens mais ou menos constantes e até certo ponto coerentes. Se essa coerência não resulta, exclusiva ou predominantemente, de características pessoais do percebedor, precisa ser explicada pelas condições de percepção e pelas características do povo percebido. Aqui, nossas informações são precárias e devemos mover-nos com hipóteses. Apesar disso, o problema é tão decisivo que vale a pena tentar a busca de pelo menos alguns pontos de referência, pelos quais seja possível delimitar a amplitude de nosso conhecimento. Em primeiro lugar, talvez convenha examinar a situação na percepção de povos civilizados e, depois, na de povos iletrados ou primitivos.

A primeira pergunta pode ser formulada da seguinte maneira: como chegamos a adquirir imagens de povos estranhos? Parece indiscutível que essa imagem é obtida, para a grande maioria da população, pelas comunicações de massa. Por isso mesmo, parece indispensável uma indicação das características mais gerais desse tipo de comunicação.

Se observarmos um jornal, uma revista, um programa de rádio ou de televisão, veremos que as partes noticiosas e as "diversões" se referem, quase sempre, a situações de desequilíbrio, isto é, de conflito, de mudança brusca, de guerras, de fatos extraordinários. Por exemplo: a bolsa de Nova York ocupa um pequeno espaço na página de notícias econômicas, mas pode obter espaço maior do jornal se houver uma alta espetacular nos títulos, ou uma baixa catastrófica. A vida estudantil de Madri praticamente não aparece no jornal ou na televisão, a menos que haja manifestações políticas contra o governo espanhol, acompanhadas da inevitável repressão policial. Os indivíduos só aparecem nas comunicações de massa quando realizam alguma coisa extraordinária, boa ou má. Além disso, como as medidas que atingem os povos estranhos são geralmente medidas tomadas pelos governos, os chefes de Estado dos países mais ricos ocupam um espaço extraordinariamente amplo do noticiário. Os governos dos países pequenos ou pobres só raramente aparecem no noticiário, geralmente quando estão em conflito interno ou externo; mais raramente quando morrem ou são depostos.

Finalmente, a comunicação de massa dá grande espaço aos seus próprios *ídolos* ou *mitos*, ou a pessoas que por alguma razão se notabilizaram e despertam o que se chama curiosidade popular. Embora não seja fácil analisar a formação dos *mitos* da comunicação de massa, parece certo que correspondem a necessidades profundas do homem e substituem na sociedade atual as funções desempenhadas pelos mitos tradicionais. Não seria absurdo imaginar que algumas estrelas do cinema – como Marilyn Monroe e Brigitte Bardot – substituíram o mito das sereias e da mulher fatal de outras épocas. Em outros casos, uma pessoa se torna notícia e, depois, ídolo da opinião pública por algum feito extraordinário, uma ação inesperada ou contrária às normas vigentes. Nesse sentido, o duque de Windsor tornou-se figura de comunicação de massa: o fato de renunciar ao trono da Inglaterra, embora tivesse pouca influência política no resto do mundo, representava uma ação extraordinária, logo apresentada como conflito entre o dever e o amor. Pelo menos nesse caso, a mediocridade dos atores não parece ter diminuído a intensidade do interesse popular.

Embora essa análise não possa ser continuada aqui, o princípio geral parece bem nítido. As comunicações de massa apresentam algumas figuras nacionais e, para o leitor ou espectador, a partir delas se formam pelo menos alguns aspectos da imagem de um povo. Um exemplo pode explicar o processo. Se os países sul-americanos são governados por generais, estes ocupam uma parte muito grande do noticiário internacional a respeito da América do Sul; por isso, o europeu e o norte--americano podem admitir que os sul-americanos dão grande importância ou valor à vida militar. Mas se os sul-americanos forem interrogados, podem revelar que isso lhes parece aspecto secundário da vida política, e menos significativo ainda de sua vida social e psicológica. Outro exemplo mostra a situação em nível diferente. A divulgação, pelas comunicações de massa, dos divórcios de artistas de cinema e figuras da alta vida social norte-americana pode conduzir o estrangeiro à ideia de que os norte-americanos dão pouca importância à vida de família ou encaram o divórcio como aspecto normal da vida social. Isso pode não ocorrer e, interrogados, os norte-americanos talvez indiquem que sua reação à vida dos artistas de cinema é mais ou menos igual à de outros povos.

Em outros casos, a comunicação de massa pode não ser a única fonte de informações a respeito de um povo, mas ainda nesse caso pode servir para organizar e orientar as percepções mais complexas. Nesse sentido, a comunicação de massa pode contribuir para a formação de predisposições (*sets*) intelectuais, já sugeridas no caso das descrições antropológicas.

Evidentemente, isso ainda não esgota o problema da percepção do grupo estranho. Afinal, os membros do grupo apresentam comportamentos, e estes são interpretados ou codificados pelos observadores. Esse processo pode, fundamentalmente, ser interpretado de duas maneiras: supor a existência de uma comunicação direta entre o comportamento e o observador; supor a interferência dos processos de aprendizagem. Além disso, é provável que os casos concretos exijam a utilização dos dois esquemas.

No primeiro caso – suposição de comunicação direta –, é preciso admitir não só a universalidade da expressão, mas também a relativa coerência ou semelhança dos vários movimentos expressivos. Essa hipótese permite explicar o fato de haver comunicação entre culturas muito diferentes: embora veja um espetáculo chinês ou japonês, o espectador brasileiro identifica os sentimentos fundamentais apresentados pelos atores; a música alegre ou triste é identificada como tal por ouvintes de qualquer cultura; a fisionomia triste não se confunde com a alegre ou apática. Todavia, se a universalidade é provavelmente indiscutível nesse plano bem geral e relativamente grosseiro, a partir daí a situação não é tão clara e muitas relações decorrem, provavelmente, da aprendizagem ou associação. E, como se sabe, tais associações podem ser totalmente arbitrárias e, nesse sentido, representam fontes de erros perceptuais.

A aprendizagem, talvez por associação, pode explicar nossa tendência para perceber relação entre vários aspectos de uma época ou de uma região. Se pensamos no século XIX, por exemplo, tendemos a estabelecer relação entre a moda, as manifestações artísticas e a vida política, como se esses vários aspectos exprimissem o mesmo *espírito*, a mesma mentalidade. Essa percepção global está na origem, provavelmente, das ideias de *Zeitgeist* e de *estilo*. Isso não significa que seja impossível demonstrar a existência do espírito de uma época, mas sim que, antes da prova, essa afirmação é apenas uma hipótese, e a nossa percepção de relações entre vários aspectos contemporâneos pode ser consequência de aprendizagem, e não da existência de algumas tendências básicas que se manifestam sob várias formas. Em resumo, a identidade ou semelhança de vários aspectos da vida social pode resultar de uma apreensão direta de expressões, mas pode resultar também de aprendizagem por associação.

Um exemplo relativamente próximo explica a diferença. Tendemos a considerar a valsa vienense como expressão da *belle époque*; isso não significa, necessariamente, que a valsa seja uma forma de expressão de possíveis tendências básicas dessa época, ou que outra música popular não pudesse ter se desenvolvido na mesma época. Enquanto não tivermos uma prova satisfatória dessa relação, podemos supor que se tenha estabelecido por aprendizagem.

Para o estudo da relação cultura-personalidade, percebe-se logo, é fundamental a percepção das características expressivas dos participantes de um grupo. Na medida em que haja apreensão direta de tais características, pode-se admitir que o observador seja capaz de descrição adequada do grupo estranho; no entanto, a situação não é tão clara nos casos de apreensão global da cultura, pois aqui não se trata de apreensão direta de uma expressão, mas de inferência de relações entre diferentes aspectos ou de suposição de tendências fundamentais, não percebidas diretamente.

Ora, nos estudos sobre relação cultura-personalidade é muito difícil separar a característica percebida diretamente da característica supostamente fundamental, inferida dos comportamentos realmente observados. Mais ainda, sempre que se pensa em cultura global é quase inevitável pensar em uma ou poucas características fundamentais, supostamente capazes de unificar os aspectos aparentemente díspares do comportamento observado. Isso explica os dois níveis de descrição de culturas ou povos: no primeiro, o viajante ou pesquisador anota os comportamentos observados, num processo de percepção e compreensão diretas; no segundo, o pesquisador procura elementos supostamente básicos e unificadores, de onde decorreriam os comportamentos observados. E evidentemente os estudos de cultura-personalidade, bem como os de caráter nacional, se localizam nesse segundo nível. Como se viu nos exemplos apresentados nos capítulos anteriores, tais estudos não dependem da percepção direta – tanto assim que muitos foram feitos a distância. Aparentemente, antes de uma descrição ingênua e ampla do comportamento, preferiu-se explicar a diferença, por meio de alguns postulados sobre a formação de personalidade.

Cultura e personalidade: formação

Curiosamente, a maior preocupação dos estudos de cultura personalidade parece ter sido não a descrição minuciosa de características específicas de personalidade, mas a sua explicação. Isso é muito nítido em alguns dos estudos citados no capítulo anterior: por exemplo, nas descrições apresentadas por Ruth Benedict e Gorer das personalidades de japoneses, americanos e russos. Nesse caso, antes de verificar se determinado traço de personalidade é característico das pessoas de uma cultura, tenta-se explicar como chegaram a adquirir esse traço. A ausência de uma confirmação empírica para o traço psicológico já seria bastante para invalidar todo o processo, devendo-se lembrar que a comprovação não pode limitar-se a uma verificação de presença do traço. Se admitimos, como parece necessário admitir, que todos os homens têm todas as características, a sua diferenciação deve ser feita quantitativamente. Todavia, pode-se imaginar que, assim como identificamos as pessoas, embora não sejamos capazes de descrevê-las quantitativamente, seria possível identificar personalidades modais de várias culturas, antes de chegarmos a descrições quantitativas. Essa observação, inaceitável para um cientista mais rigoroso, está de certo modo suposta na maioria das descrições de personalidade, e por isso não seria absurdo aceitar posição semelhante nas descrições de personalidade-cultura.

Se admitimos essa argumentação, podemos aceitar a possibilidade de discutir a formação da personalidade na cultura ou a influência desta naquela. Intuitivamente, é possível pensar em dois tipos de influência: a influência direta da aprendizagem e a influência indireta da vida social.

O primeiro tipo de influência parece indiscutível. A criança brasileira de classe média aprende a falar português, a brincar com objetos de plástico, a ver e ouvir televisão, a ir ao cinema, a comer goiabada com queijo e arroz com feijão, a preferir certo tipo de bife de carne de vaca e certos gostos de bolos e biscoitos, a chupar laranja, a comer banana, a comer macarronada aos domingos, a ganhar presentes no Natal e em seu aniversário, a não dizer nomes feios na frente de adultos (se for menino) e não dizê-los em caso algum (se for menina), a comer com a boca fechada, a tratar os pais com certa deferência, pois deve chamá-los por senhor e senhora, a não demonstrar interesse ou repugnância por defeitos físicos, a não chorar na frente dos outros (se for menino), a não aceitar coisas de estranhos e a não pedi-las, a não provocar brigas com outros meninos (embora não deva fugir quando os outros atacam). E essa aprendizagem é adquirida em casa e inclui, certamente, muitas outras coisas: correção de frases e palavras, maneiras de sentar, maneiras de andar e dirigir-se aos outros. Todavia, embora existam variações individuais e de família para família, não seria totalmente errado falar em padrões de educação, impostos em todo o período pré--escolar, isto é, até os sete anos de idade. A partir de sete anos, a criança de classe média frequenta escola primária e, a partir de onze ou doze, ginásio. No caso dos rapazes, depois do ginásio é estimulado a frequentar o colégio – que frequentemente é o curso científico – e aprende que duas profissões são ideais: engenharia e medicina.*

Se a mesma criança nascesse nos Estados Unidos, aprenderia algumas coisas diferentes: aprenderia a falar inglês, teria brinquedos mais complexos, embora também visse televisão e cinema; aprenderia a comer batatas fritas e hambúrguer, a considerar o *steak* um prato extraordinariamente saboroso, a beber leite e café várias vezes por dia; comeria bolos mais doces que os brasileiros e sorvetes mais saborosos; a cereja, a pera e a maçã estariam mais vezes em sua mesa; daria mais valor à banana que a criança brasileira; aprenderia a apreciar o *humor* dos

---

* O autor se refere ao sistema educacional à época da publicação (1969). (N. E.)

mais velhos; se fosse menino, em vez de aprender futebol *association*, aprenderia a admirar e a praticar o futebol americano; além do Natal, consideraria o *Thanksgiving* como dia de festa e reunião de família; esperaria grandes festas populares no Dia da Independência. E em muitos outros aspectos, não haveria diferenças sensíveis. A partir dos seis anos, iria para a escola, e aqui apareceriam diferenças muito grandes. Ficaria na escola pela manhã e à tarde, tanto no curso primário quanto no secundário. Teria muito maior possibilidade de ingressar numa universidade e, nesse caso, quase certamente sairia da casa de seus pais e passaria a morar com seus colegas em dormitórios coletivos; em situação semelhante, o jovem brasileiro moraria numa "república", isto é, numa casa velha alugada por vários alunos (o que, até certo ponto, aconteceria nas *coops* das universidades americanas).

Também no caso do americano, haveria diferenças individuais e de família, mas talvez não fosse errado falar em *padrões de comportamento*. De outro lado, nem sempre é fácil indicar exatamente as diferenças entre padrões americanos e padrões brasileiros. No caso da alimentação, as diferenças entre os padrões são bem nítidas, tanto no horário quanto nos alimentos. Por exemplo, o adulto brasileiro bebe café preto, com açúcar, em xícara pequena, e depois da refeição; o americano bebe café com creme, frequentemente com pouco ou nenhum açúcar, e durante a refeição. Se passamos para o comportamento social, as diferenças entre padrões são mais sutis e podem passar despercebidas ou, em outros casos, ser exageradas. Alguns aspectos formais são nitidamente aprendidos: o brasileiro aprende a apertar a mão e sempre que se encontra com amigos e conhecidos, ou destes se despede; em casos de mais intimidade deve também abraçar o amigo ou, pelo menos, colocar a mão em seu ombro. A moça brasileira aprende a dar dois beijos (um em cada lado do rosto) em moças ou senhoras com quem se encontra ou de quem se despede. No caso do adulto americano, o aperto de mão é mais formal, trocado na apresentação ou no momento de despedida mais prolongada; o abraço é praticamente ignorado e o mesmo ocorre com os beijos entre moças e senhoras.

À medida que nos afastamos de aspectos formais e facilmente identificáveis, as diferenças se tornam mais sutis e não serão facilmente indicadas. Por exemplo: será verdade que os americanos evitam o contato físico com outras pessoas? Haverá diferença na expressão emocional de brasileiros e americanos?

Quando nos aproximamos desses aspectos, chegamos a padrões implícitos, dificilmente identificáveis, mas onde as variações individuais são também mais nítidas. Até certo ponto, o domínio da aprendizagem explícita constitui um código de maneiras, ou de boas maneiras, e dificilmente nos afastamos destas. Quando passamos para um domínio mais íntimo, provavelmente estamos diante de maneiras de sentir que não são padronizadas ou, pelo menos, não o são da mesma forma que o comportamento decorrente de normas sociais explícitas. Em outras palavras, a cultura evidentemente determina o nível mais explícito do comportamento; o problema real é saber se também determina o domínio mais profundo de reações afetivas.

De modo bem amplo, pode-se dizer que os estudos de cultura-personalidade aceitaram o seguinte esquema de pensamento. Admitiram, em suas linhas gerais, o esquema freudiano de desenvolvimento da personalidade, supondo, no entanto, que o conteúdo dos conflitos descritos por Freud decorresse da peculiar organização da sociedade vitoriana. Em termos bem simplificados, isso significa que os vários processos descritos por Freud – introjeção, projeção, recalque de impulsos proibidos, realização dos desejos nos sonhos – seriam processos universais na formação psicológica do homem, mas o conteúdo do que se reprime ou se aceita varia de acordo com a cultura. Por exemplo, o conflito edipiano, descrito por Freud, seria peculiaridade da sociedade vienense do século XIX, e não de todo o desenvolvimento humano. Segundo essa hipótese, poderíamos encontrar não apenas variações na intensidade desse conflito, mas até conflitos muito diversos. Como já foi indicado antes, essa suposição está menos longe do pensamento de Freud do que parece à primeira vista: Freud não negava essa variação na intensidade da repressão, embora, de acordo com o modelo evolucionista, pensasse num progressivo aumento da repressão. Os antropólogos do século XX, ao recusar o modelo evolucionista, passaram a admitir a multiplicidade de normas, admitindo também a impossibilidade de estabelecer uma linha contínua de evolução. A tarefa do antropólogo seria, então, descrever os padrões e mostrar sua consequência na formação da personalidade.

A primeira dificuldade para aceitação desse esquema reside no nível de análise aceito pelos diversos especialistas. Os antropólogos, de acordo com a tradição de sua disciplina, anotam padrões explícitos e se contentam com o nível consciente; os psicanalistas, ao contrário, consideram o nível consciente o ponto de partida da análise, pois o conteúdo *real* do comportamento só se revela quando descobrimos o seu significado inconsciente. Isso explica que Freud e outros psicanalistas tenham podido utilizar material recolhido pelos antropólogos: esse material não é o ponto de chegada, mas o ponto de partida da análise. Esta deve ser feita de acordo com os processos de associação livre, descobertos por Freud na análise do sonho e no tratamento dos pacientes.

Na verdade, como Freud iniciava um método quase inteiramente novo nas ciências humanas, suas afirmações são frequentemente intuitivas ou hipotéticas, mas isso não significa que sejam arbitrárias. Ao contrário, o encadeamento das demonstrações freudianas é tão rigoroso que não seria muito errado dizer que a psicanálise apresenta, para os processos que estudou, o mais completo sistema de psicologia. Isso não significa, no entanto, que Freud dispusesse de uma teoria capaz de realizar predições quanto às consequências futuras de certas experiências infantis. A sua interpretação parte de um fato e procura os fatos iniciais, sem nenhuma possibilidade de verificar se as mesmas experiências básicas não poderiam provocar resultados muito diversos. Disso resulta que, em última análise, Freud é obrigado a admitir a hereditariedade também como fator precipitante da neurose; o fato de o seu pensamento poder ser interpretado sem essa interferência e o fato de Freud ter contribuído, indiretamente, para uma compreensão ambiental da neurose não modificam essa afirmação.

Em resumo, Freud pensa em processos inconscientes universais, mas não tem critérios para distinguir a influência de diferentes processos de educação, embora considere que o processo básico – o da repressão dos impulsos – seja cada vez mais acentuado, à medida que nos aproximamos do século XX. Em resumo, Freud não chega a descrever o homem normal de sua época – o que na linguagem atual seria a personalidade modal – e com o qual fosse possível comparar personalidades modais de outras culturas. Os seus dados são de duas ordens: os neuróticos e as obras literárias por ele analisadas. Em alguns casos, Freud emprega também material recolhido por antropólogos ou exemplos de pessoas normais e, aqui, muitos exemplos são retirados de sua autoanálise.

Quase sempre, a Freud interessa não os fatos objetivos que poderiam estar na fonte do sintoma, mas o processo pelo qual tais fatos passam a integrar-se na vida inconsciente da pessoa. E está claro que um dos aspectos básicos dessa descrição refere--se à possibilidade de inversão total na passagem consciente--inconsciente ou vice-versa. Assim, a análise pode verificar que a excessiva demonstração de amor pode corresponder a ódio inconsciente; o fato de a pessoa julgar que outros a odeiam pode significar que ela odeia os outros, e assim por diante. Mas essas interpretações, embora discutíveis, não são arbitrárias; ao contrário, a sua verificação depende da análise, onde, pela associação livre, se revele a ligação entre o conteúdo consciente e o inconsciente.

Ora, as descrições dos teóricos da personalidade-cultura se referem aos aspectos externos, tanto do tratamento das crianças quanto do comportamento adulto. Para fazer a ligação entre os dois aspectos, utilizam-se conceitos psicanalíticos inferidos da suposta relação entre norma de tratamento da criança e tendências do adulto. Um exemplo bem claro desse processo de explicação pode ser encontrado na descrição dos russos – apresentada no capítulo anterior – feita por Gorer: como a criança é enfaixada durante o período de dentição, a cólera que sente é projetada no mundo externo. Vale dizer, por causa dessa experiência, o adulto tende a sentir que o mundo é hostil, quando é nele próprio que se encontra a hostilidade.

Essa é a razão para as objeções dos psicanalistas aos estudos da personalidade-cultura: como não utilizam dados obtidos em processo psicanalítico, ainda que aparentemente corretas, suas afirmações referem-se ao aspecto consciente e, por isso, menos significativo do comportamento. Nesse sentido, Hartmann et al. (1951, p.3-31), entre outras observações, indicam um aspecto fundamental: embora os estudos de personalidade cultura deem a entender que o complexo de Édipo pode ser observado no nível consciente, esse complexo só foi revelado pela psicanálise. E, em nossa cultura, essa revelação depende de demonstrações e provas indiretas, pois o complexo de Édipo não se manifesta conscientemente. Os mesmos autores dão ainda outros exemplos: o fato de, conscientemente, o indivíduo não apresentar sentimento de culpa com relação à masturbação não significa inexistência desse sentimento: submetida à análise, a pessoa o revelará.

Um outro exemplo pertinente é dado por Géza Róheim (1950, p.366): embora Gorer afirme que o *date* não tem conteúdo sexual, quando submetidos à psicanálise os indivíduos revelam exatamente esse conteúdo.

Em resumo, embora nos estudos de personalidade-cultura se fale na aceitação do modelo psicanalítico, os psicanalistas não aceitam essa identificação e, como foi sugerido antes, têm razões metodológicas para fazê-lo: se, em uma cultura, os conflitos inconscientes só se revelam pela associação livre – isto é, depois da superação da resistência consciente –, não há razão para supor que em outras culturas os conflitos possam revelar-se direta ou conscientemente. Apesar disso, pode-se admitir, por hipótese, que os psicanalistas estejam errados, e que os estudos do caráter nacional tenham aprendido, intuitivamente, alguns aspectos reais da personalidade modal de vários países ou várias culturas nacionais. Mas para isso é preciso discutir a existência de culturas nacionais.

Cultura nacional: os contatos com outras culturas

Quando o antropólogo estuda um grupo relativamente isolado, pode supor que os contatos com outras culturas sejam nulos ou quase nulos. Embora a proporção de isolamento possa apresentar problemas concretos, não temos muitas dúvidas quanto ao seu significado. Não seria absurdo dizer que um grupo indígena se torna mais aculturado ou mais civilizado quando troca suas crenças tradicionais pelo catolicismo ou protestantismo, quando passa a usar roupas de "brancos", quando troca arco e flecha pela espingarda e pelo anzol, quando começa a usar colher, garfo e panelas de alumínio, a beber pinga, ou quando aprende a ler e a escrever, a cantar o Hino Nacional. Mas terá sentido descrever uma cultura brasileira, independente de outras culturas nacionais?

Em primeiro lugar, existe um contato constante e direto com outras culturas. Os remédios, os livros, os princípios médicos de tratamento, as fitas de cinema e televisão, as peças de teatro, os materiais de construção, os tipos de automóveis e caminhões, os tecidos, os modelos de roupas, as formas de sapatos, os tipos de mobília, os brinquedos de criança – em tudo isso, e em muitos outros aspectos, existe uma relativa padronização nas várias culturas nacionais de nossa época.

Apesar disso, seria possível imaginar que esses aspectos da chamada *cultura material* seriam secundários, não integrados numa tradição cultural mais profunda. Poder-se-ia admitir que, sob exterioridades muito semelhantes, continuasse a correr uma corrente subterrânea de culturas nacionais. O problema seria, então, descobrir essa corrente. Em grande parte, os defensores da ideia de caráter nacional admitem a possibilidade de identificar esse fundamento cultural de cada país. Um momento de reflexão mostrará a dificuldade dessa tarefa: em primeiro lugar, não seria suficiente demonstrar a existência de um ou outro aspecto característico, mas, ao contrário, demonstrar esse mesmo aspecto em várias e diferentes manifestações. Por exemplo, não seria suficiente demonstrar misticismo na literatura de um país; seria necessário comprovar a mesma característica nas artes plásticas, na educação, na filosofia e assim por diante.

Como já foi indicado no Capítulo 2, essa foi a hipótese suposta, por exemplo, na descrição do caráter inglês por Taine. A sua dificuldade reside na passagem do conceito para aspectos específicos da vida cultural e, depois, para a personalidade. Sem essa possibilidade, existe sempre o risco de que salientem apenas alguns aspectos, esquecendo-se de outros, igualmente significativos. De outro lado, seria necessário demonstrar que outras culturas não apresentam as mesmas tendências. Suponhamos a afirmação de que a cultura americana, embora tenha elementos comuns com outras culturas nacionais, se caracteriza pelo fato de valorizar os aspectos práticos, isto é, aquilo que é mais útil ou mais eficiente.

É fácil demonstrar que, comparativamente, o serviço público americano é mais eficiente do que o de vários outros países, que a escola americana acentua a formação profissional do aluno, isto é, dá relativamente pouco valor à formação clássica em línguas, e assim por diante. No entanto, um observador encontraria imediatamente aspectos bem pouco práticos na cultura americana: por exemplo, a aceitação de um complexo e tradicional sistema de pesos e medidas, em vez do sistema métrico; a manutenção de uma ortografia tradicional que dificulta a alfabetização da criança americana. Sob esses dois aspectos, a cultura brasileira é muito mais prática. Esses exemplos, que naturalmente poderiam ser multiplicados, sugerem como é difícil caracterizar uma cultura nacional, se pretendemos deixar de lado os seus aspectos comuns com outras culturas e procuramos suas peculiaridades.

Essa, todavia, não é talvez a dificuldade maior. Afinal, poderíamos supor que, embora ainda não tenhamos feito uma adequada caracterização das culturas nacionais, isso não significa que não possamos fazê-lo. Poder-se-ia argumentar que novos instrumentos de medida permitiriam essa verificação. Como se viu no capítulo anterior, a medida do motivo de realização é uma dessas formas de medida. Mas para aceitar isso, seria preciso ter, ao menos, a verificação de certa unidade no interior de uma cultura nacional.

Cultura nacional: a diferenciação interna

Também nesse caso a comparação com os chamados povos primitivos pode esclarecer a dificuldade das afirmações a respeito de cultura nacional. A cultura primitiva é compartilhada por pequeno grupo e, embora em papéis diferentes, todos os membros do grupo têm mais ou menos a mesma participação, ou a mesma compreensão de diferentes participações. Mesmo essas afirmações devem ser feitas com certa cautela: em alguns casos, a divisão de trabalho entre homens e mulheres poderia provocar notáveis diferenças de personalidade; em outros, a existência de papéis muito diferenciados – por exemplo, chefe ou feiticeiro – poderia isolar alguns indivíduos. Apesar disso, não parece absurdo dizer que todos os membros de uma cultura primitiva participam de valores e padrões de comportamento semelhantes ou, pelo menos, complementares.

A observação, por mais superficial que seja, das supostas culturas nacionais mostra uma situação bem diversa, isto é, revela uma diferenciação extrema. Considere-se, inicialmente, a diferenciação no contínuo urbano rural: no Brasil, por exemplo, além das zonas metropolitanas de São Paulo e Rio de Janeiro, há a população de cidades grandes como Belo Horizonte, Porto Alegre, Recife e Salvador; depois, um grande número de cidades médias ou pequenas, até chegarmos às vilas e à população relativamente dispersa nos campos.

A seguir, deve-se lembrar a diferenciação das classes sociais. No alto da escala, um grupo de padrões da classe rica internacional: é um grupo que frequentemente se desloca para o estrangeiro, praticamente não realiza trabalho manual – a não ser como *hobby* – e desconhece a necessidade econômica, a não ser como piada. Está claro que, dentro desse grupo, seria possível fazer várias distinções: o grupo de uma burguesia recente, isto é, de descendentes em segunda ou terceira geração de imigrantes, ou de uma burguesia descendente de famílias mais antigas; o grupo de altos funcionários da indústria e do governo, civis ou militares, e que na realidade atua na assessoria dos interesses da burguesia.

A seguir, um grupo grosseiramente denominado classe média, mas que na realidade inclui categorias econômicas e intelectuais muito diversas: pessoas das profissões liberais, funcionários dos escalões médios, pequenos comerciantes, industriais e proprietários. Finalmente, um terceiro grupo, formado pelas chamadas classes trabalhadoras, que na realidade inclui operários qualificados e não qualificados, funcionários subalternos e camponeses. Dentro desses dois grandes grupos seria possível fazer distinções não só de nível econômico, mas também de nível educacional. Se classe média é uma categoria significativa do ponto de vista econômico, não o é do ponto de vista educacional: pode haver pouca ou nenhuma semelhança entre a formação de um médico e a de um pequeno comerciante. De outro lado, entre um médico famoso e rico de grande cidade e o médico de pequena cidade, frequentemente funcionário de nível médio, pode haver semelhança de formação profissional, mas quase nenhuma semelhança quanto ao nível econômico.

A pergunta, aqui, só pode ser uma: existe cultura comum entre essas várias categorias e entre as várias regiões? Embora se possa dizer que todos falam a mesma língua, isso só é verdade se esquecermos as diferenças de vocabulário e sintaxe que separam os vários grupos. Embora se possa dizer que alguns alimentos são comuns a várias classes, pelo menos de algumas regiões, essa afirmação não leva em conta diferenças de quantidade e variedade. Se a falta de alimento na infância tem alguma influência na formação da personalidade, deve haver profundas diferenças entre a classe mais pobre e as outras. Na primeira, a criança *pede* alimento, frequentemente sem recebê-lo, e várias camadas da população vivem em estado crônico de desnutrição; a partir da classe média, os adultos oferecem alimentos às crianças e insistem para que elas comam. Se o processo de alimentação tem alguma influência, da classe média para cima há crianças alimentadas com mamadeiras praticamente desde o nascimento; na classe pobre, a criança é amamentada ao seio.

Disso resulta uma situação peculiar na comparação entre as culturas nacionais: nos países subdesenvolvidos, pelo menos, existe muita semelhança entre grupos de classes sociais semelhantes. A dramática descrição de uma família mexicana, por Lewis (1961), provavelmente não se afastaria muito da situação encontrada na classe mais pobre e mais marginalizada da grande cidade brasileira. Isso permitiu a Lewis (1961, p.16ss.) falar em uma cultura da pobreza e, embora a expressão seja ambígua – pois Lewis supõe que essa cultura seja transmitida de geração a geração, o que no mundo contemporâneo é pelo menos discutível –, parece indicar uma realidade mais viva que o conceito de cultura nacional. E na literatura, ou subliteratura brasileira, surgiu há alguns anos um diário de mulher de favela de São Paulo (Maria de Jesus, 1960). Os problemas diários da pobreza e os tipos de relações humanas que descreve parecem não se afastar muito da descrição de Lewis, o que indicaria a existência de padrões, não nacionais, mas de classe social e situação econômica. Se isso for verdade, indica que, independentemente da comunicação ou tradição comum, a mesma situação econômica e de trabalho tende a criar condições muito semelhantes para o desenvolvimento e a expressão de emoções humanas.

Do ponto de vista cultural, e de desenvolvimento da personalidade, seria imaginável que o grupo da favela tivesse algo em comum com outro extremo das classes sociais, isto é, os habitantes dos bairros mais ricos da cidade de São Paulo? Parece que não, e, ao contrário, esse grupo mais rico está muito próximo dos grupos equivalentes nas zonas metropolitanas do chamado mundo ocidental, isto é, Nova York, Londres, Paris ou Roma. Isso é verdade não apenas para aspectos da cultura material, maneira de vestir, utilização de aparelhos domésticos, mas também para outros aspectos culturais: maneira de educar os filhos – geralmente educados por pajens e às vezes governantes –, interesses artísticos e intelectuais, bem como tipo de objetivos a alcançar. Em outras palavras, assim como a classe social mais pobre tem seu equivalente em vários países, o mesmo ocorre com a classe mais rica.

Em outros casos, são ainda mais nítidas a diferenciação interna e a semelhança com grupos de outros países, mas, nesse caso, o fator decisivo é provavelmente uma tradição comum. É isso que ocorre, de modo amplo, com o grupo intelectual: vencidas as barreiras da língua, os vários grupos de intelectuais e artistas quase sempre encontram um campo muito grande de interesses e problemas comuns. A mesma coisa pode ser comprovada na verificação de que o grupo intelectual de um país pode influir diretamente em outro.

Em resumo, se considerarmos a chamada cultura nacional, veremos que esta não tem unidade, a não ser de língua e de organização política. Embora se possa, com certas restrições, falar em cultura de classe média, de classe pobre e de classe rica, será muito difícil encontrar padrões comuns a essas várias classes. De outro lado, é possível notar semelhanças entre os padrões de comportamento aceitos por classes equivalentes de diferentes países.

Ainda assim, a argumentação pode não parecer decisiva. Poder-se-ia sustentar que, apesar dessas diferenças aparentes, haveria um núcleo comum aos participantes da chamada cultura nacional, e que esse núcleo poderia revelar-se na continuidade histórica, num sentido da evolução da cultura nacional. Por isso, convém examinar a possibilidade da descoberta desse suposto sentido na evolução do país.

Tradição e mudança

É provavelmente errado dizer que os povos primitivos, que não conhecem a escrita, não têm história.[3] Mas talvez não seja errado dizer que sua história se desenvolve em ritmo bem mais lento que a dos chamados povos civilizados, sobretudo a partir dos séculos XVII e XIX, quando a aplicação intensiva de técnicas científicas provocou profundas alterações na vida humana. Se é verdade que tais alterações beneficiam mais alguns países ricos, e se é verdade que, dentro de cada país, beneficiam mais algumas classes do que outras, todos ou quase todos acabam

---

3 Cf. a argumentação de Lévi-Strauss (1958, p.3-33).

por sentir tais inovações técnicas e tais mudanças no ritmo da vida humana. Por exemplo, mesmo nos países pobres, os programas de vacinação podem rapidamente eliminar a possibilidade de algumas doenças epidêmicas, como a varíola ou a poliomielite. A introdução de novas técnicas de transporte pode facilitar a mobilidade geográfica de grande parte da população. Assim, todos acabam por sentir o impacto de novas técnicas. Isso não significa que todos disponham dos mesmos recursos técnicos, nem que se eliminem inteiramente certas formas tradicionais e ineficientes de ajustamento. Por exemplo, embora uma cidade como São Paulo possa ter os melhores recursos de atendimento médico, uma grande parte da população não participa de tais recursos, nem pode seguir a melhor orientação quanto a alimentos ou cuidados de higiene. Mesmo assim, ainda quando marginalizados no processo de desenvolvimento, os vários grupos acabam por sentir os processos de inovação e mudança. É verdade que, às vezes, a inovação prejudica alguns grupos, pois destes retira os padrões tradicionais de ajustamento, sem permitir que adotem os novos. De qualquer forma, existe mudança, e talvez fosse possível pensar num contínuo, em que os grupos primitivos apresentam um mínimo e as zonas metropolitanas um máximo de mudança. Entre esses extremos, seriam colocados grupos de cultura rústica (segundo a expressão de Antonio Candido), os de cidades pequenas e médias.

Convém agora exemplificar cada um desses casos, mais ou menos ao modo de Robert Redfield (1949), embora este fale em quatro casos – a cidade, a vila, a povoação e a aldeia tribal – e, portanto, não inclua a zona metropolitana, e embora a sua aldeia tribal se aproxime, em grande parte, do que aqui se denomina cultura rústica. Como exemplo de grupo primitivo, pode-se pensar nos índios canoeiros, anteriormente citados, pela descrição de Harald Schultz: esse grupo não tinha, até aquele momento, contato permanente com a civilização. Embora não se conheça a sua história, pode-se presumir que a mudança social do grupo seja mínima, com padrões relativamente imutáveis e que passam de geração a geração. Tais grupos são hoje relativamente raros, e o antropólogo em geral estuda primitivos que, na realidade, estão há várias gerações em contato com os civilizados. Nesse caso, como na aldeia tribal estudada por Redfield, existe na verdade uma combinação, mais ou menos feliz e mais ou menos estável, de cultura civilizada e cultura primitiva. E evidentemente, do ponto de vista de mudança, não é fácil separar esse nível do que Antonio Candido (1964) denominou cultura rústica, ao estudar o caipira paulista. Nesse caso, a cultura tende à estabilização ou, pelo menos, não tem em si mesma os elementos dinâmicos para a mudança. Sob alguns aspectos, o caipira está ligado à tradição indígena, pois é esta que lhe permite o ajustamento alimentar, pela caça; sob outros, ligado com a cultura europeia, pois desta herdou a língua, a religião, os vários instrumentos agrícolas, bem como armas e algumas técnicas.

No sentido rigoroso da palavra, o grupo não está isolado, embora a economia de subsistência lhe permita relativa independência; de qualquer forma, é pelo confronto com a sociedade mais ampla que se dão as mudanças mais radicais. Apesar disso, Antonio Candido provavelmente tem razão ao dizer que as mudanças na cultura caipira são sempre superficiais, e que a "sua mudança é o seu fim", pois a sua forma de vida se baseia em ajustamentos tão precários que a alteração destes provoca a destruição da cultura. Vale dizer, quando há mudança radical, o caipira deixa de ser caipira. Por isso, Antonio Candido pode dizer que "a cultura do caipira, como a do primitivo, não foi feita para o progresso: a sua mudança é o seu fim..." (1964, p.61).

Ora, essas afirmações são corretas para o momento atual, quando a civilização desenvolveu técnicas muito mais eficientes que as da cultura rústica; nesse caso, esta última fatalmente desaparece ao encontrar-se com uma cultura muito mais rica e para a qual praticamente nada pode oferecer. Mas a existência da cultura rústica já é uma prova da possibilidade de integração de traços da cultura primitiva com a cultura civilizada.

E a cultura rústica – que Antonio Candido aproxima da cultura camponesa tradicional – é aquela em que vive uma grande parte da humanidade. A sua transformação é lenta, geralmente provocada por interferência de grupos externos. Tanto o trabalho de Antonio Candido quanto o de Oscar Lewis (1951) sobre Tepoztlán documentam essa transformação. No caso de Tepoztlán, a mudança parece provocada principalmente pela escola, com a introdução de novos hábitos de higiene, prolongamento da infância e da adolescência, isto é, redução do trabalho das crianças. No caso dos caipiras estudados por Antonio Candido, a necessidade de mudança parece decorrer de modificações na vida econômica, capazes de impedir a manutenção de uma economia fechada, de subsistência.

De qualquer forma, a lentidão ou impossibilidade de mudança da cultura não impede a rápida mudança individual. Tanto na cultura camponesa europeia quanto na cultura rústica das Américas, as indústrias recrutam seus operários. Do ponto de vista do que se denominaria personalidade modal, essa observação tem um alcance extraordinário: indica que as experiências infantis, qualquer que seja sua influência nos aspectos mais profundos da personalidade, não impedem o ajustamento individual a diferentes ocupações, em situações física e socialmente diversas das encontradas na cultura original.

Alguns casos individuais relatados por Oscar Lewis mostram uma situação aparentemente paradoxal: por exemplo, ao sair de Tepoztlán, para viver nos Estados Unidos, uma moça sente-se aliviada da "opressão" de sua cidade natal. Portanto, sair da sua cultura representa não um esforço insuportável e para o qual não estaria preparada, mas uma libertação de suas potencialidades. Embora esse caso possa ser excepcional, as constantes migrações do campo para a cidade, com ajustamento adequado à nova situação, mostram que o processo é muito geral e que a *personalidade modal*, supostamente desenvolvida num padrão de cultura, não impede a adaptação a uma cultura bem diversa. Mas o processo é menos surpreendente do que pareceria à primeira vista. Existe também uma constante migração da pequena cidade para a cidade de tamanho médio, ou desta para as zonas metropolitanas. Se hoje, pelo menos nos países desenvolvidos, tendem a reduzir-se as diferenças entre esses vários tipos de zonas urbanas, mesmo antes de nossa época esse movimento foi constante, sem que houvesse dificuldades de ajustamento psicológico. O desajustamento observado é de outra ordem: a pessoa pode não ter formação técnica que lhe permita obter um emprego satisfatório, sua linguagem pode não lhe permitir um convívio adequado ou satisfatório.

Em resumo, a participação numa cultura não é obstáculo intransponível para o ajustamento a outra, desde que o indivíduo tenha possibilidade material de adquirir as habilidades exigidas pelo novo ambiente. Na maioria das situações humanas, a tradição, apesar das aparências em contrário, parece pesar muito pouco. Mesmo quando aparentemente presos à tradição, os grupos são capazes de rápidas mudanças, embora continuem formalmente fiéis à tradição. Estas são aparentemente mantidas, ainda quando o seu sentido possa opor-se às novas realidades, ou ainda quando as pessoas sejam incapazes de indicar a sua significação. Assim, um hábito tradicional deixa o domínio religioso ou mágico, transformando-se em motivo estético. O homem contemporâneo, sobretudo nos trópicos, pode ignorar totalmente a relação há séculos estabelecida entre o pinheiro – símbolo da perenidade da vida – e o nascimento de Cristo. Isso não o impede de celebrar o Natal com o pinheiro, pois este, despido de seu conteúdo religioso e simbólico, adquiriu conteúdo estético e emocional.

Outros casos sugerem como é tênue, para a grande maioria, a fronteira entre o racional e o irracional. Só assim se explica que, ao lado das notícias sobre as conquistas espaciais, os jornais contemporâneos continuem a publicar horóscopos. Esses exemplos mostram que nem o civilizado é tão racional diante das formas tradicionais, nem o primitivo e o rústico são tão irrealistas que não percebam a superioridade de certas técnicas e certas formas de vida.

Caráter nacional, nacionalismo e racismo

Se as críticas anteriores são válidas, parece evidente a impossibilidade de falar em caráter nacional. De fato, se a classe alta brasileira tem maior afinidade com as classes correspondentes de vários países contemporâneos do que com a classe operária brasileira, parece difícil falar em caráter nacional que englobe as várias classes sociais brasileiras. Vale dizer, se não se pode, a rigor, falar em cultura brasileira, seria muito difícil imaginar o estabelecimento de uma relação entre essa suposta cultura e a personalidade modal do brasileiro. Como essas observações valem para os países contemporâneos, para qualquer deles seria inaceitável uma análise de personalidade-cultura. Por fim, se historicamente as chamadas culturas contemporâneas mudam com muita rapidez, não é possível imaginar que em cada "cultura nacional" se desenvolva uma personalidade modal e que a investigação pudesse descobrir.

Na verdade, a situação não é tão simples quanto essas críticas poderiam sugerir: uma coisa é a tentativa de análise objetiva da relação entre "cultura nacional" e personalidade; outra, as suposições ideológicas sobre características dos participantes de uma nação. No primeiro caso, buscam-se as características supostamente profundas, ou inconscientes, e que seriam comuns aos que se desenvolvem em determinada cultura. No segundo, acentuam-se as características superficiais – que talvez não fosse errado denominar as *maneiras* de um povo –, seja para exaltá-las como norma superior seja para condená-las.

A crítica mais séria que se pode fazer aos estudos contemporâneos de caráter nacional é o fato de terem confundido os dois níveis, passando livremente do ideário e do comportamento de líderes políticos ocasionalmente no poder para as características profundas de um povo. Pelo fato de os alemães terem vivido a tragédia do nazismo, supôs-se que este pudesse ser explicado pelas peculiaridades da família alemã (ou da tradição intelectual da Alemanha) como se, em situação semelhante, o capitalismo do século XX não pudesse gerar tragédias semelhantes. Da mesma forma, o fato de a Revolução Russa de 1917 ter criado as condições do stalinismo seria indicação de características do povo russo.

Sob esse aspecto, os estudos contemporâneos do caráter nacional revelam, apesar de tudo o que dizem os seus autores, um nacionalismo exacerbado, capaz de substituir ideologicamente o racismo, pois este já tinha sido desmoralizado pelo nazismo. Em outras palavras, no momento em que o racismo já não pode ser a justificativa do imperialismo, este se justifica por características psicológicas, supostamente criadas pelos processos educacionais de determinadas culturas. Embora a teoria seja aparentemente mais progressista – na medida em que salienta a influência ambiental, e não características supostamente biológicas –, suas consequências não são muito diversas. É que, embora se admita que as características psicológicas resultam da educação, admite-se que esta resulta da cultura, num longo processo de decantação histórica. E a história não pode ser mudada: a cultura determina certo tipo de personalidade, e este se perpetua por práticas culturais.

Em alguns casos, esse esquema é apresentado com extrema ingenuidade; é o que ocorre com a teoria de McClelland sobre as diferenças de necessidade de realização. Se um povo não se desenvolve, isso se explica pela ausência dessa necessidade; os que se desenvolvem têm mais motivação para isso. Observe-se que o paralelismo com o racismo é, nesse caso, quase perfeito: assim como os racistas partiram de diferenças raciais entre classes, para depois transferir a teoria para a explicação de diferenças entre povos, também na teoria da necessidade de realização partiu-se de diferenças entre classes sociais para depois utilizar o esquema na explicação das diferenças entre povos.

Em outros casos, o esquema é diferente, pois o autor parece esquecer a existência de classes sociais e pensa nos vários países – o seu e os estrangeiros – como se constituíssem uma personalidade única. Isso ocorreu com Margaret Mead, com Ruth Benedict e, até certo ponto, com Gorer. É que, nesse caso – durante a Segunda Guerra Mundial ou na guerra fria entre Estados Unidos e URSS –, os autores não pensam em países desenvolvidos e subdesenvolvidos, mas em nações que se enfrentam em pé de igualdade. Então, o sentimento de etnocentrismo e o patriotismo fazem que os antropólogos norte-americanos procurem explicar a guerra por diferenças psicológicas: enquanto os inimigos desejam conquistar o mundo, os norte-americanos desejam impor a justiça e a democracia. O problema, para o cientista que tenta ser objetivo, é que esses inimigos, embora com outras palavras, diziam a mesma coisa. Para responder a esse problema, seria preciso ter uma teoria mais ampla, capaz de abranger os movimentos nacionais; não é suficiente utilizar algumas categorias psicológicas, aparentemente inferidas de certas instituições como a família, ou de algumas tradições nacionais.

A psicologia e os enigmas da história

É hoje lugar-comum lembrar o atraso das ciências humanas com relação às ciências naturais. Estas, pelo menos em alguns campos, conseguiram um tal desenvolvimento e um rigor tão grande em sua capacidade de predição que as afirmações dos cientistas humanos parecem construções pré-científicas, quando não discursos retóricos e vazios, ou complexas elaborações do óbvio. O que varia no lugar-comum é a explicação dada para esse atraso: a complexidade dos fenômenos humanos; a interferência de valores e ideologias nas ciências humanas; o obstáculo das tradições e dos preconceitos; a impossibilidade de experimentação significativa. Assim se explica a ausência, nas ciências humanas, de descobertas extraordinárias que constituem o orgulho dos físicos. Infelizmente, quase não se lembra de uma aguda observação de W. Kohler: nas ciências humanas não podemos fazer descobertas, pois os fenômenos são conhecidos; o que podemos descobrir é uma nova relação funcional entre fenômenos.

O estudo do caráter nacional mostra que é nesse campo – o estabelecimento de relações funcionais – que se notam as divergências e também as possiblidades de avanço científico. As diferenças aparentes entre os povos são tão visíveis que não podem ter escapado à observação de grupos que entraram em contato, em vários períodos históricos; o problema não reside, portanto, na existência de diferenças, mas na verificação de sua profundidade e na explicação de sua origem.

Quanto ao primeiro aspecto – profundidade ou extensão das diferenças –, as várias explicações podem ser esquematizadas em dois pontos de vista. Para um deles, as diferenças são superficiais e podem desaparecer se os vários grupos tiverem condições semelhantes. Segundo esse ponto de vista, o homem é por toda parte fundamentalmente igual e, se descerrarmos o véu das aparências, encontrarem os sentimentos muito semelhantes, desejos fundamentalmente iguais, formas de pensamento perfeitamente compatíveis. Está claro que esse ponto de vista – que à falta de melhor denominação poderia ser intitulado o da homogeneidade da humanidade – comporta teorias muito diferentes e, sob outros aspectos, antagônicas. Aqui se localizariam os iluministas do século XVIII, os marxistas e, na psicologia contemporânea, os psicanalistas e gestaltistas.

Para os iluministas, a humanidade como um todo tende para formas cada vez mais perfeitas, pela utilização e extensão do conhecimento racional. Como exemplo dessa teoria, pense-se em Condorcet. Para os marxistas, a diversidade entre os homens decorre de estágios diferentes nas relações de produção. Na aplicação prática, pelo menos na União Soviética, a teoria marxista tende a estimular ou, pelo menos, a preservar a diversidade das formas culturais de povos e nações.[4]

Para a psicanálise, a homogeneidade da humanidade decorre da identidade inevitável do desenvolvimento do ser humano; as várias formas de vida social e suas expressões são apenas variedades do conflito primordial e inevitável entre os impulsos biológicos e a vida social. Pela repressão dos instintos, o homem se torna capaz de vida social, isto é, se humaniza; apesar disso, a repressão não elimina, nem pode eliminar, os instintos básicos que continuam a ser o motor do comportamento humano. Se se quiser um símile um pouco imperfeito, pode-se dizer que, assim como no sonho o mesmo desejo pode aparecer sob diversas formas, também na vida social o mesmo conflito pode revelar-se de muitas maneiras. Com Carl Jung, essa teoria adquiriu uma conotação mais contraditória e ambígua, pois Jung admite, ao lado de uma base comum de toda a humanidade, diferenças entre nações. Além disso, Jung admite a involução da humanidade, pois supõe que a verdadeira sabedoria consiste na revelação ou redescoberta dos arquétipos, isto é, de imagens ou tendências ancestrais (Cf. Jacobi, 1962, p.33-4; Jung et al., 1964, p.83-108, 104-57).

A teoria gestaltista é muito menos esquemática, mas fundamentalmente aceita a universalidade de valores e aspirações, embora não negue a existência de diferenças explicáveis pelo contexto em que aparecem. Por isso, ao relativismo cultural, Solomon E. Asch (1952, cap.12 e 13), um dos mais lúcidos expo-

---

4 Cf. Schlesinger (1950, p.420-9). O autor indica as oscilações da aplicação da teoria.

sitores da teoria, pode opor a noção de *relacionismo*, isto é, a ideia de que, se um padrão cultural foi interpretado no conjunto da vida de um povo, poderemos perceber o seu verdadeiro conteúdo; quando se faz isso, verifica-se que nenhum povo admite a injustiça ou a maldade, embora as condições reais possam determinar concepções diversas do que é justo ou bom. A teoria gestaltista, que poderia ser classificada como teoria racionalista e realista, interpreta as diferenças observadas entre grupos humanos como resultantes do processo de ajustamento ao ambiente; esse processo tende ao estabelecimento de equilíbrio dinâmico entre forças do indivíduo e do ambiente.

Um segundo ponto de vista – que poderia ser denominado o da heterogeneidade da humanidade – sustenta a existência de diferenças básicas, às vezes insuperáveis, entre grupos humanos. A mais notória dessas teorias foi a do racismo, mas, embora partissem de premissas muito diversas, várias tendências sociológicas e antropológicas poderiam ser aqui colocadas. Considere-se, por exemplo, a teoria do pensamento primitivo de Lévy-Bruhl: embora não suponha uma diferença de capacidade entre povos civilizados e primitivos – o que o conduziria a uma teoria de tonalidade racista –, Lévy-Bruhl (1922) supõe diferenças qualitativas, resultantes de "hábitos de espírito". Considerem-se, como outro exemplo, os estudos antropológicos da cultura: tem-se a impressão de que cada cultura está fechada em si mesma, aparentemente capaz de criar uma concepção particular de "natureza humana", intraduzível para outras concepções, incapaz de comunicar-se com estas.

Na verdade, essas várias interpretações procuram responder a perguntas inevitavelmente feitas pelos leigos, desde o momento em que percebem tão grandes diferenças entre vários povos e entre vários momentos históricos. Como compreender que os chineses tenham desenvolvido um tipo de civilização, enquanto os europeus desenvolveram uma civilização tão diferente? O que explica a decadência e o fim do Império Romano? Por que os judeus, embora dispersos pelo mundo, não foram extintos? Como explicar que um país permaneça tão ligado às tradições, enquanto outro parece voltado para o novo e o futuro?

Existem muitos tipos de respostas a tais perguntas; apenas algumas delas poderiam ser classificadas como psicológicas, isto é, apenas algumas explicam a história por categorias psicológicas. No entanto, seria possível parafrasear uma observação de Jean Piaget (1952, p.7)[5] e dizer que a explicação psicológica, pelo menos no caso das diferenças entre povos, acaba por ser uma explicação *biológica* ou *social*. Explicação biológica seria, evidentemente, a apresentada pelas várias formas do racismo; explicação social seria a apresentada pelas teorias históricas e culturalistas, para as quais as características psicológicas resultam de acontecimentos históricos ou da configuração da cultura, isto é, da maneira de viver de um povo.

Mas como a história e a cultura são criadas pelo homem, é frequente que a biologia, expulsa pela porta da frente, acabe voltando pela porta dos fundos. Ora se admite, com Margaret Mead e Ruth Benedict, que os desajustados à cultura o são por características biológicas, e que em outra cultura suas características inatas poderiam ser aceitas; ou se admite que a cultura se perpetua pelo tratamento dispensado à primeira infância. Em qualquer dos casos, acaba-se por supor características praticamente imutáveis, pois sua transformação exigiria várias gerações. Finalmente, a explicação cultural não elimina uma outra pergunta: por que foi criada essa cultura e não outra? Por que uma cultura evolui e outra estaciona?

Talvez o erro dessas perguntas resida no fato de as formas culturais hoje encontradas resultarem de uma longa evolução, um processo histórico que desconhecemos inteiramente. Desconhecemos as etapas que levaram à aquisição de uma lingua-

---

5 Aqui Piaget diz que toda explicação psicológica acaba por apoiar-se na biologia ou na lógica, pois a explicação acaba por cair na mesma alternativa.

gem especificamente humana e à possibilidade da criação de uma cultura. O fato de o homem sempre participar de uma cultura e por esta interagir com a natureza mostra que estamos sempre diante de um estágio fundamentalmente igual, e por isso não temos a possibilidade de analisar um *povo natural*, isto é, em contato não mediado com a natureza. Outra prova de semelhança entre as culturas pode ser encontrada na repetição, em qualquer cultura – mesmo a industrializada no século XX –, de fenômenos que geralmente consideramos primitivos: por exemplo, os movimentos messiânicos.

Essa observação pode conduzir a uma verificação básica: a identidade psicológica entre os homens e os grupos, embora o processo de ajustamento ao ambiente, os contatos entre os grupos e a densidade da população possam provocar diferenças em formas de expressão. É evidente que nos últimos três ou quatro séculos a utilização das ciências naturais permitiu um ajustamento muito mais eficiente ao ambiente físico e aos cuidados com o corpo; no entanto, esse progresso não se estendeu às condições psicológicas e sociais da vida humana, e seria muito difícil sustentar que o homem civilizado seja psicologicamente mais feliz ou mais ajustado que o homem primitivo. Apesar disso, a superioridade técnica do homem civilizado é hoje tão grande que é quase inevitável esquecer como são recentes essas conquistas, e também quase inevitável medir todos os povos pelo padrão dos países tecnologicamente mais desenvolvidos.

Mas a tentativa de explicação das características de diferentes povos não é privilégio dos intelectuais dos países mais ricos ou mais desenvolvidos. Os povos menos desenvolvidos também procuram explicações para as evidentes diferenças entre eles e os povos mais ricos. E a segunda parte deste ensaio procura acompanhar essas explicações, no caso dos intelectuais brasileiros.

6
Método de análise das ideologias

Teoria e ideologia

Os capítulos anteriores devem ter demonstrado, se não o erro, ao menos a precariedade das teorias de caráter nacional. Constituam ou não formas complexas para traduzir a reação primitiva do etnocentrismo, é certo que não resistem a uma análise objetiva mais rigorosa, e parecem revelar formas explícitas ou disfarçadas de preconceito contra estrangeiros, bem como exaltação da própria cultura.

Nesse sentido, seria possível classificar essas descrições como ideologias, e não como teorias científicas. No entanto, tal como ocorre frequentemente no estudo do homem, não é fácil distinguir os vários níveis de trabalho científico, nem distinguir aquilo com que um pode contribuir para o progresso de nosso conhecimento. Por isso mesmo, convém discutir, ainda que esquematicamente, os problemas aí existentes, a fim de delimitar o alcance da segunda parte deste trabalho.

Em nível bem geral, a classificação de uma teoria como ideológica supõe duas alternativas: a primeira, segundo a qual a ciência já dispõe de conhecimento objetivo, capaz de superar o nível ideológico ou de racionalização; a segunda, de acordo com a qual todo conhecimento sobre o homem é ideológico, isto é, depende da posição ou dos interesses dos teóricos. A primeira alternativa pode não apresentar problemas muito significativos para a teoria do conhecimento, desde que seja possível provar, objetivamente, que a explicação dada pode ser universalmente aceita, isto é, não apresenta apenas uma versão particularista, ou tão particularista quanto a que deseja superar. Um exemplo dessa situação poderia ser encontrado na explicação psicanalítica para o *aparecimento* de bruxas na Idade Média. Poder-se-ia dizer que os acusadores das bruxas sofriam de uma repressão muito violenta de seus impulsos instintivos e, por isso, projetavam os desejos proibidos em algumas pessoas. Essa afirmação poderia, até certo ponto, ser comprovada pelo fato de muitos psicóticos de nossos dias apresentarem sintomas semelhantes aos apresentados pelos acusadores das bruxas: também os psicóticos são capazes de ver e ouvir pessoas que apresentam as características atribuídas às bruxas medievais. Portanto, essas características não estão nas pessoas acusadas, mas em tendências inconscientes dos acusadores, isto é, de pessoas psicologicamente anormais.

Um segundo exemplo poderia ser dado pela análise da teoria racista. Os seus autores seriam participantes dos países imperialistas do século XIX; ao afirmar que algumas raças seriam superiores e outras inferiores, justificavam uma situação real e da qual eram beneficiários. Vale dizer, o domínio das raças inferiores pelas superiores seria decorrência de uma situação biológica: as raças dotadas de maior capacidade obrigariam as outras a realizar o trabalho mais grosseiro, único que seriam capazes de fazer. No entanto, com o conhecimento mais amplo da antropologia cultural e da psicologia diferencial, essa ideologia seria substituída por uma teoria objetiva da cultura e pela explicação de diferenças de inteligência por recursos econômicos e educacionais. Também nesse caso seria possível demonstrar que a teoria culturalista apresenta um esquema objetivo e universal, pois afirma que as teorias racistas seriam apenas formas complexas do etnocentrismo.

O simples enunciado dessas explicações mostra que podemos passar, quase insensivelmente, para a segunda alternativa. De fato, é possível supor que a explicação psicanalítica decorra de peculiaridades do século XIX, isto é, Freud teria transferido para outras épocas o sistema de repressão do período vitoriano, supondo que as forças atuantes naquele momento teriam agido também na Idade Média. Em outras palavras, se a explicação pela "posse pelo demônio" correspondia a necessidades da Idade Média, a psicanalítica correspondia a necessidades ou aspirações do século XIX. A prova disso estaria não apenas no fato de as explicações terem surgido em épocas diferentes, mas também, e principalmente, em sua aceitação: se a teoria da posse pelo demônio foi aceita na Idade Média, isso se deve não à teoria, mas ao conjunto de concepções da época, à sua religiosidade. Por isso, os homens desse período tendiam a ver a santidade e o pecado em muitos comportamentos humanos.

No século XIX, ao contrário, os mesmos comportamentos seriam interpretados – e não apenas por Freud – como doença mental, conceito que só poderia desenvolver-se num período dominado por ideais científicos e naturalistas. A outra prova dessa demonstração estaria no fato de Freud ter dado, ao sexo, uma importância que parece não ter nos dias de hoje; ou no fato de Adler e Jung terem dado interpretações divergentes, pois teriam partido de outras aspirações da mesma época. Adler teria dado importância ao problema da competição na sociedade contemporânea, enquanto Jung teria dado relevo ao sentimento religioso. Sob outro aspecto, seria possível dizer que a teoria de Freud revela problemas característicos de sua vida:

filho da segunda mulher de seu pai, tendo irmãos muito mais velhos e sobrinhos de sua idade, Freud acabou por desenvolver uma neurose ligada a esses problemas. Depois, ao tratar de doentes mentais, transferiu para estes as peculiaridades reveladas por sua autoanálise. Adler, ao contrário, tendo saído de classe relativamente modesta e passado por humilhações decorrentes de sua posição de segundo filho – Freud era o primogênito de sua mãe –, acabou por valorizar a competição social e desta fez o núcleo de sua análise. Jung, ao contrário de Adler e Freud, era de família profundamente religiosa: como seu pai era pastor e por isso frequentemente chamado a oficiar em enterros, Jung logo percebeu o significado da morte.

Como Freud, Jung também foi neurótico, pelo menos em alguns períodos de sua vida. Como se vê, na psicologia a interpretação por processos inconscientes pode ser voltada contra si mesma, de forma que o conhecimento objetivo se torna aparentemente impossível. A verdade seria, quando muito, uma linguagem cifrada aceita e compreendida apenas pelos iniciados. Se um freudiano diz que é impossível aceitar ou refutar a psicanálise sem ter passado pela análise, um junguiano dirá que apenas quem se submeteu à análise junguiana pode compreender integralmente essa teoria.

Também com o segundo exemplo seria possível fazer demonstração semelhante. Se a teoria racista revelava uma ideologia imperialista, a teoria *igualitária* da antropologia cultural revelaria a ideologia política da democracia norte-americana. A afirmação da equivalência das culturas seria característica de uma sociedade formada por grupos culturalmente muito diversos – entre os quais grupos de indígenas não totalmente assimilados pela civilização – e seria uma tentativa de conseguir uma convivência harmoniosa de tais grupos.

A segunda alternativa para a explicação da ideologia apresenta, no entanto, pelo menos aparentemente, dificuldades insuperáveis. Enquanto a primeira versão supõe que, em determinado momento, com o progresso científico, chegamos à superação da ideologia, a segunda lança dúvida sobre todas as teorias de ciências humanas. Como se sabe há muito tempo, uma posição relativista na teoria do conhecimento – isto é, a afirmação de que a verdade depende da posição de quem a apresenta ou descobre – é contraditória nos termos: quando afirmo que a verdade só é válida para quem está em determinada situação ou posição, estou afirmando também que esse enunciado tem a mesma limitação, isto é, só é válido para quem está na minha posição. Portanto, não tenho possibilidade de sair do círculo demarcado pelo meu enunciado. Isso decorre da verificação – também conhecida há muitos séculos – de que a posição relativista é apenas uma forma de ceticismo, isto é, da afirmação de que não existe possibilidade de conhecimento, e essa posição é formalmente contraditória: para afirmar que o conhecimento é impossível, preciso afirmar, pelo menos, a possibilidade desse conhecimento e, portanto, negar aquilo mesmo que pretendo afirmar.

Essa análise puramente formal do ceticismo e do relativismo não impediu que, na história da filosofia e, mais recentemente, da sociologia e da psicologia, os homens chegassem a teorias relativistas do conhecimento; a diferença é que, atualmente, essas teorias deixaram de referir-se a todas as ciências, limitando-se às ciências humanas, sobretudo à sociologia. Aqui, importa apenas discutir se as teorias sociológicas contemporâneas são, afinal de contas, relativistas, no sentido tradicional da expressão, ou se apresentam uma forma de superar esse conflito lógico.

Para isso, talvez seja oportuno fazer uma distinção entre o conhecimento da natureza e o conhecimento do homem: o primeiro é a-histórico, o segundo, inevitavelmente histórico. Isso não decorre da perspectiva ou da intenção do cientista, mas do fato de a natureza ser, através do tempo histórico, praticamente igual, enquanto o homem, nesse mesmo tempo, se transforma radicalmente. De forma um pouco grosseira, não seria errado dizer que as ciências naturais estudam um objeto estático, enquanto as ciências humanas estudam um objeto em constante transformação. Por isso, ainda que fosse possível um cientista imparcial, isto é, inteiramente independente dos interesses e das perspectivas de uma época, esse cientista não poderia interpretar da mesma forma um homem da Idade Média e um outro, do século XX: o primeiro teria profundas crenças religiosas, quase ausentes no segundo; teria uma forma de produção agrícola e industrial praticamente desconhecida pelo segundo; teria uma concepção da vida humana bem diversa da encontrada em nossa época e assim por diante.

Se esses dois objetos fossem inteiramente diversos, a dificuldade do estudo científico não seria tão grande; nem seria tão grande se o homem não fosse, sob vários aspectos – alimentação, reprodução, diversos aspectos da percepção e da aprendizagem –, um animal, como outros que encontramos na natureza. Essas duas dimensões introduzem outros elementos de perturbação para o estudo do homem. Em primeiro lugar, há sempre um mínimo de compreensão entre homens, por mais diferentes que sejam, e há também um sentido de continuidade no tempo, seja através da história seja através do mito. O homem sempre estabelece ligação com seus antepassados e procura explicar sua origem; mais ainda, é provável que em todas as culturas se encontre alguma imagem do futuro, seja pela religião seja pelas utopias políticas e sociais. Por isso mesmo, frequentemente encontramos teorias que pretendem dar explicações gerais para o homem seja pelo sentido da história, seja pela identidade entre o homem e os outros animais.

Um segundo traço do homem serve para distingui-lo do resto da natureza: de todos os objetos de estudo, só o homem é capaz de reagir ao seu destino, de conscientemente procurar mudá-lo. Podemos considerar o livre-arbítrio como ilusão ou ironia; não podemos negar a sua presença, nem sua aparente influência em nosso comportamento. Entre outras consequências, o livre-arbítrio tem uma interferência decisiva na vida humana: quando lidamos com outros objetos da natureza, uma teoria errada será incapaz de provocar a mudança desejada; quando lidamos com homens, a teoria errada pode ter consequências fundamentais, desde que os homens acreditem nela. Por exemplo, será impossível curar uma doença infecciosa se não tivermos um recurso técnico capaz de combater a sua causa; mas Antônio Conselheiro, que prometia a vinda do reino dos céus, foi capaz de conseguir a fidelidade de centenas de pessoas; a teoria evidentemente errada de que os negros são inferiores aos brancos pode fazer que se deem escolas diferentes para os dois grupos raciais, e isso chegue a dar uma confirmação espúria da teoria; um boato intencionalmente divulgado pode, em certas ocasiões, provocar movimentos sociais de consideráveis proporções.

Finalmente, o pesquisador objetivo, em certos domínios das ciências humanas, ou em algumas de suas aplicações, é uma ficção, embora se possa dizer que se trata de uma ficção útil ou necessária. Mesmo quando estudamos acontecimentos humanos já distantes no tempo ou no espaço, não ficamos neutros. Por exemplo, não achamos correto o sacrifício de crianças pelos astecas; não ficamos neutros diante da descrição de um navio negreiro do século XIX. Hoje, não ficamos neutros diante da existência das favelas ou da criminalidade.

Se aceitamos esses princípios bem gerais, compreendemos a existência não só de níveis diferentes de conhecimento nas ciências humanas, mas também de perspectivas diferentes. Em certo nível, é possível estudar o homem-animal, isto é, os seus aspectos anatômicos ou fisiológicos: esse nível provavelmente oferece poucos obstáculos, além dos existentes no estudo das ciências naturais. Ainda assim, convém não esquecer que isso é verdade para nossa época; em outras épocas o estudo do homem como animal poderia parecer um escândalo ou uma heresia.

A seguir, num segundo nível, é possível estudar aspectos psicológicos ou sociais que parecem relativamente impermeáveis à interferência ideológica. Aqui estariam alguns aspectos do desenvolvimento infantil, da percepção, da aprendizagem, da motivação, bem como das características mais gerais dos pequenos grupos. De certo modo, esses aspectos independem de condições históricas ou econômicas, embora não seja fácil dizer onde e como tais condições passam a interferir nos processos psicológicos e sociais. Por exemplo, parece indiscutível que o retardamento intelectual ocorre em todas as sociedades humanas e em todas apresenta características muito semelhantes; no entanto, parece que as doenças mentais, como a psicose e a neurose, embora apareçam em todas as sociedades conhecidas, sofrem interferência de condições sociais.

No caso dos pequenos grupos, parece haver um amplo domínio de características fundamentalmente iguais – o que permitiu a análise universalista ou universalizante de Heider (1958) ou de Homans (1950). Por exemplo, o princípio de que os grupos de três pessoas tendem a ser instáveis parece ser válido em qualquer situação; a observação de que a pessoa que ama gosta de estar próxima do objeto amado é também válida em qualquer situação. Todavia, como se viu na primeira parte deste trabalho, mesmo esse nível pode provocar descrições e interpretações muito diversas, pois é possível acentuar os aspectos aparentemente diferentes e trazê-los para o primeiro plano. De forma que a interferência ideológica do pesquisador ou do teórico pode começar num ponto indefinido e variável do comportamento humano, e chegar a negar a humanidade ou, pelo menos, a humanidade integral de certos grupos.

A interferência ideológica do pesquisador tende, no entanto, a acentuar-se à medida que passamos para fenômenos e processos mais gerais da sociedade humana. E aqui, nos casos extremos, talvez se possa pensar que estamos diante de interpretações do mundo que são não apenas divergentes, mas fundamentalmente antagônicas. Por exemplo, para alguns, a humanidade está em progresso mais ou menos constante, e só entenderemos a história se tivermos essa perspectiva fundamental de futuro; para outros, a história é cíclica, isto é, sucedem-se períodos de progresso e regressão; finalmente, para alguns a história humana é longo processo de decadência, pois começou numa idade de ouro, perfeita e feliz, e somos apenas os herdeiros do céu distante e inatingível. Nesse nível, talvez não exista possibilidade de prova científica, pois há convicções profundas, inacessíveis a argumentos racionais e, afinal de contas, há realmente um domínio em que as provas racionais ou científicas têm valor muito pequeno. Se quisermos ir um pouco além, veremos que essas concepções da vida social acabam por tocar a concepção mais ampla do sentido da vida humana, isto é, um domínio impenetrável para a ciência, embora não o seja para a imaginação, a especulação filosófica ou a crença religiosa. Em outras palavras, chegamos a um ponto em que pareceria necessário responder às seguintes perguntas: para que existe o homem? Qual o sentido do universo?

Se essa análise estiver correta, será possível distinguir não apenas vários níveis ideológicos, mas também diferentes possibilidades de comprovação para as teorias sobre diferentes aspectos da vida social. Isso deve permitir a superação de uma suspeita indiscriminada de contaminação ideológica em qualquer teoria, isto é, deve permitir não uma verdade – a história na vida social, pois ainda que conheçamos o passado não podemos predizer o futuro, a não ser com hipóteses mais ou menos plausíveis –, mas verdades superiores ao relativismo que, muitas vezes, se transforma em simples oportunismo. Em outras palavras, reconhecer que as teorias estão relacionadas se não com todos, ao menos com vários aspectos da vida social, não significa que todas tenham uma origem espúria ou não possam ser analisadas segundo critérios racionais ou, finalmente, sejam equivalentes. O fato de uma teoria estar enraizada em certa situação não significa que seja, necessariamente, falsa; pode ser, ao contrário, a teoria mais correta em determinado momento histórico. No entanto, é muito difícil – pelo menos nas sociedades contemporâneas – que uma teoria seja satisfatória para todos os grupos em conflito; além disso, alguns grupos, frequentemente os mais prejudicados por uma estrutura, podem não ter possibilidade de apresentar a sua visão do mundo. Ora, é desse conflito que nasce o conflito entre teorias antagônicas, pois, se em determinado momento todos os grupos concordassem quanto às alternativas válidas, seria fácil verificar que determinadas condições exigem ou exigiram tais ou quais soluções.

A existência de soluções antagônicas para problemas aparentemente iguais é que permite a dúvida quanto à sua validade. Será possível superar esse antagonismo por uma escolha exclusivamente científica ou por uma alternativa capaz de englobar as perspectivas parciais?

Uma tentativa de superação foi apresentada por Karl Mannheim (s. d., p.142ss.), ao supor que o grupo intelectual, por ser "socialmente desvinculado", isto é, não se identificar com nenhuma das classes em conflito, poderia realizar um planejamento racional ou uma escolha objetiva. No entanto, embora a análise de Mannheim tenha partido de uma observação correta – afinal, é no grupo intelectual que, nas sociedades contemporâneas, surgem as críticas e as alternativas para os conflitos –, é possível demonstrar que diferentes intelectuais se ligam a diferentes perspectivas, estranhas aos componentes racionais. Em outras palavras, é possível identificar o colorido político – isto é, conservador ou revolucionário – das várias correntes intelectuais. Essa é, na realidade, a crítica de Lukács (1959, v.2, p.212) à teoria de Mannheim; e crítica muito semelhante foi apresentada por Lucien Goldman (1967, p.42ss.).

A sugestão de Goldman, segundo a qual seria possível aferir o valor científico de duas sociologias verificando-se qual delas permite compreender a outra, isto é, verificando-se qual a mais ampla, parece perfeitamente correta. No entanto, nem sempre será possível decidir, por critérios objetivos – isto é, isentos de juízos de valor do crítico –, qual das teorias é mais ampla. Por exemplo, parece evidente que a intenção de Weber e Sombart foi ultrapassar a teoria de Marx; a questão é saber se isso efetivamente ocorreu, ou se, ao contrário, é ainda a teoria de Marx que – segundo tentam demonstrar Lukács e Goldman – pode englobar a teoria de Weber.

Essa apresentação não pretende indicar uma solução para o problema da ideologia, mas apenas sugerir o objetivo deste ensaio. Aqui serão apresentadas várias interpretações do caráter brasileiro, supondo-se que revelam diferentes etapas na maneira de intelectuais brasileiros verem o Brasil e as características psicológicas do povo brasileiro. Procura-se, antes de mais nada, uma apresentação tão fiel quanto possível dessas ideologias, deixando-se em segundo plano, ou como material subsidiário, a sua vinculação social, isto é, sua relação com a realidade econômica e política do Brasil das várias épocas. Essa vinculação é apresentada como material subsidiário não porque seja pouco importante, mas por duas razões fundamentais: inicialmente, porque o primeiro passo para a compreensão e possível explicação de uma ideologia é a sua análise objetiva e tanto quanto possível minuciosa; em segundo lugar, porque nem sempre foi possível estabelecer uma ligação significativa com a situação de determinado momento, isto é, nem sempre foi possível identificar integralmente a posição política do ideólogo. Se o problema analisado for significativo, outros pesquisadores corrigirão essas falhas e poderão dar imagem mais compreensiva dessa ideologia.

E aqui convém esclarecer a escolha dos ideólogos a seguir apresentados. Fundamentalmente, seria possível realizar dois tipos de investigação: num, colecionar e classificar todas as referências, mesmo incidentais, às características psicológicas do brasileiro; no segundo, considerar apenas as interpretações relativamente coerentes, isto é, com certa unidade e sentido. Os dois tipos são legítimos, e a escolha do segundo se deve não apenas ao fato de ser o mais fácil, mas também por ser aquele que permite uma esquematização produtiva, talvez utilizável posteriormente na classificação dos dados de um estudo do primeiro tipo. Alguns exemplos permitem fundamentar essas afirmações. Num soneto de Olavo Bilac (1942) encontramos a caracterização do brasileiro como povo triste:

"Música brasileira"

> Tens, às vezes, o fogo soberano
> Do amor: encerras, na cadência, acesa
> Em requebros e encantos de impureza
> Todo o feitiço do pecado humano.
>
> Mas sobre essa volúpia, erra a tristeza
> Dos desertos, da mata, do oceano:
> Bárbara poracé, banzo africano,
> E soluços de trova portuguesa.
>
> És samba e jongo, chiba e fado, cujos
> Acordes são desejos e orfandades
> De selvagens, cativos e marujos:
>
> E em nostalgias e paixões consistes,
> Lasciva dor, beijo de três saudades,
> Flor amorosa de três raças tristes.

A tristeza do brasileiro, aqui apresentada isoladamente, será descrita de forma coerente por Paulo Prado, e talvez se chegasse à verificação de que, assim como Bilac, outros poetas e prosadores já teriam *percebido* essa característica do brasileiro. Mas talvez isso não aconteça, e uma investigação desse tipo poderia chegar a um grande número de características desconexas, algumas das quais apresentadas também pelos ideólogos. Convém apresentar alguns exemplos dessa dispersão. Machado de Assis (1937, v.1, p.47) incidentalmente assim caracteriza o brasileiro:

> Ora, é certo que nós não damos para reuniões. Não me repliquem com teatros nem bailes; a gente pode ir ou não a eles, e se vai é porque quer, e quando quer sair, sai. Há os ajuntamentos de rua, quando alguém mostra um assovio de dois sopros, ou um frango de quatro cristas.... O que não podemos tolerar é a obrigação. Obrigação é eufemismo de cativeiro: tanto que os antigos escravos diziam sempre que *iam à sua obrigação*, para significar que iam à casa dos senhores. Nós fazemos tudo por vontade, por escolha, por gosto; e, de duas uma: ou isto é a perfeição final do homem, ou não passa das primeiras verduras. Não é preciso desenvolver a primeira hipótese; é clara de si mesma. A segunda é a nossa virgindade; é preciso aceitar a teoria de Rousseau: o homem nasce puro. Para que corromper-nos?

Outro exemplo, este encontrado em Alcântara Machado (1940, p.69), também numa crônica:

> O brasileiro tem a suscetibilidade aguda de uma menina de quinze anos. Qualquer coisinha o fere. Por qualquer motivo fica de burro e fecha-se no quarto batendo a porta e engolindo soluços. Suscetibilidade do povo adolescente. Falta de traquejo internacional. Caipirismo. Em tudo enxerga uma afronta. Vive desconfiado. De ouvidos bem atentos que é para ver se estão falando mal dele.

Finalmente, um exemplo de um livro de memórias, de Graciliano Ramos (1953, v.3, p.80-1). Depois de lembrar a ameaça de um soldado aos prisioneiros políticos da revolta de 1935, comenta Graciliano:

> Não nos faziam ameaça vã, como notei depois. Atenazavam-me as palavras do caolho: todos iguais, nenhum direito, os soldados podiam jogar-nos impunemente no chão, rolar-nos a ponta-

pés. E finar-nos-íamos devagar. Isso me trouxe ao pensamento a brandura de nossos costumes, a índole pacífica nacional apregoada por sujeitos de má fé ou idiotas. Em vez de meter-nos em forno crematório, iam destruir-nos pouco a pouco.

Também nesses casos, há possibilidade de ligar essas observações ocasionais a algumas ideologias: a incapacidade de associação, indicada por Machado de Assis, foi também apresentada por Sérgio Buarque de Holanda; a sensibilidade, ridicularizada por Alcântara Machado, será notada por Fernando de Azevedo; a crítica de Graciliano encontra seu alvo nas descrições de Gilberto Freyre e Fernando de Azevedo.

Apesar dessa coincidência, a indicação de um ou vários traços não constitui uma ideologia, isto é, não pode ser um sistema relativo ou aparentemente coerente. Além disso, a indicação de traços parece menos significativa que a tentativa de explicação, pois é nesta que o ideólogo se revela. Um exemplo de campo bem diverso pode esclarecer essa diferença. Dois autores podem reconhecer, quase com as mesmas palavras, as diferenças na produtividade intelectual de homens e mulheres; no entanto, um explica as diferenças por diferenças biológicas entre homens e mulheres, enquanto outro as explica por diferenças quanto às oportunidades educacionais. Coisa semelhante ocorre na descrição de um povo, embora a ideologia possa atuar como predisposição e contaminar a percepção, isto é, levar a uma descrição que já é falseada.

Apesar dessa seleção inicial, haveria ainda ampla margem de dúvidas e casos intermediários. Se a respeito de Paulo Prado não haveria dúvida possível quanto à tentativa de uma coerência ideológica, não seria fácil dizer o mesmo, por exemplo, de Plínio Salgado, cujo pensamento talvez devesse ser classificado não como ideológico, mas como mítico. Ocorre, no entanto, que no caso do Brasil – pelo menos até a década de 1940 ou 1950 – não podemos ser muito rigorosos ao exigir coerência ou um mínimo de organização teórica. A ausência de universidades ou, pelo menos, de uma tradição de estudos superiores realizados em nível comparável ao de outros países fez que nossos escritores tenham sido literalmente desorientados em matéria de teorias filosóficas, sociológicas ou psicológicas. Essa falta de estudos sistemáticos provoca às vezes aproximações que, pelos padrões atuais, seriam objeto de ridículo ou prova de ignorância inadmissível em escritores de nível nem sequer razoável. Observe-se a confusão teórica deste trecho de Plínio Salgado (1935): "Nossas leituras eram todas marxistas. Não cheguei a ficar comunista porque as 'novidades' do materialismo histórico já me tinham fascinado aos dezessete anos, quando lia Buchner, Lamarcke, Haeckel, Le Bon, devorando a filosofia burguesa de Spencer, na qual encontrava, agora, tanta afinidade com a obra de Marx". Esse trecho não chama a atenção apenas pela reunião, no mesmo plano, de autores de nível tão diverso e orientações teóricas tão diferentes. Mais importante que isso – em Plínio Salgado, como em outros autores da época – é o fato de o resto do livro não conter a menor indicação de que esses livros tivessem sido lidos ou compreendidos; vale dizer, a enumeração de autores não significa influência real, grande ou pequena. Aparentemente, o conceito de erudição da época exigia a citação de muitos autores, com ou sem propósito.

Essa observação não pretende ridicularizar ou menosprezar os intelectuais brasileiros da época, mas apenas sugerir que, muitas vezes, as teorias aparentemente aceitas e seguidas são apenas uma forma de o autor mostrar sua informação ou atualização; portanto, nem sempre servem como ponto de partida para a relação entre a ideologia brasileira e a ideologia europeia. Ao contrário, como é o caso de Plínio Salgado, a ideologia só pode ser explicada pelas intuições do autor brasileiro.

Se isso é verdade, compreende-se como é difícil estabelecer, em nosso caso, os diferentes níveis ideológicos. A fim de reduzir a margem do arbítrio pessoal, serão analisados mais minuciosamente os autores que apresentam um mínimo de coerência, mas serão citados os autores ou movimentos que apresentam uma concepção relativamente organizada. No entanto, como ficará claro pela análise, a partir de certo ponto é inútil aumentar o número de autores analisados, pois nada ou pouco acrescentam ao que dizem os autores de nível mais elevado. Essa observação, repita-se, não significa que não seja interessante obter o conhecimento de imagens relativamente dispersas e que poderiam ser encontradas em poesias, romances, ensaios, artigos de jornal, discursos políticos, e assim por diante. Significa, apenas, que essa pesquisa teria um outro objeto.

Análise quantitativa e análise intuitiva

Aqui, como em outros domínios do pensamento, o ideal seria conseguir uma apresentação quantitativa. As suas vantagens são evidentes. Em primeiro lugar, só assim podemos ter a certeza de que o pesquisador não foi dominado pelo subjetivismo, isto é, por suas impressões ou opiniões pessoais, nem foi traído por sua memória ou por limitações de sua compreensão. Infelizmente, a análise quantitativa de conteúdo sofre de uma limitação básica: a sua precisão é obtida pela limitação da análise, restringindo-a à contagem do número de vezes em que aparece uma palavra ou um tema.[1]

Sempre que passa para aspecto mais complexo, ou sempre que seja necessário englobar vários itens numa categoria, o pesquisador inevitavelmente tem uma interferência, pois vários pesquisadores, embora utilizando a mesma categoria, podem chegar a resultados diferentes.

Por isso, a análise de conteúdo é muito útil quando o tema é claramente definido, ou quando a contagem de palavras é

---

[1] Os vários aspectos da análise de conteúdo são discutidos de maneira muito lúcida, embora sintética, em Seltiz et al. (1967, p.372-86).

suficiente para revelar o conteúdo pesquisado. Por exemplo, é possível analisar o conteúdo de jornais, desde que estejamos interessados em saber o relevo dado a determinado assunto, ou se desejamos comparar a cobertura dada por vários jornais a um acontecimento, ou comparar a variedade do material apresentado. Podemos analisar a descrição de dois líderes e verificar os adjetivos que lhes são atribuídos. Ou estudar o conteúdo de livros de leitura de escolas primárias ou secundárias; ou o conteúdo de revistas de diferentes épocas, os temas dos discursos de vários líderes nacionais. Em todos esses casos – e naturalmente outros poderiam ser acrescentados –, a informação quantitativa é decisiva e permite superar a impressão do pesquisador, substituindo-a por um dado seguro, a partir do qual é possível fazer novas hipóteses para iluminar determinado aspecto da vida social.

Um bom exemplo disso pode ser dado por uma pesquisa de Leo Löwenthal (1961, p.109ss.) sobre análise de conteúdo de biografias. Nesse estudo, Löwenthal revela, por exemplo, diferenças nas pessoas biografadas em duas revistas norte-americanas de grande circulação (*Saturday Evening Post* e *Collier's*), em vários períodos. Não só aumenta o número de biografias, mas, enquanto no período 1901-1914 46% das biografias se referiam a políticos e 26% a pessoas dos "divertimentos públicos", em 1930-1934 a primeira categoria caía para 31% e a segunda subia para 55%. A partir daí, e de análises mais sutis, Löwenthal pode examinar o que chama "o triunfo dos ídolos de massa". O importante é que, nesse caso, a quantificação não apenas pode confirmar com segurança uma impressão pessoal, mas apresenta um dado realmente novo, pois sem ela poderíamos deixar de lado um aspecto significativo das comunicações de massa.

No caso de comunicação mais complexa, pelo menos até que se desenvolvam técnicas mais adequadas, a quantificação da análise representa um trabalho muito grande para resultados pouco compensadores, quando não falsos. Fundamentalmente, a quantificação não nos permite chegar a um conhecimento impossível sem ela e, além disso, pode levar a uma impressão errada. Veja-se, como exemplo, a citação de autores pelos ideólogos. Embora seja possível colecionar os autores citados e estabelecer quais os mais citados por vários ideólogos, essa informação pode ser enganadora. Como se viu antes, Plínio Salgado menciona a leitura de Marx e, embora não tenhamos recursos para saber se ele realmente leu – e, o que seria mais significativo, se entendeu Marx –, o fato é que seu livro não mostra nenhum traço de Marx, pois não aceita as teses marxistas, nem procura rejeitá-las. De forma que em lugar de Marx poderíamos encontrar Weber, Durkheim, Tarde, Pareto – enfim, qualquer sociólogo ou filósofo. Em outras palavras, só podemos chegar a identificar influência real quando podemos verificar influência no texto apresentado, e não quando essa influência é apenas mencionada pela citação de um ou vários nomes.

De outro lado, sem a quantificação a análise de conteúdo corre o risco de um subjetivismo inaceitável. Está claro que esse subjetivismo é menos perigoso quando se apresenta explicitamente, como tal, pois nesse caso estamos diante de interpretação pessoal que não pretende ser objetiva ou completa. Bom exemplo desse tipo de interpretação seria o ensaio de Commager (1950) sobre o pensamento norte-americano desde o fim do século XIX. Note-se que subjetivismo aqui não se refere apenas ao problema de perspectiva, antes mencionado, mas é característica ao mesmo tempo mais profunda e mais superficial. É mais profunda na medida em que pode alterar aquilo que determinado autor disse; é mais superficial, pois a incompreensão pode resultar de falhas pessoais do pesquisador.

O problema básico de uma análise de conteúdo consiste, portanto, em saber até que ponto podemos resumir um texto, sem alterá-lo, de forma que o leitor não seja levado a uma visão errônea de um texto que não conhece. Esse problema é diverso do enfrentado pela crítica literária, pois esta não pretende substituir a leitura, mas facilitá-la ou ampliá-la. E, na verdade, quanto mais rico um texto literário, maior a possibilidade de que seja lido de várias maneiras, em diferentes épocas e por diferentes leitores, e maior a possibilidade de que o mesmo leitor, colocado novamente diante da mesma obra, aí descubra novos conteúdos. Isso não impede que, em certos casos, a crítica literária, mesmo de nível muito elevado, praticamente se confunda com a análise de conteúdo. E bom exemplo desse caso seria o ensaio de Leslie A. Fiedler (1966) sobre o amor e a morte no romance norte-americano, embora seja estudo qualitativo e intuitivo, e não quantitativo. Se se quisesse aprofundar um pouco mais a discussão, talvez fosse possível dizer que, embora a crítica literária não se confunda com a análise de conteúdo, esta está suposta em qualquer crítica ou é uma de suas etapas fundamentais.

E aqui já parece possível delimitar, ainda que provisoriamente, o alcance da análise de conteúdo: quanto mais elementar for este, maior a possibilidade de que a análise quantitativa consiga resumir a sua *mensagem*, desde que estabeleça categorias adequadas para a análise. Por exemplo, numa história em quadrinhos, podemos estabelecer as categorias de características dos heróis, tipos de situações e tipos de vitórias. Essas três categorias podem dar um esquema bem satisfatório para a análise e, assim, teremos recursos para comparar várias histórias. E está claro que as mesmas categorias poderiam ser empregadas para obras propriamente literárias, o que talvez permitisse algumas comparações significativas. No entanto, não poderíamos supor que a análise, nesse caso, fosse também significativa para a obra literária, pois talvez deixasse de lado alguns de seus aspectos mais importantes. Embora fosse possível ampliar as categorias, a partir de certo ponto estas se tornariam tão numerosas e seriam tão diversas para os diferentes autores, que pouco adiantaríamos em nossa compreensão das várias obras.

Apesar dessa limitação, até agora insuperável, a utilização de categorias uniformes é que permite uma comparação aceitável e, se for combinada com a análise intuitiva ou compreensiva, será possível utilizar as suas vantagens, sem cair numa esquematização improdutiva.

Essa é a justificativa para o plano desta segunda parte do ensaio. Como o objetivo é verificar as características psicológicas atribuídas ao brasileiro, os traços psicológicos serão as categorias utilizadas; vale dizer, para cada autor serão anotadas e tabuladas as características indicadas no brasileiro. Ao mesmo tempo, far-se-á a análise intuitiva ou compreensiva de cada autor, de forma a salientar as influências que recebeu, bem como o nível de sua descrição. Em outros termos, procura-se o que é geral em todos os ideólogos – no caso, as características psicológicas atribuídas ao brasileiro – e, ao mesmo tempo, procura-se salientar a sua individualidade.

As várias fases das ideologias do caráter nacional brasileiro

Grosseiramente, seria correto dizer que a fase das ideologias do caráter nacional brasileiro – por motivos que serão apresentados nos capítulos seguintes – vai dos fins do século XIX até a década de 1940 (embora o livro de Viana Moog seja de 1954). Todavia, a peculiaridade dessa fase na vida intelectual brasileira se esclarece, pelo menos em parte, se for contrastada com os períodos anteriores e com o período imediatamente posterior, isto é, a partir da década de 1950.

Por isso, os capítulos seguintes obedecem ao seguinte esquema:

I – A fase colonial: descoberta da terra e o movimento nativista (1500-1822);

II – O romantismo: a independência política e a formação de uma imagem positiva do Brasil e dos brasileiros (1822-1880);

III – As ciências sociais e a imagem pessimista do brasileiro (1880-1950).

IV – O desenvolvimento econômico e a superação da ideologia do caráter nacional brasileiro: a década de 1950.

As datas não devem ser consideradas com muito rigor, pois o ano de 1500 é mais ou menos simbólico, embora a carta de Pero Vaz de Caminha seja efetivamente uma descrição inicial da terra, e por isso deva ser lembrada. Além disso, a literatura colonial de descrição do Brasil foi obra, em muitos casos, de portugueses, e talvez não fosse muito errado considerar também obras de outros estrangeiros. A justificativa para isso pode ser encontrada no fato de essa literatura ser considerada parte integrante da literatura brasileira, o que não acontece com os autores estrangeiros.

A situação com os românticos é um pouco diversa: a rigor, o romantismo é movimento nacionalista, e o caráter nacional aí é apenas um dos aspectos. Também aqui, a justificativa reside na continuidade que será observada entre esse período e a literatura brasileira do século XX. No entanto, deve-se lembrar que, neste ensaio, estuda-se apenas um aspecto dessa continuidade, isto é, não se pretende dar uma caracterização da literatura brasileira, mas apenas uma de suas dimensões, sem nenhuma suposição de que seja a mais importante, ou sequer uma das mais importantes para a compreensão de nossa literatura. A situação seria um pouco diferente se se pretendesse estudar o nacionalismo na vida intelectual brasileira, pois é provável que o nacionalismo – em seus vários aspectos e em suas várias fases – constitua uma corrente capaz de ligar, de maneira coerente, uma grande parte da vida intelectual brasileira. Dentro dessa história, as ideologias do caráter nacional ficarão como um aspecto decisivo em determinada época, praticamente inexistente em outras.

7
Fase colonial: a descoberta da terra e o movimento nativista

A carta de Pero Vaz de Caminha

Essa Carta,[1] dirigida pelo escrivão da armada ao rei de Portugal, é o primeiro documento literário a respeito do Brasil, pois foi escrita no momento da descoberta. Todavia, como sua primeira edição data de 1871, antes dessa época não pode ter exercido nenhuma influência em nossa literatura ou nossa história; hoje, é o documento mais citado do descobrimento e algumas de suas frases tornaram-se antológicas, repetidas sempre que se fala no Brasil. Aqui, é citada por revelar algumas atitudes básicas, encontráveis em autores que, mais tarde, escreverão sobre o Brasil. Depois de resumir em poucos parágrafos a viagem de 9 de março a 21 de abril, Caminha detém-se nos oito dias – 22 de abril a 1º de maio de 1500 – de contatos com o país, descrevendo a terra, os indígenas e as principais

---

1 Edição consultada: Cortesão (1943).

atividades dos navegantes. A Carta termina com um pedido de Caminha ao rei D. Manuel, de forma que uma análise maliciosa do seu conteúdo poderia levar a crer que, desejando obter um favor, seria natural a tendência para exagerar o valor da nova terra, pois sempre se soube que o coração alegre com boas notícias procura também alegrar os outros. Isso não elimina o significado típico da Carta, pois os autores, a seguir estudados, tinham também o objetivo de interessar Portugal pela sua colônia.

Caminha revela admiração pela variedade da flora tropical e não se esquece de contar os primeiros frutos que dela colheram: "entre esse arvoredo, que é tanto, tamanho, tão basto e de tantas prumagens, que homem as não pode contar. Há entre ele muitas palmas, de que colhemos muitos e bons palmitos". Nem se esquece de mencionar a ave que, por tanto tempo, seria, nas cartas geográficas, quase um símbolo do Brasil: o papagaio.

A maior parte da Carta é dedicada à descrição dos indígenas, tanto nos seus aspectos físicos como nas suas reações ao contato inicial com os portugueses e nas suposições sobre sua crença. Caminha não se cansa de louvar o bom aspecto físico dos indígenas, que lhe parecem sadios e limpos, embora também conclua, de sua timidez, que sejam "gente bestial, de pouco saber e por isso tão esquiva"; nem deixa de, com uma ponta de humor e malícia, descrever a nudez de homens e mulheres. O fato de aí não encontrar símbolos religiosos leva Caminha a supor que não tinham crenças e a imaginar que não seria difícil a sua catequese. Os gestos dos indígenas diante de objetos dourados e prateados logo fez que os portugueses imaginassem que indicavam presença de ouro e prata na nova terra: mas Caminha, com muita argúcia, previne-se contra o que o psicólogo contemporâneo denominaria predisposição perceptual: "Isto tomávamos nós por assim o desejarmos".

Já para o fim da Carta, ao resumir sua mensagem, Caminha indica os objetivos fundamentais da colonização portuguesa: a busca de pedras e metais preciosos – "Nela, até agora, não pudemos saber que haja ouro, nem prata, nem coisa alguma de metal ou ferro"; a agricultura – "Águas são muitas; infindas. E em tal maneira é graciosa que, querendo-a aproveitar, dar-se-á nela tudo, por bem das águas que tem"; a expansão da fé – "Porém o melhor fruto que dela se pode tirar me parece que será salvar esta gente. E esta deve ser a principal semente que Vossa Alteza em ela deve lançar".

Note-se ainda que, segundo a Carta, Cabral deixou em terra dois degredados, a fim de aprenderem a língua dos indígenas e poderem dar, depois, informações mais completas sobre a terra; além deles, dois grumetes parecem não ter resistido às sugestões da nova terra e não voltaram para suas embarcações. Como se verá nos capítulos seguintes, vários autores brasileiros darão grande importância a esse tipo de colonizador: o degredado e o aventureiro.

Notícias, grandezas e histórias

Os livros de Gândavo (1965),[2] Gabriel Soares de Souza (s. d.), Fernão Cardim (1939) e Ambrósio Fernandes Brandão (1943)[3] devem ser reunidos, tal a semelhança que revelam em muitos pontos, seja na forma de descrever seja na região que descrevem, que é principalmente o Nordeste seja na sua intenção – que é sempre a de revelar o Brasil aos europeus, ou de chamar a atenção dos governantes para a nova colônia. Apesar de diferenças de estilo, e apesar de sua distância no tempo – Gândavo, Soares de Souza e Cardim escrevem no século XVI, Fernandes Brandão já no início do século XVII –, quase todas essas obras

---
2 Pereira Filho, que organiza a edição, considera que esse trabalho é redação anterior ao da história. Esta última foi publicada em 1576.
3 A obra de Brandão, que só em 1930 foi editada em livro, deve ter sido composta em 1618.

permaneceram inéditas, sendo redescobertas e revalorizadas só nos séculos XIX e XX, por historiadores brasileiros. Aqui não será necessário retomar as discussões eruditas e literárias em torno dessas obras,[4] mas apenas indicar o seu caráter mais geral.

Gândavo (1965, p.135) apresenta uma descrição do estado das várias capitanias, sobretudo de sua situação econômica, e já sugere os costumes da terra: com meia dúzia de escravos, a pessoa já tem com que viver, pois "escravos índios da terra buscam de comer, para si e para os senhores, e desta maneira não fazem os homens despesa com seus escravos, em mantimentos, nem com suas pessoas". Sugere as qualidades da terra, mostrando como sua temperatura é amena e o clima saudável, para depois enumerar os mantimentos disponíveis, a caça e os frutos do Brasil. Como os que escreverão depois dele, louva a mandioca, os inhames, os cajus, as bananas e o ananás; também como eles, fala na fertilidade da terra. Quanto aos índios, a informação de Gândavo não é muito rica, embora descreva alguns de seus costumes e reconheça a diversidade dos grupos indígenas e saiba de guerras entre eles. A apreciação dos índios é fundamentalmente etnocêntrica, pois diz que essa língua não tem F, nem L, nem R, "coisa digna de espanto, porque assim não tem fé, nem lei, nem rei, e desta maneira vivem sem justiça e desordenadamente" (p.182-3). Essa observação, retomada por outros cronistas, devia ser corrente entre portugueses, e não original de Gândavo.

A observação sobre o povoamento revela o sentido mais amplo do livro:

> E porque a felicidade e aumento desta província consiste em ser povoada de muita gente, não devia haver pessoas pobres nes-

---

4 A sistematização dessas obras e sua valorização literária são apresentadas por Castello (1965); cf. também Martins (1955, p.175-88) e os comentadores das edições citadas.

tes reinos que não fossem viver a estas partes com favor de sua Alteza, onde os homens vivem todos abastados e fora das necessidades que cá padecem. (p.242-3)

O grande cronista da época no Brasil parece ter sido Gabriel Soares de Souza. O seu livro é, ainda hoje, uma leitura agradável e informativa, ainda quando divulgue – o que, diga-se de passagem, raramente acontece – lendas que seriam correntes na colônia: é o caso, por exemplo, da descrição das amazonas, mulheres guerreiras e de apenas um seio, ou de monstros marinhos.

Depois de uma parte em que descreve o litoral brasileiro, do extremo norte até o Rio da Prata, na segunda parte do livro, Gabriel Soares de Souza apresenta "Memorial e declaração das grandezas da Bahia de Todos os Santos, de sua fertilidade e das notáveis partes que tem". A divisão não é evidentemente tão rígida, de forma que a primeira parte também apresenta uma pequena introdução histórica e, em certos trechos, menção de grupos indígenas, enquanto a segunda parte inclui também descrição *geográfica* da Bahia. Em tudo, sua intenção é chamar a atenção dos governantes, pois "é esta província mui abastada de mantimentos de muita substância e menos trabalhosos que os de Espanha" (s. d., p.59).

Para isso, indica a fertilidade da terra, mostra como as plantas europeias aqui se aclimataram e depois indica a utilidade das plantas naturais do Brasil, bem como seus animais de caça e os peixes. Lembre-se, como exemplo desse material descritivo, a sua menção do ananás, por ele tratado isoladamente num capítulo, depois das outras frutas, "porque se lhe déramos o primeiro, que é o seu, não se puseram os olhos nas frutas declaradas no capítulo atrás; e para os pormos sós, pois se lhe não podia dar companhia conveniente a seus merecimentos" (v.2, p.32). Essa primazia do ananás (ou abacaxi) será encontrada mais adiante, no louvor dos poetas. Aqui, vale a pena lembrar a minúcia de Gabriel Soares de Souza: não se limita a descrever a planta, nem a maneira de colher o fruto, mas indica também a maneira de cortar o ananás e servi-lo, bem como o seu sabor, que "é muito doce, e tão suave que nenhuma fruta da Espanha lhe chega na formosura, no sabor e no cheiro" (v.2, p.33). Vai além e sugere as contraindicações do abacaxi – dele não devendo comer os que têm ferida ou chaga aberta –, além de lembrar sua utilidade para remover manchas e nódoas, fabricação de vinhos e compotas. Esse é o esquema que utiliza para a descrição de outras frutas e plantas; por exemplo, ao falar da mandioca, do caju, da goiaba (que, na tradição baiana, denomina araçá). Mas não se pense que todo o livro de Gabriel Soares de Souza seja de louvor à natureza brasileira: não deixa de indicar os perigos das cobras, aranhas e escorpiões, nem os danos causados pela formiga saúva. Quanto a esta, indica muito claramente o tormento que representa para o agricultor: "E como se destas formigas não diz o muito que delas há que dizer, é melhor não dizer mais senão que se elas não foram que se despovoara muita parte de Espanha para irem povoar o Brasil; pois se dá nele tudo o que se pode desejar, o que esta maldição impede, de maneira que tira o gosto aos homens de plantarem senão aquilo sem o que não podem viver na terra" (v.2, p.172). Mas também não esquece outros incômodos menores da natureza tropical, sobretudo os carrapatos e o bicho-do-pé – sobre o qual tanto escreveriam os viajantes.

 Embora descreva também outros grupos, os tupinambás ocupam a maior parte de sua apresentação de índios brasileiros, pois descreve, às vezes com relativa simpatia e compreensão, alguns de seus costumes e a sua arte militar.

 Finalmente, já para o fim do livro, e certamente para estimular o interesse de portugueses – interesse que o autor parece sempre ter tido –, dá os indícios de pedras preciosas que certamente seriam correntes na época. Insiste também na necessidade de fortificações para fazer frente aos possíveis invasores europeus, sobretudo protestantes.

Na edição atual, o livro de Fernão Cardim consta de três partes: clima e terra do Brasil; princípio e origem dos índios; narrativa epistolar. Aqui, interessará mencionar as duas primeiras, sobretudo a que trata do clima e terra. Assinala muito bem a característica do clima tropical, lembrando que as árvores são sempre verdes e que a terra é "regada de muitas águas", mas dizendo também que "é algum tanto melancólica"; lembra as principais características do litoral e o fato de que, para o sul do Rio de Janeiro, a temperatura é mais fresca. Como os outros cronistas, descreve os animais, pássaros, peixes, árvores e frutos naturais da terra, bem como os que aqui já se haviam aclimatado.

Ao tratar dos índios, revela sua qualidade de sacerdote, pois acentua os aspectos religiosos da cultura indígena, ou o que denomina a sua falta de religião. Mas não se limita a tais aspectos; ao contrário, é às vezes minucioso na descrição de costumes indígenas, seja em sua vida diária seja em cerimônias religiosas. A sua descrição da morte do prisioneiro entre os tupinambás chega a ter encanto literário, e Fernão Cardim sabe observar na cerimônia o seu sentido ritual.

O livro de Ambrósio Fernandes Brandão, ainda que posterior, continua o mesmo esquema, embora a forma dialogada, sem a força literária que lhe daria vida, acabe por transformá-lo em leitura talvez mais monótona que os outros. Mas é certo que, como o salientam os comentadores – ver, por exemplo, a nota de Jaime Cortesão à edição citada –, Fernandes Brandão parece ter tido, mais que seus antecessores no tema das grandezas do Brasil, uma visão ampla e política do futuro do país. É certo, também, que ao contrário do que aconteceu com os antecessores, está diante de sociedade mais estável, com características já bem definidas. Por isso, à observação sobre a carestia de gêneros alimentícios, Brandônio – que no diálogo é o porta-voz do autor – pode esclarecer que isso não se deve à deficiência da terra, mas dos moradores. Divide-os em cinco categorias – marinheiros, mercadores, oficiais mecânicos, empregados e lavradores – e procura mostrar que nenhuma dessas categorias tem interesse pelo bem comum, e que mesmo os lavradores têm como maior ambição voltar para a Europa. E conclui:

> E daqui nasce haver carestia e falta destas coisas, e o não vermos no Brasil quintas, pomares e jardins, tanques de água e grandes edifícios, como na nossa Espanha, não porque a terra deixe de ser disposta para estas coisas; donde concluo que a falta é de seus moradores, que não querem usar delas. (p.46)

O leitor contemporâneo não deixa de identificar nessa crítica um tema que, sob várias formas, continuará a aparecer em vários autores que depois escreveram sobre o Brasil: a ideia de que os europeus que vieram para o Brasil desejavam apenas fazer a América e voltar para a Europa.

A obra de frei Vicente do Salvador (1965),[5] como as anteriores, faz um inventário da terra; mais do que elas, no entanto, escreve uma história sistemática do Brasil, encadeando os fatos do primeiro século da colonização e do início do século VII. É essa parte que ocupa quase todo o livro, mas isso não impediu o tom reivindicativo e crítico da obra. Mais ainda que Ambrósio, frei Vicente do Salvador critica diretamente os governantes europeus e os colonos pela situação do Brasil:

> ficou ele [Brasil] tão pouco estável que, com não haver hoje cem anos, quando isto escrevo, que se começou apovoar, já se hão despovoado alguns lugares e, sendo a terra tão grande e fértil como ao diante veremos, nem por isso vai em aumento, antes em diminuição. (p.58)

Aos governantes, acusa de darem maior atenção à África do que ao Brasil; aos colonos, faz uma acusação que seria repe-

---

5 A obra permaneceu inédita até o século XIX.

tida até o nosso século, dizendo que todos pretendem enriquecer e ir para Portugal:

> E isto não têm só os que de lá vieram, mas ainda os que cá nasceram, que uns e outros usam da terra, não como senhores, mas como usufrutuários, só para a desfrutarem e a deixarem destruída. Donde nasce também que nem um homem nesta terra é república, nem zela ou trata do bem comum, senão cada um do bem particular. (p.59)

Como se sabe, essa crítica também será repetida muitas vezes, e chegará até o século XX.

É de 1730 o livro de Sebastião da Rocha Pita, *História da América portuguesa*,[6] geralmente considerado primeira manifestação de "ufanismo" nacional. Como as obras anteriores, a de Rocha Pita é um elogio dos aspectos positivos do Brasil, embora de forma exagerada e inteiramente descabida. Valha, a título de exemplo, este trecho, citado por Aderaldo Castello (1965, p.106):

> A nossa Portuguesa América (e principalmente a Província da Bahia), que na produção de engenhosos filhos pode competir com Itália e Grécia, não se achava com as Academias, introduzidas em todas as Repúblicas bem ordenadas, para apartarem a idade juvenil do ócio contrário das virtudes, e origens e todos os vícios, e apurarem a sutileza dos engenhos.

Se excetuarmos Rocha Pita – cujo exagero de certo modo o isola nessa literatura –, os autores aqui citados indicam algumas atitudes comuns na colônia: a admiração pela natureza tropical, o interesse pela vida do indígena, o desejo de ver o progresso do país, a crítica aos governos da metrópole e a alguns comportamentos considerados característicos dos colonos.

---

6 Cf. Castello (1965, p.88-9). Não pude ler a obra e sigo observações dos comentadores.

Considerando-se que quase todas essas obras permaneceram em manuscritos, certamente com poucas cópias, talvez não se possa falar em sua influência num público, ainda que reduzido. No entanto, considerando-se o número realmente pequeno de colonos com interesses intelectuais, bem como o fato de algumas obras terem sido redigidas na Espanha e, finalmente, o fato de nos séculos XVI e XVII ainda não se ter o objetivo de originalidade individual dos séculos XIX e XX, não seria absurdo pensar-se em influência entre esses autores. Seria difícil compreender, de outra forma, o fato de alguns aspectos aparecerem, às vezes com palavras quase idênticas, em mais de uma obra. É isso que ocorre na descrição do abacaxi, bem como em certas atitudes diante dos indígenas brasileiros. De qualquer forma, seja por influência pelas obras seja pelo fato de estas refletirem atitude comuns entre colonos da classe mais elevada, os autores mostram a primeira cristalização de imagens do Brasil.

Essas imagens referem-se principalmente à natureza e, em menor escala, aos indígenas e aos colonos. A natureza é apresentada como exuberante, a terra como extraordinariamente fértil; se suas riquezas não eram totalmente aproveitadas, os culpados disso seriam os governantes – pelo seu desinteresse pela colônia – e os colonos, pelo fato de estarem voltados exclusivamente para seus interesses particulares. É bem verdade que pelo menos um autor – Gabriel Soares de Souza – lembra a saúva como obstáculo à agricultura brasileira. Na poesia da época, como se verá agora, aparecerá principalmente a descrição da natureza, às vezes apresentada em termos muito semelhantes aos encontrados na prosa. A crítica à vida social aparecerá, pelo menos de maneira notável, em apenas um poeta do período colonial: Gregório de Matos. O indígena só no século XVII entrará na literatura como elemento estético, e não seria fácil dizer até que ponto a literatura informativa dos primeiros séculos teve influência nessa expressão.

A descrição na poesia: Bento Teixeira, Manuel B. de Oliveira e Manuel de Santa Maria Itaparica

Para a análise da descrição do país e do sentimento nativista na poesia colonial, será utilizada, sobretudo, a antologia de Sérgio Buarque de Holanda (1953). Embora esse recurso resulte da dificuldade de acesso à obra de todos os poetas da época, essa deficiência acaba por apresentar uma vantagem: o pesquisador dispõe de seleção independente de seu gosto pessoal. Em alguns casos, no entanto – nomeadamente na obra de Cláudio Manuel da Costa e Tomás Antônio Gonzaga –, esse critério será ampliado, a fim de incluir textos talvez importantes para a expressão do sentimento nativista. De outro lado, deve-se lembrar que a descrição do país, bem como, a seguir, a expressão do sentimento nativista não são os únicos temas da poesia colonial; somente por uma análise de conteúdo seria possível dizer se, quantitativamente, é ou não o tema predominante na poesia dos séculos XVII e XVIII. Como, neste ensaio, todo o período que vai do século XVI ao XIX é estudado apenas de passagem e, na realidade, não constitui o núcleo da análise, a descrição quantitativa pareceu desnecessária. De qualquer forma, ainda que não constituam os temas mais frequentes na poesia dos séculos XVII e XVIII – e, em juízo grosseiro, seria possível dizer que outros temas são quantitativa e qualitativamente mais significativos –, a descrição da terra e o sentimento nativista é que, transformados pelo gosto romântico, terão continuidade na literatura brasileira dos séculos XIX e XX (Castello, 1965, p.56-7). Isso justifica que esses temas sejam aqui isolados para análise, embora, repita-se, não se possa afirmar que constituam os aspectos mais importantes da poesia colonial brasileira, pois talvez o aspecto lírico seja mais significativo, e a poesia do século XVI foi certamente dominada pelos versos religiosos de Anchieta.

Como descrição da terra, a *Prosopopeia* de Bento Teixeira (apud Holanda, 1953, v.I, p.35-55) não apresenta muito: apenas uma descrição do Recife de Pernambuco. Nesse sentido, deve ser lembrada apenas como primeira descrição poética de Pernambuco, embora a poesia esteja abaixo de medíocre, e seja uma europeia fracassada, hoje ilegível.

Manuel Botelho de Oliveira (1636-1711) em sua silva *À Ilha de Maré, Termo desta Cidade da Bahia* (apud Holanda, 1953, v.I, p.133-45)[7] apresenta descrição muito semelhante à encontrada nos cronistas antes analisados. Como estes, Manuel B. de Oliveira fala da qualidade da terra, das frutas nativas e das aqui aclimatadas, bem como de outras plantas úteis à alimentação: a mandioca, os inhames, as batatas, carás, e assim por diante. Os versos seguintes podem resumir todo o argumento dessa poesia:

> Tenho explicado as fruitas e os legumes,
> Que dão a Portugal muitos ciúmes;
> Tenho recopilado
> O que o Brasil contém para invejado,
> E para preferir a toda a terra,
> Em si perfeitos quatro A A encerra.
> Tem o primeiro A nos arvoredos
> Sempre verdes aos olhos, sempre ledos;
> Tem o segundo A nos ares puros,
> Na intempérie agradáveis e seguros;
> Tem o terceiro A nas águas frias,
> Que refrescam o peito e são sadias;
> O quarto A no açúcar deleitoso,
> Que é do mundo o regalo mais mimoso.

No poema "Descrição da Ilha de Itaparica", (apud Holanda, 1953, v.I, p.170-93) de Manuel de Santa Maria Itaparica (1704-?), encontramos aproximadamente os mesmos temas e o mesmo gosto duvidoso. Note-se aí o aparecimento de nítido sentimento nativista:

---

7 Ver também Oliveira (1967, p.145-56).

> Cantar procuro, descrever intento
> Em um Heroico verso, e sonoroso,
> Aquela que me deu o nascimento,
> Pátria feliz, que tive, por ditoso:
> Ao menos co'este humilde rendimento,
> Quero mostrar lhe sou afetuoso,
> Porque é de ânimo vil e fementido
> O que à Pátria é agradecido.

Num poema também já aparece a referência ao ouro, encontrado no século XVII, e com que já sonhavam os descobridores:

> Em o Brasil, Província desejada
> Pelo metal luzente, que em si cria...

E uma observação vocabular: nessa poesia, *pátria* é palavra empregada para designar a localidade do nascimento, e não país.

Aí encontramos a mesma celebração da natureza, desde os peixes até as frutas e os cereais, frequentemente auxiliados – segundo a moda do tempo – por entidades mitológicas, em pacífico convívio com figuras cristãs. Também nesse poema o ananás aparece, como nos cronistas, como rei das frutas.

A crítica social de Gregório de Matos

É provavelmente com Gregório de Matos (1633-1696) que encontramos, pela primeira vez, a crítica de tipos e situações sociais;[8] essa crítica não se refere ao Brasil como um todo, mas à Bahia. Como acontece frequentemente com os satíricos, sua crítica se dispersou por vários aspectos da vida social, e não é fácil notar uma linha fundamental nessa poesia. Se critica as

---

8 As citações são também de Holanda (1953, v.1, p.63-122).

pretensões fidalgas dos habitantes da terra, reclama também da proteção aos recém-chegados; critica igualmente governantes e governados. Por exemplo:

> A cada canto um grande Conselheiro,
> que nos quer governar cabana e vinha:
> Não sabem governar sua cozinha,
> e querem governar o Mundo inteiro!
> Em cada porta um bem frequente Olheiro
> da vida do Vizinho e da Vizinha,
> pesquisa, escuta, espreita e esquadrinha
> para o levar à Praça e ao Terreiro.
> Muitos mulatos desavergonhados,
> trazendo pelos pés aos Homens nobres;
> postas nas palmas toda a picardia.
> Estupendas usuras nos mercados.
> Todos os que não furtam, muito pobres:
> Eis aqui a Cidade da Bahia.

Os arrivistas, mestiços e estrangeiros recém-chegados parecem suas vítimas prediletas:

> Que os Brasileiros são Bestas;
> e estão sempre a trabalhar
> toda a vida, por manter
> Maganos de Portugal.

> No Brasil, a Fidalguia
> no bom sangue nunca está;
> nem no bom procedimento:
> Pois logo em que pode estar?

> Consiste em muito dinheiro,
> e consiste em o guardar:
> Cada um o guarde bem,
> para ter que gastar mal.

Ou então:

> Senhora Dona Bahia,
> nobre e opulenta Cidade
> madrasta dos naturais
> e dos estrangeiros madre.

De qualquer forma, em Gregório de Matos não se nota uma direção de crítica, nem apresentação de tensões mais profundas na sociedade colonial. A sua sátira se volta contra os aspectos miúdos da existência, numa revelação mais ou menos clara de decepções ou frustrações. Mas, sem dúvida, comunica uma saudável renovação realista, diante de tanta descrição de frutas, mandiocas e outras maravilhas agrícolas da colônia.

O nativismo do século XVIII

Sob certos aspectos, só a partir de meados do século XVIII se pode falar em literatura brasileira, considerada esta não apenas como conjunto de obras ligadas entre si, mas também como relação entre autor e público; antes disso, teria havido manifestações literárias, de mais ou menos valor, mas em todo caso isoladas. Além disso, como já foi mencionado, muitas das obras antes citadas ficaram praticamente inéditas até o século XIX ou XX.[9] E, embora se possa admitir, como Antonio Candido (1959, p.20), que "os refinados madrigais de Silva Alvarenga, ou os sonetos camonianos de Cláudio, eram tão *nativistas* quanto o *Caramuru*", aqui serão selecionados os aspectos que mais diretamente se referem à descrição ou celebração do Brasil e dos brasileiros. Isso não infirma o ponto de vista de Antonio Candido, pois o

---

9 Essa distinção básica foi estabelecida e justificada, de maneira muito mais ampla e coerente, por Candido (1959, v.1, p.17-22).

que este indica é que, mesmo quando aparentemente distantes dos temas nacionais, os poetas fazem uma literatura interessada em valorizar o Brasil e os brasileiros, em mostrar que estes não são menos capazes que os europeus. Aqui, ao contrário, importará salientar os aspectos específicos, apresentados pelo nativismo da época.

Sob alguns aspectos, aí encontramos temas e perspectivas já notados nos cronistas e poetas anteriores. Por exemplo, no *Caramuru*, Santa Rita Durão volta às frutas brasileiras, em alguns casos repetindo Gabriel Soares de Souza e outros:

> Das frutas do País a mais louvada
> É o Régio Ananás, fruta tão boa,
> Que a mesma natureza namorada
> Quis como a Rei cingi-la da coroa:
> Tão grato cheiro dá, que uma talhada
> Surpreende o olfato de qualquer pessoa;
> Que a não ter do Ananás distinto aviso,
> Fragrância a cuidará do Paraiso. (apud Holanda, 1953, p.194-237)

Ainda no *Caramuru*, a descrição geográfica do litoral e de situações históricas não se afasta muito do que antes fora celebrado em prosa e verso.

Mas em Santa Rita Durão, já o tema denuncia a intenção nativista, não apenas de descrição da terra, mas também de celebrar os seus heróis e sua história, bem como antever o seu futuro:

> Nem podereis temer, que ao santo intento
> Não se nutram Heróis no luso povo,
> Que o antigo Portugal vos apresento
> No Brasil renascido, como um novo.

Se o *Caramuru* é um poema épico do descobrimento da Bahia, e o seu herói a figura lendária de Diogo Álvares Correa, é também a descrição de costumes indígenas – o que também continua a tradição dos cronistas. Em parte, isso explica que Antonio Candido tenha classificado Santa Rita Durão como *passadista*, enquanto José Aderaldo Castello (1965, p.171) diz que Durão "se apresenta mais dentro da linha nativista das manifestações poéticas da era colonial".

Embora os críticos mais antigos considerassem Cláudio Manuel da Costa um poeta de pequena expressão nativista, os críticos atuais tendem, ao contrário, à revalorização desse aspecto de sua poesia. O aspecto principal desse *novo* nativismo deve ser encontrado, provavelmente, no sentimento de pátria, mais desenvolvido em Cláudio Manuel da Costa do que em outros poetas. Mas não se deve esperar a transformação radical que só aparecerá no romantismo, pois nativismo ainda não é nacionalismo: na poesia de Cláudio Manuel da Costa o que encontramos é ainda o sentimento de torrão natal, contrastado com o ambiente europeu:

> Leia a posteridade, ó pátrio Rio,
> Em meus versos teu nome celebrado;
> Porque vejas uma hora despertado
> O sono vil do esquecimento frio:
>
> Não vês nas tuas margens o sombrio,
> Fresco assento de um álamo copado;
> Não vês ninfa cantar, pastar o gado
> Na tarde clara do calmoso estio.
>
> Turvo banhando as pálidas areias
> Nas porções do riquíssimo tesouro
> O vasto campo da ambição recreais.
>
> Que de seus raios o planeta louro,
> Enriquecendo o influxo em tuas veias,
> Quanto em chamas fecunda, brota em ouro.
> (apud Holanda, 1953, p.239)

No seu poema épico, *Vila Rica*, Cláudio Manuel da Costa já prenuncia, segundo a análise de José Aderaldo Castello, temas e perspectivas que seriam acentuados pelos românticos. Mais interessante que isso, no entanto, é observar, no esclarecimento de Cláudio Manuel da Costa ao poema, a sua consciência de maneiras de ver os brasileiros (embora o trecho a seguir transcrito se refira especificamente aos paulistas):

> Digam agora os geógrafos que todos são mamelucos; arguam-lhes defeitos que nunca tiveram; sirva-lhes de injúria o haverem nascido entre aquelas montanhas: as almas é certo que não têm pátria, nem berço, deve-se amar a virtude, aonde ela se acha: nenhuma obrigação tinha a natureza de produzir só na Grécia os Alexandres, só em Roma os Cipiões. (apud Castello, 1965, p.177)

Essa observação é significativa, não só por revelar, já no século XVIII, a existência de preconceitos contra os mestiços, mas também porque indica um sentido de universalismo que o romantismo deixará de lado. Como se verá no capítulo seguinte, os românticos estabeleceram uma relação entre a natureza e o homem que não existia para os neoclássicos, como Cláudio Manuel da Costa.

José Basílio da Gama (1740-1795) não só foi, entre os árcades mineiros, um dos maiores poetas, mas teve uma influência nítida e reconhecida nos poetas românticos. Essa influência se deve, em grande parte, ao poema épico *Uraguai*. Esse poema celebra a luta de espanhóis e portugueses contra as missões jesuítas no sul do país. Embora os índios fossem aí os inimigos combatidos pelos europeus, Basílio da Gama os vê com indiscutível simpatia, reservando aos jesuítas a posição de vilões. Essa apresentação do indígena ao lado da descrição da natureza é que, no romantismo brasileiro, servirão de modelos da poesia americana.

Em outras palavras, com Basílio da Gama o índio deixa de ser uma curiosidade e começa a adquirir a estatura de herói.

É nesse sentido que, em nossa perspectiva de hoje, os índios dos cronistas do século XVI são mais *reais* que os de Basílio da Gama e, evidentemente, muito mais *reais* que os índios românticos.

De Inácio José de Alvarenga Peixoto (1744-1793), interessa, do ponto de vista do nativismo, o seu *Canto genetlíaco*. Aqui, explicita-se a ideia de que os brasileiros não são piores que os europeus, embora implicitamente se suponha uma descendência aristocrática:

> Os heróis das mais altas cataduras
> Principiam a ser patrícios nossos;
> E o vosso sangue, que esta terra ensopa,
> Já produz frutas do melhor da Europa.
>
> Bem que venha a semente à terra estranha,
> Quando produz, com igual força gera,
> Nem do forte leão fora de Espanha
> A fereza nos filhos degenera;
> O que o estio em umas terras ganha,
> Nas outras vence a fresca primavera,
> A raça dos heróis da mesma sorte
> Produz no sul o que produz no norte.
>
> ...
>
> Isto, que Europa barbaria chama,
> Do seio de delícias tão diverso,
> Quão diferente é para quem ama
> Os ternos laços do seu pátrio berço!
> (apud Holanda, 1953, v.II, p.49-51)

Outro poeta da época e que, por características um pouco diversas, deve ser lembrado é Domingos Caldas Barbosa (1738-1800). Segundo Sérgio Buarque de Holanda (1953, v.I, p.284), foi, entre os poetas da época, "quem mais vivamente exprimiu a meiguice brasileira". Na verdade, talvez por viver em Portugal,

Caldas Barbosa acentua as diferenças entre a vida afetiva brasileira e a portuguesa:

> Cuidei que o gosto de Amor
> Sempre o mesmo gosto fosse,
> Mas um Amor Brasileiro
> Eu não sei por que é mais doce
> ...
> As ternuras desta terra
> Sabem sempre a pão e queijo.
> Não são como no Brasil
> Que até é doce o desejo ("Doçura de amor")
>
> Não posso negar, não posso,
> Não posso por mais que queira,
> Que o meu coração se abrasa
> De ternura Brasileira.
>
> Uma alma singela e rude
> Sempre foi mais verdadeira,
> A minha por isso é própria
> De ternura brasileira. ("A ternura brasileira")
> (apud Holanda, 1953, v.I, p. 299-300 e p. 308-9)

Se lembramos as manifestações dos poetas neoclássicos – sobretudo o seu sentido do universal –, compreende-se como, sob muitos aspectos, Caldas Barbosa está mais próximo de alguns temas românticos. Ainda que sua poesia, de sentido nitidamente popular, seja expressão direta e epidérmica – enquanto os românticos darão, ou pretenderão dar, um sentido mais profundo aos mesmos temas –, em Caldas Barbosa estamos bem próximos da ideia de peculiaridades afetivas de cada povo.

8
Romantismo: a independência e a formação de uma imagem positiva do Brasil e dos brasileiros

Características gerais do romantismo

O romantismo foi um movimento tão rico e tão contraditório, e apresentou tantas variações nacionais e individuais, que é provavelmente inútil pretender defini-lo por uma ou duas características gerais. Apesar disso, o conceito que, para quase todos, representa mais de perto o romantismo é o de *desequilíbrio*. Há, fundamentalmente, o desequilíbrio entre o ideal do romântico e a realidade que pode atingir; daí a revolta diante do destino, ou diante das limitações sociais impostas ao indivíduo, bem como de sua atitude de fuga, ora para o passado ora para a utopia e os movimentos de libertação. Como oscilam entre a nostalgia do passado e o anseio de um futuro diverso, dificilmente os românticos podem ser classificados como revolucionários ou reacionários. Entre os românticos, encontramos tanto os libertários – capazes de dar a vida pela independência de um povo – quanto os saudosistas, cujo ideal se localizaria na Idade Média ou, ainda antes, no passado mitológico. Não admira, por isso, que Napoleão tenha sido um dos seus heróis prediletos: também ele apresentava contradições políticas insuperáveis, e podia ser visto como tirano ou libertador.

Do outro lado, não se deve esquecer que, se alguns românticos se voltaram para o passado coletivo e desejariam integrar-se *na alma popular*, outros foram individualistas, voltados para seus dramas pessoais. De alguns se poderá dizer que ampliaram a realidade aceita pela literatura; de outros, que fugiram da realidade para o sonho, quando não para o mundo de fantasmas e sombras.

Enfim, poderia parecer um equívoco colocar sob a mesma denominação movimentos tão diversos, de acordo com o país, a época, às vezes o gênero literário cultivado. Apesar disso, essa mesma variedade pode ser indício de uma unidade mais profunda nos vários românticos. É que os românticos procuravam, mais que os clássicos ou neoclássicos, a individualidade e a originalidade; à tradição clássica, opunham as tradições nacionais; aos claros limites do estético ou não estético, tentaram as formas novas que permitissem exprimir o inexprimível, isto é, traduzir um domínio ainda não tocado pela experiência coletiva ou ainda não dominado pelo lugar-comum. De forma que essa variedade e nessa aparente contradição apenas confirmam ou denunciam a eficácia da nova estética: a valorização da originalidade, da visão pessoal, das diferenças entre nações.

O observador de cem anos depois talvez já possa identificar, nas novas condições de vida dos séculos XVIII e XIX, pelo menos algumas das raízes sociais do romantismo. Há, paralelamente a este – às vezes antecedendo-o, às vezes acompanhando-o –, o nacionalismo nos vários países europeus, logo depois nas colônias espanhola e portuguesa da América. Daí a busca do que une os homens – não todos os homens, mas os de uma região determinada; assim se compreende a valorização das peculiaridades das línguas nacionais, das tradições de cada país.

No plano pessoal, o liberalismo econômico valorizava a iniciativa individual, a capacidade criadora de cada um. Ao mesmo tempo, pelo menos nas classes mais altas, prolongava-se a infância psicológica, isto é, o período em que o indivíduo ainda não participa da atividade produtiva, o que criaria uma fase vista pelo adulto como a sua idade de ouro, o seu paraíso perdido. Se acompanhamos a reconstrução de Philippe Ariès (1965, p.365-407), vemos que apenas no século XVIII europeu se chega à família moderna, isto é, um casal voltado para a saúde e a educação dos filhos; só então a casa se separa nitidamente das pessoas estranhas, isto é, só então passa a ser um local de intimidade, onde amigos, credores e clientes não entram a qualquer momento; só no século XVIII se separam as salas e os quartos, as camas deixam de estar espalhadas nos mesmos cômodos onde as pessoas dormiam, faziam refeições e recebiam visitas. Os criados deixam os quartos dos patrões e desaparece o hábito de camas comuns para pessoas do mesmo sexo. É também nesse século que as famílias deixam de favorecer exclusivamente o filho mais velho – o herdeiro de uma propriedade indivisível – e passam a admitir a igualdade entre os filhos.

Restaria acrescentar que apenas no século XVIII – embora isso se acentuasse nos séculos XIX e XX – começa a haver maior interesse pela educação das meninas. Ou acrescentar – o que é ainda mais importante – que o novo tipo de família foi inicialmente uma característica das famílias mais ricas, e que só aos poucos se ampliou para as famílias mais pobres, quando estas começaram a ter na casa a condição física para abrigar os vários filhos, e não apenas os mais jovens. Quando se pensa nessas condições novas da família, e do indivíduo, é mais fácil compreender a expressão romântica e, dentro desta, a significação da infância e da individualidade. É que talvez apenas no século XVIII tenham existido as condições indispensáveis para o cultivo do mundo interior, entendido como experiência única. E a valorização do filho como pessoa insubstituível – e, observa Ariès, no século XVIII os pais já não admitiam que a possibilidade de ter outro filho fosse consolo para a morte de uma criança – deve ter dado densidade ao sentimento de ser original, ser diferente dos outros.

Para a literatura, essa transformação tem, aparentemente, uma consequência bem nítida: procura-se a expressão não do geral, do que é válido para qualquer homem, mas do que é único, do que resulta da experiência singular do artista. A *imitação* e o *modelo* perdem o valor e, ao contrário, tornam-se condenáveis; ser incompreendido deixa de ser um pecado, para ser um título de glória.

De outro lado, quando se observa o processo de transformação do público durante o romantismo, compreende-se uma de suas contradições. Embora surja um momento de individualismo, o movimento romântico coincide também com um momento de nacionalismo e de ampliação da educação. O escritor passa a depender não de alguns protetores das classes altas, mas do público, isto é, daqueles que leem as suas obras. O movimento romântico assinala – provavelmente em proporções ainda bem reduzidas, quando se pensa em nossa época – um primeiro momento do que hoje se denomina a comunicação de massa. De forma que, embora fosse expressão individualista, indiferente à acolhida do público, a literatura romântica esteve voltada para este, ainda quando ostensivamente não o procurava – o que acontecia com os autores nacionalistas. Por isso, a literatura romântica tende a ser uma literatura *fácil*, ao alcance de grande número de leitores, quando não ia mais longe para cativar o público feminino, cuja educação era ainda muito elementar.

Essas são algumas das características mais amplas do romantismo europeu; muitas delas se repetiram no Brasil, embora de forma às vezes pálida, ou atenuada pelas condições reais da vida nacional. Essas condições criarão, afinal de contas, contradições muito grandes entre os ideais nacionalistas e a realidade de um país escravocrata. E, como se verá no caso de Gonçalves Dias, os românticos, às vezes, perceberam essa contradição. Algum tempo depois, a contradição, uma vez explicitada, tornar-se-ia um elemento dinâmico – e iria provocar a poesia de Castro Alves.

Uma grande parte do romantismo brasileiro, no entanto, foi vivida num ambiente de entusiasmo pela vida nacional, de confiança no futuro do jovem país, de celebração de sua natureza, de elogios à inspiração dos seus jovens poetas, mortos na flor da idade. E, inspirados por Lord Byron, houve poetas que tentaram reviver, na pacata e provinciana cidade de São Paulo, do século XIX, um ambiente de pecado e maldição. Como se verá no capítulo seguinte, não foi muito difícil à geração do fim do século XIX denunciar a perigosa ilusão em que o Brasil adormecera – embalado pelo título de Império e pela gravidade supostamente britânica de seus conselheiros e barões, pelo bovarismo ingênuo do imperador. Embora uma parte dessa crítica pudesse ser justa, a perspectiva de mais de um século permite ver a fecundidade do movimento romântico para a definição das normas estéticas que traduziriam a realidade brasileira, para o estabelecimento de símbolos – quem sabe se mitos – capazes de definir o nacionalismo brasileiro. Como se verá agora, os românticos brasileiros tiveram nítida consciência de seu papel nessa definição e tentaram explorar os elementos constitutivos do nacionalismo. Antes de sumariar esses vários aspectos, convém lembrar o sentido de continuidade entre a literatura dos séculos anteriores e a que se irá criar no Brasil a partir de 1836 – data mais ou menos convencional do aparecimento do romantismo brasileiro.

A imagem que geralmente se tem – e que foi em parte aceita pelos românticos – é a de uma ruptura entre a literatura anterior e a dos românticos. Na verdade, essa imagem é falsa, não só porque houve um período vago, a que se costuma denominar pré-romantismo, mas também porque algumas tendências românticas continuam atitudes identificáveis no século XVIII e no começo do século XIX. Em certos casos, as diferenças são apenas de grau. A dificuldade de distinção talvez se torne ainda maior pela mediocridade dos autores considerados, pela pobreza do ambiente intelectual no Brasil do início do século XIX. Compare-se, por exemplo, Gonçalves de Magalhães – cujos *Suspiros poéticos e saudades* marcaram o início do romantismo brasileiro, em 1836 – a José Bonifácio de Andrada e Silva.

De Gonçalves de Magalhães:

> Longe do belo céu da Pátria minha,
>   Que a mente me acendia,
> Em tempo mais feliz em qu'eu cantava
> Das palmeiras à sombra os pátrios feitos;
> Sem mais ouvir o vago som dos bosques,
> Nem o bramido fúnebre das ondas,
>   Que n'alma me excitavam
> Altos, sublimes turbilhões de ideias;
>   Com que cântico novo
> O Dia saudarei da Liberdade?[1]

De José Bonifácio de Andrada e Silva, "Ode aos baianos":

> Morrerei no desterro em terra estranha,
> Que no Brasil só vis escravos medram –
> Para mim o Brasil não é mais pátria,
>   Pois faltou a justiça.
> Vales e serras, altas matas, rios,
> Nunca mais vos verei – sonhei outrora
> Poderia entre vós morrer contente;
>   Mas não – monstros o vedam.

---

[1] "O dia 7 de setembro em Paris". Trechos escolhidos por Castello (1961, p.47).

Não verei mais a viração suave
Parar o aéreo voo, e de mil flores
Roubar aromas, e brincar travessa
Co trêmulo raminho.
Oh! país sem igual, país mimoso! (apud Holanda, 1953, v.II, p.220-6)

São poesias muito semelhantes, até pela sua péssima qualidade, ou falta de qualidade; em ambas há um nativismo muito intenso, bem como a tentativa de apresentar a natureza brasileira. Embora timidamente, logo depois do trecho citado Gonçalves de Magalhães começa um tema que será um dos lugares-comuns do romantismo: a diferença entre a natureza tropical e a europeia ("Ausente do saudoso, pátrio ninho, / Em regiões tão mortas, / Para mim sem encantos e atrativos, / Gela-se o estro ao peregrino vate...").

Sob esse aspecto, a diferença entre os neoclássicos e os românticos pode ser assinalada na relação entre a pessoa e a natureza; já não se trata de admirar uma paisagem ou um ambiente, mas de revelar a ligação profunda entre a natureza e o homem.

A natureza e o homem

No alvorecer do romantismo brasileiro, a celebração da natureza foi estabelecida em dois programas de profunda influência em praticamente todos os românticos: o de Ferdinand Dennis e o de Almeida Garrett.[2] Em Ferdinand Dennis é possível encontrar duas orientações fundamentais do romantismo brasileiro:

---

[2] Sobre a significação desses dois programas críticos, ver Candido (1959, v.II, p.319-27) e Castello (1965, p.222-5). As citações são transcritas deste último livro.

> Que os poetas dessas regiões contemplem a natureza, que se inspirem de sua grandeza, e em poucos anos eles se tornarão iguais a nós, talvez nossos mestres...
>
> Que o poeta dessas belas regiões ... lamente as nações aniquiladas, excite uma piedade tardia mas favorável aos restos das tribos indígenas, e que esse povo exilado, diferente por sua cor e seus costumes, não seja esquecido nos cantos do poeta; que ele adote uma nova pátria e ele mesmo a cante...

As palavras de Almeida Garrett são muito semelhantes, embora sejam de crítica aos poetas do século XVIII:

> Certo é que as majestosas e novas cenas da natureza naquela vasta região deviam ter dado a seus poetas mais originalidade, mais diferentes imagens, expressões e estilo ... a educação europeia apagou-lhes o espírito nacional: parece que se receiam mostrar americanos; e daí lhes vem que dá quebra em suas melhores qualidades.

Quando se lembra que a independência foi proclamada em 1822, que o trabalho de Dennis foi publicado em 1824 e o de Garrett em 1826, é fácil compreender até que ponto esses *manifestos românticos* atendiam ao nacionalismo brasileiro, à necessidade de imagens que resumissem o sentido da natureza brasileira e do homem brasileiro. E ao programa nacionalista de Dennis – que acentuava a raça e o ambiente geográfico como fontes de poesia – podem ser ligadas duas correntes da literatura romântica: a celebração da natureza tropical, oposta sobretudo à natureza diversa, isto é, dos países de climas frios e nebulosos; a celebração do indígena como dono da terra e identificado com sua natureza.

A primeira corrente, de nítido sentido nacionalista, indicou um tema constante, não só aos poetas, mas sobretudo aos anseios críticos dos românticos. A esse tema está ligada a mais conhecida poesia romântica, "A canção do exílio", de Gonçalves Dias (1823-1864):

Minha terra tem palmeiras
Onde canta o Sabiá;
As aves, que aqui gorjeiam
Não gorjeiam como lá.

Nosso céu tem mais estrelas,
Nossas várzeas têm mais flores,
Nossos bosques têm mais vida,
Nossa vida mais amores...

Ainda "Saudades" de Gonçalves Dias (1959, p.103 e 470-1):

...Ao ver nublado
Um céu d'inverno e as árvores sem folhas,
De neve as altas serras branqueadas,
E entre esta natureza fria e morta
A espaços derramados pelo vale
Triste oliveira, ou fúnebre cipreste,
O coração se me apertou no peito.
...
Pátria da luz, das flores! – nunca eu veja
O sol, que adoro tanto, ir afundar-se
Nestes da Europa revoltosos mares...

De Casimiro de Abreu (1839-1860)

"Meu lar"
Se eu tenho de morrer na flor dos anos,
   Meu Deus! Não seja já;
Eu quero ouvir na laranjeira, à tarde,
   Cantar o sabiá!

Meu Deus, eu sinto e tu bem vês que eu morro
   Respirando este ar;
Faz que eu viva, Senhor! dá-me de novo
   Os gozos do meu lar!

> O país estrangeiro mais belezas
> Do que a pátria, não tem... (1940, p.73)

Esse esquema será repetido indefinidamente, acentuando-se a grandeza da natureza tropical, a primavera eterna, a variedade de flores, a grandeza de rios e montanhas; quanto aos países de clima temperado, acentuam-se o frio, a neve, a névoa constante – como se essa natureza fosse desagradável para o homem ou, pelo menos, para o homem tropical. Daí resulta uma estereotipação cansativa, que a estética romântica torna ainda mais monótona pela ligação entre a natureza e a vida afetiva. Em outras palavras, os românticos descobrem, ou redescobrem e acentuam, o isomorfismo entre a expressão humana e a aparência da natureza: a aurora dá uma impressão de frescura e promessa; a tarde parece melancólica; a noite é misteriosa e amedrontadora. É evidente que os homens sempre sentiram ou perceberam essa relação, mas os românticos brasileiros de tal modo insistiram nela que também aí caíram na estereotipação.

Disso resulta uma situação curiosa: na crítica ou no depoimento pessoal, insistem na significação da natureza para a poesia, na relação entre a natureza e a poesia brasileira; como poetas, raramente ultrapassam o nível de uma descrição muito superficial. Lembre-se, como um exemplo entre muitos, o depoimento de Casimiro de Abreu, no prefácio a seu livro:

> O filho dos trópicos deve escrever numa linguagem – propriamente sua – lânguida como ele, quente como o sol que o abrasa, grande e misteriosa como as suas matas seculares...

É bem verdade que, ainda no romantismo, houve vozes discordantes, a mais significativa das quais foi talvez a de Álvares de Azevedo, pois faz uma de suas personagens dizer, referindo-se aos encantos da floresta tropical, que "tudo isso é sublime nos livros, mas é soberanamente desagradável na realidade".

De qualquer forma, a relação entre natureza e poesia, entre natureza e homem, ficou muito mais nos programas ou nas generalizações, limitando-se a fórmulas gerais ou imagens repetidas, raramente cristalizadas ou especificadas. Essa cristalização foi obtida apenas com certos aspectos da paisagem: o céu mais azul, o número de estrelas, o verde das matas, a quantidade de flores, a riqueza do ouro, o canto dos pássaros. A relação entre homem e natureza apareceu na prosa, sobretudo no caso do indianismo, como se verá logo adiante.

Num nível um pouco diverso, a poesia romântica – especialmente com Fagundes Varela – opõe a vida rural à vida urbana, como se a primeira, por estar mais próxima da natureza, fosse mais pura e mais autêntica, enquanto a segunda seria desfiguração, cosmopolitismo, negação de valores.

O indianismo

Se todo o nacionalismo necessita de história ou de passado, o nacionalismo brasileiro logo depois da independência precisava encontrar um passado independente da história colonial, pois esta era comum com Portugal. E Portugal era, na época, o inimigo, a nacionalidade de que a brasileira precisava distinguir-se. Compreende-se, assim, que, logo depois da independência, alguns brasileiros trocassem nomes portugueses por nomes indígenas e que estes fossem proclamados os donos da terra, opostos aos invasores portugueses.

Isso não seria, necessariamente, objeto estético. Foi a coincidência entre o movimento da independência e a importação da estética romântica que permitiu a reunião dos dois movimentos – o político e o literário. Dessa reunião decorreu, pelo menos em parte, a intensidade do indianismo romântico, embora essa não fosse a única razão de seu prestígio. Este só será integralmente compreendido se se pensar em dois outros aspectos: a preferência do romântico pelo exótico e pelo distante; o caráter ideológico do indianismo. O primeiro já foi discutido anteriormente, e aqui será necessário sugerir o segundo.

O indianismo apresentava uma imagem positiva do povo brasileiro: amor à liberdade, apego à terra e a valores individuais. Além disso, as lutas entre índios e portugueses poderiam mostrar a autenticidade da oposição que se estabelecera no século XIX, dando-lhe a consagração do tempo. Cavalcanti Proença (1958) lembra que, ao escolherem um nome para o seu jornal, os Andradas aceitaram o *Tamoio*, pois a tribo desse nome tinha combatido os portugueses.[3]

Além disso, também em outro sentido, o indianismo tinha conteúdo ideológico: o índio foi, no romantismo, uma imagem do passado e, portanto, não apresentava nenhuma ameaça à ordem vigente, sobretudo à escravatura. Os escritores, políticos e leitores identificavam-se com esse índio do passado, ao qual atribuíam virtudes e grandezas; o índio contemporâneo que, no século XIX como agora, se arrastava na miséria e na semi-escravidão não constituía um tema literário. Finalmente, a ideia de que o índio não se adapta à escravidão servia também para justificar a escravidão do negro, como se este vivesse feliz como escravo. Essa última suposição estava destinada a uma longa vida nas ideologias sobre o passado brasileiro e iria ser desenvolvida, já em pleno século XX, por Gilberto Freyre. A desadaptação do índio teve duas explicações: uma, o seu espírito de liberdade e sua coragem; outra, a sua preguiça. No romantismo, predominou a primeira.

Em Gonçalves Dias, o maior dos poetas indianistas, são constantes e contínuas as imagens que sugerem a coragem, a liberdade, a união indissolúvel com a terra:

---

3 As outras citações de Cavalcanti Proença referem-se a este artigo (p.13-155).

"O canto do guerreiro"

Aqui na floresta
Dos ventos batida,
Façanha de bravos
Não geram escravos,
Que estimem a vida
Sem guerra e lidas.

Ou, então, num dos seus poemas mais conhecidos:

"Canção do Tamoio"

As armas ensaia,
Penetra na vida:
Pesada ou querida
Viver é lutar.
Se o duro combate
Os fracos abate,
Aos fortes, aos bravos,
Só pode exaltar.

 Em José de Alencar, que é o maior indianista da prosa, as ideias românticas sobre o índio e a natureza aparecem explicitadas. A natureza do Novo Mundo é perfeita, e não apenas cria homens fortes e corajosos, mas também permite a recuperação de pessoas idosas que a procuram. O amor dos índios é puro e mais digno que o dos brancos. Peri tem por Cecília uma dedicação exemplar, até que, no fim do romance, Alencar sugere que poderiam casar-se; em *Iracema*, é a índia que revela a pureza do amor selvagem.

 E *O guarani* e *Iracema* são romances muito reveladores para a compreensão do nacionalismo dentro do esquema romântico. *O guarani* apresenta quase todo o ambiente medieval transferido para o período colonial; *Iracema* recua ainda mais, e a intenção consciente ou inconsciente de Alencar só pode ter sido apresentar o passado mítico da nacionalidade, simbolizado no casal que se encontra como no Paraíso: o branco e a índia. Nos dois casos, um dos elementos básicos para a expressão do nacionalismo é a terra selvagem, a floresta virgem ou quase virgem, onde o homem reverte à sua condição de inocência. Mas esses romances são, sob outro aspecto, muito esclarecedores: consuma-se o casamento do branco com a índia, mas não da moça branca com o índio, o que é talvez uma forma de preconceito contra os indígenas. Em conclusão, o indianismo – sobretudo no romance de Alencar – cria uma Idade Média brasileira, o que era talvez uma forma de atender às exigências estéticas da época, mas também forma de dar conteúdo histórico ao nacionalismo. Em *Iracema*, essa busca vai ainda mais longe e coloca no ambiente da lenda o nascimento da nacionalidade.

O idioma nacional

Segundo a observação de João Ribeiro (1933, p.21ss.), foi Gregório de Matos o primeiro a empregar, literariamente, os brasileirismos. Ainda segundo João Ribeiro, Antônio de Morais e Silva inclui em seu dicionário vários brasileirismos e, logo depois da independência, o visconde de Pedra Branca escreve um artigo sobre a língua portuguesa no Brasil, no qual indica vários brasileirismos.

Parece certo, no entanto, que apenas no romantismo a questão chegou a ser discutida a partir de alguns postulados teóricos, embora muito pobres, como agora se verá. A primeira manifestação parece ser a de Gonçalves Dias, em carta de 1857.[4] O argumento de Gonçalves Dias pode ser resumido da seguinte

---

4 Só publicada em 1907. Ver Gonçalves Dias (1959, p.823-6); ver também Sanches (1940).

forma: é absurdo pretender que a linguagem se imobilize, e o povo é o juiz daquilo que é correto ou merece ser preservado. Se os brasileiros vivem em outro ambiente geográfico e social, se enfrentam outra realidade, precisam de outras palavras para exprimi-la. Além disso, observa a influência da língua tupi no português do Brasil e sugere que, embora Gregório de Matos tenha utilizado brasileirismos, só o fez com intenção satírica.

As observações de Alencar são um pouco mais amplas, embora se liguem aos estereótipos românticos já mencionados. Muito a propósito, essas observações acompanham *Iracema*, onde Alencar tentou algumas inovações: "Verá realizadas nele minhas ideias a respeito da literatura nacional; e achará aí poesia inteiramente brasileira, haurida na língua dos selvagens".[5] Alencar confessa que desejava fazer poesia com a transposição de imagens da língua indígena, e que *Iracema* seria uma experiência em prosa. No segundo artigo, Alencar discute não apenas o seu processo de composição, mas também a transformação da língua portuguesa no Brasil. Inicialmente, observa, como Gonçalves Dias, a interferência do ambiente e das raças que se cruzavam no Brasil. Mas além do vocabulário, nota que também o "mecanismo da língua" já se modificou e continuará a modificar-se.

> E como podia ser de outra forma, quando o americano se acha no seio de uma natureza rica e opulenta, sujeito a impressões novas ainda não traduzidas em outra língua, em face das magnificências para as quais não há ainda verbo humano?

A seguir, sustenta que a civilização brasileira certamente aperfeiçoará a língua e "todos os povos de gênio musical possuem uma língua sonora e abundante. O Brasil está nestas condi-

---

5 Alencar (1958, v.III, p.307). As observações vêm numa "Carta ao Dr. Jaguaribe" e no "Pós-escrito à 2.ed." (p.305-20).

ções; a influência nacional já se fez sentir na pronúncia muito mais suave de nosso dialeto".

Observe-se aí, claramente, o *programa* nacionalista de Alencar: de um lado, aproveitar a linguagem indígena na poesia erudita; de outro, utilizar uma linguagem, se não criada, ao menos modificada pelo povo, pois só ela representa sua expressão autêntica.

Completava-se, assim, a ideologia nacionalista dos românticos: estabelecia-se uma relação entre a paisagem e o homem, entre o índio altivo e o brasileiro independente do século XIX; descrevia-se uma natureza rica e em eterna primavera, opondo-a à natureza de clima temperado; finalmente, procurava-se a língua nacional, outro elemento básico para o sentimento nacional. Se essa descrição hoje nos parece frágil, deve-se lembrar que, em muitos níveis – por exemplo, no ensino de escolas primárias –, essas imagens permanecem até hoje, e não seria difícil encontrar seu eco na letra do Hino Nacional Brasileiro. Apesar de os românticos terem constituído um grupo relativamente pequeno, e apesar da pequena densidade da cultura intelectual do Brasil do século XIX, a eles coube dar uma definição do Brasil. Esta seria discutida, às vezes aceita, às vezes recusada, mas não podia ser ignorada.

Evidentemente, seria um erro ignorar o papel dos outros nessa formação de uma imagem positiva do Brasil – isto é, de políticos, militares, jornalistas, historiadores, geógrafos. Se se desejasse historiar a formação da nacionalidade e de seus símbolos, seria necessário examinar o papel desses vários grupos e seus líderes. Mesmo sem essa análise, parece correto dizer que, nessa época, os poetas e prosadores têm um papel muito significativo, pois são eles que sintetizam e, dentro dos limites humanos, eternizam as contribuições dos outros grupos.

Esse aspecto pode ser visto na grande crise social e econômica da Monarquia: o problema de libertação dos escravos.

A luta pela abolição da escravatura

O problema da abolição era muito antigo, não só porque a opinião pública internacional era contra a escravidão, mas também porque esta representava uma contradição escandalosa na teoria aparentemente liberal do Império. Como já foi sugerido antes, a solução característica do romantismo foi ignorar o problema, celebrar o índio rebelde e condenar o conquistador europeu. No entanto, existe um curioso fragmento em prosa de Gonçalves Dias (1959, p.741-4) – "Meditação"[6] – em que se apresentam praticamente todos os problemas reais da época no Brasil, entre os quais a escravidão. O fragmento está escrito em forma de diálogo entre um ancião e um jovem; este mostra todas as virtualidades do país, enquanto aquele indica as suas deficiências e o destino infeliz que o espera.

Algumas frases podem dar ideia do realismo de todo o fragmento:

> E conhece por fim que está no Brasil – na terra da liberdade, na terra ataviada de primores e esclarecida por um céu estrelado e magnífico!
> Mas grande parte de sua população é escrava – mas a sua riqueza consiste nos escravos – mas o sorriso – o deleite de seu comerciante – do seu agrícola – e o alimento de todos os seus habitantes é comprado à custa do sangue do escravo!

Gonçalves Dias, nessa linguagem que procura aproximar-se da linguagem bíblica, segue enumerando outros problemas do país: quando se fala tanto em patriotismo, é porque este não é real; enquanto houver o braço escravo, o branco não procura-

---

[6] Caio Prado Júnior (1945) observa que a ausência de manifestações explícitas sobre a escravidão não significa despreocupação com o problema e pode significar exatamente o oposto. Esse fragmento de Gonçalves Dias confirma o historiador.

rá o trabalho, pois este é humilhação. É importante lembrar esse trecho realista curiosamente só publicado em 1909 – e aparentemente desprezado como não literário. Embora isso seja apenas uma hipótese, pode-se imaginar que o ambiente ainda não estaria maduro para aceitar a descrição de Gonçalves Dias; esse amadurecimento levaria ainda algumas décadas e aqui a literatura abolicionista será exemplificada apenas por intermédio de Castro Alves (1847-1871).

Pelo menos em parte, o efeito da poesia social e abolicionista de Castro Alves decorre do contraste entre a imagem da pátria, criada e aceita pelos poetas anteriores, e a denúncia da injustiça ou do crime. Por exemplo:

"América"

Ó pátria, desperta... Não curves a fronte
Que enxuga-te os prantos o Sol do Equador.
Não miras na fímbria do vasto horizonte
A luz da alvorada de um dia melhor?

Já falta bem pouco. Sacode a cadeia
Que chamam riquezas... que nódoas te são!
Não manches a folha de tua europeia
No sangue do escravo, no imundo balcão.

Sê pobre, que importa? Sê livre... és gigante,
Bem como os condores dos pincaros teus!
Arranca este peso das costas do Atlante,
Levanta o madeiro dos ombros de Deus
(Castro Alves, 1960, p.245)

E de maneira ainda mais nítida em "O navio negreiro":

Senhor Deus dos desgraçados!
Dizei-me vós, Senhor Deus!
Se eu deliro... ou se é verdade
Tanto horror perante os céus...

O caráter nacional brasileiro

Ó mar, por que não apagas
Co'a esponja das tuas vagas
Do teu manto este borrão?...

...

E existe um povo que a bandeira empresta
P'ra cobrir tanta infâmia e covardia!..

...

Auriverde pendão de minha terra,
Que a brisa do Brasil beija e balança
Estandarte que a luz do sol encerra,
E as promessas divinas da esperança...
Tu, que da liberdade após a guerra,
Foste hasteado dos heróis na lança,
Antes te houvessem roto na batalha,
Que servires a um povo de mortalha!...

...

...Mas é infâmia demais... Da etérea plaga
Levantai-vos, heróis do Novo Mundo...
Andrada! arranca este pendão dos ares!
Colombo! fecha a porta dos teus mares! (1960)

Em Castro Alves, a crítica refere-se a apenas um aspecto que contrasta com a imagem nacionalista do Brasil. A crítica geral e a mudança de atitude seriam observadas na geração seguinte – a dos realistas.

9
Realismo e pessimismo

Realismo e romantismo no Brasil

As palavras muito empregadas acabam por adquirir conteúdos inexistentes na realidade que traduzem, ou deviam traduzir. E o conceito de romantismo, sobretudo quando oposto a realismo, é exemplo disso: tem-se a impressão de que o romântico estava sempre, e necessariamente, voltado para um mundo de sombras ou de sonhos, enquanto os realistas e naturalistas se moviam na dura realidade dos fatos. A rigor, essa imagem nos foi transmitida pelos realistas – e tem pelo menos um fundo de verdade, sobretudo se pensarmos no caso dos poetas ultrarromânticos. De outro lado, a imagem é falsa, se pensarmos que a intenção de José de Alencar era apresentar realisticamente a sua sociedade, ou se pensarmos que o naturalismo vai apresentar apenas determinados aspectos da realidade. Quando se desce um pouco mais na análise, verifica-se que o termo realismo é sem dúvida enganador, pois toda literatura autêntica é necessariamente realista, mas nenhuma literatura chega a apreender *toda* a realidade. Em outras palavras, se pensarmos no caso da literatura brasileira, será possível distinguir romantismo e realismo por uma atitude diferente diante da realidade, bem como pela seleção de certos aspectos para a apresentação estética ou pelo nível da análise. Mas não se deve cometer o erro de perspectiva de supor que o romantismo fosse um jogo de livre fantasia e o realismo uma cópia da *realidade* da época.

Se lembramos essas reservas, não há mal em dizer que a partir de 1870, aproximadamente, já se notam sintomas de transformação na maneira de interpretar a vida brasileira, por uma perspectiva que considerasse aspectos até então ignorados. Essa mudança apresentou aspectos muito variados e, de modo geral, quase sempre de oposição aos escritores anteriores. Assim foi na poesia – que abandona o lirismo romântico pela exaltação carnal ou física, que abandona a unidade nacionalista dos românticos pela discussão de temas sociais e que, logo depois, tenderá à perfeição formal e à frieza efetiva; assim foi no romance –, em que a apresentação de uma sublimada vida afetiva será substituída, pelo menos nos naturalistas, pela descrição das paixões condenáveis ou do cotidiano mais rasteiro; assim foi na crítica – em que a análise procura ser mais objetiva e, nos casos extremos, proclama-se científica.

Afinal, é a ideia de ciência que domina o período, frequentemente com graves prejuízos, não só para a criação estética, mas também para a crítica literária, que à literatura desejou impor critérios não estéticos. Houve, é certo, o equilíbrio de Machado de Assis, capaz de reunir as várias perspectivas numa versão mais ou menos pessoal e sem dúvida harmoniosa, e que mesmo na crítica teve uma visão clara da transformação, de seus perigos e de suas contribuições positivas. Como aqui não interessa discutir os aspectos propriamente literários, mas a interpretação que se dá da realidade brasileira, não será muito errado considerar apenas Sílvio Romero, pois a este cabe a versão porventura mais ampla do Brasil, por volta dos fins do século XIX.

Mas existe razão ainda mais sólida para isolar Sílvio Romero. A sua interpretação do Brasil impregnou de tal forma os estudos brasileiros que não será difícil perceber sua influência em Euclides da Cunha, em Oliveira Viana, e até em Gilberto Freyre, para não mencionar a história da literatura, em que sua influência foi predominante durante muito tempo.

Sílvio Romero e o cientificismo do século XIX

Se as ciências naturais não foram criadas na segunda metade do século XIX, foi nessa época que se popularizaram e, mais ainda, foi nesse período que se tentou a transposição de seus métodos para o estudo do homem. Embora se deva lembrar que já no século XVIII tenha havido algumas tentativas desse tipo – por exemplo, a ideia de *magnetismo animal*, destinada a êxito tão grande, embora efêmero, nas mãos de Mesmer –, a verdade é que apenas no século XIX as ciências começarão a gozar um prestígio que até hoje não perderam. Fundamentalmente, o prestígio das ciências naturais e a tentativa de cientificizar o conhecimento do homem decorreram não do progresso científico, mas da tecnologia científica. Vale dizer, quando as aplicações tecnológicas permitiram a transformação mais eficiente da natureza – seja pela utilização da energia seja pelo controle físico dos organismos –, a ciência tinha demonstrado sua eficiência e sua utilidade. E o seu prestígio, fora dos círculos de especialistas e curiosos, decorreu dessas aplicações e, especialmente, da ideia de chegar ao controle do comportamento humano. Nesse panorama, o evolucionismo de Darwin tem um lugar muito saliente, sobretudo porque permite colocar o homem, definitivamente, no campo das ciências naturais. Se resultava de uma evolução, de que participava juntamente com os outros animais, o homem pouco se distinguiria destes, e os processos utilizados para o estudo biológico serviriam também para o estudo psicológico e sociológico. Daí uma vasta literatura, não de ciência propriamente, mas de divulgação ou de especulação científica cujo principal objetivo era uma explicação *elementarista* do homem e da sociedade. Na primeira parte deste ensaio já foram mencionados alguns exemplos dessa literatura – sendo suficiente lembrar, aqui, o nome de Letourneau.

Pois bem, foi essa literatura de divulgação que se difundiu no Brasil e é ela que, em grande parte, explica o uso – e o abuso – do conceito de ciência, em Silvio Romero e em seus contemporâneos. Como para os autores europeus que imitavam, ciência era frequentemente uma palavra prestigiosa, capaz de garantir a verdade do que afirmavam. Outras vezes era um programa que se propunham, embora não tivessem recursos para cumpri-lo.

Em Sílvio Romero (1851-1914), a pretensão científica era frequentemente contrabalançada, às vezes anulada, por um temperamento polêmico, que hoje parece até simpático, mas que certamente contribuiu para muitos de seus juízos falsos, positivos ou negativos. Além disso, Silvio não era um contemplativo, nem procurava uma interpretação exclusivamente teórica e distante das lutas políticas. Ao contrário, participava intensamente das questões de momento, às vezes com a violência verbal característica de nossos tribunos da época.

Nada disso, no entanto, diminui seus méritos ou a importância do que fez. Diante de seu esforço intelectual, frequentemente ingênuo e mal aplicado, é impossível deixar de lamentar que a pobreza do ambiente e a falta de formação não tivessem permitido o desenvolvimento de sua inegável capacidade para a teoria e a generalização.

Bacharel pela Faculdade de Direito do Recife, depois de ter feito curso secundário no Rio de Janeiro, Sílvio Romero dependia, evidentemente, de leituras ocasionais dos autores estrangeiros, o que explica a aceitação de tendências díspares, que depois procura organizar e sistematizar. E os seus depoimentos pessoais mostram como viu o ambiente da época e como chegou aos seus autores fundamentais:

> É preciso ter vivido no Rio de Janeiro espreitando, mesmo de longe, o círculo dos estudantes, dos professores, dos jornalistas, dos literatos e dos políticos de toda ordem, para se haver sentido a temperatura espiritual do tempo, nos anos de 1862 e 1868, exatamente o período em que se agitava a Escola do Recife no seu *Sturm und Drang* e preparava o início de sua fase crítica.
>
> A poesia movia-se mofina, pálida e tísica, a tossir umas cansadas mágoas de monótono realejar. A *"minha alma é triste como a rola aflita"* e o *"se eu morresse amanhã"* andavam nos lábios de todas as belas – e o *"qual quebra as vagas o mar"* ressoava dos peitos dos namorados, sonhadores e lamartinescos. O burguês retrucava com o *Waterloo! Waterloo! lição sublime...* e o rapazio patrioteiro com a *"minha terra tem palmeiras onde canta o sabiá"*...

Depois de indicar com o mesmo sarcasmo a situação no romance, na filosofia, na ideologia política, na crítica literária, bem como na crítica de religião e de direito, sugere que a renovação veio da França, com os trabalhos de Vacherot, Scherer, Taine e Rénan. Indica também o interesse despertado no Brasil por conflitos externos e a importância da guerra com o Paraguai. Depois afirma:

> De repente, por um movimento subterrâneo, que vinha de longe, a instabilidade de todas as coisas se mostrou e o sofisma do império apareceu em toda a sua nudez. A guerra do Paraguai estava a mostrar a todas as vistas os imensos defeitos de nossa organização militar e o acanhado de nossos progressos sociais, desvendando repugnantemente a chaga da escravidão, e, então, a questão dos cativos se agita logo e após é seguida da questão religiosa; tudo se põe em discussão: o aparelho sofístico das eleições, o sistema de arrocho das instituições policiais e da magistratura e inúmeros problemas econômicos; o partido liberal, expelido do poder,

comove-se desusadamente e lança aos quatro ventos um programa de extrema democracia, quase um verdadeiro socialismo; o partido republicano se organiza e inicia um programa tenaz, que nada faria apagar.
Na política, é um mundo inteiro que vacila. Nas regiões do pensamento teórico, o travamento da peleja foi ainda mais formidável, porque o atraso era horroroso.
Um bando de ideias novas esvoaçava sobre nós de todos os pontos do horizonte. (Romero, 1938, p.48-52)

Essa descrição tão viva, e de que aqui foram transcritos os trechos talvez mais significativos, poderia fazer crer que Sílvio se encaminhasse para a sua solução dos problemas indicados. No entanto, o seu depoimento sobre leituras mostra que não procurou trabalhos ligados diretamente à solução dos problemas nacionais:

> Transportado para o progressivo e agitadíssimo centro espiritual do Recife, em 1868, aos 17 anos de idade, isto é, na força da vivacidade e do entusiasmo, entendi de tomar parte nas lutas ali então travadas, escolhendo o campo mais de harmonia com o meu temperamento – a crítica.
>
> Os meus verdadeiros mestres foram, então, Taine, Rénan, Max Müller, Scherer, Gubernatis, Bréal, Lenormant e Gobineau. Taine, principalmente, com seu belo livro *Philosophie de l'art en Grèce*, o primeiro dele que li. Rénan, por seus admiráveis ensaios sobre *As religiões da Antiguidade, A poesia das raças célticas* e os livros sobre *Averróis e o averroísmo, A vida de Jesus, São Paulo, Os apóstolos* e *O Anti-Cristo*. Max Müller, por seus livros sobre linguagem, religião e mitologia. Scherer, por seus belos artigos *Notre race et ses ancêtres, Mahomet e o mahometismo, mitologia comparada, A vida de Jesus* (a propósito de Rénan) e outros e outros. Gubernatis, por sua *Mitologia zoológica* e principalmente Bréal, por seu belo estudo *Hercule et Cacus* e Ess. des Essarts no magnífico ensaio *L'Hercule grec*. Lenormant, por sua admirável obra *Les civilizations de L'Antiquité*. Devo juntar, também, o excelente Emile Burnouf com o magnífico livro *A ciên-*

cia das religiões e o conde de Gobineau com seu excelente *Ensaio sobre a desigualdade das raças humanas.*

Em outro depoimento, dá novas informações:

As influências recebidas (desses autores) não fizeram senão desenvolver o que em mim já existia desde os tempos do engenho, da vila, da aula primária e dos preparatórios.

As três primeiras leituras que fiz no Recife, por um feliz acaso, me serviram para abrir definitivamente o caminho por onde já tinha enveredado, fortalecendo velhas tendências. Foram um estudo de Emilio de Laveley acerca dos "Niebelungen" e da antiga poesia popular germânica, um ensaio de Pedro Lerroux sobre *Goethe* e um ensaio de Eugênio Poitou sobre os *Filósofos franceses contemporâneos*. O primeiro meteu-me nessas encantadas regiões do folclore, da crítica religiosa, da mitologia, da etnografia e das tradições populares. O segundo, nas acidentadas paragens da crítica literária moderna. O terceiro, no mundo áspero e movediço da filosofia.[1]

Por outros depoimentos de Sílvio Romero, Antonio Candido (1963, p.30) enumera ainda as leituras Buckle, Comte e, finalmente, Spencer, Darwin, Haeckel, Büchner, Vogt, Molleschott e Huxley (cf. também Mendonça, 1938, p.142-3).

Não seria possível, aqui, tentar um aprofundamento dessas teorias, nem essa análise seria de grande utilidade, porque não saberíamos de que forma Sílvio Romero entendeu todos esses autores. Basta recordar o seu caráter geral, e ver como Romero pôde reuni-los de maneira mais ou menos coerente para a interpretação da realidade brasileira.

De modo geral, e apesar das diferenças acaso existentes entre eles, esses autores eram *evolucionistas*, isto é, aceitavam uma evolução linear da história humana, cujo ponto final seria a sociedade europeia do século XIX. Pelo menos a partir de Darwin,

---

1 Os dois depoimentos são transcritos em Mendonça (1938, p.56-8).

pensa-se que essa evolução resulta da luta pela vida, onde os mais fortes vencem os mais fracos, transmitindo aos seus descendentes essa maior adaptabilidade ao ambiente. Disso decorre que a história humana pode ser explicada por meio de critérios físicos ou biológicos: o meio e a raça. Como se acredita na transmissão de caracteres adquiridos, o meio imprime caracteres que são, depois, transmitidos aos descendentes. Na primeira parte deste ensaio já se indicou que essa teoria não só explicava o predomínio da raça branca – que alguns autores denominavam ariana –, como também justificaria as suas futuras conquistas, como raça mais capaz e adaptada. Se o Brasil era evidentemente composto de raças então consideradas inferiores, seria necessário considerar que o país estaria irremediavelmente condenado a ser dominado por raças superiores.

Do ponto de vista da história intelectual, essas teorias apresentariam um outro desafio a um brasileiro: se a criação artística e científica resulta da raça – embora em contato com o meio –, como explicar a vida intelectual brasileira, se aqui não se poderia falar numa raça?

Em resumo, Sílvio Romero foi o primeiro a enfrentar esse problema muito curioso da história intelectual: como é que um povo considerado inferior interpreta essa inferioridade? Como se verá agora, a resposta só poderia ser um conjunto incoerente, mas onde ressalta o preconceito contra as classes mais pobres da população. E Sílvio Romero se debaterá nas contradições dessa teoria porque, convencido da inferioridade racial do brasileiro, tentará um esquema futuro que permita a integração do brasileiro no desenvolvimento racial da humanidade.

Em parte, é essa posição – ao tempo considerada realista e científica – que justifica seu ataque ao romantismo e ao indianismo, pois nega a existência de desenvolvimento autônomo, e pretende integrar o Brasil na civilização americano-europeia do futuro. Ao mesmo tempo, no entanto, procura as raízes populares da literatura, procura ver a característica nacional dos autores brasileiros, e por característica pretende avaliar o seu valor. De forma que, embora combata o romantismo, sua teoria não encontra um outro critério de avaliação, a não ser aquilo mesmo que combate. A diferença está no fato de Sílvio Romero voltar-se para o que se chamaria uma cultura mestiça, com predomínio do branco, enquanto os românticos elegiam o índio como o modelo nacional. As suas palavras de ataque à poesia indianista são muito claras:

> A chamada poesia *indiana* é uma poesia bifronte, com todos os encantos e alucinações do homem criança, virgem e travessamente agradável, com todos os aparentes eflúvios de poesia imensa é, hoje, um vulto mudo a esvair-se ao centro de nossa vida no marulho de nossa civilização. Não quis ou não pôde sentir as agitações de um outro viver. Está morta... O índio não é brasileiro. O que este sente, o que busca, o que espera, o que crê, não é o que sentia, cria ou esperava aquele. São, portanto, o gênio, a força primária do brasileiro, e não os do *gentio* que devem constituir a poesia, a literatura nacional. (Romero, 1938a, p.86-7)

Na definição do brasileiro é que Sílvio Romero (1938b, p.75) parece menos seguro:

> O brasileiro ficou quase um retrato do português. A natureza como agente de transformação, pouco há feito para alterá-lo, tendo a lutar contra a estreiteza do tempo e a civilização europeia. O caboclo [índio], tipo quase perdido, que se vai esvaecendo cada vez mais, mui fracamente contribuiu também nesse sentido. O africano, rebelde aos progressos intelectuais, tem alterado, sem vantagem, nossa fisionomia pretérita. Do consórcio, pois, de velha população latina, bestamente atrasada, bestamente infecunda, e de selvagens africanos, estupidamente indolentes, estupidamente talhados para escravos, surgiu, na máxima parte, este povo, que se diz, que se supõe grande, porque possui, entre outras maravilhas, "o mais belo país do mundo". É necessário buscar na história as condições de sua cultura, de sua civilização.

243

Isso foi escrito na fase que mais tarde ele próprio denominou pessimista, mas já indica onde iria buscar a caracterização do brasileiro: na mestiçagem.

À primeira vista, Sílvio Romero, embora negando o romantismo, acaba por afirmá-lo, ao tentar uma definição das características brasileiras e ao procurar sua expressão. Mas, bem observadas as coisas, a contradição é menos dele que dos autores que seguia. Como foi sugerido na primeira parte deste ensaio, os românticos – sobretudo os alemães – propunham o caráter nacional como a expressão singular e valiosa de um povo. Pelo menos explicitamente, não pretendiam a valorização exclusiva de um povo, nem pretendiam que apenas uma nação detivesse a verdade; para eles, valeria a diversidade e a multiplicidade. Com os *cientistas* – que foram os mestres de Sílvio Romero – a situação era diversa: continuavam a usar um método aparentemente histórico, continuavam a buscar a origem remota dos desenvolvimentos contemporâneos, mas para eles só os brancos – ou arianos – teriam valor. E numa primeira fase, Sílvio Romero fez a mesma coisa, pois nega qualquer valor à vida intelectual brasileira e chega a falar em "causas do nulo desenvolvimento de nossas letras e de nenhuma originalidade do nosso gênio".

Por um processo que, aparentemente, não esclareceu, Sílvio Romero (1960, p.34-5) chegaria mais tarde a uma posição diferente: no prefácio à primeira edição da *História da literatura brasileira* reconhecerá ter passado por três fases: a do otimismo da infância e da meninice; a do pessimismo radical e intratável; a da crítica imparcial, a que teria chegado pelo estudo da vida brasileira. Embora não se saiba como se operou essa transformação em seu pensamento, a *História da literatura brasileira* nos dá a concepção que Sílvio Romero chegou a ter da história do Brasil.

Uma filosofia da história brasileira

Ao discutir os "fatores" da literatura brasileira, Sílvio Romero nega que a história do Brasil possa ser compreendida como história dos portugueses na América, ou a história dos tupis ou a dos negros. Ao contrário, deve ser a história de um tipo novo – o mestiço – resultante de cinco fatores: o português, o negro, o índio, o meio físico e a imitação estrangeira. Por isso, pôde escrever: "Todo brasileiro é um mestiço, quando não no sangue, nas ideias". A partir daqui dirá que para avaliar o mérito dos escritores deve-se levar em conta sua contribuição para a "diferencial nacional", isto é, para a formação desse tipo novo. Por isso, devem-se desprezar aqueles que apenas imitaram, valorizando-se o autor ou político que tenha "trabalhado para a determinação de nosso caráter nacional" (Romero, 1960, p.53-4).

Se isso parece um critério romântico, páginas adiante Sílvio Romero deixa clara a contradição já apontada em seu método, pois diz que pretende escrever uma história naturalista da literatura brasileira; usa o critério popular e étnico para explicar o caráter nacional e, ao mesmo tempo, o "critério positivo e evolucionista" ao tratar das "relações do Brasil com a humanidade em geral" (ibidem, p.57).

Na discussão dos cinco fatores da história do Brasil, Sílvio Romero começa pela análise da natureza, em que encontra as observações de Buckle sobre o Brasil. Para Buckle – pelo menos no resumo de Sílvio Romero –, as civilizações antigas se explicariam por: calor e umidade, fertilidade da terra e um vasto sistema fluvial. Se o Brasil, que aparentemente possuía essas condições, não desenvolveu uma civilização, isso seria devido ao vento alísio: este provoca chuvas constantes, uma natureza exuberante, mas onde o homem não teria nenhum lugar, paralisado exatamente pela excessiva prodigalidade. O admirável, no caso, é que Sílvio Romero gaste dezenas de páginas para refutar a teoria, não só disparatada no caso geral, mas que revelava uma total ignorância da natureza brasileira. E termina sua apreciação de Buckle dizendo que este estaria certo na descrição de nosso atraso, mas não na determinação de seus fatores. Segundo Sílvio, estes seriam: "primários ou naturais, secundários ou *étnicos* e terciários ou *morais*". Entre os primários coloca o excessivo calor, as secas e, na Amazônia, a chuva excessiva, além de ausência de vias fluviais entre o São Francisco e o Parnaíba. Entre os secundários, assinala a relativa incapacidade das três raças que formaram o Brasil. Entre os terciários, coloca os fatores históricos – política, legislação, usos, costumes, inicialmente efeitos, e que depois se transformam em causas (ibidem, p.87).

A seguir, Sílvio Romero passa a descrever o clima brasileiro, seguindo Michel Lévy – que, como era hábito na época, mostra como o clima quente era prejudicial à saúde, provocando vários tipos de doenças, desde as digestivas até as da pele e as devidas à insuficiência da respiração nos trópicos. Embora aceite essa descrição de Lévy, Sílvio Romero admite que é necessário considerar "o aspecto geral da natureza". E aí verifica que o Brasil não sofre "monstruosidades naturais" – nem desertos, nem estepes ou savanas, nem vulcões, nem o sol de fogo, nem o céu nublado. Além disso, "as noites são claras e tépidas" e "tudo nos convida para as concepções naturalistas, calmas, serenas, sem nebulosidade. Oxalá a obra dos homens corrija a natureza do que ela aqui tem de mau e desenvolva os bons germens que ela aqui tanto nos prodigaliza!" (p.95).

Na análise dos fatores secundários – étnicos –, Sílvio Romero discute os portugueses, os índios e os negros, dizendo que a reunião da raça branca – que às vezes denomina ariana – com as outras permitiu a "formação de uma *sub-raça* mestiça e crioula, distinta da europeia".

Quanto ao destino dessa sub-raça, Sílvio Romero parece ter oscilado, em diferentes apresentações do problema. Às vezes, dá a impressão de acreditar numa originalidade da raça futura, com o progressivo *branqueamento* da população; outras vezes, pregava a necessidade da imigração para que se compensasse, com sangue novo, a degeneração provocada pelo clima. Embora admita que o progressivo desaparecimento do indígena se deve a "pestes e guerras", e o do negro aos "trabalhos forçados", admite também que "na mestiçagem a seleção natural, ao cabo de algumas gerações, faz prevalecer o tipo da raça mais numerosa, e entre nós das raças puras a mais numerosa, pela imigração europeia, tem sido, e tende ainda mais a sê-lo, a branca" (p.101).

O cruzamento não é apenas físico, mas se dá também nas ideias e nos sentimentos. E, segundo Sílvio Romero, era a seguinte a situação das várias raças no momento em que chegaram ao Brasil: os negros estavam "no momento primeiro do fetichismo, fase primordial da idade teológica"; os índios, "no período da astrolatria, momento mais adiantado do estado fetichista"; "os portugueses eram monoteístas", mas com "grandes resíduos da época anterior, o politeísmo". Isso explicaria, segundo Sílvio Romero, a pobreza e a falta de unidade das tradições brasileiras e da nossa literatura (p.102-3).

Quanto aos fatores terciários, Sílvio Romero fala em relações econômicas, instituições políticas e sociais da Colônia, do Império e da República. Aqui o seu esquema anterior parece inteiramente esquecido, e traça um panorama que parece bem realista da situação brasileira. Em primeiro lugar, mostra o primado das necessidades econômicas e como, se acompanharmos as principais fases da literatura brasileira, veremos que correspondem a várias fases do desenvolvimento econômico: a escola baiana, ligada ao ciclo do açúcar; a mineira, ligada ao ciclo do ouro; a fluminense, ligada ao café.

A seguir, mostra que a ausência de *povo* pode ser explicada pela existência de latifúndios, pois – fora do pauperismo ou dos empregos públicos – não existe nenhuma atividade econômica. Desde os tempos coloniais, um sistema de subserviência que a independência e a República não eliminaram. A solução indicada por Sílvio Romero consiste em:

> Dando incremento às classes produtoras, preparando um maior número de cidadãos aptos à vida dos tempos modernos, iremos formando o nosso povo, que será então capaz de resistir às classes parasitas que têm em suas mãos os nossos destinos... (p.137-43)

Mesmo por esse resumo, não será difícil perceber contradições bem nítidas na teoria de Sílvio Romero, mas, ainda aqui, essas contradições resultam da aceitação de teorias incompatíveis e, ao mesmo tempo, de sua inadequação à realidade conhecida pelo autor. Será suficiente indicar as mais importantes. Em primeiro lugar, Sílvio poderia aceitar a teoria da determinação pelo clima, mas não poderia, ao mesmo tempo, aceitar o determinismo racial. A possibilidade de reunir as duas estaria na aceitação de uma determinação da raça pelo clima, supondo-se que, depois de algum tempo, o clima viesse a criar uma raça. Mas ainda aqui Sílvio Romero percebe a insuficiência da teoria, pois a mesma raça, colocada em ambientes diferentes, apresenta características também diferentes. Se isso é verdade – e Sílvio Romero reconhece que é –, teria sentido pensar na raça como fator determinante do comportamento?

A aceitação da determinação pelo clima deveria ser impossível para Sílvio Romero, pois reconhece que a interpretação dos europeus é falha, na medida em que pensam num clima brasileiro, e não na real variedade aqui existente entre várias regiões. Isso não impediu que, como se verá adiante, Sílvio Romero pensasse em algumas características como determinadas pelo clima. Apesar disso, procura uma conciliação entre as duas teorias – isto é, procura encontrar características devidas à raça e outras devidas ao clima. Se apenas uma raça era autóctone, e se as outras duas eram adventícias, que influência poderia ter o clima? Mais ainda, se houvesse essa influência, o índio não deveria ser favorecido? Ao reconhecer que o índio era inferior, e que tinha sido destruído pelo branco, não poderia admitir que a permanência deste no clima novo pudesse dar-lhe mais adaptabilidade. Aqui, a teoria de Sílvio Romero parece ter oscilado; ora admite essa maior adaptabilidade ora admite que a raça entra em decadência no novo clima, de forma que precisaria ser revitalizada por ondas sucessivas de imigrantes. É curioso que, também neste caso, não perceba contradição entre essa revitalização por novos imigrantes e sua valorização do mestiço.

Mas a contradição se torna gritante quando Sílvio Romero descreve a história do Brasil e suas instituições econômicas e sociais: quando passa para esse terreno, esquece inteiramente o que escrevera sobre clima e raças, ou melhor, não precisa desses conceitos para escrever essa história. Nem o clima nem as raças parecem interferir na colonização, mas apenas a vida econômica; é ainda esta que explica, segundo ele, os vários ciclos da vida literária. Ora, para explicitar: na Bahia, não houve modificações no clima e na mestiçagem para explicar a decadência de sua literatura; não houve modificações de clima e mestiçagem em Minas nem antes nem depois do ciclo do ouro e, apesar disso, a literatura *mineira* não existia antes e deixou de existir depois da decadência econômica. Mais ainda: os critérios de Sílvio Romero só dariam certo se fossem invertidos, isto é, num período de maior adaptabilidade e maior mestiçagem, a literatura decai.

Uma forma de explicar contradições tão evidentes seria dizer que Sílvio Romero absorveu as teorias europeias da época e, como essas teorias eram erradas, fatalmente provocariam contradições quando aplicadas a casos concretos. Embora isso seja verdade, ainda não explica por que Sílvio Romero pôde sustentá-las. Aparentemente, não tinha recursos intelectuais para opor-se aos mestres europeus e isso o obrigava a repetir afirmações que a realidade desmentia a todo instante. Isso explicaria também o fato de Sílvio Romero mudar suas apreciações a respeito de nossa história, mas continuar a repetir a divulgação da época – a única que conheceu ou conseguiu apreender. Uma interpretação possível – mas que, no caso de Sílvio Romero, parece discutível – seria dizer que nele existia o preconceito de classe e de raça que será tão nítido nos autores seguintes. O que sugere esse preconceito é o fato de Sílvio Romero insistir no *branqueamento* da população, na necessidade de manter a imigração. Além disso, a caracterização que faz de índios e negros é nitidamente desfavorável a estes. Outra prova desse preconceito pode ser encontrada na sua descrição do negro na África, em que procura mostrar todos os seus aspectos aparentemente desagradáveis. No entanto, como repetia descrições europeias, poderia ser vítima do preconceito desses autores.

Os traços do caráter nacional e sua origem

Na *História da literatura* há todo um capítulo dedicado à psicologia nacional (p.144-52). Além disso, em várias passagens Sílvio Romero faz observações esparsas, em que indica características psicológicas do brasileiro. O autor parte da ideia de que, assim como existe um espírito da época (*Zeitgeist*), existe também um espírito comum (*Algeist*) "que determina a corrente geral das opiniões de um povo". Quanto ao brasileiro, admite que ainda não existe documentação sobre as várias atividades e tendências; no entanto, isso não impede que, logo depois, indique os principais traços do brasileiro. Note-se que, para Sílvio Romero, a psicologia dos povos (*Volkerpsychologie*) "é alguma coisa que o indivíduo por si só não explica", mas é revelado pelo conjunto do povo.

Nesse trecho, as características que aponta no povo brasileiro são: "apático, sem iniciativa, desanimado"; na vida intelectual, imitação do estrangeiro. Isso significa que o brasileiro tende a esperar tudo do poder e a só pensar a partir da instigação do estrangeiro.

Para superar essa segunda característica, Sílvio Romero não aceita o antigo nacionalismo literário – que oscilava entre o português, o índio e, em menor escala, o negro – e depois passou a tipos regionais, como "o sertanejo, o matuto, o caipira, o praieiro, etc.". Isso era externo e não atingia o "espírito geral", o "espírito popular", isto é, o "sentir especial do brasileiro". Para isso seria preciso conhecer a poesia, as crenças populares – o que, diga-se de passagem, Sílvio Romero fez com dedicação exemplar, por meio de coleta de material folclórico.

Na segunda parte desse capítulo, no entanto, Sílvio Romero entra em contradição – pelo menos aparente – ao defender a *regionalização* da literatura brasileira, pois se opõe à centralização cultural. A outra contradição refere-se ao conselho para que os brasileiros procurem exemplo nas nações anglo-germânicas, a fim de corrigir as "debilidades latinas"; isso depois de considerar a imitação do estrangeiro como "defeito" do povo brasileiro; aparentemente, a imitação condenada referia-se à França.

Essas duas contradições parecem explicáveis por condições pessoais de Sílvio Romero e por condições históricas gerais. Em primeiro lugar, Sílvio Romero nunca se conformou com o maior prestígio literário do Rio de Janeiro; com ou sem propósito, a todo momento reivindicava os direitos e o valor do grupo nordestino de sua época. Quanto ao segundo aspecto, a Alemanha, depois de vencer a França na guerra de 1870, despontava como o novo centro industrial e intelectual da Europa continental. O prestígio da Inglaterra, como a maior potência do século XIX, era indiscutível, e isso justificaria as palavras de Sílvio Romero.

A respeito, cabe ainda outra observação: Sílvio Romero deseja comparar o Brasil às nações de maior prestígio – onde, deve-se notar, além de França, Inglaterra, Alemanha, Itália, inclui também os Estados Unidos, o que indica o prestígio crescente desse país. Aparentemente, não lhe ocorre pensar que, entre dezenas e dezenas de países, apenas nesses seria possível distinguir *originalidade*; como se verá nos capítulos seguintes, o mesmo argumento será válido para os outros ideólogos. Também para eles, o Brasil deve ser comparado aos países mais ricos, e deve haver uma razão brasileira que explique as diferenças.

Entre as referências esparsas às características do brasileiro, devem ser lembradas as atribuídas ao clima. Entre essas, Sílvio Romero menciona:

> Um certo abatimento intelectual, uma irritabilidade, um nervosismo, um hepatismo que se revela nas letras – o que tudo não degenera em delírio; porque o exterior do país é risonho, as montanhas reduzidas e poéticas e não colossais e fantásticas como as da Índia, por exemplo. (p.91)

Mais adiante, enumera outras influências do clima, e diz que este explica a vida curta dos brasileiros e sua morbidez; mais ainda, isso explicaria "a precocidade de nossos talentos, sua extenuação pronta, a facilidade que temos em aprender e a superficialidade de nossas faculdades inventivas". No entanto, ao mesmo tempo que indica outras deficiências de nossa vida intelectual – ausência de invenção, beatice, lirismo doentio, ausência de ideias científicas –, sugere que o brasileiro precisa mais de um bom regime dietético do que de um bom regime político (p.93).

Aqui se encontra, portanto, a mesma contradição já indicada em seu pensamento. Em primeiro lugar, supõe uma influência direta do clima e não, como o exigiria sua teoria, uma influência *mediada* pela raça; em segundo, no meio da discussão parece ter um vislumbre realista e lembrar o problema da alimentação. E, se lembrarmos um trecho transcrito páginas atrás, em que Sílvio Romero fala na necessidade de incrementar as atividades produtoras e dar melhor educação, veremos que a contradição é ainda mais gritante: o clima e a evolução racial são de repente superados num passe de mágica por meia dúzia de gestos de boa vontade e bom senso.

A ideologia do pessimismo

Com Sílvio Romero vemos interromper-se a corrente de nativismo e nacionalismo otimista que acompanhara a história de nossa literatura. A natureza, até então considerada benéfica e privilegiada, será agora acusada de muitos males, seja à saúde seja à vida psicológica do brasileiro; o homem, até então considerado heroico, se não perfeito, será apresentado como ser inferior ao de outros países, sobretudo das nações industrializadas da Europa. Se, durante o romantismo, pensara-se num homem indissoluvelmente ligado à natureza, de forma a exprimi-la em sua originalidade e grandeza, Sílvio Romero verá nos poetas românticos a simples imitação da literatura europeia, sobretudo francesa. Apesar disso, Sílvio Romero acreditava que era nacionalista e talvez não seja falso dizer que se acreditava um nacionalista realista, oposto ao anterior nacionalismo otimista.

Como aceitava as teorias racistas e as teorias sobre a insalubridade do clima tropical, esse nacionalismo será um curioso conjunto de incoerências: num clima ruim, três raças inferiores estão destinadas a um grande futuro. Do ponto de vista da história intelectual, a contradição não foi menor: procurou a expressão brasileira e característica, quando de início afirmara o caráter de imitação de nossa literatura. Finalmente, embora condene a imitação e a repetição dos autores europeus, Sílvio Romero também se aproxima de autores europeus, embora estes sejam outros, isto é, tenha trocado a influência francesa pela alemã.

A análise um pouco mais profunda talvez mostrasse que essas incoerências resultam de duas nítidas rupturas na vida brasileira da época: em primeiro lugar, a superação da perspectiva romântica em nossa vida intelectual; em segundo, a transformação econômica e política provocada pela extinção do regime de trabalho escravo e o início da grande imigração europeia.

A introdução da perspectiva realista na literatura representou, no Brasil como em outros países, uma visão pessimista do homem. No caso do Brasil, será suficiente pensar em Machado de Assis para ver como os grandes sentimentos são analisados e, depois, destruídos pela sua origem no egoísmo ou na insensibilidade. A galeria dos tipos machadianos é constituída por homens e mulheres ambiciosos, egoístas, mesquinhos. Mas, se passamos para Flaubert e Zola, o panorama não será muito diverso: o homem é um ser dominado pelo instinto antissocial e egoísta, os bons sentimentos são privilégio dos ingênuos. Se ampliarmos a análise, não será difícil mostrar que grande parte da ciência social da segunda metade do século XIX tem a mesma característica: explicar o mais complexo pelo mais simples, o aparentemente superior por sentimentos e impulsos inferiores. Daí decorrem as ideias de luta pela vida, de seleção natural, de influência geográfica e econômica na vida dos povos.

É esse tipo de realismo que Sílvio Romero emprega em sua crítica. No entanto, como não conheceu a crítica revolucionária, suas obras constituem apenas manifestos de um *revoltado*, capaz de bater-se contra valores aceitos, mas incapaz de buscar valores substitutos, a não ser pela invocação de uma autoridade intelectual superior, ou de uma raça melhor. Ainda aqui, a comparação com Machado de Assis é esclarecedora. Espírito universal, Machado de Assis não critica o brasileiro, mas o homem; dotado de maior sensibilidade estética, compreendeu a mudança de gosto, adaptando-se a ela, ou melhor, nela encontrando a sua verdadeira forma literária. Sílvio Romero, ao contrário, quanto mais pretendia erguer-se ao universalismo, mais provinciano se revela, seja pela aceitação superficial de novas modas intelectuais seja por suas reivindicações pessoais e de grupo.

Quanto ao segundo aspecto – as transformações econômicas dos fins do século passado no Brasil –, não é fácil definir a posição de Sílvio Romero. Apesar de suas proclamações em contrário, a imagem que nós dá não é otimista, sobretudo porque o caminho que indica – fundamentalmente, uma vida intelectual renovada – é vazio, não parece ter objetivo, dirigindo-se a um progresso vago e sem conteúdo. Como aceita uma teoria aristocrática – o racismo –, só pode esperar que o Brasil melhore pelo *branqueamento*, isto é, pela imigração europeia que deseja espalhada por todo o país, e não apenas concentrada nos quatro Estados do Sul. Isso mostra, muito claramente, que compreende a raça como *causa* da atividade econômica. No entanto, ao descrever a história econômica – como se viu páginas atrás –, não utiliza o conceito de raça e parece dar ênfase ao sistema de propriedade e de trabalho. E como se verá nos capítulos seguintes, essas duas ideias – por ele apresentadas de maneira contraditória – estavam destinadas a longa carreira nas explicações do Brasil e dos brasileiros. E o seu contraditório pessimismo tornar-se-á pessimismo total em alguns dos seus sucessores. Antes de examiná-los, convém examinar a reação otimista e ingênua de Afonso Celso, também destinada a longa carreira.

SÍLVIO ROMERO

Características psicológicas do brasileiro

1 apático
2 sem iniciativa
3 desanimado
4 imitação do estrangeiro (na vida intelectual)
5 abatimento intelectual

6 irritabilidade
7 nervosismo
8 hepatismo
9 talentos precoces e rápida extenuação
10 facilidade para aprender
11 superficialidade das faculdades inventivas
12 desequilibrado
13 mais apto para queixar-se que para inventar
14 mais contemplativo que pensador
15 mais lirista, mais amigo de sonhos e palavras retumbantes que de ideias científicas e demonstradas

Qualidades da vida intelectual brasileira

1 sem filosofia, sem ciência, sem poesia impessoal
2 palavreado da carolice
3 mística ridícula do bactério enfermo e fanático
4 devaneios fúteis da impiedade impertinente e fútil
5 lirismo subjetivista, mórbido, inconsciente, vaporoso, nulo

10
A reação ingênua e patriótica

Porque me ufano do meu país, de Afonso Celso, publicado em 1900, não tem o nível intelectual dos outros livros estudados neste ensaio. Como diz o autor, escreveu um "ligeiro trabalho de vulgarização", destinado às crianças em idade escolar. Além disso, é livro anacrônico, muito mais próximo dos românticos da metade do século XIX do que dos *cientistas* do início do século XX. No entanto, dois motivos exigem sua inclusão: em primeiro lugar, se não é representativo dos intelectuais brasileiros da época, indica a existência de uma reação às opiniões geralmente aceitas nesse momento; em segundo, na década de 1920 o livro de Afonso Celso vai tornar-se a *bête noire* dos modernistas, que nele viam as ideias que desejavam combater. Por isso mesmo, a expressão "porque me ufanismo" tornou-se maneira de ridicularizar certa forma de nacionalismo exaltado e mais ou menos incoerente. E, na verdade, os críticos tinham poderosas razões para ridicularizar o livro de Afonso Celso, tais os exageros de suas afirmações a respeito das riquezas brasileiras. Isso não impede que alguns de seus argumentos continuem a aparecer até hoje em livros de leitura da escola primária, e muitos brasileiros em Afonso Celso reconhecerão a origem de explicações sobre a grandeza do Brasil. E no prefácio à undécima edição (em 1936), Afonso Celso procurava dar uma resposta aos críticos, ao escrever que, em matéria de patriotismo, melhor é o excesso que a deficiência, e que o "otimismo ingênuo", o "entusiasmo pueril" e a "dissimulação de verdades" são melhores que o "pessimismo azedo", o "negativismo demolidor" e a "indiferença displicente".

Patriotismo e moral

O autor justifica o seu trabalho como forma de educação moral das crianças e sustenta que o patriotismo é uma das principais virtudes. Todavia, o amor à pátria não deve ser "cego" e "irrefletido", mas justificado por "razões sólidas e convincentes". Logo na justificativa do livro aparece o seu sentido de réplica ao pessimismo então dominante, pois Afonso Celso diz que, para muitos, "ser brasileiro importa condição de inferioridade", quando, ao contrário, isso só pode ser dito por ignorância ou má--fé, pois "ser brasileiro significa distinção e vantagem". Embora existam países mais prósperos, "nenhum é mais digno, mais rico de fundadas vantagens, mais invejável".

Para comprovar essas afirmações, Afonso Celso enumera e explica onze motivos da superioridade do Brasil: grandeza territorial; beleza; riqueza do país; variedade e amenidade do clima; ausência de calamidades naturais; excelência dos elementos que entraram na formação do tipo nacional; nobres predicados do caráter nacional; o Brasil nunca sofreu humilhações, nunca foi vencido; procedimento cavalheiresco e digno com os outros povos; as glórias a colher no Brasil; a história do Brasil.

Como se observa por essa enumeração, o livro de Afonso Celso é uma súmula nacionalista, pois desenvolve os temas que geralmente constituem o fundamento do sentimento nacionalista: a descrição da terra, o orgulho pelo passado, o desejo de uma vida comum no futuro, o elogio de características peculiares do povo, opondo-as a características supostamente inferiores de outras nações. Está claro que alguns desses temas já se vinham formando lentamente, desde o período colonial, e se acentuaram com os românticos; esse foi o caso, por exemplo, da descrição da natureza. Em outros casos – por exemplo, a história –, Afonso Celso não só incorpora o que havia sido elaborado logo depois da independência, mas também exalta figuras mais próximas – como D. Pedro II e a princesa Isabel. E o fato de não incluir figuras da República deve ser explicado, provavelmente, não tanto pela proximidade temporal, mas pelo monarquismo do autor. Em alguns casos, o exagero de Afonso Celso chega a ser ridículo e justifica o riso dos críticos. Por exemplo, ao enumerar os homens notáveis, inclui o historiador João Francisco Lisboa que "alia a erudição de Taine ao estilo de Tácito". Ao falar das florestas brasileiras, considera uma vantagem a sua variedade, quando se sabe que essa precisamente é uma das dificuldades para sua exploração econômica.

As raças formadoras

Afonso Celso dedica vários capítulos às raças formadoras do país, dizendo que do cruzamento das três raças originou-se o mestiço, "que constitui mais da metade da nossa população". Quanto aos índios, o autor salienta que sempre foram generosos e revelaram grande coragem pessoal, embora algumas tribos fossem violentas; além disso, salienta "costumes curiosos" dos índios que na época (1900) ainda viviam fora da civilização.

Quanto aos negros, salienta que foram "importados" desde o início da colonização, demonstrando "sentimentos afetivos, resignação estoica, coragem, laboriosidade". Tinham também sentimentos de independência – o que se verifica na formação dos grupos independentes de escravos fugidos (quilombos); no entanto, "sacrificaram-se aos seus senhores". Nestes, Afonso Celso salienta que nem sempre eram benévolos, mas, em todo caso, eram "menos bárbaros que os de outros países, especialmente os dos Estados Unidos". Lembra também que, como amas-de-leite de crianças brancas, eram obrigadas a abandonar os próprios filhos, mas apesar disso dedicavam-se inteiramente aos filhos dos outros. Tais sentimentos contribuíram para a inexistência de preconceito de cor no Brasil, como o provam várias leis portuguesas do período colonial, segundo as quais em determinados cargos não deveria haver distinção entre brancos e negros. Finalmente, Afonso Celso lembra os feitos heroicos de negros brasileiros, sobretudo os de Henrique Dias, herói da expulsão dos holandeses.

No caso dos portugueses, começa por assinalar que a "história não registra notícia de um povo que, com menos recursos, mais fizesse do que o português". Lembra que, à humanidade, os portugueses contribuíram com as viagens e os descobrimentos; no domínio da arte e do pensamento, lembra a criação do estilo manuelino na arquitetura e a obra de Camões. Nas guerras, Portugal só foi vencido pelos exércitos de Napoleão, mas depois também conseguiu vencer esses exércitos. Entre as características psicológicas dos portugueses, cita: heroicidade, resignação, esforço, união, patriotismo, amor ao trabalho, filantropia e "monumentos à caridade e à instrução".

Finalmente, ao falar dos mestiços, começa por lembrar dois cruzamentos: o mameluco, resultante da união entre o branco e o índio, o cafuzo ou caboré, resultante da união do negro com o índio. Nos mamelucos e cafuzos apresenta as mesmas qualidades e as mesmas deficiências: entre as primeiras, energia, coragem, espírito de iniciativa, resistência a trabalhos e privações; entre as deficiências, imprevidência, total despreocupação do futuro. Lembra que não se adaptam a trabalhos sedentários, mas são eficientes nos trabalhos do pastoreio e de pesca. Como exemplo de tenacidade dos mestiços, lembra o episódio de Canudos, em que, apesar de mal armados, enfrentaram poderoso exército. Como prova da possibilidade de progresso do mestiço, diz que o Estado de São Paulo, "lugar em que mais considerável se operou o cruzamento com os índios, marcha na vanguarda da nossa civilização".

Note-se que, ao falar de mestiços, Afonso Celso ignora a existência do mulato, isto é, o tipo resultante da união entre o branco e o negro. Seria difícil encontrar prova mais nítida de preconceito: se o mulato é o mestiço talvez mais comum no Brasil – pelo menos nas zonas urbanas –, o fato de não mencioná-lo só pode ser explicado como preconceito, consciente ou inconsciente.

O caráter nacional

Aqui, interessa analisar mais demoradamente apenas o que Afonso Celso denomina o sétimo motivo da superioridade do Brasil, isto é, os nobres predicados do caráter nacional. Quanto ao tipo físico, o brasileiro não é um degenerado, notando-se muitos brasileiros altos e vigorosos. Quanto ao caráter, diz que nem os "piores detratores" podem negar ao brasileiro: 1º) "sentimento de independência, levado até a indisciplina"; 2º) hospitalidade, pois no interior é comum que as pessoas abonadas tenham quarto de hóspedes, e que estes se demorem meses e até anos; 3º) "afeição à ordem, à paz, ao melhoramento"; 4º) paciência e resignação; 5º) doçura, longanimidade, desinteresse; 6º) escrúpulo para cumprir obrigações contraídas; 7º) caridade; 8º) "acessibilidade que degenera, às vezes, em imitação do estrangeiro"; 9º) tolerância, ausência de preconceitos de raça, religião, cor, posição; 10º) honradez no desempenho de funções públicas ou particulares.

Afonso Celso só apresenta os seguintes defeitos do brasileiro: falta de iniciativa, decisão e firmeza. Nesse caso, diz que se trata mais de "desvirtudes" do que de "vícios inveterados", e que a educação os corrigirá. Reconhece que o brasileiro não é muito dado a "grande diligência e esforço", mas supõe que isso se deve ao fato de a terra ser fértil e a vida ser fácil. Para o autor, essas deficiências desaparecerão logo que aumentarem "a concorrência e o conflito pela existência". Admite, também, já ter desaparecido a "principal causa de algumas tendências más de nosso meio: a escravidão".

A indicação desses defeitos, embora apresentados de forma atenuada, sugere que Afonso Celso leva em conta as opiniões pessimistas a respeito do Brasil e dos brasileiros, embora procure combatê-las. Isso fica ainda mais claro em outras passagens do livro, em que, talvez involuntariamente, o autor aceita alguns dos argumentos correntes na época. Por exemplo, depois de enumerar as virtudes do caráter brasileiro, diz que, "a despeito de tudo", o Brasil é tão adiantado quanto países de condições análogas, e que, entre os países de "raça latina", só a França e a Itália estão acima do Brasil. Mais adiante, diz que no caráter brasileiro há "saldo considerável" a favor das qualidades. Finalmente, numa discussão geral acrescenta que os outros países só ultrapassam o Brasil "naquilo que a idade secular lhes conquistou". Isso permite a Afonso Celso compensar as *vantagens* dos outros povos: às obras de arte opõe as belezas naturais, "sem dúvida melhores"; a sua "cultura mais fina" poderá um dia ser atingida pelos brasileiros; aos luxos de outros países, contrapõe as "suavidades da existência"; ao passado dos outros opõe o futuro brasileiro; à superioridade das forças militares opõe a fraternidade e a tranquilidade existentes no Brasil.

Convém lembrar ainda duas tendências bem nítidas no livro de Afonso Celso. A primeira refere-se ao critério de comparação: os modelos para o Brasil são evidentemente os países europeus, o que se pode verificar pela referência à sua "idade secular". Como se verá com outros autores – por exemplo, Viana Moog –, à medida que avançamos no século XX, os Estados Unidos passam a constituir o modelo para a comparação, e, nesse caso, a idade deixa de ser um argumento para explicar a *inferioridade* brasileira. A segunda tendência refere-se à comparação entre a realidade social brasileira e a de países mais adiantados. Nesse caso, Afonso Celso indica, na situação aparentemente melhor dos países desenvolvidos, tensões e desequilíbrios que o Brasil ainda não apresentava. Isso lhe permite escrever que, para o Brasil, é uma vantagem não ter um proletariado nem riquezas colossais; é um país que não está ameaçado por guerras, como a Europa, nem minado – como os Estados Unidos – "pela extrema riqueza e pela extrema indigência, fontes de invejas e desprezos". Além disso, sustenta que aqui ninguém que deseje trabalhar morrerá de fome, e que o Brasil "parece país de milionários, tão largamente se gasta".

Finalmente, pode-se perguntar como foi possível a Afonso Celso sustentar uma visão otimista do Brasil, quando os escritores de sua época se caracterizavam pelo pessimismo. As citações anteriores permitem explicar pelo menos parte do processo: Afonso Celso está fechado em sua classe social e na região litorânea, de forma que pode ignorar totalmente as dificuldades de outras classes e outras regiões. Por isso, pode ver o Brasil como um país de facilidades – pois estas eram reais para a classe mais rica, e a observação desta última poderia dar a impressão de um país de milionários afáveis, generosos e honestos. Mas no momento da publicação do livro de Afonso Celso, um engenheiro mais ou menos obscuro preparava um livro que iria abalar essa imagem rósea e ingênua. Era Euclides que se preparava para chocar o Brasil com uma realidade até então ignorada ou esquecida.

AFONSO CELSO

Quadro das características psicológicas do brasileiro

Características positivas:

1. sentimento de independência
2. hospitalidade
3. afeição à ordem, paz melhoramento
4. paciência e resignação
5. doçura, longanimidade e desinteresse
6. escrúpulo no cumprimento das obrigações contraídas
7. caridade
8. acessibilidade
9. tolerância (ausência de preconceitos)
10. honradez (pública e particular)

Características negativas:

1. falta de iniciativa ⎫
2. falta de decisão ⎬ corrigíveis por educação
3. falta de firmeza ⎭
4. pouca diligência, pouco esforço – corrigível por novas condições

Mestiços

Características positivas:

1. energia
2. coragem
3. iniciativa
4. inteligência

Características negativas:

1. imprevidência
2. despreocupação com o futuro

Portugueses

Características positivas:

1. heroicidade
2. resignação
3. esforço
4. união
5. patriotismo
6. amor ao trabalho
7. filantropia

Negros

Características positivas:

1. sentimentos afetivos
2. resignação
3. coragem, laboriosidade
4. sentimentos de independência

11
Grandeza e miséria dos sertões

A literatura regionalista do século XIX

Em seu ensaio de 1922 sobre Afonso Arinos – e que talvez seja, ainda hoje, um dos mais lúcidos estudos sobre o regionalismo brasileiro do século XIX e início do XX –, Alceu Amoroso Lima (1966, p.533-621) traça um panorama histórico e ideológico desse movimento. Segundo Lima, desde o início da colonização seria possível pensar em duas correntes de nossa literatura: uma ligada à tradição da cultura vinda de Portugal, outra formada pelo "cancioneiro espontâneo" do povo. Embora durante muito tempo independentes, o encontro dessas duas correntes iria provocar a "diferenciação nacional" da literatura brasileira.

A tese parece discutível – afinal, a aceitação do romantismo europeu permitiria, independentemente de qualquer tradição literária local, o aparecimento de uma literatura brasileira voltada para a nossa natureza e interessada em ligar o brasileiro ao seu passado. De qualquer modo, a tese desse encontro permite a Alceu Amoroso Lima traçar vários aspectos do "brasileirismo" e sugerir que sua expressão referiu-se a cinco ambientes diversos: as cidades, as praias, os campos, as selvas e a roça. A divisão é um pouco artificial, e o autor, logo depois de exemplificar autores dessas categorias, no restante do ensaio parece esquecê-las e falar apenas em "sertanismo" e "urbanismo". Na verdade, embora o esquema de Alceu Amoroso Lima pareça significativo em certos momentos do romantismo, acabaria por exigir sucessivas subdivisões, até tornar-se pouco significativo. Por exemplo, Fagundes Varela celebra a roça, enquanto Gonçalves Dias celebra as selvas; mas Franklin Távora em *O Cabeleira* descreve o campo ou a roça? Manuel de Oliveira Paiva descreve os campos ou a roça? E, se descermos um pouco mais na análise, seria preciso encontrar uma categoria para Valdomiro Silveira, outra para Afonso Arinos e outra para Euclides da Cunha – de acordo com a diferença dos ambientes que descrevem.

Por isso, é talvez melhor falar apenas em literatura regionalista, oposta a uma literatura urbana. O predomínio, em alguns períodos, de uma cidade – por exemplo, o Rio de Janeiro na segunda metade do século XIX – ou de uma região rural – por exemplo, o Nordeste nos romances da década de 1930 – não invalida o esquema. A literatura urbana tende a apresentar o homem contemporâneo, "civilizado"; a literatura regionalista, a apresentar o homem "primitivo", histórica ou socialmente deslocado com relação à cidade. Se se considera que a colonização brasileira se fez por núcleos relativamente isolados, seria inevitável que o regionalismo, longe de apresentar o brasileiro rústico ou primitivo, apresentasse tipos característicos de cada região. Por isso, talvez não fosse absurdo sugerir que, entre outras razões, a escolha do índio como *arquétipo* ou *modelo* do brasileiro decorria da impossibilidade de encontrar um brasileiro geral, equivalente para todas as regiões. Em outras palavras, o regionalismo seria, em última análise, um movimento contrário ao nacionalismo, pois tenderia a salientar diferenças, e não semelhanças, entre os brasileiros de várias regiões. Aparentemente, só no momento em que houvesse maior segurança quanto à unidade nacional seria possível acentuar aspectos regionais divergentes. Lembre-se, para confirmar o caráter conflitivo do regionalismo, a polêmica de Sílvio Romero, cuja defesa da literatura do Nordeste fatalmente conduziu à valorização de uma região, em prejuízo de outras – embora, explicitamente, o crítico negasse esse caráter de exclusivismo às suas polêmicas.

Essa diversidade do regional se nota nos primeiros autores que se notabilizaram na apresentação do universo rústico brasileiro. José de Alencar, com sua ambição nacionalista de apresentar um panorama do Brasil, ensaia, além do romance ou da lenda indianista, o romance histórico, o urbano e, finalmente, o regionalista. Aqui, procura apresentar a vida rural do Rio Grande do Sul – *O gaúcho* (1870) –, a vida do vaqueiro cearense – *O sertanejo* (1875) –, além de romances históricos, alguns dos quais inacabados, que se referiam a condições peculiares de outras regiões. Lembre-se de passagem que *O gaúcho* provocou críticas severas, pois muitos afirmaram que José de Alencar, sem conhecer o Rio Grande do Sul, não poderia apresentar realisticamente essa região.[1]

Mais caracteristicamente regionais foram, provavelmente, Bernardo Guimarães (por exemplo, *O garimpeiro*, de 1872), o Visconde de Taunay (sobretudo *Inocência*, de 1872) e Franklin Távora (por exemplo, *O matuto*, de 1878, e *O Cabeleira*, de 1876), que fez do regionalismo um programa de sua literatura. Apesar disso, mesmo no caso desses regionalistas, Alceu Amoroso Lima provavelmente tem razão ao mostrar que os românticos, na medida em que procuravam o típico e davam excessivo campo à

---

[1] Ver, a respeito, o artigo de Augusto Meyer, em Alencar (1958, v.3, p.409-18). Nesse mesmo volume (p.1013-5), ver os comentários de M. Cavalcanti Proença sobre o realismo de Alencar nos livros regionalistas.

imaginação idealizadora, faziam um regionalismo "mais teórico que espontâneo".

Alceu Amoroso Lima estabelece, a seguir, o momento naturalista do regionalismo do século XIX, onde se salientam Inglês de Souza – principalmente com *O missionário*, que se localiza na Amazônia, e foi publicado em 1891 – e Manuel de Oliveira Paiva – com *Dona Guidinha do poço*, que se passa no Ceará, e cuja publicação foi iniciada em 1897, sendo logo depois interrompida.[2] Aqui, entra-se em domínio do maior realismo, em que o romancista procura maior fidelidade aos costumes, à linguagem e ao comportamento cotidiano das personagens. Embora nas duas últimas décadas do século XIX se observasse maior interesse regionalista, além de Inglês de Sousa e Manuel de Oliveira Paiva, talvez só Afonso Arinos mereça maior atenção. Sua obra mais importante – *Pelo sertão*, publicada em 1898 – retrata a vida do sertanejo de Minas Gerais, embora algumas de suas páginas se refiram mais à natureza ou à história da província. Além de outras obras menos significativas, Afonso Arinos publicou ainda *Os jagunços* (1898), a respeito da tragédia de Canudos; segundo Alceu Amoroso Lima (1966, p.579), esse livro, publicado em edição de cem exemplares, é excessivamente longo e sem unidade.

A originalidade de Euclides da Cunha

Esse esquema do desenvolvimento do regionalismo brasileiro no século XIX procura sugerir que Euclides da Cunha (1866-1909) não era o primeiro a descrever o sertão ou a vida

---

[2] Ao escrever o ensaio sobre Afonso Arinos (1916), Alceu Amoroso Lima não podia conhecer todo o livro de Manuel de Oliveira Paiva, só publicado em 1951, por iniciativa de Lúcia Miguel Pereira, que conta a história do autor e do livro, em Paiva (1965, p.5-14).

do homem rústico. Apesar disso, *Os sertões*, em 1902,[3] tem o sentido de uma revelação de parte desconhecida do Brasil e, especialmente, de nova maneira de interpretar a situação nacional. Para isso concorre, é certo, o estilo de Euclides, capaz de transmitir ao leitor a vibração de revolta diante dos acontecimentos de Canudos; além disso, como o livro pretende ser estritamente realista e, mais ainda, um livro de ciência, a sua prosa dramática adquire, talvez por estar contida nos limites da realidade histórica, uma intensidade que não teria na ficção.

Esquematicamente, poder-se-ia dizer que o livro nasce da reportagem que, como jornalista, fez da última fase da revolta de Canudos.[4] Num primeiro momento, Euclides, como muitos outros republicanos, pensava nessa revolta como um movimento de restauração da Monarquia. Mas essa interpretação fundamentalmente política se transformará, em sua obra, numa visão social e histórica, isto é, Euclides da Cunha buscará não apenas descrever a revolta de Canudos, mas também encontrar uma explicação para o seu aparecimento. Ainda assim, no entanto, Euclides poderia ter escrito um livro científico, limitado pela perspectiva da época; se continua e continuará a ser uma obra-prima da literatura brasileira, isso se deve às suas qualidades formais e à visão humana que Euclides conseguiu transmitir. Aqui, esse aspecto será abandonado, procurando-se o conteúdo ideológico do livro; no entanto, não se deve esquecer de que, em grande parte, sua repercussão só pode ser explicada por qualidades formais, pois o *estilo* de Euclides parece ter feito as delícias de várias gerações de críticos e escritores, com prejuízo até da compreensão e do conhecimento de suas ideias básicas.

---

3 Aqui, o livro está citado através de Euclides da Cunha (1966).
4 Os seus artigos e telegramas foram publicados, em 1939, com o título de *Canudos: diário de uma expedição* (cartas e telegramas de 7 de agosto de 1897 a 7 de outubro do mesmo ano). Ver Cunha (1966, p.491-572).

Uma filosofia da história brasileira

Como Sílvio Romero, Euclides da Cunha tenta escrever uma filosofia da história do Brasil. No entanto, em Euclides essa ambição tinha um objetivo mais limitado: explicar como um doente mental – Antônio Conselheiro – conseguiu fanatizar milhares de pessoas, levando-as aos maiores sacrifícios, tornando-as capazes de enfrentar quatro expedições do exército nacional.

De acordo com as ciências da época, Euclides utiliza o esquema já empregado por Sílvio Romero: uma sociedade se explica pelo jogo entre raça e meio geográfico. Como Sílvio Romero, Euclides tem dificuldade para empregar as teorias europeias, pois estas supunham um meio que determinasse a raça, enquanto no Brasil pelo menos duas raças estavam fora de seu hábitat e, além disso, se cruzaram, o que impedia que se falasse em raça brasileira. De outro lado, a descrição geográfica do Brasil vai parecer insuficiente a Euclides, de forma que também aqui apresentará algumas inovações. Apesar disso, pelo menos superficialmente, utiliza o esquema, embora o faça de maneira dramática: na primeira parte descreve a *terra*; na segunda, o *homem*; na terceira parte, intitulada "A luta", descreve o choque entre os fanáticos de Canudos e as tropas do governo. E, como foi observado por muitos críticos, Euclides não se limitou a uma descrição científica objetiva; ao contrário, mesmo ao falar da terra, atinge uma grande intensidade dramática. Por exemplo, a sua descrição da terra termina com estas frases:

> O martírio do homem, ali, é o reflexo da tortura maior, mais ampla, abrangendo a economia geral da Vida.
> Nasce do martírio secular da Terra...

Na parte dedicada à terra, Euclides descreve o semideserto do interior do Nordeste do Brasil. Salienta que não se trata propriamente de um deserto, na classificação tradicional, pois essa região se caracteriza por oscilações violentas no regime de chuvas. Em alguns períodos, a estação chuvosa é normal, e a região, aparentemente desértica, depois desse período tem uma verdadeira primavera; em outros – que aparentemente têm sequência regular – não há chuvas, e é então que se encontram os quadros clássicos da seca e dos *retirantes*, que emigram para o litoral. Além de descrever essa natureza, Euclides também propõe uma solução para as secas, semelhante à encontrada para a Tunísia: represamento da água e irrigação.

Na parte intitulada "O homem", Euclides procura traçar a história etnológica do brasileiro. Admite a tese do índio autóctone e, além disso, admite também que as características das raças formadoras já estavam bem descritas. Como os autores que o antecederam, admite as três raças formadoras – o índio, o branco e o negro –, e sua originalidade está apenas na concepção do cruzamento e da adaptação à terra. Acredita que as teorias sobre o mestiço supõem apenas o cruzamento de duas raças, enquanto no Brasil houve o cruzamento de três e, diz ele, nessa "mestiçagem embaralhada", destacam-se o *mulato* (branco e negro), o *mameluco* ou *curiboca* (branco e índio) e o *cafuz* (índio e negro). Além disso, embora admita que, teoricamente, o *pardo* – "para que convergem os cruzamentos sucessivos do mulato, do curiboca e do cafuz" – seria o tipo abstrato do brasileiro, isso não pode ser afirmado sem a consideração de fatores geográficos e históricos.

Nesse ponto, isto é, quanto à unidade étnica do brasileiro, Euclides oscilou entre duas opiniões, e a crítica logo o percebeu. Embora tentasse responder à crítica, Euclides só poderia fazê-lo dentro de seu esquema, e este é realmente ambíguo. Em primeiro lugar, faz duas afirmações enfáticas: "Não temos unidade de raça. Não a teremos, talvez, nunca". Ao mesmo tempo, imagina que poderemos, no futuro, formar "uma raça histórica", desde que mantenhamos "dilatado tempo de vida nacional autônoma". Como pensa nos autores da época que, como foi indicado na primeira parte deste ensaio, confundiam *raça* e *nação*, pode escrever: "Invertemos, sob este aspecto, a ordem natural dos fatos. A nossa evolução biológica reclama a garantia da evolução social". Entenda-se: essa inversão refere-se à suposição dos autores europeus, pois estes supunham que da raça se originava a nação; como o Brasil era uma nação sem raça, seria preciso continuar a unidade nacional para que esta permitisse a formação de uma "raça histórica".

Euclides, no entanto, fala no sertanejo como a "rocha viva de nossa raça". Chegou a essa concepção pela análise do meio físico brasileiro e da nossa história, mas à qual juntou também algumas hipóteses pessoais.

Quanto ao clima, vê uma grande variabilidade: o clima da região amazônica, o do Nordeste – onde separa o litoral do sertão –, o de Mato Grosso e dos Estados do Sul, a partir de Minas Gerais.

Essa diversidade de climas já influi de maneira decisiva na colonização. No Nordeste, o colono fica emparedado entre o mar e o sertão inabordável, e as três raças "colaboram, de todo desquitadas entre si", unindo-se apenas na guerra contra os holandeses. Por isso, "o velho agregado colonial tendia a chegar ao nosso tempo, imutável, sob o emperramento de uma centralização estúpida, realizando a anomalia de deslocar para uma terra nova o ambiente moral de uma sociedade velha".

No Sul, ao contrário, o colono encontra um clima ameno, cruza-se com o indígena e vem a constituir o *paulista* – "e a significação histórica deste nome abrange os filhos do Rio de Janeiro, Minas, São Paulo e regiões do Sul". É um "tipo autônomo, aventuroso, rebelde, libérrimo". Para Euclides, a diferença tão grande entre os dois tipos de colono – o do Sul e o do Nordeste – só pode ser explicada pela diversidade do clima, e não por causas étnicas.

A partir dessa diferenciação, Euclides explica o que denomina a "gênese do mulato" e a "gênese do jagunço". Admite que o mulato já se vinha formando em Portugal, onde desde o século XV se dera a escravização do negro. No Brasil, para onde foi trazido como escravo, localizou-se principalmente no litoral – da Bahia ao Maranhão – "mas pouco penetrava no interior"; mesmo quando se revoltava e fugia, não se localizava muito longe do litoral. Portanto, é principalmente no litoral que se dá o cruzamento do branco com o negro, enquanto no sertão se cruzam índios e brancos.

Aqui, Euclides lança a hipótese de que os jagunços são "colaterais prováveis dos paulistas", pois resultariam das incursões destes e, depois, se desenvolveriam nas fazendas de criação de gado por eles estabelecidas às margens do Rio São Francisco: aí se formaria uma "raça de cruzados idênticos" aos que se tinham formado em São Paulo; e "este tipo extraordinário do paulista", que decaíra no Sul, renasce no isolamento do sertão e, "sem migrações e cruzamentos" conserva até hoje "a índole varonil e aventureira dos avós".

Essa hipótese permite a Euclides explicar por que o jagunço, embora mestiço, não tem a fraqueza e a inferioridade deste. Antes de explicitar o resto da hipótese, convém recordar algumas imagens de Euclides a respeito do mestiço. Em primeiro lugar, admite que a "mistura de raças mui diversas é, na maioria dos casos, prejudicial". Isso se explica pelo fato de o mestiço apresentar "revivescência dos atributos primitivos" das raças inferiores. Portanto, o mestiço – "traço de união entre as raças, breve existência individual em que se comprimem esforços seculares" – é um "intruso" que, "nessa concorrência admirável dos povos", não lutou, não conquistou um lugar. "Instável", "desequilibrado", "anômalo", o mestiço procura cruzar-se com a raça superior, apagar na descendência os sinais de sua inferioridade. No entanto, observa que no sertanejo do Norte isso não ocorre. E a explicação que encontra é a seguinte: enquanto no litoral o mestiço está submetido a uma civilização superior, que não pode acompanhar ou absorver, os homens dos sertões, longe da civilização, não precisavam adaptar-se "a um estádio social superior" e puderam preparar-se para, um dia, recebê-la. Em outras palavras, a raça cruzada já constitui uma raça autônoma e, em vez de ser obrigada, como a do litoral, a adaptar-se a uma civilização, poderá "evolver, diferenciando-se, acomodando-se a novos e mais altos destinos, porque é a sólida base do desenvolvimento moral ulterior".

É depois dessas hipóteses que, ao descrever o homem do sertão que encontrou, Euclides escreve as frases antológicas:

> O sertanejo é, antes de tudo, um forte. Não tem o raquitismo exaustivo dos mestiços neurastênicos do litoral.

A partir desse resumo de sua teoria, é possível compreender não apenas essas duas frases antológicas, mas também a aparente contradição de Euclides. Se o sertanejo é um forte, isso se explica porque, ao contrário do mestiço do litoral, já constitui uma raça autônoma e, além disso, não é obrigado a enfrentar uma civilização superior à sua capacidade. A contradição refere-se, como já foi indicado, a duas ideias aparentemente incompatíveis: o fato de o Brasil não ter unidade de raça e, depois, a ideia de que o sertanejo é a "rocha viva da nacionalidade". Euclides supunha que sertanejo constituía uma raça e, a partir dela, o Brasil poderia desenvolver uma nação autêntica.

Nesse sentido, sua teoria opõe-se claramente à de Sílvio Romero, para quem (ver Capítulo 9) o brasileiro do futuro resultaria do *branqueamento* da população. Para Euclides, o mestiço seria sempre um desequilibrado e só a raça sertaneja poderia constituir a *raça brasileira*.

Ainda aqui, há uma outra oposição à teoria de Sílvio Romero: enquanto este imaginava a necessidade de sucessivas ondas de imigrantes – capazes de compensar a degeneração dos mestiços –, Euclides imagina que o isolamento permitiu a formação de uma raça superior às encontradas no litoral.

De qualquer forma, não é necessário argumentação muito longa para mostrar os equívocos de Euclides ou a sua origem. Em primeiro lugar, há uma contradição entre duas hipóteses: se o clima altera as características raciais, e se foi o clima do Sul que permitiu a formação do *paulista*, é absurdo afirmar que, isolados no sertão – em clima extraordinariamente diverso –, os seus descendentes conservassem as características primitivas. De outro lado, não é difícil compreender de que forma Euclides foi levado a essas hipóteses. Se a literatura europeia da época afirmava que o mestiço seria necessariamente fraco e instável, não haveria possibilidade de explicar o comportamento do sertanejo, pois este nada tinha de fraco. E por isso Euclides foi obrigado a imaginar essa raça isolada no sertão. Além disso, as suas observações a respeito do mestiço parecem corretas, embora a explicação não o seja: essa instabilidade, sabe-se hoje, não resulta de fatores biológicos, mas sociais. Se o mulato procura disfarçar seus sinais de raça negra, isso pode ser compreendido pelo fato de a sociedade ter preconceitos, e não porque a raça negra seja inferior; se não tem estabilidade moral, isso se deve às contradições sociais, e não ao choque de raças no seu sangue.

Essas contradições teóricas não devem obscurecer o fato de Euclides ter realizado algumas observações muito interessantes a respeito do sertanejo, mostrando seu tipo de vida, seus hábitos de trabalho, suas crenças religiosas, sua forma de enfrentar a seca.

Mais adiante, ao explicar o aparecimento de Antônio Conselheiro e do reduto de Canudos, Euclides cai novamente em várias contradições, e convém indicar pelo menos algumas delas. Como parte de uma teoria evolucionista e aceita o que depois se denominou o darwinismo social, entende que o episódio de Canudos foi resultante do choque entre dois estádios raciais. Assim, Antônio Conselheiro, se colocado numa sociedade em outro estádio, seria classificado como doente mental; no entanto, ele era também uma condensação de "todas as crenças ingênuas, do fetichismo bárbaro às aberrações católicas", das "tendências impulsivas das raças inferiores". Por isso, porque era aclamado pela multidão, não chega à demência.

Ora, se acompanhamos a descrição de Euclides da Cunha, vemos que Antônio Conselheiro apresentava uma das mais antigas e frequentes crenças religiosas: o messianismo. O que ele pregava, e o que os fanáticos aceitavam, era a salvação próxima, a instauração do céu na terra. A contradição de Euclides da Cunha é aqui muito evidente: embora mencione não apenas movimentos messiânicos no sertão nordestino – por exemplo, o de Pedra Bonita –, mas também movimentos semelhantes que ocorreram em outros países, e com raças muito diversas, a única explicação que aceita é a de níveis diferentes das raças. Ainda aqui, o erro não é propriamente de Euclides, mas da ciência e da filosofia de seu tempo. Basta pensar na teoria de Comte, ligada depois ao evolucionismo de Darwin, para compreender a origem desse tipo de explicação: quando se pensava em estádios pelos quais a humanidade teria passado, seria necessário pensar que tais etapas eram ultrapassadas por uma elite intelectual. Assim, uma explicação religiosa é substituída por uma explicação natural do fenômeno. Mas isso não significa que toda a sociedade abandone a forma anterior de explicação. Quando esse esquema se une a uma teoria racial, passa-se a pensar em raças colocadas em diferentes estádios e, portanto, na possibilidade de choque entre essas raças, num processo que se iguala à luta pela vida na teoria de Darwin.

Esse é, afinal, o esquema teórico subjacente a *Os sertões*. Por isso, logo em sua "nota preliminar" pôde dizer que as sub--raças *sertanejas* são talvez efêmeras, e serão inevitavelmente esmagadas pelas raças fortes. E o episódio de Canudos seria apenas o início dessa luta de destruição. Isso, observa-se logo, introduz uma outra contradição: se essas sub-raças estão destinadas à destruição, como seria possível pensar no sertanejo como rocha viva da nacionalidade? Mais ainda, se essa luta é inevitável, que sentido teria anunciar, como Euclides o faz nessa "nota preliminar", que iria denunciar um crime?

Em resumo, embora tenha formulado uma filosofia da história brasileira, Euclides apresenta, ao mesmo tempo, duas teorias incompatíveis: de acordo com uma delas, haveria uma luta em que os grupos civilizados esmagariam as "sub-raças sertanejas", obedecendo à lei da luta entre raças; de acordo com a outra, já se teria formado nos sertões do Nordeste uma raça que, depois de estabilizar seu tipo físico, poderia desenvolver-se e constituir a futura raça brasileira.

Significação da obra de Euclides da Cunha

Se assim é, se a obra de Euclides da Cunha apresenta contradições tão nítidas – algumas das quais foram percebidas pelos primeiros leitores e críticos –, pode-se perguntar como pôde ter uma repercussão tão grande. Esta não será compreendida se não lembrarmos o seu valor literário; embora não seja livro fácil, nem destinado a uma leitura desatenta, *Os sertões* contém elementos de intensa dramaticidade, apresentados numa linguagem solene e adequada à grandeza da narrativa.

Do ponto de vista de seu tema – e não de sua linguagem –, o livro de Euclides revela uma profunda simpatia pelo jagunço, uma tentativa de compreender seus motivos e sua maneira de ver o mundo. Essa simpatia acaba por comunicar-se ao leitor, e assim se compreende que, embora revelasse preconceito contra as chamadas raças inferiores, Euclides da Cunha tenha escrito um livro favorável exatamente a esses grupos, e contrário aos grupos dominantes.

Mas, de outro lado, nem sempre Euclides foi assim interpretado: consagrado logo à publicação de seu livro, desfrutou de um prestígio imenso, mas este foi devido em grande parte ao seu estilo, às suas frases empolgantes.

Por uma ou por outra razão, Euclides deu à literatura sobre o interior – embora seu livro não fosse propriamente de regionalismo, como este era entendido antes, e continuou a ser entendido depois dele – uma atitude que não tivera até então e que só muito tarde voltaria a encontrar. Fora da literatura, não é fácil rastrear sua significação, embora seja certo que despertou atenção para vários problemas antropológicos e econômicos; aparentemente, o Brasil do início do século XX não tinha possibilidade de enfrentar os problemas por ele denunciados, nem especialistas capazes de estudá-los. Do ponto de vista científico, o que se fez com o drama de Canudos foi realizar um exame do cérebro do cadáver de Antônio Conselheiro.

A literatura regionalista no pré-modernismo

Embora o regionalismo literário não interesse diretamente à ideologia do caráter nacional brasileiro, deve ser aqui mencionado porque, em certos momentos, quase chega a uma concepção geral do brasileiro e de suas atitudes básicas. A obra de Euclides marca um desses momentos, pois tende a uma nítida oposição entre o litoral e o sertão, como se neste estivesse o brasileiro autêntico, enquanto o primeiro estaria destinado à decadência. Por isso é que Euclides fala no vaqueiro ou sertanejo como "o cerne" ou "rocha viva" da nacionalidade.

No período que vai do início do século a 1922, e que foi denominado – por Alceu Amoroso Lima – o pré-modernismo, é possível notar uma grande expansão do regionalismo, embora neste seja necessário distinguir vários níveis de valor ou gosto estético.

Ao historiar o regionalismo desse período, Alfredo Bosi (1966, p.57-69) analisa as obras de Afonso Arinos, ligado a Minas Gerais, e que foi mencionado nos itens anteriores; Valdomiro Silveira (1873-1941), que descreve o caipira de São Paulo; João

Simões Lopes Neto (1865-1916), que descreve o interior do Rio Grande do Sul, voltando-se frequentemente para as lendas do folclore gaúcho; Alcides Maia (1878-1944), também do Rio Grande do Sul; Hugo de Carvalho Ramos (1895-1921), que descreve a vida dos tropeiros goianos; Monteiro Lobato (1882-1948), que descreve especialmente as zonas velhas do Estado de São Paulo. A esses seria possível acrescentar Domingos Olympio, que Alfredo Bosi não estuda pelo fato de, literariamente, Olympio pertencer não ao pré-modernismo, mas ao naturalismo. Aqui, importa lembrar que, ao retratar os quadros da seca de 1877, o seu principal livro – *Luzia-Homem*, publicado em 1903 – é, até certo ponto, uma antecipação de rica literatura nordestina que vai aparecer a partir de 1930. Seria possível acrescentar também Catulo da Paixão Cearense e Cornélio Pires, ambos esteticamente despiciendos e que, a rigor, devem ser colocados no plano da subliteratura. Todavia, ambos tiveram na época um relevo que hoje somos incapazes de avaliar corretamente; do ponto de vista ideológico, ambos celebram a vida sertaneja, embora de regiões diferentes. Catulo evoca o interior do Ceará, enquanto Cornélio Pires trata do caipira de São Paulo.

A importância dessa literatura sertaneja – que, segundo a observação de Antonio Candido (1965, p.136), hoje se refugiou na subliteratura e no rádio – pode ser avaliada pela crítica de Monteiro Lobato e a reação provocada por seus artigos.

Esses artigos – "Velha praga" e "Urupês", publicados em 1914, por um jornal (Lobato, 1945) – atacavam o caipira. O primeiro, mais específico, criticava o caipira pelo fato de pôr fogo nas matas. O segundo, mais genérico, é uma crítica impiedosa ao caipira e ao culto que deles se fazia na época. Monteiro Lobato liga o culto do caipira ao indianismo de Alencar e sugere que, quando o índio da fantasia romântica já não podia ser aceito, foi substituído pelo caboclo, transformado no "Ai Jesus nacional". Para destruir essa fantasia, Lobato mostra o caipira indiferente aos grandes acontecimentos nacionais, incapaz de trabalho organizado, incapaz de montar e manter uma habitação decente, incapaz de sentimento de pátria, mas cheio de crendices e de uma religião inteiramente deformada, repleta de fatalismo. A seguir, Lobato compara a arte dos camponeses de vários países à do caipira brasileiro, e mostra que este nada criou, a não ser talvez – em certos casos – o gosto pela viola. E Lobato vê o caboclo como "soturno", indiferente à beleza e à alegria da natureza brasileira: "Só ele não fala, não canta, não ri, não ama. Só ele, no meio de tanta vida, não vive...".

Além de descrever o caboclo, Lobato deu-lhe um nome que se incorporou à língua, Jeca Tatu, e essa designação passou a representar a imagem negativa do caipira. E Artur Neves (cf. Lobato, 1945, p.XXV) lembra que os jornais da época apresentam o debate entre os que criticavam e os que louvavam o caboclo; menciona também duas denominações apresentadas para combater a de Lobato: Ildefonso Albano criou o "Mané Chique-chique", enquanto Rocha Pombo criou o "Jeca-Leão".

Essas denominações não se popularizaram e são hoje totalmente desconhecidas, ao contrário do que ocorreu com a criada por Lobato; o curioso é que este depois modificou sua interpretação e, por isso, deverá ser estudado em capítulo posterior, como um dos que anunciam a superação do pensamento ideológico. No entanto, no período aqui considerado, Lobato pode ser colocado no polo oposto ao de Euclides da Cunha, embora os dois autores falem de regiões diversas: enquanto Euclides tem uma atitude simpática com relação ao sertanejo, Lobato considera-o apenas "uma praga", um ser inútil e retardatário. Mas ao contrário de Euclides, Lobato não chega a uma ideologia, a uma tentativa de explicar as características do caboclo. Limita-se a descrevê-las, de maneira brilhante e caricatural.

Convém lembrar que essa perspectiva de Lobato não era típica. Sobretudo na poesia da época, o que se observa é a celebração do caipira como uma criatura simples, mas feliz e integrada na natureza, cheia de sentimentos delicados e até exemplares. É assim que aparece em *Juca Mulato*, de Menotti del Picchia, publicado em 1917, onde o herói, sentimental e delicado, é um caboclo; os caboclos são heróis dos poemas de Ricardo Gonçalves (*Ipês*, livro publicado em 1922, seis anos depois da morte do poeta). Na prosa, os caipiras são heróis nos contos de Valdomiro Silveira (*Os caboclos*, publicado em 1920, *Mixuangos*, em 1937, mas em ambos os casos muitos dos contos são bem anteriores).

Esse regionalismo geralmente não atingiu, do ponto de vista estético, o nível de boa literatura. Em parte, pelo menos, sua limitação decorre de seu ideário: ao apresentar o caipira em situação quase idílica, apresenta um homem cujo drama não nos comove, nem nos atinge. E o julgamento de Antonio Candido (1965), embora excessivamente severo para alguns casos, é certamente justo para a grande maioria, ao dizer que essa literatura regionalista "tratou o homem rural do ângulo pitoresco, sentimental e jocoso, favorecendo a seu respeito ideias feitas, perigosas tanto do ponto de vista social quanto, sobretudo, estético".

Somente a partir de 1930, sobretudo com os romancistas nordestinos, a literatura regional voltaria ao nível da boa literatura – em que Euclides a colocara – até atingir, com Guimarães Rosa, o nível da grande literatura. E só nas décadas de 1940 e 1950 o caipira viria a ser estudado realisticamente, por métodos antropológicos e sociológicos.

EUCLIDES DA CUNHA

Características psicológicas indicadas

Paulista (tipo autônomo)
1 aventuroso
2 rebelde
3 libérrimo

Vaqueiro (raça forte e antiga)
1 bravo e destemeroso
2 resignado e tenaz
3 fixação ao solo
4 impulsividade e aventura (modificados pelo meio)

Indígena
1 inapto ao trabalho
2 rebelde
3 impulsividade
5 apego às tradições
6 sentimento religioso levado ao fanatismo
7 honra
8 audacioso
9 forte

Colono
aventureiro

12
As raças e os mitos

Como se viu nos dois últimos capítulos, a explicação pelo conceito de raças inferiores e superiores foi aceita por vários ensaistas brasileiros, entre os quais Sílvio Romero e Euclides da Cunha. Mas em ambos esse racismo foi mitigado pela ideia de miscigenação: em Sílvio Romero, haveria um *branqueamento* da população, salvando-a da degeneração; em Euclides da Cunha, o mestiço do interior do Norte já estaria constituído em raça e, futuramente, seria capaz de desenvolvimento mental. Em ambos não seria errado falar em preconceito, especialmente contra o negro, mais nítido talvez em Euclides, pois este, ao falar no seu mestiço privilegiado do sertão, pensa que resultou de um cruzamento do branco com o índio, e não com o negro – localizado sobretudo no litoral.

Nina Rodrigues e o racismo

A exposição explícita de preconceito contra índios e negros coube a Raimundo Nina Rodrigues (1862-1906), por alguns anos professor de Medicina Legal na Faculdade de Medicina da Bahia.[1] Morto aos 44 anos, Nina Rodrigues deve ter sido uma personalidade atraente e impressionante para seus discípulos, pois todos estes – entre os quais Afrânio Peixoto, Homero Pires, Oscar Freire e, indiretamente, Artur Ramos e Flamínio Favero – sempre foram unânimes em ressaltar suas qualidades pessoais. E sua influência foi realmente grande.

Para o leitor de hoje, habituado a outros métodos de estudo e a outras teorias, já não é tão fácil perceber os seus aspectos positivos. Os estudos de Nina Rodrigues são "datados", suas explicações são excessivamente etnocêntricas. No entanto – e daí vem o seu interesse e, provavelmente, o seu encanto pessoal para os discípulos –, Nina Rodrigues tinha interesse real pela pesquisa e compreendeu a necessidade de fazer levantamentos sobre a língua e a religião dos africanos da Bahia. Além disso, embora sustentasse uma teoria cientificamente inaceitável, parece ter andado perto de uma concepção *cultural* do negro.

Aparentemente, embora continuasse afirmando as ideias dos europeus a respeito de negros, o seu contato com a religião africana nos terreiros deu-lhe uma compreensão quase antropológica dessas crenças, chegando a combater a ação da polícia contra os *candomblés* da Bahia. Num rasgo de intuição, sugere que a perseguição aos *feiticeiros*, pelas classes altas, talvez se explicasse pelo fato de estas também temerem os feitiços. A realidade é tão poderosa que, se avançasse um pouco mais por ela, talvez Nina Rodrigues chegasse a contradições semelhantes àquelas indicadas em Euclides da Cunha: uma teoria errada para dar conta de uma realidade que a teoria europeia negava.

Isso explica uma grande diferença de nível e de interesse nos dois livros mais acessíveis de Nina Rodrigues (1938, 1932). O primeiro, publicado originalmente em 1894, e que tratava da

---

[1] Afrânio Peixoto escreveu uma biografia de Nina Rodrigues e indicou os seus trabalhos publicados. Ver Peixoto (1938, p.11-33).

posição das raças diante do Código Penal, e já citado, é uma discussão teórica, de interesse apenas histórico; o segundo, cuja publicação em 1905 foi interrompida pela morte de Nina Rodrigues, é um livro geral sobre os negros da Bahia e contém muitas observações interessantes.

O estudo sobre as raças e o Código Penal sustenta a tese de que as raças inferiores – negros e índios –, bem como os mestiços, não podem ter o mesmo tratamento no Código. De acordo com as teorias da época, sustenta que as raças inferiores têm mentalidade infantil, de forma que não deveriam ser tão responsáveis quanto as raças superiores. Apesar disso, não se consegue perceber muito bem a solução apresentada por Nina Rodrigues, embora se possa inferir que imaginava uma espécie de reeducação para os indivíduos de raças inferiores e os mestiços. Mesmo essa sugestão não fica muito clara, e de qualquer forma estaria em contradição com a ideia de que durante séculos as raças inferiores não chegariam a atingir o desenvolvimento dos brancos.

Do ponto de vista estritamente jurídico, Nina Rodrigues enfrentava um problema filosófico muito sério para as ciências humanas: desde o momento em que estas aceitam o determinismo do comportamento, como podemos condenar a pessoa como se ela dispusesse de livre-arbítrio? Para a ciência da época, em que se pensava num determinismo biológico e não como hoje, em determinismo psicológico e social, o problema era muito mais agudo. Na verdade, Nina Rodrigues apenas aflora o problema, de forma que esse seu livro é precioso por revelar preconceitos contra o negro e os mestiços.

Por exemplo, Nina Rodrigues considera que "a indolência de nossos mestiços é um legado de seus maiores", e é em Spencer que vai buscar explicações para isso: o menor desenvolvimento do cérebro é que explica sua fraqueza física. A seguir, sugere que essa menor capacidade do selvagem, transmitida aos mestiços, tem uma outra consequência: se "os mestiços ... por exigência da luta pela existência toda intelectual das civilizações superiores, tiveram necessidade de aproveitá-la principalmente no sentido da inteligência, havemos de compreender porque os mestiços dos selvagens são capazes de inteligência desenvolvida, mas são fracos, indolentes, imprevidentes" (Nina Rodrigues, 1938, p.185-6). A prova da imprevidência, apresentada por Nina Rodrigues, é que os portugueses chegam pobres ao Brasil e em pouco tempo "são os seus grandes capitalistas".

Mas, além de indolente e improvidente, o mestiço é impulsivo e, portanto, não tem liberdade de querer. Logo adiante, Nina Rodrigues cita uma opinião de José Veríssimo, a respeito dos mestiços de brancos e índios no Pará, em que o crítico sugere que a solução para as raças mestiças é "esmagá-las sob a pressão de uma enorme imigração, de uma raça vigorosa que nessa luta pela existência de que fala Darwin as aniquile, assimilando-as".

Outra deficiência do mestiço é a baixa moralidade. Para Nina Rodrigues, isso resulta do "conflito que se trava entre qualidades psíquicas, entre condições físicas e fisiológicas muito desiguais de duas raças tão dessemelhantes ...". Como exemplo disso apresenta a "excitação genésica" da mulata brasileira; o curioso é que Nina Rodrigues, aqui também de acordo com José Veríssimo, critica na mulata as qualidades – os "feitiços, os dengues, os quindins" – que lhe são atribuídas pelos seus admiradores, mas nestes não vê essa sensualidade.

Finalmente, Nina Rodrigues encontra – na "herança pela larga transmissão dos caracteres das raças inferiores a que dá lugar, e no mestiçamento, pelo desequilíbrio ou antes pelo equilíbrio mental instável que acarreta" – "a explicação fácil e natural da nossa psicologia de povo mestiço". Infere-se que o brasileiro seria um desequilibrado, mas Nina Rodrigues não o diz com todas as palavras.

No livro sobre os africanos no Brasil, Nina Rodrigues analisa problemas ainda mais gerais. Começa por discutir – contra o que julgava ser a opinião corrente no Brasil – a existência de um problema negro no país. Cita um "notável sociólogo" da época – cujo nome não indica –, segundo o qual deve-se ver o *homem--organismo*, sobretudo com sua "herança mil vezes milenária a ele transmitida pela história e evolução de toda a série animal". Ainda segundo esse autor, até as lutas entre classes sociais revelariam essas diferenças étnicas. Depois de lembrar o problema dos Estados Unidos – para ele menos grave que o do Brasil, por contar com "excedente respeitável de população branca" e localização em clima temperado –, escreve Nina Rodrigues (1932, p.17-18):

> A Raça Negra no Brasil, por maiores que tenham sido os seus incontestáveis serviços à nossa civilização, por mais justificadas que sejam as simpatias de que a cercou o revoltante abuso da escravidão, por maiores que se revelem os generosos exageros de seus turiferários, há de constituir sempre um dos fatores de nossa inferioridade como povo. Na trilogia do clima intertropical inóspito aos brancos, que flagela grande extensão do país; do Negro que quase não se civiliza; do Português rotineiro e improgressista, duas circunstâncias conferem ao segundo [isto é, ao negro] saliente preeminência: a mão forte contra o Branco que lhe empresta o clima tropical, as vastas proporções do mestiçamento que, entregando o país aos Mestiços, acabará privando-o, por largo prazo, pelo menos, da direção suprema da Raça Branca. E esta foi a garantia da civilização nos Estados Unidos.

A partir dessas suposições, Nina Rodrigues enuncia alguns temas que serão predominantes em pensadores brasileiros durante a primeira metade do século XX; em primeiro lugar, o temor de que o sul do Brasil colonizado por brancos, e de onde o negro acabará por ser eliminado, se oponha ao Norte, região dominada pela "inércia e indolência, o desânimo e por vezes a subserviência" dos mestiços, embora estes demonstrem a "turbulência estéril de uma inteligência viva e pronta"; em segundo lugar, que o Brasil, em vez de acompanhar "a exuberante civilização canadense e norte-americana", caia no "barbarismo guerrilheiro da América Central" (ibidem, p.18-9). Mas a justificativa imediata que Nina Rodrigues apresenta para seu estudo é impedir a realização de um plano então discutido: trazer para o Brasil os negros norte-americanos, o que seria, para ele, um "atentado contra a nossa nacionalidade". Divide o estudo em três aspectos, que poderiam ser sumariados da seguinte forma: o passado, o presente e o futuro do negro e do mestiço no Brasil. E os estudos de Nina Rodrigues têm significado apenas porque, ao executar esse plano, tentou um levantamento das populações negras trazidas para o Brasil e, ao mesmo tempo, estudou os negros africanos que ainda encontrou na Bahia, bem como suas sobrevivências linguísticas e religiosas.

Quanto ao passado, Nina Rodrigues procura discriminar as várias tribos trazidas para o Brasil, e chega à conclusão de que na Bahia teriam predominado os negros sudaneses, enquanto em outras regiões podem ter predominado os negros bantos, menos desenvolvidos do que os primeiros. Além disso, por meio de documentação descoberta na Bahia, pôde verificar a vinda de negros maometanos, já alfabetizados na África e que, seria possível acrescentar hoje, estariam em posição um pouco mais avançada que muitos brancos da época.

Além disso, Nina Rodrigues historia algumas revoltas dos negros, especialmente a de Palmares. Ainda aqui, o preconceito de Nina Rodrigues contra os negros está evidente: não pode negar o heroísmo dos negros de Palmares, nem a sua organização. O que faz é dizer que entre eles não houve "intuitos liberais", mas apenas o instinto de salvação; considera também que, em "respeito pela cultura e civilização dos povos", deve-se considerar o relevante serviço prestado pelos que destruíram Palmares, pois assim destruíram "de uma vez a maior das ameaças à civilização do futuro povo brasileiro, nesse novo Haiti, refratário ao progresso e inacessível à civilização, que Palmares vitorioso teria plantado no coração do Brasil" (ibidem, p.120-1).

Mais importante, talvez, do que esse estudo do passado, é o estudo que Nina Rodrigues tenta fazer das sobrevivências negras no Brasil. Assim, procura estudar as línguas africanas e suas influências no português no Brasil; estuda exemplos de belas-artes dos africanos, bem como seu folclore, suas festas populares e sua religião. Embora isso não interesse diretamente a este ensaio, convém lembrar que Nina Rodrigues em vários desses campos foi um pioneiro, observando as danças negras, bem como seus instrumentos musicais, além de verificar de que forma se combinavam, na época, tradições portuguesas e africanas. Quanto ao folclore, Nina Rodrigues transcreve várias lendas que ouviu de negros da Bahia, comparando-as a lendas coletadas na África.

Quanto ao futuro, Nina Rodrigues é pessimista na avaliação da possibilidade de civilização dos negros. A sua nota de otimismo decorre do fato de considerar que para o Brasil vieram alguns negros mais *adiantados* – que, segundo o costume dos antropólogos da época, eram logo considerados como ramos da raça branca:

> De fato, a primeira discriminação a fazer entre os africanos vindos para o Brasil é a distinção entre os verdadeiros negros e os povos chamitas, que, mais ou menos pretos, são todavia um simples ramo da raça branca e cuja alta capacidade de civilização se atestava excelentemente na antiga cultura do Egito, da Abissínia etc. (p.398)

Essa distinção sutil tem ainda outra vantagem para o branco: diante de um negro de indiscutível capacidade intelectual, é sempre possível dizer que pertence a esses falsos negros ou brancos disfarçados. A seguir, é preciso distinguir sudaneses e bantos, pois os primeiros seriam mais capazes que os segundos.

Em resumo, Nina Rodrigues aceitava integralmente o evolucionismo do século XIX e considerava que, entre os outros países, o Brasil se inferiorizava, não só pela existência de negros, mas também pela mestiçagem. Se os Estados Unidos conseguiram progredir, isso se devia ao fato de terem estabelecido uma separação nítida entre brancos, de um lado, mestiços e negros, de outro; além disso, o clima temperado favoreceria os brancos na *luta pela vida*, enquanto os trópicos favoreceriam os negros e mestiços. Tal como chegou até nós, a obra de Nina Rodrigues está evidentemente incompleta e, apesar dos trabalhos de seus discípulos, não podemos inferir até onde chegaria em seus estudos. O certo é que, apesar de todos os preconceitos da época, apresenta levantamentos muito sugestivos sobre a vida do negro, ponto de partida para muitas pesquisas posteriores.

Oliveira Viana: os grandes proprietários, os arianos e a plebe

Ao contrário do que ocorreu com Sílvio Romero, Euclides da Cunha ou Nina Rodrigues, Francisco José de Oliveira Viana (1883-1951) foi, diante das ciências sociais de sua época, um retardatário, incapaz de acompanhar não só o que se fazia em outros países, mas também o que Roquette Pinto escrevia no Brasil (ver Capítulo 18). O êxito extraordinário de sua obra seria por isso incompreensível, se tivesse resultado de qualidades ou virtudes científicas. Mas esse êxito e esse prestígio, mesmo entre intelectuais, tornam-se mais explicáveis quando lembramos que seus livros antecederam por pouco tempo os vários movimentos fascistas europeus ou destes foram contemporâneos. De outro lado – exatamente como aconteceria logo depois com os livros de Gilberto Freyre –, a obra de Oliveira Viana satisfazia os pruridos de nobreza rural de parte da população brasileira.

Essa motivação política de sua obra permite que seja avaliada, hoje, de maneiras muito diversas. Wilson Martins (1965, v.IV, p.320), crítico e historiador da literatura, de tendências nitidamente conservadoras, pôde escrever que, se a ele não se deve "toda a moderna orientação de nossos estudos de sociologia e de psicologia social", deve-se pelo menos o impulso para tais estudos. Embora páginas adiante critique o "idealismo" de Oliveira Viana e sugira sua ligação com movimentos da direita – o que parece perfeitamente correto do ponto de vista histórico –, acaba por fazer uma confusão memorável ao ligar Oliveira Viana às "reformas" propostas na década de 1920 e que Wilson Martins associa ao "desenvolvimentismo" da década de 1950. Muito sintomaticamente, embora fale na "influência" de Oliveira Viana na sociologia brasileira, não menciona um só estudo que tentasse verificar suas hipóteses ou que decorresse de sugestões suas.

No extremo oposto, Nelson Werneck Sodré (1961, p.165-253), crítico e historiador de literatura, mas de tendência marxista, numa análise que é, até hoje, a melhor apreciação da obra de Oliveira Viana, pôde mostrar a falsidade irremediável dos seus métodos, a falta de um mínimo de informação de seus livros, bem como suas tolices e sua fidelidade ideológica à *aristocracia* brasileira.

Na verdade, a obra de Oliveira Viana não resiste a nenhuma crítica, por mais benevolente que o leitor procure ser, por mais que deseje compreendê-lo em sua época e seu ambiente. Embora cheio de preconceitos de sua época, Nina Rodrigues, por exemplo, era capaz de observar e tentar compreender o grupo negro; Oliveira Viana, ao contrário, não tinha dotes de observador ou de teórico. O que nele parece teoria é imaginação gratuita, grosseira deformação de fatos e teorias alheias. De forma que quanto menos a ciência justificava suas afirmações, mais Oliveira Viana afirmava seu acordo fundamental com as ciências sociais da época. Por isso, se o seu conflito íntimo pode merecer nosso respeito ou nossa piedade – dizem os críticos que Oliveira Viana era mulato escuro, o que leva a supor que sua teoria do arianismo e da aristocracia era uma forma de identificar-se com o grupo dominante –, isso não impede que o crítico esteja obrigado a mostrar até que ponto falseou nossa história e nossos problemas.

Dos seus livros, os que mais nitidamente apresentam tentativas de caracterização do brasileiro são: *Pequenos estudos de psicologia social* (1942, com prefácio de 1921), *Populações meridionais do Brasil*: história, organização, psicologia (1952, o prefácio é de 1918), *Evolução do povo brasileiro* (1933, a 1. ed. é de 1923) e *Raça e assimilação* (1943, a 1. ed. é de 1932).[2]

Em ordem de publicação – e de repercussão –, o primeiro desses livros é *Populações meridionais do Brasil*, referente a paulistas, fluminenses e mineiros. Logo no prefácio, Oliveira Viana indica os seus pressupostos, os seus métodos e seus objetivos. Seu pressuposto fundamental é que "o passado vive em nós, latente, obscuro nas células do nosso subconsciente. Ele é que nos dirige ainda hoje com sua influência invisível, mas inelutável e fatal". Daí a necessidade de conhecer o passado, e esse conhecimento, segundo o autor, poderia ser obtido pela utilização de novos métodos. Convém lembrar a indicação desses novos métodos, pois são a chave para compreender várias deformações impostas aos documentos: "O culto do documento escrito, o fetichismo literalista é hoje corrigido nos seus inconvenientes e nas suas insuficiências pela contribuição que à filosofia da história trazem as ciências da natureza e as ciências da sociedade". E logo adiante, Oliveira Viana enumera essas contribuições que então (1918) considera atuais:

> É a antropogeografia, cujos fundamentos lançou-os o grande Ratzel. É a antropossociologia, recente e formosa ciência, em cujas substrações trabalham Gobineau, Lapouge e Ammon, gênios pos-

---

2 Nelson Werneck Sodré (1961) acompanha as afirmações de Oliveira Viana, demonstrando o seu absurdo. Aqui interessará, apenas, indicar as deformações mais grosseiras.

santes, fecundos e originais. É a psicofisiologia dos Ribots, dos Sergi, dos Langes, dos James. É a psicologia coletiva dos Les Bons, dos Sigheles e principalmente dos Tardes. É essa admirável ciência social, fundada pelo gênio de Le Play, remodelada por Henri de Tourville ... cujas análises minuciosas da fisiologia e da estrutura das sociedades humanas, de um tão perfeito rigor, dão aos mais obscuros textos históricos uma claridade meridiana.

Se esses são os *métodos* que pretende usar, os seus objetivos são: permitir o autoconhecimento, uma "análise fria e severa na sua composição, na sua estrutura, nas tendências particulares de sua mentalidade e do seu caráter". Mas aqui entra a primeira contradição gritante de Oliveira Viana: se é preciso corrigir esses defeitos, não se entendem as frases seguintes:

> Só assim saberemos, da ciência certa, quais as incapacidades a corrigir, quais as deficiências a suprir, quais as qualidades a adquirir. Só assim, no contato forçado com esses grandes povos, que estão invadindo e senhoreando o globo, poderemos – pelo reforço previdente de nossas linhas de menor resistência – conservar intactas, no choque inevitável, a nossa personalidade e a nossa soberania.

A contradição é muito evidente: se estamos cheios de defeitos, não seria errado conservar essa "personalidade"? A contradição se esclarece quando são levadas em conta afirmações de páginas anteriores, em que Oliveira Viana mostra que a desorganização e os defeitos que vai apontar começaram a aparecer depois da abolição do trabalho escravo, em 1888, pois então "o nosso povo entra numa fase de desorganização profunda e geral, sem paralelo em toda a sua história. Todas as diretrizes de nossa evolução coletiva se acham, desde essa data, completamente quebradas e desviadas".

Isso, diga-se de passagem, explica por que Oliveira Viana é obrigado a desprezar os documentos: estes não lhe permitiriam fazer as afirmações – algumas verdadeiramente espantosas – que faz a respeito da história e, por isso, não poderia afirmar que o Brasil tinha tido um período áureo, interrompido em 1888. E a sua "descrição" dos séculos XVI e XVII em São Paulo e Pernambuco mostra até que ponto era capaz de inventar uma história.

Logo no capítulo primeiro, denominado "Formação do tipo rural", Oliveira Viana imagina uma vida urbana elegante e fina, que teria florescido em São Paulo e Pernambuco nos dois primeiros séculos da colonização:

> Pela elevação dos sentimentos, pela hombridade, pela altivez, pela dignidade, mesmo pelo fausto e fortuna que ostentavam esses aristocratas, paulistas ou pernambucanos, mostram-se muito superiores à nobreza da própria metrópole. Não são eles somente homens de cabedais, com hábitos de sociabilidade e luxo; são também espíritos do melhor quilate intelectual e da melhor cultura. Ninguém os excede nos primores do bem falar e do bem escrever.

Agora, o depoimento dos historiadores. Pela leitura dos inventários e testamentos da cidade de São Paulo, Alcântara Machado (1943) procura descrever a vida do paulista nos primeiros séculos: São Paulo é uma pequena vila, com aproximadamente 1.500 habitantes e 150 casas, muito pobres e de pouco valor. Os objetos importados são caríssimos, e um vestido de mulher pode valer mais que uma pequena fazenda, "um espeto de seis palmos" pode entrar num inventário ou ser destinado a dote de noiva. O luxo de que fala Oliveira Viana pode ser avaliado por um fato singular; quando chega a São Paulo uma criatura importante de Portugal, a Câmara Municipal de São Paulo requisita a cama de um morador; como este se nega a entregá-la, a Câmara emprega força militar. Isso dá também ideia da *sociabilidade* mencionada por Oliveira Viana. E a cultura? O que se exigia, e isso de gente boa, era que os meninos aprendessem a ler, que as meninas aprendessem a costurar. Alcântara Machado, em vez das bibliotecas imaginadas por Oliveira Viana, verifica: não há livrarias e é difícil encontrar papel; as mulheres são geralmente analfabetas; em apenas quinze inventários encontra descrição de livros e estes não ultrapassam, no total, 55, a maioria de histórias de santos ou livros didáticos. Até 1587, diz Alcântara Machado, na vila não havia nem sequer um exemplar da *Ordenação de Sua Majestade*, código da época, e as atas mostram que a Câmara não tinha dinheiro para comprá-lo.

Do "bem escrever" não há documentos, nem Oliveira Viana conseguiu citá-los. Do "bem falar", a razão parece estar com Teodoro Sampaio: "A população índia na colônia era, portanto, bem mais numerosa que a europeia. Falava-se geralmente a língua dos escravos, o *tupi*, que era da maioria: a língua portuguesa ficando para o seio da família e entre portugueses" (apud Taunay, 1921, p.155). E Taunay sugere, em números, por que isso acontecia: na região de São Paulo (não apenas na cidade), para uma população de quatro mil brancos e mestiços, haveria uma população de sessenta mil índios. Mas da vida supostamente cavalheiresca, de grandes festas e elevada cultura, Taunay apresenta um quadro melancólico: os supostos fidalgos ocupavam-se de caçar e vender índios, sem os quais não podiam sobreviver, e para isso empregavam todos os métodos, desde as intrigas entre tribos até os acordos mentirosos com índios, que assim eram atraídos e aprisionados.

E aqui não se trata de julgar os brasileiros dos séculos XVI e XVII, pois os letrados e os justos talvez tivessem pouco que fazer nos dois primeiros séculos da colonização. Trata-se de mostrar como, desprezando a documentação que era utilizada por historiadores de sua época, Oliveira Viana inventa a história. Mas convém acompanhá-lo, para ver até onde vai o seu delírio e comprovar a que se reduz a sua sociologia.

Segundo Oliveira Viana, esses "fidalgos de sangue, descendentes autênticos das mais notáveis e ilustres casas de Península",[3] viviam nesse ambiente de Corte, enquanto uma "segunda camada", gente também muito boa, se fixa na terra com criação de gado, enriquecendo aos poucos. Essa segunda camada acaba por "submergir" – por processo não esclarecido – a primeira, de forma que esta também acaba por ir para os campos. Isso explicaria a decadência da vida urbana, mas explicaria também a formação de uma "fisionomia própria" da aristocracia brasileira, inteiramente dedicada à vida rural. E já no século XIX, "somente o amor do campo, somente a sedução rural, somente uma forte predileção pela vida agrícola poderia produzir essa profunda anemia dos centros urbanos, em tamanho contraste com a vitalidade que exibiam um ou dois séculos antes" (p.45). Portanto, não é uma razão econômica que leva o brasileiro para a agricultura, mas uma razão afetiva: isso permite a Oliveira Viana dizer que a "feição mais íntima" do caráter brasileiro é ser "um homem do campo, à maneira antiga". Mais ainda: "O instinto urbano não está na sua índole; nem as maneiras e os hábitos urbanos".

Se alguém ficar em dúvida quanto ao que acaba de dizer, Oliveira Viana esclarece:

> É, pois, erro, e grande erro, dizer-se que o que os atrai para o campo, e aí os prende, é apenas e simplesmente um fito comercial, ambição material de explorar industrialmente a terra. Também, e principalmente, os prendem e fixam no campo as belezas e doçuras da vida rural, bem como a importância social decorrentes da posse de grandes propriedades agrícolas. (p.47-8)

É esse homem que, depois da independência, vem para as cidades governar o país.

---

3 Cf. Oliveira Viana (1952, p.33-4). Salvo outra indicação, as citações de páginas a seguir referem-se a essa obra.

É essa "aristocracia brasileira do sul" que, em 1808, com a vinda de D. João, desce para a Corte, que, sem ironia, Oliveira Viana denomina a "Versalhes Tropical". Nessa Corte, três grupos disputam a influência junto ao rei: os comerciantes enriquecidos com a abertura dos portos, os fidalgos lusitanos e os aristocratas rurais brasileiros. Quanto à psicologia do tipo rural, Oliveira Viana estabelece várias distinções.

A aristocracia constitui o "centro de polarização dos elementos arianos da nacionalidade" e, apesar de mudanças secundárias, conserva qualidades básicas, sua moralidade. Isso não acontece "nas camadas plebeias, em que, pela profusa mistura de sangues bárbaros, opera-se uma desorganização sensível na moralidade dos seus elementos componentes", mas "na alta classe rural, o nível de sua mentalidade se mantém inalterado até, pelo menos, 1888" (p.65). As qualidades da alta classe são: pureza, simplicidade, fidelidade à palavra, probidade, respeitabilidade, independência moral. Mas nada disso acorre nas classes mais baixas.

Quando se imagina que Oliveira Viana, chegado a esse ponto, passasse a demonstrar como essa classe governa o Segundo Império, começa a historiar novamente a formação brasileira, em quatro partes distintas: formação histórica, formação social, formação política e psicologia política. Aqui, em grande parte desmente o que disse antes. Se mostrou a aristocracia de sangue, nesses capítulos mostra que os brancos vinham solteiros e de seu cruzamento com índias e negras resulta a maioria de mulatos e mamelucos na colônia. Se, nos primeiros capítulos, os aristocratas vão para o campo em busca das belezas rurais, nos capítulos intermediários constroem casas fortes e armam verdadeiros exércitos para combater os índios (p.105). Isso também não é decisivo, porque nos últimos capítulos fica bem claro que os brasileiros não desenvolveram grande solidariedade porque não tiveram dificuldades para vencer os índios. Se num capítulo os aristocratas são puros, no capítulo seguinte aparecem como "os reprodutores da moda, os grandes padreadores da índia, os grandes fogosos da negralhada. Alguns deles, mesmo entre os mais nobres, só deixam 'filhos naturais e pardos', segundo testemunho do Conde de Cunha" (p.101). Desses cruzamentos, dessa ausência de mulheres brancas poder-se-ia esperar, de acordo com a teoria do autor, uma grande decadência das qualidades dos arianos. Em certos momentos, Oliveira Viana parece ter realmente essa preocupação: os mulatos, os mamelucos e cafuzos não gostam do trabalho, parecem constituir a ralé. Mas nem todos são assim: "Há, porém, mulatos superiores, arianos pelo caráter e pela inteligência ou, pelo menos, suscetíveis de arianização, capazes de colaborar com os brancos na organização e civilização do país" (p.153). Esses também se tornaram aristocratas. Os outros são implacavelmente eliminados, o que prova que os preconceitos de cor tiveram "função providencial", pois impediram a ascensão dos mestiços inferiores. Estes, explica Oliveira Viana, seriam muito prejudiciais, pois conservam as qualidades da raça inferior, são desequilibrados; na verdade, não ameaçam a aristocracia, pois "não têm o mais leve desejo, de ascender, de sair de sua triste existência de párias" (p.159). É verdade que cinco páginas adiante o autor descobriu que isso não era inteiramente verdade, pois afirma que os arianos puros, com o concurso dos mestiços já arianizados, dominam "essa turba informe e pululante de mestiços inferiores e, mantendo-a, pela compressão social e jurídica, dentro das normas da moral ariana, a vão afeiçoando, lentamente, à mentalidade da raça branca" (p.165).

    Isso parece indicar uma hierarquização mais ou menos rígida da sociedade, de acordo com as raças. Mas no capítulo VII, onde estuda o grande domínio rural, Oliveira Viana mostra que isso não ocorria, pois o trabalhador livre não dependia do patrão, pois a terra era farta e logo adiante encontraria local para sua cultura. Isso, então, deveria permitir a pequena propriedade; o autor diz que é exatamente o contrário, pois a pequena propriedade não tinha possibilidade de desenvolvimento na economia colonial.

Já no capítulo seguinte, o VIII, onde o autor trata da "gênese dos clãs e do espírito de clã" – verifica-se que esse trabalhador livre não estava tão livre assim: em nossa organização colonial "toda a população rural, de alto a baixo ... está agrupada em torno dos chefes territoriais" (p.203). São estes que protegem os pobres, pois nada mais os ampara. De forma que o campônio manifesta o espírito de clã, procura um chefe e teme agir "por si, automaticamente". Isso será solidariedade? No capítulo IX, o autor esclarece que não: a solidariedade só ocorre quando há ameaça externa. Embora no capítulo anterior mostrasse que o pobre precisava do clã, neste mostra que o clã não era ameaçado e, por isso, não precisava de solidariedade. Logo adiante, modifica um pouco essa afirmação e diz que existe apenas solidariedade interna, mas como os clãs não chegam a atingir solidariedade externa, estamos ainda na solidariedade patriarcal.

Seria possível continuar a enumerar essas contradições – mostrar que depois de falar em solidariedade de clã e nos exércitos de capangas, mostra a doçura de nossos costumes –, mas o que se obtém com isso é muito pouco: Oliveira Viana não organiza seu pensamento e, aparentemente, não percebe as contradições espantosas que a leitura revela imediatamente. A sua documentação é também muito pobre; o autor mais citado é ele mesmo, de forma que a confirmação de uma afirmação está em outra, do mesmo livro, ou de livro que promete publicar, embora em nenhum caso se dê um documento comprobatório. Afinal, qual a conclusão desse livro aparentemente erudito? Os últimos capítulos nada têm a ver com os primeiros: se nestes se dizia que a aristocracia rural governou o Brasil da independência até 1888, os últimos – ver, por exemplo, o capítulo XIV – mostram, ao contrário, que a unificação foi realizada por Pedro I e Pedro II. No caso de Pedro II, por exemplo, diz o seguinte, como a concluir o seu pensamento:

Durante o meio século de seu reinado, ele exerce, enfim, a mais nobre das ditaduras – aquela "ditadura da moralidade", de que fala um historiador, e que é, sem dúvida, a mais poderosa força de retificação moral, na ordem pública e privada, que jamais conheceu o nosso povo, desde o primeiro século cabralino. (p.388)

Aqui, esqueceu tudo que disse antes: se o Brasil era dominado por aquela aristocracia cheia de qualidades morais, teria sentido uma ditadura moral? Mas, logo adiante (p.428), parece que o povo, apesar de tudo que foi dito nas quatrocentas páginas anteriores, precisa de um governo forte porque "trata-se de dar, ao nosso agregado nacional, massa, forma, fibra, nervo, caráter". Finalmente, Oliveira Viana revela o sentido de toda essa elaboração confusa e contraditória, fruto de uma fantasia um pouco desordenada, que se aproxima de certas formas de doença mental: o Brasil precisa de um governo forte, autoritário, que ponha ordem na casa. As nuvens do fascismo começavam a rondar o Brasil.

Apenas para mostrar sua forma de pensamento, convém lembrar o que diz em *adendum*, publicado na quinta edição de *Populações meridionais do Brasil*. Em resumo, permanece irredutível em suas opiniões e diz que seu livro é um todo, "um arranha-céu" que não pode ser destruído porque tem pequenas falhas, algumas das quais atribui à revisão tipográfica. Na verdade, nem as partes nem o todo se sustentam. Os autores que cita no prefácio são deformados durante a exposição; os conceitos não são definidos com um mínimo de coerência e não aceita os argumentos de historiadores que apresentam documentos. Por exemplo, quando os críticos demonstram que sua ideia de riqueza em São Paulo, nos séculos XVI e XVII, era falsa, que a fonte que usou (Pedro Taques) não merecia fé, Oliveira Viana responde: "De mim para mim, não acredito que Taques mentisse integralmente. Houve, embora episodicamente, riqueza e esplendor naquela época e entre aqueles intrépidos devoradores de florestas e campos" (p.439). Parece desnecessário comentar o valor de um historiador que diante de documentos irrecusáveis, e sem um só documento digno de crédito ou nenhum argumento válido, afirma sua crença em determinado fato; com essa base *científica*, pode afirmar qualquer coisa. Os outros livros que repetem, com pequenas variações, os mesmos temas não apresentam melhoria nos métodos. *Os pequenos estudos de psicologia social* são artigos de jornal e discursos sobre vários assuntos. As teses principais aí sustentadas podem ser assim resumidas. O traço do caráter nacional brasileiro é o seu ruralismo, e só no homem rural encontramos o brasileiro autêntico (p.21); as nossas infelicidades começaram quando o brasileiro abandonou o campo pela cidade; a aristocracia rural decaiu em 1888 e a partir de então o povo se desinteressa pela política, pois os chefes autênticos – os grandes proprietários do interior, os senhores de engenhos – abandonam a política e só eles entusiasmavam o povo; não precisamos de cultura estrangeira para resolver a "questão social" e, sobretudo, não podemos aceitar o comunismo, pois essa teoria cuida de problemas de "distribuição" de bens, enquanto o Brasil precisa resolver problemas de "produção".

Em *Evolução do povo brasileiro*, Oliveira Viana parece em certos momentos libertar-se de alguns de seus preconceitos anteriores e procurar uma outra forma de análise. Começa por mostrar como eram inadequadas as concepções unitárias da história – por exemplo, o evolucionismo de Spencer ou a lei dos três Estados de Comte; indica já não aceitar a ideia do determinismo geográfico de Raetzel; aceita, ao contrário, o *possibilismo geográfico* de Vidal de la Blache e Lucien Febvre.

Apesar disso, acredita que existem diferenças entre os brasileiros e outros povos e que precisamos conhecer-nos. Para isso, desenvolve três linhas de história: a evolução da sociedade, a evolução da raça e a evolução das instituições políticas. E volta a afirmar tudo que, no prefácio e na introdução, parecia ter renegado.

A primeira parte repete, às vezes literalmente, o que Oliveira Viana já escrevera em *Populações meridionais do Brasil*, embora chegue à história mais recente, isto é, até o período republicano. O esquema é também o mesmo: o móvel de ação do comportamento é sempre psicológico. São as características psicológicas que levam as pessoas a um tipo de colonização ou outro, a subir socialmente; os motivos econômicos são ignorados ou apresentados como aspectos secundários. Como, além disso, as características psicológicas resultam das raças, estas adquirem uma importância fundamental na história escrita por Oliveira Viana.

Em *Evolução do povo brasileiro*, esse esquema está plenamente desenvolvido e explicitado. É aí que Oliveira Viana lança a hipótese de que o bandeirante seria o tipo racial do louro, descrito por Lapouge. As provas apresentadas para confirmar a hipótese são as seguintes. O dórico louro invadiu a Península Ibérica, mas atualmente lá não encontramos sinais seus; isso indica que deve ter emigrado. Além disso, as características dos bandeirantes coincidem com as descritas por Lapouge; finalmente, nas escavações feitas em 1910, na Igreja de São Bento, encontrou-se o túmulo de Fernão Dias Paes Leme: aí encontraram ossos de homem agigantado, bem como restos de cabeleira ruiva. Mas dóricos louros são apenas os primeiros colonizadores; os que vêm depois são celtiberos, morenos e de pequena estatura. Se os primeiros eram de gênio aventureiro e cheios de audácia, estes são pacíficos e sedentários.

Não existe unidade racial entre os índios, nem entre os negros; ao contrário, nessas duas raças é possível distinguir vários tipos. O que não há dúvida é que são inferiores aos brancos. O conceito de inferioridade ou superioridade, para Oliveira Viana, pode ser resumido da seguinte forma: raça superior é aquela capaz de "gerar tipos superiores". Isso é importante porque "esses homens são os únicos elementos que marcam uma sociedade, são eles que dirigem as massas, eles que, modelando a consciência dos indivíduos sem personalidade, são a maioria, modelam a alma e a fisionomia dos grupos a que pertencem". De forma que quando duas raças desiguais são colocadas em contato, as menos fecundas são absorvidas ou dominadas: uma gera os senhores e a outra os servidores (p.154-5).

Ora, o negro nunca poderia absorver a cultura ariana; pode, quando muito, imitar o ariano e as aparentes exceções são apresentadas, não por negros puros, mas por mestiços, cuja capacidade foi herdada através do sangue ariano. E Oliveira Viana explicita a origem dessa inferioridade: negro não é capaz de ter as mesmas aspirações do homem branco; índio americano está em situação idêntica à do negro, ou talvez pior, pois é inteiramente refratário à civilização. Como já o fizera em *Populações meridionais do Brasil*, Oliveira Viana estabelece diferenças entre mestiços inferiores e superiores.

No conjunto, apesar da diversidade de tipos físicos de mestiços, e apesar da influência do clima, ocorre sua arianização progressiva, não só por causa da imigração ariana, mas também por causa dos cruzamentos e da maior mortalidade de negros e mestiços.

Mas na avaliação do negro no Brasil, Oliveira Viana consegue apresentar, além dessas teorias, afirmações contrárias a qualquer documentação e, além disso, mutuamente contraditórias. A certa altura de *Evolução do povo brasileiro* (p.158), depois de dizer que os negros são insensíveis "a essas solicitações superiores que constituem as forças dominantes da mentalidade do homem branco", acrescenta: "Quando sujeitos à disciplina das senzalas, os senhores os mantêm dentro de certos costumes de moralidade e sociabilidade, que os assimilam, tanto quanto possível, à raça superior: desde o momento, porém, em que, abolida a escravidão, são entregues, em massa, à sua própria direção, decaem e chegam progressivamente à situação abastardada, em que os vemos hoje".

Esse trecho contraria tudo quanto se sabe a respeito do escravo sob a escravidão, mas não é preciso ir muito longe para verificar isso. Depois de 24 páginas (p.182), já Oliveira Viana mostra a espantosa mortalidade do negro na senzala, bem como a sua baixa natalidade e conclui: "Pode-se dizer que a lei da abolição, de 1888, concorre para retardar a eliminação do H. afer (isto é, o africano) em nosso país – porque, não há dúvida que, conservado em escravidão, ele teria desaparecido mais rapidamente". Mas Oliveira Viana continua imperturbável: não é a senzala que mata, não é o trabalho em condições desumanas que destrói sucessivas levas de africanos desembarcados no país: isso se deve apenas ao fato de o ariano ter mais fecundidade efetiva.

Isso dá uma ideia de sua antropologia e de sua história. Mas alguns anos depois (em 1932) Oliveira Viana publica um livro teórico sobre raça: *Raça e assimilação*. Seu intuito foi demonstrar sua atualização no problema. E, de fato, cita autores mais recentes que cuidaram do problema da raça; procura, até, dar uma roupagem mais moderna às suas afirmações. Mas o disfarce não engana: continua a pensar na raça como se ela fosse um problema biológico, como se a etnia – é uma das novidades do livro – pudesse, sozinha, explicar a adaptação e a sobrevivência dos grupos. Por isso, nas 285 páginas do livro não há nenhuma referência quanto a vida, a desenvolvimento técnico; não se sabe onde as raças se cruzam, onde ou como vivem. Talvez Oliveira Viana dissesse que isso era minúcia, pouco importante no arranha-céu que construíra. E diante das civilizações negras africanas, mencionadas por Artur Ramos, Oliveira Viana tem a mesma resposta de Gobineau diante de contradições semelhantes: as civilizações negras só poderiam ter sido criadas por brancos; quando muito por brancos disfarçados. Em último caso, por mestiços; nunca por negros.

Só um comentário final: apesar das críticas – e felizmente já havia, no Brasil, quem percebesse os absurdos de suas afirmações, a ausência de documentos –, esses livros tiveram várias edições e foram citados a sério como se representassem algo mais que imaginação doentia de um homem que deve ter sido profundamente infeliz. Mas, apesar de tudo, sua obra demonstra para o sociólogo e o psicólogo a crueldade do domínio de um grupo por outro: o grupo dominado acaba por se ver com os olhos do grupo dominante, a desprezar e a odiar, em si mesmo, os sinais do que os outros consideram sua inferioridade. E talvez poucos brasileiros tenham escrito palavras tão cruéis e injustas a respeito do negro: este é simiesco, troglodita, decadente moral, inferior. Para ele, para os mestiços também inferiores, Oliveira Viana recomendava um governo forte, capaz, provavelmente, de impor novamente a moralidade da senzala.

Alfredo Ellis Júnior e a raça de gigantes

Como o povoamento e a colonização do Brasil se fizeram por núcleos relativamente isolados, seria natural o desenvolvimento não apenas de interesses regionais, mas também de tipos humanos específicos de cada região. Apesar disso, o governo colonial português e, depois, a monarquia brasileira procuraram obter uma centralização mais ou menos rígida e este foi, provavelmente, um dos fatores da unidade nacional. Como já foi indicado nos capítulos anteriores, a ideologia nacionalista do romantismo acentuou esse aspecto de unidade, o que talvez explique a escolha do índio como arquétipo ou modelo do brasileiro. Mas dentro do romantismo surge também o reconhecimento da vida regional, das diferenças existentes entre vários brasileiros típicos. Aparentemente, foi o pequeno desenvolvimento intelectual das províncias um fator decisivo para o aparecimento tardio do regionalismo ou da apresentação de tipos regionais. Na verdade, durante o século XIX, o Rio de Janeiro concentra praticamente a tênue vida intelectual brasileira e só ali os talentos provincianos encontram eco e o mínimo de audição exigido por qualquer atividade intelectual, sobretudo pela criação literária. Houve aqueles que – como Sílvio Romero – protestaram contra essa situação; mas parece fora de dúvida que apenas por ter escrito no Rio de Janeiro a sua voz foi ouvida. Quando se pensa nas dificuldades editoriais da época – em que muitos livros ainda eram impressos na França –, na ausência de universidade e na pobreza da maioria das províncias, não é difícil compreender que o panorama não poderia ser outro.

A República, ao estabelecer o regime federativo, apresenta uma tentativa de modificação desse panorama: ao dar autonomia às antigas províncias – então transformadas em Estados relativamente autônomos –, os republicanos condenam a antiga centralização, baseados provavelmente no exemplo dos Estados Unidos.

De forma que a Primeira República (1889-1930) assistiu ao aparecimento não só dos regionalismos literários – sumariados no capítulo anterior –, mas também do *estadualismo*, isto é, de reivindicações estaduais no plano econômico, político e intelectual. A história compreensiva desse *estadualismo* – que aparentemente ainda não foi feita de maneira objetiva – revelaria, provavelmente, movimentos nacionalistas incipientes, que até certo ponto se opunham ao nacionalismo brasileiro do século XIX. Se esses "nacionalismos" não tiveram maior desenvolvimento, isso se deve talvez à ausência de uma base econômica para esses movimentos. Muitos Estados eram muito pobres e não teriam nenhuma possibilidade de sobrevivência independente, o que explica que apenas nos Estados ricos – ou menos pobres – esses movimentos chegassem a ter expressão. Quando se pensa que, com a cultura do café, e logo depois com o início da industrialização, o Estado de São Paulo distanciou-se economicamente das outras regiões, será fácil compreender esse processo: numa economia que dependia da exportação de um produto básico e da importação de quase tudo, calculava-se que São Paulo pudesse viver melhor como país independente do que como o Estado mais rico do Brasil.

O movimento nacionalista de São Paulo, no entanto, foi efêmero e talvez nunca tenha superado o estágio embrionário. Mesmo assim, é possível notar que começavam a se formar em São Paulo os símbolos nacionalistas: além da bandeira e do hino, começa a haver o culto dos antepassados – os bandeirantes, Feijó – e dos locais sagrados – por exemplo, o Mosteiro de São Bento, onde estavam enterrados os bandeirantes. Mais ainda, como em todos os movimentos nacionalistas, um grupo intelectual se põe à frente do movimento, de forma que os símbolos e os heróis nacionais tendem a estabilizar-se e a atingir toda a população, independentemente de suas características de classe.

Em São Paulo, surgem – como nos outros movimentos nacionalistas – poetas que celebram os símbolos e os feitos paulistas, bem como historiadores que procuram mostrar a continuidade histórica e psicológica dos bandeirantes. Finalmente, mais um aspecto que aproxima o nacionalismo de São Paulo e outros movimentos semelhantes: é depois da derrota na Revolução de 1932 que se acentua o nacionalismo paulista. Basta lembrar o nacionalismo na Alemanha depois da derrota diante de Napoleão, o nacionalismo francês depois da Guerra de 1870, ou o nacionalismo dos sulistas norte-americanos depois da derrota na Guerra de Secessão, para perceber que essa é uma tendência geral, confirmada até pelo nacionalismo extremo dos alemães depois da derrota na guerra de 1914-1918.

É, portanto, no período imediatamente posterior à Revolução de 1932 que se encontra a maior parte da literatura nacionalista de São Paulo, interrompida pelo Estado Novo, em fins de 1937. A uma observação superficial, poder-se-ia supor que o Estado Novo foi o responsável pela interrupção desse movimento, e é certo que esse foi um dos seus objetivos, pois o governo de então proibiu as bandeiras e os hinos estaduais, e pela censura das comunicações podia impedir a continuação da literatura de *nacionalismo estadual*. No entanto, parece ter havido razões mais profundas para que esse nacionalismo não passasse do seu estado embrionário.

À medida que aumenta a industrialização de São Paulo, a sua produção passa a escoar-se para o resto do Brasil, de forma que São Paulo estabelece novo tipo de relação com os outros Estados. Ao mesmo tempo, as regiões novas do Paraná também se tornam produtoras de café, e, portanto, exportadoras. Isso modifica a situação de São Paulo no Brasil, e ultimamente parece haver um movimento contrário, que ainda não atingiu o estágio de nacionalismo embrionário: são os outros Estados que se rebelam contra a posição de São Paulo, agora região exportadora para as regiões menos desenvolvidas. A contraprova dessa afirmação pode ser encontrada no seguinte fato: em 1946 foram restabelecidos os símbolos estaduais e, apesar disso, nunca voltaram a adquirir o seu conteúdo anterior.

De outro lado, podemos fazer uma pergunta ainda mais decisiva: tentar saber por que o nacionalismo paulista não chegou a definir-se integralmente. A observação superficial indica duas razões para isso: em primeiro lugar, esse nacionalismo nunca chegou a atingir todas as classes; em segundo, e como consequência disso, o movimento nacionalista sempre esteve fracionado, pois os seus objetivos se dividiam de acordo com as tendências da política brasileira, e não de acordo com questões exclusivamente estaduais. Sob o primeiro aspecto, pode-se observar que o nacionalismo paulista nunca teve heróis realmente populares, limitando-se quase sempre a um culto de figuras aristocráticas. Nesse sentido, a Revolução de 1932 poderia ter sido decisiva, pois nela poderiam ter surgido as figuras tutelares, capazes de unir a população. E aqui o segundo aspecto – a divisão de objetivos, pela política brasileira, parece ter sido decisiva: mesmo durante a Revolução parece ter havido antagonismos políticos, em razão da política brasileira.[4] Esses antagonismos correspondiam a questões mais amplas: fundamentalmente, correspondiam a opções de classes ou de grupos econômicos que não se limitavam a São Paulo. A prova disso pode ser encontrada no fato de que Getúlio Vargas, contra quem se fizera a Revolução de 1932, nas eleições de 1946 e 1950 teve em São Paulo vitórias indiscutíveis.

Se essa análise – reconhecidamente grosseira e superficial – estiver correta, o estudo dos vários nacionalismos embrionários da Primeira República – pois o que foi sugerido para o caso de São Paulo ocorreu, em maior ou menor escala, no Rio Grande do Sul, em Minas Gerais, em Pernambuco, na Bahia – deve permitir a compreensão mais exata do processo de formação do nacionalismo, ou de seus vários estágios.

Aqui serão analisadas apenas duas obras significativas de Alfredo Ellis (*Os primeiros troncos paulistas e cruzamento euro-americano* (1936) e *Populações paulistas* (1934)), pois esse historiador apresenta uma expressão bem nítida desse nacionalismo paulista, quase antagônico ao nacionalismo brasileiro. Quanto à descrição do caráter nacional, Alfredo Ellis apresenta um momento muito curioso. Enquanto os teóricos do caráter nacional brasileiro dessa época são geralmente pessimistas e tendem a indicar deficiências do brasileiro, Alfredo Ellis procura indicar as qualidades positivas do caráter paulista. Em outras palavras, do ponto de vista ideológico, Alfredo Ellis corresponderia ao que foi o movimento romântico; no entanto, as suas informações teóricas são aproximadamente as mesmas utilizadas pelos ideólogos do caráter nacional brasileiro, e isso vai apresentar uma contradição insuperável em seu pensamento.

---

4 Ver, por exemplo, Baccarat (1932). O autor, que era chefe político em Santos, queixa-se da divisão das forças paulistas, de acordo com os partidos. Esse livro, como outros da época, mostra bem claramente a oscilação entre o "nacionalismo" paulista e o nacionalismo brasileiro.

Outra contradição refere-se ao nível de análise: a ideologia romântica do caráter nacional, ainda quando fundamentada na história, tendia a uma história mais lendária que documental. Ora, Alfredo Ellis era um historiador – e historiador honesto e consciencioso –, de forma que frequentemente a sua idealização choca-se com a descrição objetiva do passado. Por exemplo, depois de falar na coragem dos paulistas, Alfredo Ellis lembra o episódio de vitória de Caxias em Sorocaba, quando os revoltosos paulistas "escondem-se, fogem espavoridos, em absoluta desordem por todas as ruas", e apenas Feijó se dispõe a enfrentar o inimigo. E Alfredo Ellis comenta (1936, p.245-6): "Felizmente não foi esse quadro reproduzido em 1932". Um ideólogo romântico não lembraria o episódio; o Alfredo Ellis nacionalista é aqui traído pelo historiador.

Apesar dessas contradições, as duas obras de Alfredo Ellis apresentam um programa realmente nacionalista, dentro do qual o caráter paulista adquire grande importância. Em *Primeiros troncos paulistas*, o autor traça a história do núcleo humano de São Paulo, ligando-o também à terra, segundo o padrão romântico. Em *Populações paulistas*, refere-se à história mais recente e analisa os vários grupos de imigrantes, de maneira a sugerir a sua adaptação.

Logo no prefácio de *Primeiros troncos paulistas* (p.6-7), Alfredo Ellis sugere que seu livro se baseia na teoria evolucionista – sob o seu aspecto racial – e nas ideias do determinismo geográfico, procurando uma posição eclética. Mais adiante (p.15), ao comentar Gilberto Freyre, mostra que existe uma grande diferença entre São Paulo e o Nordeste, dizendo que futuramente haveria um abismo entre essas regiões. E, finalmente, ainda no prefácio, fala na população paulista como "um bloco granítico ligado pelo sangue, por uma mentalidade comum etc.".

Quanto à raça, Alfredo Ellis procura mostrar que os grupos de portugueses que vieram para São Paulo, no início da colonização, não eram da aristocracia, mas nem por isso deixavam de ser elementos eugenicamente bons; esses elementos se cruzaram com as melhores índias, uma vez que para cá vieram pouquíssimas mulheres europeias. Os melhores mestiços são reconhecidos pelos pais – ainda quando ilegítimos –, enquanto os outros passam para funções subalternas. Essa seleção inicial já provoca, nos séculos seguintes, a distinção entre classes. Do ponto de vista do clima, São Paulo é uma região privilegiada, pois o planalto evita as dificuldades e deficiências do clima tropical. Finalmente, uma alimentação rica, para a população sedentária, permite a formação de tipos sadios; os que se aventuram pela mata, nas dificuldades desta desenvolvem sua resistência.

Em *Populações paulistas*, Alfredo Ellis, como vários autores da época imediatamente anterior, manifesta nítido preconceito contra o negro. Como esses autores, não leva em conta as condições econômicas dos grupos raciais e considera os dados de natalidade e mortalidade como decorrentes da raça e dos maus hábitos – por exemplo, o alcoolismo. No entanto, embora considere que o negro e o mulato constituem grupos nitidamente inferiores, sustenta que o cruzamento com o índio não é prejudicial. Além disso, considera que o planalto paulista não é favorável ao negro e ao mulato, pois as bruscas mudanças de temperatura aí existentes são prejudiciais à respiração desses grupos, "cuja maior espessura dérmica sobrecarrega a respiração pelos pulmões" (p.115). Essa possível inferioridade não parece muito séria para o autor, pois admite ter sido mínima a imigração negra para São Paulo e, além disso, esse grupo tende a extinguir-se.

Em resumo, Alfredo Ellis admite que os paulistas têm "um tipo físico profundamente diferente do dos brasileiros", embora admita ao mesmo tempo que em São Paulo não haverá um tipo físico único. O importante, segundo o autor, é que "São Paulo reuniu todos os elementos de sua população em uma só mentalidade", de que participam filhos dos vários imigrantes (p.263).

Essas análises indicam um nacionalismo nascente que, como já foi dito, não teve continuidade. De certo modo, embora aceitasse as mesmas teorias supostas por outros ideólogos brasileiros, no caso de Alfredo Ellis essas teorias – com um pouco de deformação, evidentemente – poderiam ser usadas a favor do nacionalismo paulista. Como São Paulo recebera, a partir dos fins do século XIX, um grande contingente de imigrantes europeus, as deficiências raciais vistas pelos outros brasileiros poderiam ser afastadas; como o clima de São Paulo não é tão quente quanto o dos Estados do Norte, as teorias de determinismo geográfico não teriam aí um peso tão grande. De forma que entre tantos autores pessimistas – alguns de São Paulo, como Paulo Prado – os "separatistas" podiam ter uma atitude de otimismo, na medida em que se isolavam do resto do Brasil. Como se procurará sugerir nos capítulos seguintes, há uma constante nas teorias pessimistas: atribuir às classes mais pobres – em que se localizam os mestiços – as deficiências do Brasil. Os separatistas faziam a mesma coisa, mas em outro nível: isentavam-se do atraso brasileiro, procurando constituir um país autônomo.

Artur Ramos e o inconsciente primitivo do brasileiro

Artur Ramos (1903-1949), mesmo sem formação universitária em ciências sociais, e embora morresse numa idade em que ainda poderia dar grandes contribuições à ciência brasileira, teve extraordinária importância nos estudos sobre as religiões negras, tanto na Bahia quanto no Rio de Janeiro. Médico como Nina Rodrigues, formado também pela Faculdade de Medicina da Bahia, considerava-se um continuador daquele mestre. O reconhecimento da significação da obra de Nina Rodrigues não o levou, no entanto, a uma repetição das teorias deste, mas a uma sadia renovação de métodos e teorias.

Considerando-se que Artur Ramos era médico, e que apenas nos últimos anos de sua vida teve, continuamente, a responsabilidade do ensino de antropologia – na Universidade do Brasil –, bem como a dificuldade de informação científica no Brasil, é na verdade surpreendente verificar o que realizou. Para só mencionar seus trabalhos mais importantes, lembra-se que escreveu um manual de psicologia social (1936)– resultado do período em que lecionou essa disciplina na antiga Universidade do Distrito Federal – que revela um grande esforço de síntese de várias tendências teóricas e de pesquisas; um livro sobre crianças desajustadas (1939) que, embora sem muita perspectiva teórica, foi durante algum tempo o único trabalho empírico publicado no Brasil a respeito; um livro sobre folclore (1935), além dos estudos de antropologia, que agora serão mencionados. Aqui, os mais importantes são seus artigos sobre o negro (1942), um livro sobre o que denominou etnografia religiosa do negro brasileiro (1940) e o tratado de antropologia brasileira (1936) em que apresentou um panorama de todas as culturas que vieram para o Brasil, bem como de sua interação.

Se esses livros são ainda hoje valiosos, a sua significação histórica foi fundamental: Artur Ramos, que escrevia com clareza e estilo agradável, na década de 1930 foi entre nós o grande divulgador do novo conceito de cultura, um dos grandes adversários da doutrina da superioridade racial dos brancos, o estudioso que não temia descrever os sofrimentos do negro brasileiro, o divulgador das interpretações psicanalíticas dos mitos e das cerimônias religiosas, o paciente colecionador de objetos dos cultos negros, o observador e intérprete das religiões africanas. Para quem foi pioneiro, num país em que só na década de 1930 se iniciavam os estudos universitários de sociologia e antropologia – e onde Oliveira Viana era celebrado como sociólogo –, foi realmente uma tarefa extraordinária.

Hoje, somos capazes de perceber que sua grande limitação foi estudar o negro pela antropologia – e, no caso, por sobrevivências culturais – e não pela sociologia e psicologia social, isto é, por processos dinâmicos de ajustamento à vida social. Além disso, Artur Ramos ficou, apesar de tudo, preso a uma concepção evolucionista, de forma que se o negro não é visto como raça inferior, é analisado como possuidor de uma cultura atrasada, de que deve ser lentamente libertado. Em parte, isso se deve ao fato de ter aceitado a teoria da mentalidade pré-lógica do primitivo, de Lévy-Bruhl, e de ter dado uma interpretação talvez muito restrita da teoria freudiana. Disso resultam várias deformações nos processos que descreve. Em primeiro lugar, teria sentido falar em cultura primitiva num grupo que há várias gerações está em contato com a chamada civilização? Estaremos diante apenas de *sobrevivências* de culturas primitivas ou diante de culturas de classes e castas? Em segundo, não será preconceito considerar uma religião como primitiva, e outra como evoluída, quando fenômenos muito semelhantes aos denominados primitivos podem ser encontrados em culturas europeias?

A teoria da mentalidade pré-lógica já foi tão discutida que basta um pequeno comentário. Essa teoria supõe dois modelos de pensamento: um lógico, do civilizado; outro pré-lógico, do primitivo. O erro da teoria é supor que o civilizado é sempre lógico e o primitivo pré-lógico, quando, na verdade, todos os homens apresentam os dois tipos de pensamento, ainda que se pudesse dizer que quanto mais próximos da ciência, mais *lógicos* nos tornamos.

Na aplicação da teoria psicanalítica para a interpretação da vida religiosa, Artur Ramos deixou de lado o princípio de uma semelhança fundamental na humanidade, e esse princípio é básico na interpretação freudiana. Se se considera a interpretação de Jung, a deformação de Artur Ramos é ainda mais nítida; se, para Jung, o inconsciente coletivo é a parte mais profunda e mais rica de nossa vida mental, Artur Ramos o considera quase como *deficiência*.

Se é injusto avaliar a obra de Artur Ramos por interpretação global da vida cultural brasileira, que apresentou em poucas páginas e que talvez pudesse um dia reformular ou refazer, esses trechos são significativos, pois mostram até que ponto continuou com uma visão deformada do processo de interação racial no Brasil.

O primeiro desses textos se resume a algumas páginas finais de *O negro brasileiro* (1940, p.406-10). As ideias fundamentais aí apresentadas podem ser resumidas da seguinte maneira. O Brasil ainda vive "em pleno domínio de um mundo mágico, impermeável, de uma certa maneira, ainda aos influxos de verdadeira cultura". Se isso não deve dar ao brasileiro o sentimento de inferioridade, deve também convencer-nos de que é inútil negar esse fundo emocional e primitivo; por isso, é importante conhecer as religiões, colocadas "nos bastidores do inconsciente coletivo", pois em todas as classes sociais do Brasil o feiticeiro continua a ter um prestígio imenso. A existência de alguns doutores e sábios não representa uma "afirmação cultural", pois eles são "individualistas e vivem separados da massa". Enfim, "só o trabalho lento da verdadeira cultura – cultura que destrua a ilusão mágica da nossa vida emocional –" poderá permitir ao brasileiro superar os elementos pré-lógicos, pois a nossa mentalidade coletiva ainda não pode compreender "a verdadeira noção de causalidade".

Embora lembre que a lógica formal é uma abstração, e que o pensamento mágico permanece "em múltiplos atos da vida humana, no primitivo, na religião, no nevrosado, na vida cotidiana, na arte, no sonho, na criança", pensa também que a psicanálise "já fornece hoje métodos de uma compreensão mais exata do *Eu* e do próprio mecanismo do pensamento". Finalmente, admite que ainda não somos capazes de "compreender a psique coletiva do brasileiro. Com o estudo das formas atrasadas de suas religiões, consegue-se apenas descobrir uma ponta do véu". O que Artur Ramos propõe é a necessidade de descer ainda mais e, abaixo da história superficial, descobrir "as peripécias e transformações do seu inconsciente folclórico".

Esse programa, destinado a desvendar o nosso "inconsciente coletivo", bem como o conceito, várias vezes repetido, de "verdadeira cultura", mostra como Artur Ramos deformou as duas teorias que pretendeu empregar. Se é certo que Jung supunha a existência de diferenças no inconsciente de várias nações,[5] é certo também que quanto mais *descemos* na vida inconsciente, mais elementos comuns vamos encontrar. Mais ainda: para Jung, não se caminha até o inconsciente coletivo para eliminá-lo, mas para incorporá-lo e aceitá-lo. Artur Ramos, ao contrário, pensa em conhecer o inconsciente para superá-lo – o que seria o programa freudiano. Mas ainda que pretendesse formular um programa freudiano, as suas hipóteses são erradas: em todas as sociedades, os psicanalistas encontram os mesmos conflitos, embora com expressões diversas e cuja identidade fundamental a análise pode revelar. Portanto, ao analisar as religiões negras, Artur Ramos só poderia descobrir, como os freudianos e jungianos, elementos comuns entre essas religiões e as religiões europeias.

O curioso é que foi isso mesmo que aconteceu: em páginas anteriores, ao examinar o culto de *Iemanjá* (rainha das águas), Artur Ramos (1940, p.315) verificou que esse culto se aproxima da lenda germânica da *Loreley* e da sereia dos navegantes, e escreveu: "há, pois, um fundo comum, um pensamento elementar, que universaliza esta lenda de todos os tempos". Justamente por isso, porque todas as lendas podem ser ligadas a conflitos básicos – que Artur Ramos denomina impropriamente "pensamento elementar" –, não se pode considerar Iemanjá mais primitiva que *Loreley* ou a lenda das sereias. Poder-se-ia dizer que, nesse caso, *Loreley* é apenas uma lenda, enquanto Iemanjá é adorada como deusa; mas, nesse caso, não seria ne-

---

5 Ver, por exemplo, discussão de Jacobi (1962, p.34).

cessário dizer que o pinheiro de Natal é também primitivo – pois está ligado a formas religiosas imemoriais – e que a comunhão católica é primitiva, pois também se ligaria a crenças mais antigas ainda?

A contradição maior, no entanto, está na tentativa de superar esse estágio de religião primitiva. É verdade que Freud considerava as religiões como ilusão, mas não distinguia uma religião mais ilusória do que outra. A rigor, Artur Ramos confunde a psicanálise como método de cura e a psicanálise como interpretação da cultura, por isso apresentada como forma de *curar* o inconsciente do brasileiro, supostamente mais primitivo que o de outros povos.

Isso fica bem claro no outro erro de Artur Ramos, isto é, falar em cultura verdadeira, que seria para ele uma cultura lógica. Por aí se vê como esteve longe de compreender corretamente o conceito de cultura – embora este lhe permitisse superar o racismo de Nina Rodrigues e Oliveira Viana. De fato, se o conceito de cultura tem sentido, designa os padrões criados por um grupo no seu ajustamento ao seu ambiente e ao seu destino. As culturas negras são tão *verdadeiras quanto* as brancas: basta pensar nas formas de habitação de um país frio e nas de um país quente para entender esse processo de ajustamento. Está claro que as culturas negras não deveriam ser mantidas integralmente no Brasil, pois aqui os negros estavam diante de uma cultura mais eficiente. Portanto, a pergunta legítima, para explicar a permanência de formas culturais não funcionais, isto é, que impedem o ajustamento, só pode ser uma: será que os negros tiveram acesso a essa cultura mais adequada para as condições reais? Como não faz essa pergunta, a sua explicação é muito semelhante às de Nina Rodrigues; este fala em raça, enquanto Artur Ramos fala em cultura, mas os dois concluem que o negro, por ser negro, ainda não pode acompanhar a civilização e, mais do que isso, arrastou o branco brasileiro para o primitivismo.

Essas ideias ficam ainda mais explícitas no artigo sobre a vida cultural brasileira (1942, p.289-97), em que procura fazer "uma psicologia da cultura brasileira, na análise dos processos de sua vida mental", admitindo desde o início que essa vida mental está "ainda eivada de defeitos, próprios das culturas ainda na infância".

Na enumeração desses defeitos, indica: o culto da palavra; culto do doutor e caça ao diploma; primarismo, autodidatismo, narcisismo; culto das coisas concretas; totens estrangeiros; "indoctrination".

A primeira observação é que, embora Artur Ramos pretenda descrever a vida cultural brasileira, na realidade fala da vida intelectual; no entanto, a confusão no título parece dar uma amplitude maior à sua descrição, e o autor também oscila quanto a essa amplitude.

O culto da palavra seria uma "sobrevivência da mentalidade primitiva", pois o primitivo dá um valor mágico às fórmulas verbais. Assim, o brasileiro julga solucionar as coisas com discursos, decretos e papelório. O culto do doutor e a caça ao diploma são uma "sobrevivência do amor primitivo aos enfeites, aos adornos, símbolos de poder e de dominação". Assim, os estudos superiores são procurados não pela cultura que permitem, mas pelo diploma que fornecem. O primarismo, o autodidatismo e o narcisismo são analisados, por Artur Ramos, na vida intelectual e na vida administrativa: à falta de orientação universitária, a vida intelectual se baseia no autodidatismo, que por sua vez reforça o narcisismo. Os indivíduos que se salientaram em algum domínio julgam-se inatacáveis, os "donos de assunto". Na vida administrativa, o narcisismo é responsável pelas reformas totais que cada administrador procura realizar.

O culto das coisas concretas explica que o brasileiro só considere ciência aquilo que se vê, por isso não se dá importância à sociologia e à psicologia. O culto dos totens estrangeiros explica que o brasileiro viva em busca do que dizem os autores estrangeiros, da "última moda" aparecida em países mais adiantados. O que Artur Ramos denominava "indoctrination" poderia ser denominado "pensamento viesado" ou preconceito. Nesse caso, reconhece que também em outros países existe interferência política, social ou religiosa no pensamento científico. Assim mesmo, indica que no Brasil, ao contrário do que ocorre em outros lugares, não se faz nítida separação entre pesquisa científica e pensamento religioso. Em resumo, afirma que "não temos *espírito universitário*, justamente porque nos falta aquele espírito de pesquisa, de objetividade, de imparcialidade de julgamento etc., que seria tão premente introduzir no Brasil".

Ao concluir o artigo, Artur Ramos diz que não é possível responsabilizar por essas características qualquer grupo étnico, mas sim o atraso cultural e uma aculturação ainda não completada; admite ainda que alguns desses defeitos "podem e devem ser corrigidos", enquanto outros caracterizam "uma civilização em início".

Se essa análise fosse considerada indicação de características da vida intelectual brasileira, poderia ser aceitável, embora não responda a duas perguntas básicas: até que ponto essas características decorrem de condições econômicas e, em segundo lugar, até que ponto não poderiam ser indicadas em outras culturas. Por exemplo, quando Artur Ramos diz que no Brasil da época (1938) não havia espírito de pesquisa, talvez fosse mais correto dizer que havia pouquíssimas oportunidades para pesquisadores. Quando se pensa que só recentemente algumas universidades e institutos de pesquisa começaram a oferecer cargos de magistério e pesquisa em tempo integral – isto é, em que o professor e o pesquisador têm apenas um emprego, de forma que possam dedicar-se ao estudo e à pesquisa –, é fácil compreender por que a pesquisa é tão limitada no Brasil. Se um professor brasileiro dá oito ou dez horas de aula por dia, parece evidente que não é o primitivismo de seu pensamento que impede a concentração no estudo e na pesquisa, mas uma reação orgânica muito mais prosaica: o cansaço. E praticamente todas as outras características podem ser explicadas de forma semelhante, isto é, sem recurso a nenhum primitivismo da cultura, a nenhuma civilização em início. Considere-se o culto da palavra. No momento mesmo em que Artur Ramos escrevia o seu artigo, a Alemanha era incendiada pelos discursos de Hitler, um dos maiores demagogos da oratória contemporânea; seria necessário procurar elementos primitivos na cultura alemã, ou aí tentar descobrir uma aculturação incompleta? A verdade é que também na Alemanha, ou em qualquer outro país em determinadas condições, as palavras podem adquirir conteúdo *mágico*, sem que seja necessário procurar as suas raízes primitivas.

Num resumo final, verifica-se que Artur Ramos, embora explicitamente recusasse o evolucionismo linear de seus antecessores, acabou sendo vítima do mesmo esquema de pensamento, ao descrever a cultura brasileira como próxima da cultura primitiva, inferior às culturas civilizadas por resultar do amálgama imperfeito de culturas mais atrasadas.

Resíduos índios e negros

Essa ideia de reunião de culturas, e, principalmente, de que as culturas negras e índias representam um fator de atraso para a cultura branca, aparece de várias formas em outros autores.

Embora de maneira não muito coerente, essa é a tese de Azevedo Amaral (1934). Na verdade, o autor sustenta várias teses, nem sempre compatíveis, mas que revelam preocupações mais ou menos comuns aos intelectuais brasileiros da época. Por exemplo, sustenta que algumas dificuldades do desenvolvimento brasileiro vêm do fato de nossa vida não acompanhar o desenvolvimento de outros países; ao mesmo tempo, no entanto, critica todos aqueles que procuraram introduzir padrões europeus na vida social e política do Brasil. É assim que critica os teóricos de nossa independência política, por terem imitado o sistema liberal, e os republicanos por terem imitado os Estados Unidos. De outro lado, algumas de suas interpretações parecem singulares: para Azevedo Amaral, o aspecto mais significativo da Revolução Russa de 1917 foi o fato de a cultura tártara ter superado a civilização branca. Em outras palavras, o marxismo foi aí um aspecto secundário, enquanto o fundamental teria sido o conflito étnico.

No caso do Brasil, Azevedo Amaral julga que negros e índios dificilmente terão possibilidade de uma revolta semelhante, mas pode haver uma degeneração dos valores ocidentais sob a influência corrosiva das correntes não europeias. Por isso, "o branco terá de firmar sua supremacia espiritual, aproveitando-se apenas dos valores africanos e ameríndios, quando muito como elementos decorativos de seu triunfo". Se não for capaz de fazê-lo, isto é, se não impuser sua "disciplina ética peculiar" e os seus valores, "terá de resignar-se à decadência e à esterilidade ... onde desaparecem todas as tentativas de mestiçagens de raças sensivelmente afastadas entre si". Por isso, o autor termina o livro perguntando se o brasileiro conseguirá ser "uma raça biologicamente mestiçada", mas, ao mesmo tempo, "de um psiquismo exclusivamente branco nos traços essenciais da mentalidade e do caráter nacional", e admite que à geração atual e às próximas caberá essa resposta (p.262-4).

Em livro publicado logo depois, Afonso Arinos de Melo Franco, embora com teoria aparentemente bem diversa, chega a conclusões muito semelhantes (1936). Como Afonso Arinos de Melo Franco – nascido em 1905 de tradicional família brasileira – voltou seu interesse para outros campos da crítica,[6] do ensaio[7] e do livro de memórias (1961), não seria fácil saber até que ponto continua a aceitar a tese desenvolvida

---

6 Ver, por exemplo, *Portulano* (1945) e *Mar de sargaços* (1944).
7 Ver, por exemplo, *O índio brasileiro e a Revolução Francesa* (1937) e *Um estadista da República* (1953).

nesse livro de 1936. Haveria, naturalmente, a possibilidade de ligar ideias defendidas nesse estudo à atividade política de Afonso Arinos de Melo Franco – que durante muitos anos foi um dos líderes de partido político conservador e, durante algum tempo, ministro das Relações Exteriores –, mas essa relação talvez não seja direta e exigiria um levantamento monográfico. Por isso, o livro sobre a civilização brasileira será aqui examinado sem relação com outros trabalhos de Afonso Arinos de Melo Franco.

Aparentemente, um dos pontos de partida do autor é a teoria de Spengler – sobretudo *Decadência do Ocidente* –, de onde retira a distinção entre cultura e civilização. A cultura – primitiva ou superior – procura o domínio da natureza pelo homem, e é um processo de criação do mundo, enquanto a civilização é a fase de *aproveitamento* do mundo. Em resumo, diz Afonso Arinos de Melo Franco, "a civilização é a cultura realizada pela técnica". No entanto, a tarefa que o autor se propõe – discutir a existência de uma civilização brasileira – contraria Spengler, pois este supõe um desenvolvimento unitário da cultura para a civilização, na qual esta é o último elo, o ponto de consumo e decadência. Exatamente por isso Spengler podia falar em decadência do Ocidente, pois este já teria atingido a fase de civilização.

Ora, na descrição da história brasileira, Afonso Arinos de Melo Franco (1936, p.114) supõe que o "Brasil foi teatro histórico de um grande choque entre duas culturas e uma civilização". Embora não empregue os conceitos com muito rigor, pode-se dizer que Afonso Arinos de Melo Franco supõe o seguinte esquema: a civilização branca – isto é, sua técnica – logo destruiu as civilizações negras e índias; no entanto, o índio e o negro, incapazes de se opor pela técnica (ou civilização), opuseram-se ao branco pela cultura. Em outras palavras, incapazes de influir materialmente, negros e índios influíram espiritualmente – por exemplo, pela religião –, no que foram auxiliados pelo ambiente hostil ao branco e pelo mestiço, "excelente campo de desenvolvimento das culturas inferiores, porque a elas estava ligado pela predisposição atávica" (p.131).

Embora considere que algumas tendências brasileiras – por exemplo, o interesse por sexo – resultem das três influências, isto é, de brancos, índios e negros, propôs-se a salientar "os resíduos tipicamente afro-índios, isto é, aqueles elementos constitutivos das culturas inferiores que foram assimilados pela civilização colonial branca, marcando para sempre, com sua influência, a futura civilização brasileira" (p.135-6).

Indica os seguintes resíduos afro-índios: imprevidência e dissipação; desapego à terra; salvação pelo acaso; amor à ostentação; desrespeito à ordem legal. A improvidência e a dissipação, isto é, "a nossa imprevisão, a nossa falta de poupança, a nossa desatenção pueril para com o futuro" nos foram legadas pelo índio. Este é também responsável pelo desapego à terra, isto é, a nossa massa camponesa, sobretudo nas regiões onde é maior a parte de sangue indígena, abandona a terra e procura as cidades. Índios e negros transmitiram a esperança de salvação pelo acaso – onde Afonso Arinos de Melo Franco reúne a superstição, a magia, o mistério, o predomínio das forças pré-lógicas na vida social (p.157). Isso explica a paixão do brasileiro pelo jogo, e deste derivam duas consequências muito importantes para a vida social: o jogo impede a poupança e, de outro lado, cria a esperança de que a salvação nacional possa ser obtida por meio de milagres.

Também o amor à ostentação – isto é, "amor do adorno, do enfeite" – é herança de negros e índios. Como os primitivos dão grande importância a enfeites, Afonso Arinos de Melo Franco julga que de negros e índios vem "a mania de roupas, sedas, cores vivas, cheiros fortes, pinturas brilhantes que caracteriza o brasileiro popular, sobretudo o mulato e o caboclo" (p.173-4). Na vida pública, o amor à ostentação – contido pelos brancos na Colônia e no Império – aparece nitidamente no período republicano, quando alguns mestiços chegam a chefes do executivo brasileiro (p.200). Por isso, a República dá preferência à cidade e despreza o campo, precisamente porque tem o luxo das aparências dos mestiços e o seu desapreço pela terra. Finalmente, a outra herança de índios e negros é o desrespeito à ordem legal; isso se explica porque o "estado embrionário" de índios e negros se baseava na força e não na razão.

Depois dessa descrição – que Afonso Arinos de Melo Franco considera "um retrato psicológico" do Brasil, com os contornos, não de seu corpo, mas de sua alma (p.236) –, o autor pergunta qual o destino das instituições políticas no Brasil. Admite que, na época (escreveu em 1935), as massas percebiam a inutilidade da legalidade e pretendiam um governo capaz de atender às necessidades populares: "E são essas necessidades que procuram, agora, se fazer ouvir pela voz da força, num evidente recuo ao plano de influência das culturas primitivas" (p.232). Por isso, porque a legalidade perdeu seu prestígio, o Estado, enquanto não encontrar outro mito, só pela força poderá opor-se aos "impulsos de resíduos culturais afro-índios".

O sentido ideológico da descrição de Afonso Arinos de Melo Franco é tão claro que praticamente torna desnecessária qualquer interpretação. Mas vale a pena tornar bem explícitos os seus princípios: os índios e negros são responsáveis pela distância entre nossa civilização e a civilização inteiramente branca de outros países; enquanto esses "resíduos" afro-índios foram contidos pela camada branca (pelos jesuítas na Colônia, pelo parlamentarismo no Império, pelos juristas da República), o Brasil pôde ter uma organização civilizada e baseada na legalidade, mas isso será impossível com a ascensão das "culturas primitivas", de forma que só pela força será possível opor-se aos "impulsos de resíduos afro-índios".

Isso é nitidamente uma pregação fascista: a massa popular precisa ser contida pela elite branca, e ser contida pela força, pois as características "primitivas" do povo impedem que atinja a civilização. Aqui, a solução fascista – prenunciada no aristocratismo de Oliveira Viana – é claramente proposta, até com certa ingenuidade.

Mas para que as teorias da explicação ideológica do Brasil tivessem todos os sintomas fascistas, faltava uma nota antissemita. Disso se encarregou Gustavo Barroso.

Uma história antissemita do Brasil

Os dois volumes da *História secreta do Brasil* (Barroso, 1934, 1937)[8] poderiam ser lidos e apresentados como exemplo de que a psicose nazista pode florescer em qualquer país. De outro lado, algumas de suas afirmações são tão espantosas – e tão ridículas – que custa a crer que, durante certo tempo, chegasse a ter prestígio e a ser procurado por muitos leitores. Um exemplo pode dar ideia do nível da *demonstração* apresentada por Gustavo Barroso. O episódio da Pedra Bonita, onde, na década de 1830, no sertão nordestino, se reuniu um bando de fanáticos, é interpretado por Gustavo Barroso como provocado pelos judeus. A prova? Apresenta várias. Se o líder era pessoa até então desconhecida, se não se sabia de onde vinha, era pessoa *misteriosa*. Ora, a história mostra que essas pessoas misteriosas são enviadas pelos judeus. Além disso, sabe-se que os judeus antigos, como se vê na Bíblia, faziam sacrifícios de sangue; portanto, se na Pedra Bonita se faziam sacrifícios de sangue, isso prova que era movimento orientado pelos judeus. Outra prova está no fato de que um desenho feito na época mostra semelhança entre a pedra do sacrifício e um templo maçônico; como a maçonaria é judaica, é fácil estabelecer a relação. Outra prova está na depravação sexual, observada em Pedra Bonita, e também característica

---

8 O autor não refere a existência do terceiro volume *Da maioridade à República*. Rio de Janeiro: Civilização Brasileira, 1938 (N. do O.).

dos judeus. Mas não apenas os sertões são dominados pelos judeus; o mesmo acontece na Faculdade de Direito de São Paulo, onde existe uma organização secreta (*A Bucha*) de que participam alunos e professores. A prova? Uma carta anônima enviada à redação de um jornal e que o livro reproduz; o autor, que se assina *Nortista* – e que talvez fosse o próprio Gustavo Barroso –, conta as cerimônias secretas que a seguir o livro descreve.

E não é só. Também as manifestações folclóricas negras têm inspiração judaica:

> Vimos que a macumba não passa dum satanismo de fundo cabalista, isto é, tem oculta a inspiração judaica, embora sua forma aparente seja africana. Por essa razão, Israel, usando da imbecilidade dos cristãos, a põe em moda, levando os desprevenidos, os ávidos de sensações estranhas e os esnobes a frequentá-la como coisa importante de nossos costumes. (Barroso, v.2, p.341)

Como havia quem se opusesse ao integralismo – nome do mais notório movimento fascista da década de 1930 no Brasil –, Gustavo Barroso pretende desmascará-los. Por exemplo, considera uma frase de discurso de Armando Sales de Oliveira – que denomina Armando Sales Moretzohn de Oliveira –, governador de São Paulo e candidato à presidência da República, prova de filiação judaica. A frase é esta: "Essa preponderância cabe a *forças novas e invencíveis,* cuja existência nem todos conhecem". Essa frase confirma a ligação entre Armando Sales de Oliveira e a maçonaria e o judaísmo (v.2, p.28). Essa prova é simples: Gustavo Barroso grifou *forças novas e invencíveis* e chamou a atenção para o fato de Armando Sales de Oliveira dizer que nem todos as conhecem. Ora, se Gustavo Barroso está esclarecendo quais são essas forças que nem todos conhecem, o discurso do antigo governador de São Paulo é exemplo de que, às vezes, esses agentes internacionais confessam "com orgulho" a sua filiação.

Se os psicólogos ainda precisassem de uma prova de que o antissemitismo em suas formas extremadas é uma fantasia psicótica, Gustavo Barroso a apresentaria com todos os pormenores. A tragédia é que esse homem não estava num hospital psiquiátrico: escrevia e editava livros, e estes eram citados como provas contra políticos, contra juízes de direito, contra membros do clero, contra escolas superiores, enfim, todos os que não aceitassem participar da mesma psicose. E os seus livros foram também lidos como explicação para o atraso do Brasil, provocado pela maldade de um povo estrangeiro.

Características indicadas por Artur Ramos

1 culto da palavra
2 culto do doutor
3 caça a diploma
4 primarismo
5 autodidatismo
6 narcisismo
7 culto das coisas concretas
8 culto dos totens estrangeiros
9 "indoctrination"

Características indicadas por Afonso Arinos de Melo Franco

1 interesse por sexo (negros, índios e brancos)
2 imprevidência e dissipação (índios)
3 desapreço pela terra (índios)
4 salvação pelo acaso (negros e índios)
5 amor à ostentação (negros e índios)
6 desrespeito à ordem legal (negros e índios)

13
Prenúncios de libertação

Manuel Bomfim: ensaio de afirmação das classes desprotegidas

Pode-se dizer que Manuel Bomfim (1868-1932), quando comparado a outros ensaístas de seu tempo, passou mais ou menos despercebido. Em histórias recentes da literatura brasileira, de Wilson Martins (1965, v.4), ou de Alfredo Bosi (1966), não é citado, salvo erro, uma só vez; é citado por Nelson Werneck Sodré (1964), que lembra aspectos positivos de sua obra e o fato de Bomfim ter utilizado novos instrumentos – entre os quais o marxismo – para analisar o passado brasileiro. Quando se pensa nas grandes discussões provocadas pela obra de Oliveira Viana ou de Paulo Prado, essa citação – embora simpática – é realmente insignificante; outra referência a Manuel Bomfim pode ser encontrada no artigo de Antonio Candido sobre a sociologia brasileira, na *Enciclopedia Delta-Larousse*, onde Bomfim é colocado entre predecessores da sociologia contemporânea; ao contrário do que ocorreu com a obra de outros ensaístas, suas obras não foram reeditadas. A última divulgação sistemática de seus trabalhos parece ter sido feita por Carlos Maul (cf. Bomfim, 1935), sem que se observe maior repercussão de suas ideias. No prefácio a esse livro, Carlos Maul julga que a obra seria demasiadamente erudita para ser compreendida por leigos, mas as razões desse relativo esquecimento devem ser procuradas em outros aspectos. O pensamento de Bomfim parece ter sofrido uma lenta maturação, mas somente em algumas páginas atinge o nível de generalidade e consistência lógica, necessárias para uma visão sistemática de sua posição. Muitas vezes, em seus vários livros, perde-se em minúcias ou na demonstração de episódios pessoais; outras vezes, perde-se num antilusitanismo estéril, procurando demonstrar até que ponto os portugueses prejudicaram o Brasil. Espírito apaixonado – e por isso frequentemente parcial e incapaz de colocar-se na perspectiva histórica para julgar homens e acontecimentos do passado –, Manuel Bomfim frequentemente deixa de dar ênfase à tese fundamental, ao apresentá-la de maneira sentimental e não objetiva.

Mas a razão fundamental para o esquecimento de sua obra decorre do fato de Manuel Bomfim estar adiantado com relação aos intelectuais de seu tempo, ou do fato de ser capaz de propor uma perspectiva para a qual esses intelectuais não estavam preparados. Nacionalista num período de pessimismo, em que os intelectuais só discordavam quanto às razões de nossa inferioridade como povo, mas não dessa inferioridade; socialista, num período em que os nossos intelectuais, direta ou indiretamente, estavam seduzidos pelas *realizações* de Mussolini na Itália, Manuel Bomfim não poderia ser compreendido. Além disso, Bomfim tentava conciliar nacionalismo e socialismo, o que, para grande parte do pensamento de esquerda, durante muito tempo pareceu uma heresia política e teórica. No entanto, em alguns momentos, suas discussões são extraordinariamente lúcidas, ligando certos aspectos do pensamento marxista ao nacionalismo:

Consciente dos seus destinos, o Homem se reconhece na humanidade, incorpora-se a ela, e, sedento de justiça, incorpora cada um dos seus companheiros naturais; todos os que, igualmente carecidos de justiça, vivem espoliados e oprimidos, em nome de diferenciações que a força brutal tem instituído, e que o privilégio conserva. Forma-se, destarte, a classe proletária, a grande reserva da humanidade. Mas, essa humanidade a que propendemos nas formas políticas e sociais é como abstração: não a sentimos senão fracionada em grupos, nitidamente e necessariamente situados através de um passado: são pátrias, cada uma das quais tem a significação de uma paisagem humanizada numa tradição. (Bomfim, 1935, p.347-8)

Em outros textos, mostra informação muito boa a respeito do sentido linguística, e não racial, de ariano, e diz que "o francês Gobineau, mesquinha mentalidade de diplomata, que se promoveu a conde, considerou-se promovido também em sangue, e proclamou, sobre as raças desiguais, a absoluta superioridade dos germanos ... pois que um aristocrata francês é de sangue germano..." (ibidem, p.340). Isso, numa época em que Oliveira Viana, como se viu no capítulo anterior, referia-se a Gobineau como "gênio possante" e discutia a *arianização* do Brasil. No entanto, em alguns momentos, perde a serenidade – e a objetividade – e descreve Portugal, no começo do século XIX, como "um povo de bravos, para um governo de infames".

Como descrição do caráter nacional, o seu trabalho mais completo é provavelmente o livro sobre a América Latina, *A América Latina: males de origem* (1905).[1]

Esse livro começa com uma corajosa afirmação de nacionalismo, que Manuel Bomfim reconhece apaixonada, mas fundamentada em fatos. Observa que políticos e jornalistas europeus, embora discordem em várias coisas, estão sempre de acordo ao dizer que a América Latina é uma região atrasada,

---

1 As citações de páginas, sem outra indicação, referem-se a este livro.

povoada por mestiços indolentes e degenerados. Embora na Europa sejam inúmeros os escândalos, os europeus dão a impressão de que a América Latina é a região dos escândalos e da desonestidade. De outro lado, se esses ataques resultam da ignorância a nosso respeito e do desejo de conquistar essa região, decorrem também do lamentável atraso das populações latino-americanas. Por isso, é preciso conhecer as causas desse atraso, a fim de modificar nossas condições de vida.

Ao estudar essas sociedades, nota-se que padecem do mal que já corroera Portugal e Espanha, o parasitismo, de que decorre a degeneração. Para explicar essa característica, Manuel Bomfim mostra que Portugal e Espanha – embora por processos um pouco diferentes – acabaram por adquirir, nas lutas contra os mouros, uma educação guerreira e depredadora, que impediu a adaptação ao trabalho pacífico. Com o passar do tempo, já não se encontrava o heroísmo, mas a sua perversão, na luta pela luta: a audácia do bandido, a intrepidez cruel do toureiro. Quando, após a reconquista do seu território, os ibéricos se lançam à conquista do mundo, não o fazem com o espírito prático – o comércio, por exemplo –, mas com o espírito de violência e destruição, revelado na Índia, no México, no Peru, no Brasil. Quando se tornam sedentários, isto é, quando exploram a terra, o que fazem é utilizar o africano ou o indígena para o trabalho, ou seja, tornam-se parasitas do trabalho alheio.

Do parasitismo decorrem várias consequências: organizado para a exploração da colônia, o Estado é, desde o início, o inimigo, pois não tem iniciativas que visem ao bem coletivo. E das lutas contínuas, do trabalho escravo e do Estado espoliador resultam, para o caráter das novas sociedades, "perversão do senso moral, horror ao trabalho livre e à vida pacífica, ódio ao governo, desconfiança das autoridades, desenvolvimento dos instintos agressivos" (p.158-9). Do parasitismo decorre também o conservantismo, pois este procura manter uma situação de privilégio; mas ao conservantismo se acrescenta a falta de observação, o amor à fórmula escrita, ao decreto salvador, à solução livresca.

Finalmente, o parasitismo explica também a peculiar forma do Estado nas repúblicas latino-americanas: o Estado alheio à vida nacional e espoliador dos bens particulares, odiado pelo povo. Se, em outras regiões, o Estado é concebido como defensor do bem comum, na América Latina só existe "para cobrar impostos, coagir as populações, organizar as forças armadas que o defendem e representam o seu poder..." (p.215).

Para comprovar essa afirmação, Manuel Bomfim faz uma rápida análise do orçamento de 1903 no Brasil, e demonstra que o governo federal gastava aproximadamente 25% de sua receita com as forças armadas, e pouco mais de 1% com "ensino, bibliotecas, museus, escolas especiais, observatórios etc.". E o autor continua a dizer que se gastavam esses 25% dos recursos do Estado para defender o país de um problemático ataque estrangeiro ou contra desordens internas, mas nem um vintém "com a instrução da massa popular". Se a União não mantinha o ensino primário, e se esse serviço cabia aos Estados, a verdade é que o total das despesas estaduais e da União com a instrução atingia apenas um terço do que só a União despendia com as forças armadas; está claro que se apresentassem os gastos dos Estados com suas forças policiais, a diferença seria ainda mais extraordinária.

Nesse mesmo orçamento, Manuel Bomfim indica a desproporção entre contribuições diretas e indiretas, pois estas constituem praticamente toda a receita, ao contrário do que ocorre nos países democráticos. E o autor vai um pouco mais longe ao discutir as ideias de *iniciativa individual* defendidas pelos políticos brasileiros, mostrando que estes ignoravam todos os trabalhos realizados pelo governo norte-americano para incentivar e apoiar a iniciativa particular: só por uma verdadeira aberração de crítica se pode invocar o exemplo das nações anglo-saxônicas para justificar a existência do Estado como um organismo dominador, tirânico, oneroso e quase inútil, sobre a sociedade. Ali, os poderes públicos garantem e protegem muita iniquidade, mas garantem também umas tantas liberdades, essenciais à personalidade humana, e ocupam-se efetiva e eficazmente do progresso e bem-estar da comunidade.

Além do parasitismo, as nações ibéricas têm, como características comuns, "uma hombridade patriótica, intransigente, irredutível, levando os indivíduos a todos os heroísmos e resistências; a um extraordinário poder de assimilação social" (p.265). Da "hombridade patriótica" derivariam todos os exageros e perversões guerreiras dos povos peninsulares e, em parte, as infinitas revoltas e o caudilhismo latino-americano. A outra qualidade importante – a capacidade de assimilação – poderia ter sido fator de grande progresso, mas foi anulada pelo parasitismo degradante.

Nos países latino-americanos, além da influência ibérica, houve também a influência índia e negra. Ao contrário de outros autores da época, Manuel Bomfim admite que essa influência foi pequena, não só pelo atraso desses povos primitivos, mas também pela situação em que foram colocados nas novas sociedades. Apesar disso, admite que os negros nos legaram "uma certa afetividade passiva, uma dedicação morna, doce e instintiva, sem ruídos e sem expressões ... Ainda hoje, os descendentes desses escravizados de três séculos afagam por aí, com seu carinho esquecido e submisso, o egoísmo do branco absorvente" (p.271). Ao contrário dos autores da época, Manuel Bomfim procura mostrar que os defeitos apontados nos negros – submissão incondicional, frouxidão da vontade, docilidade servil – resultam da situação de escravo; mais ainda, os suicídios dos negros e suas revoltas mostram que não lhes faltava amor à liberdade pessoal.

Quanto aos indígenas, Manuel Bomfim indica seu "violento amor à liberdade, uma coragem física verdadeiramente notável, e uma grande instabilidade intelectual" (p.272). Quanto a alguns defeitos apontados nos indígenas – a perfídia e a crueldade –, Bomfim sugere que os grupos brancos, em seus contatos com os índios, foram muito mais pérfidos, muito mais sanguinários.

A partir dessa análise, Manuel Bomfim é levado a examinar a teoria de superioridade e inferioridade das raças, e conclui que essa teoria é apenas justificativa europeia para o domínio e escravização do resto da humanidade (p.278 ss.). Isso pode ser verificado pela oscilação no desenvolvimento dos povos: se a teoria fosse correta, não se compreenderia que os povos considerados bárbaros pelos gregos pudessem chegar a ser os mais adiantados do mundo. Afasta, igualmente, a teoria dos efeitos *regressivos dos cruzamentos*; sustenta que os defeitos apontados nos mestiços resultam da falta de educação, do abandono em que vivem.

Finalmente, Manuel Bomfim lembra que a comparação com os Estados Unidos tem levado muita gente a afirmar a inevitável inferioridade dos latino-americanos, esquecendo-se as grandes diferenças entre os vários países, desde sua formação inicial até sua independência. Baseados na ideia de que as populações latino-americanas são ingovernáveis, muitos *sociólogos* e *filósofos* europeus justificavam o domínio europeu nessas regiões. Bomfim sustenta que, embora as teorias apresentadas não tenham valor científico, os latino-americanos devem examiná-las, a fim de refletir sobre a situação real desses países. Sustenta, também, que só pela educação esses povos poderão superar o seu atraso.

Como se vê por esse esquema, Manuel Bomfim conseguiu perceber, já no começo do século, os equívocos das teorias racistas que, como se indicou no capítulo anterior, exerceriam influência tão grande no pensamento brasileiro. Algumas de suas teses eram tão avançadas para a época que só viriam a ser reencontradas algumas décadas depois. Observe-se, por exemplo, como percebeu a significação das condições reais da vida para o desenvolvimento do caráter e como soube indicar a importância da educação. Observe-se, também, como soube identificar os erros teóricos do racismo, pela comparação do desenvolvimento dos povos em épocas diversas.

Ao mesmo tempo, no entanto, Manuel Bomfim não se libertara da ideia de transmissão de traços psicológicos. Assim, pôde afirmar que não existe dúvida quanto à hereditariedade social e, citando Ribot, afirma que "num povo esta soma de caracteres psíquicos, que se encontram em toda a sua história, em todas as instituições e épocas, chama-se caráter nacional ... A permanência do caráter nacional é o resultado e ao mesmo tempo a prova experimental de hereditariedade psicológica nas massas" (p.163-4). Admite, por isso, que embora as populações da América tenham variado e o ambiente seja outro, "as qualidades dominantes de caráter são as mesmas, mostrando bem claramente o parentesco que entre elas existe" (p.166).

Aparentemente, o autor não percebe a contradição entre essas afirmações e a ideia de que a educação pode modificar as características psicológicas, e, por isso, muitas de suas afirmações deixam de ter a intensidade e profundidade que poderiam adquirir.

Alberto Torres e a organização do país

Alberto Torres (1865-1917) participou da campanha abolicionista e do movimento republicano e, como político, foi governador (que então era denominado presidente) do Estado do Rio de Janeiro. Como intelectual, sua obra parece – embora sob outros aspectos e por diferentes motivos – tão contraditória quanto a de Manuel Bomfim. Durante mais de vinte anos seus trabalhos parecem ter sido inteiramente desprezados. Só na década de 1930 seus livros foram reeditados e houve tentativa de divulgação e aproveitamento de suas ideias. Aparentemente, foram, de modo especial, os integralistas e outros políticos da direita que valorizaram os trabalhos de Alberto Torres, pois este acentuava os valores nacionalistas e defendia as riquezas nacionais. Nesse sentido, podia ser interpretado como precursor dos movimentos de direita que passaram a ser divulgados a partir da década de 1920. Lidos hoje, em outra perspectiva histórica, seus trabalhos sugerem algumas teses defendidas pelos grupos brasileiros de esquerda, especialmente a partir de 1945. Isso talvez seja suficiente para sugerir que Alberto Torres não era nem uma coisa nem outra; ao contrário, suas ideias básicas revelam que, do ponto de vista político, talvez devesse ser classificado no liberalismo, embora sua situação de brasileiro o fizesse perceber contradições não percebidas pelos liberais europeus da época.

Mas o que talvez caracterize mais corretamente seu pensamento é a vocação messiânica: Alberto Torres tinha a vocação do pregador político, e certamente sonhava empregar suas ideias na remodelação do país. O estranho, no entanto, é que esse nacionalista, que negava aos europeus competência para falar do Brasil, tivesse escrito dois livros em francês – *Vers la paix: études sur l'etablissement de la paix générale et sur l'organization de l'ordre internationale* (1909) e *Le problème mondial; études de politique internationale* (1915) – pelos quais pretendia apresentar soluções para os problemas internacionais, na esperança de que os estadistas das grandes potências seguissem sua orientação. Isso permitiu a Eloy Pontes a maldade de dizer que Alberto Torres "atribuía a conflagração europeia à demora da Imprensa Nacional, porque, se os chefes dos países conflagrados tivessem lido *Vers la paix*, a guerra seria impossível – afirmava, sério e convicto".[2] É fácil mostrar, como o faz Alcides Gentil, que Eloy Pontes deformava os fatos: o livro tinha sido publicado em 1909, e não às vésperas da Primeira

---

2 Transcrito em Gentil (1932, p.XXXVII).

Guerra Mundial. No entanto, isso não desmente o fato de que Alberto Torres realmente acreditava no poder transformador de suas ideias, acreditava que a leitura de suas obras poderia modificar o curso, não só da história brasileira, mas da história humana. Sob esse aspecto, Alberto Torres é representante quase típico de nossa vida intelectual dessa época: sua obra padece de um idealismo a qualquer prova, isto é, Alberto Torres acreditava que o simples enunciado de algumas verdades, uma vez aceito e compreendido, seria suficiente para modificar a realidade. Sob outro aspecto, sua obra é também representativa dos intelectuais da época: baseia-se na crítica às soluções anteriores, mas é incapaz de indicar um programa prático que conduzisse às soluções por ele propostas. Essa característica resulta não apenas de seu idealismo, parece consequência, especialmente, de seu paternalismo, da ausência de um programa de mobilização popular para os empreendimentos apontados.

Dado esse divórcio entre a elite dirigente e a população, a obra de Alberto Torres acaba por apresentar os mesmos vícios que apontava em seus antecessores; medidas impraticáveis, não porque não fossem corretas ou adequadas, mas porque seria impossível encontrar recursos humanos e materiais para sua efetivação. Por isso, é compreensível a sua aceitação pelos grupos de direita, pois estes acreditavam nessa função messiânica da elite, quando não de um líder predestinado. Resta ver se as suas ideias básicas justificariam essa aceitação pelos políticos da direita.

Um dos aspectos mais nítidos na teoria de Alberto Torres é a crítica à vida intelectual brasileira, que julgava desligada de nossa realidade social e incapaz de verdadeira formação:

> Os teóricos repetem, maquinalmente, as doutrinas e sentenças em moda: sistemas rígidos e construções factícias, umas, condenadas à esterilidade, como espécimens de herbário e coleções de museus – nos anais do pensamento; contrárias, outras, à reali-

dade, e opostas, no combate das ideias (reflexo do embate das tendências antagônicas dos interesses) aos nossos interesses vitais. (1933b, p.215-6)

Além disso, Alberto Torres compreendia muito bem a ausência de verdadeiros centros de cultura no Brasil da época, do que decorria a geral desorientação dos intelectuais; indicava, também, o nível menos que medíocre das discussões supostamente intelectuais, limitadas a minúcias de forma ou de gramática, quando não à exposição de doutrinas alheias, apreendidas por resenhas bibliográficas de jornais e revistas.

Disso resulta que intelectuais e políticos brasileiros se preocupam com os aspectos mais superficiais da vida nos países desenvolvidos, e aqui procuram imitá-los, mostrando-se indiferentes à situação no interior do país. Daí o orgulho em exibir uma aparência de prosperidade, quando a situação do país não a justifica, nem exige.

Além dessa crítica, Alberto Torres – que nesse ponto se aproxima de Manuel Bomfim – mostra como importamos as doutrinas racistas dos europeus, sem perceber que elas nos levariam a negar qualquer futuro para o Brasil. Sob outro aspecto, vai ainda mais longe em seu nacionalismo: opõe-se aos trustes internacionais (que denomina *sindicatos*), pois admite que esses capitais não trariam verdadeira riqueza para o país. Ao contrário, a exploração de riquezas nacionais para exportação é jogar com o futuro da pátria, sem nenhuma compensação real; nesse sentido, considera que os brasileiros são ingênuos, pois oferecem condições que os outros países se recusam a apresentar aos capitais estrangeiros. Outra ideia que combate é a da imigração, pois não admite que o problema básico do Brasil seja a ocupação extensiva do território; ao contrário, já teria havido uma dissipação de recursos naturais do país. De outro lado, não admite que o trabalhador estrangeiro seja melhor que o nacional, desde que este tenha oportunidade para o trabalho. E também aqui, Alberto Torres se opõe nitidamente aos ideólogos da época: em vez de admitir que o brasileiro é indolente, admite que não tem oportunidade de trabalho. Como se vê, Alberto Torres supera – já na década de 1910 – muitas das ideias que continuariam a ser repetidas dezenas de anos depois. Mas quando tenta estabelecer um programa que altere a realidade nacional, lança mão dos mesmos argumentos jurídicos da sua geração, e propõe uma nova Constituição para o país (cf. Torres, 1933a). Como se vê, por mais que estivesse adiantado com relação à sua época, Alberto Torres acaba por submeter-se ao mesmo esquema de pensamento. Nesse sentido, se não é um ideólogo do caráter nacional – pois não explica a situação brasileira por meio de características psicológicas –, Alberto Torres não chega a libertar-se inteiramente dos preconceitos jurídicos de sua época, não chega a perceber que a lei, se outorgada pela elite, não poderia modificar a situação do país.

Essas observações não diminuem o mérito de Alberto Torres, nem de Manuel Bomfim – que, por razões diferentes, continuam a ser contraditórios. Comparados, não só aos seus antecessores, mas especialmente aos ideólogos posteriores – que serão analisados nos capítulos seguintes –, vê-se claramente como estavam avançados em suas teorias, e como foram capazes de compreender que o *atraso* do Brasil não se devia a condições psicológicas imutáveis, mas a condições históricas e econômicas que os homens podem superar.

MANUEL BOMFIM

Características psicológicas indicadas

Brasileiros

1 parasitismo
2 perversão do senso moral
3 horror ao trabalho livre
4 ódio ao governo
5 desconfiança das autoridades
6 instintos agressivos
7 conservantismo
8 falta de observação
9 resistência
10 sobriedade
11 tibieza
12 intermitência de entusiasmo
13 desfalecimentos contínuos
14 desânimo fácil
15 tendência à lamentação
16 facilidade na acusação
17 inadvertência
18 ausência de vontade
19 inconstância no querer
20 hombridade patriótica
21 poder de assimilação social

Índios e negros

1 inconsistência de caráter
2 leviandade
3 imprevidência
4 indiferença pelo passado

Influência dos negros

1 afetividade passiva
2 dedicação morna, doce e instintiva

Índios

1 amor violento à liberdade
2 coragem física
3 instabilidade emocional (defeitos de educação)

Mestiços

1 indolentes
2 indisciplinados
3 imprevidentes
4 preguiçosos (defeitos de educação)

14
Luxúria, cobiça e tristeza

Paulo Prado e o modernismo

Embora Paulo da Silva Prado (1869-1943) tivesse sido dos primeiros adeptos e defensores do modernismo, não é fácil identificar, em sua obra, uma influência decisiva desse movimento intelectual. Talvez isso se deva ao fato de o modernismo, no sentido rigoroso do termo, ser muito mais uma tendência estética do que ideológica bem definida e, no domínio estético, ser muito mais significativo na poesia que na prosa.

Em outras palavras, ao contrário do que se viu no caso do romantismo – em que era bem nítida uma generalizada atitude de otimismo e nacionalismo – ou do realismo – em que surge uma atitude pessimista com relação ao país –, no modernismo dificilmente se poderá indicar uma atitude predominante ou aceita pela maioria. De qualquer forma, se fosse necessário indicar uma atitude mais caracteristicamente modernista, esta seria provavelmente de otimismo, de aceitação da pátria tal qual ela é, de ridicularização dos que pretendiam vê-la com olhos europeus. Será suficiente pensar em Mário de Andrade – sem dúvida o grande líder do movimento – ou em Carlos Drummond de Andrade, inicialmente tão modernista, para notar essa atitude. Lembrem-se estes versos de Mário de Andrade (1941), nos quais ridiculariza os que ignoram o Brasil:

> Você sabe o francês "singe"
> Mas não sabe o que é guariba?
> – Pois é macaco, seu mano,
> Que só sabe o que é da estranja.[1]

Ou de Drummond de Andrade (1942, p.52-3), descrevendo sarcasticamente o poeta desligado do Brasil:

> A vaia amarela dos papagaios
> rompe o silêncio da despedida.
> – Se eu tivesse cinco mil pernas
> (diz ele) fugia com todas elas.
>
> Povo feio, moreno, bruto,
> não respeita meu fraque preto.
> Na Europa reina a geometria
> e todo mundo anda – como eu – de luto.
> ...
>
> Vou perder-me nas mil orgias
> do pensamento grego-latino.
> Museus! estátuas! catedrais!
> O Brasil só tem canibais.
>
> Dito isto fechou-se em copas.
> Joga-lhe um mico uma banana,
> por um tico não vai ao fundo.[2]

---

[1] " Lundu do escritor difícil", em Mario de Andrade, *Poesias*. O poema citado é de 1928.

[2] "Fuga", em Carlos Drummond de Andrade, *Poesia*, p.52-3. Primeira publicação em livro ocorreu em 1930.

Essa atitude de alegre aceitação do Brasil e dos brasileiros foi, depois, numa das vertentes do modernismo – o Verdeamarelismo – transformada em nacionalismo exaltado, e este, por sua vez, seria o ponto de partida do integralismo, movimento político de nacionalismo direitista. Seria erro, no entanto, supor que o modernismo tivesse, desde o início, essa tendência política, ou que depois viesse a aceitá-la pelos seus elementos mais representativos. Ao contrário, embora a década de 1920 se caracterizasse por grande agitação política e militar, as primeiras manifestações modernistas não sugerem orientação política. É só mais tarde, já na década de 1930, que alguns dos líderes modernistas farão opções políticas, quase sempre por um dos extremos: a direita e a esquerda.[3] Mesmo então parece evidente que nem todos os modernistas enfrentaram essas opções políticas, o que explica a confissão um pouco amargurada de Mário de Andrade (s. d., p.231-55), quando, em 1942, historia o modernismo e se acusa de abstencionista.

Por isso, é um pouco surpreendente que Wilson Martins (1965, v.4) considere *Retrato do Brasil* uma das obras representativas do modernismo, embora o crítico dê a modernismo um sentido extremamente amplo. Na verdade, é muito difícil encontrar na época, ou um pouco antes, autores que se aproximem teórica ou ideologicamente de Paulo Prado, embora não se deva esquecer que, na fase imediatamente posterior, *Retrato do Brasil* parece ter exercido influência considerável. Mas é livro original, em sua estrutura e suas premissas, senão em suas conclusões; por isso, parece melhor examiná-lo isoladamente, como a primeira interpretação rigorosamente psicológica de nossa história e de nosso caráter nacional.

---

3 Ver, a propósito, o esquema sobre a relação entre literatura e política, no período 1916-1945, estabelecido por Martins (1965, v.4, p.124).

O *Retrato do Brasil* como história psicológica

Publicado em 1928, *Retrato do Brasil* já conseguiu várias edições[4] e, dentre os livros voltados exclusivamente para a descrição do caráter nacional brasileiro, é talvez o mais comentado. Isso talvez não signifique aceitação, pois, aparentemente, os críticos apresentam restrições a suas teses; mas essa valorização resulta do fato de *Retrato do Brasil* ser um livro relativamente bem estruturado e, por mais que se afaste da realidade, não deixa de ter certa coerência estrutural. E esta se fundamenta, integralmente, numa explicação psicológica da história, em grau que dificilmente terá sido tentado por qualquer outro historiador.

O livro se abre com a afirmação de sua tese: "Numa terra radiosa vive um povo triste. Legaram-lhe essa melancolia os descobridores que a revelaram ao mundo e a povoaram" (p.11). Essa tristeza decorre dos impulsos que os levaram às descobertas: a ambição do ouro e a sensualidade livre do Renascimento. E o movimento das descobertas se explica com o desejo de superar as preocupações com a morte e o inferno que torturavam os espíritos cristãos; depois, essa fase de movimentos migratórios "tomaria a forma de imperialismo econômico e comercial" (p.14).

Na natureza exuberante do Brasil desenvolveu-se, "exaltado pela ardência do clima, o sensualismo dos aventureiros e conquistadores. Aí vinham esgotar a exuberância de mocidade e força e satisfazer os apetites de homens a quem já incomodava e repelia a organização da sociedade europeia" (p.26). Segundo Paulo Prado, os primeiros colonos não são de "origem superior e passado limpo"; além disso, a ausência de mulheres brancas, o clima, a liberdade na solidão, a sensualidade do indí-

---

4 Edição consultada: Paulo Prado (1931). As citações de páginas, sem outra indicação, referem-se a essa edição.

gena – tudo isso contribui para "reuniões de pura animalidade" (p.33). A prova seria dada pela Primeira Visitação do Santo Ofício (1591-1592), em que se verifica um panorama espantoso de dissolução, que mostra os pecados e perversões sexuais em que viviam os colonos.

A outra paixão do colono, além da sensualidade, era a cobiça. Os primeiros colonos vivem obcecados pela descoberta de tesouros, e é essa ambição que norteia os seus passos na colônia. Se essa busca de metais preciosos não impediu a formação de uma agricultura incipiente, de um pequeno comércio e de pecuária, isso não arrefece a busca do ouro, "dinamismo formidável de uma época, de uma raça e de um novo tipo étnico convergindo numa ideia fixa: Ouro, Ouro". A essa ambição só dois grupos parecem imunes na colônia: os jesuítas e os burocratas. Os primeiros representam uma força moral em luta contra as ambições e a devassidão da sociedade; os burocratas são parasitas, a sugar as energias da metrópole. Como outros historiadores, Paulo Prado salienta a significação dos bandeirantes para a integração do território, bem como o fato de terem a obsessão do ouro. Este, encontrado em fins do século XVII, provoca o grande movimento para a região de Minas Gerais. No entanto, apesar das fabulosas riquezas aí encontradas, o século XVIII será de verdadeiro martírio para os brasileiros, e já no fim do século, esgotadas as minas, a colônia e a metrópole estavam reduzidas à miséria.

E a história do Brasil é, para Paulo Prado, o desenvolvimento desordenado dessas obsessões – a luxúria e a cobiça – que dominam o espírito e o corpo de suas vítimas (p.125). Dos excessos da vida sensual ficaram traços no caráter brasileiro, pois "os fenômenos do esgotamento não se limitam a funções sensoriais e vegetativas; estendem-se até o domínio da inteligência e dos sentimentos. Produzem no organismo perturbações somáticas e psíquicas, acompanhadas de uma profunda fadiga, que facilmente toma aspectos patológicos, indo do nojo até o ódio" (p.126-7). Como ao lado da sensualidade havia a cobiça, a luta entre esses apetites iria criar uma raça triste: "A tristeza sucedeu à intensa vida sexual do colono, desviado para as perversões eróticas, de um fundo acentuadamente atávico"; de outro lado, a cobiça não permite a saciedade e "no anseio da procura afanosa, na desilusão do ouro, esse sentimento é também melancólico, pela inutilidade do esforço e pelo ressaibo da desilusão". E Paulo Prado torna bem explícita a passagem que faz, de psicologia individual para a psicologia coletiva:

> Luxúria, cobiça: melancolia. Nos povos, como nos indivíduos, é a sequência de um quadro de psicopatia: abatimento físico e moral, fadiga, insensibilidade, abulia, tristeza. Por sua vez a tristeza, pelo retardamento das funções vitais, traz o enfraquecimento e altera a oxidação das células produzindo nova agravação do mal com seu cortejo de agitações, lamúrias e convulsões violentas. (p.129)

Segundo Paulo Prado, o quadro aí descrito já podia ser observado na colônia, mas esse organismo social será atacado pelo romantismo, que inicialmente invade as academias de São Paulo e Olinda e depois se espalha por todo o país. O romantismo teria deformado o nosso organismo social e teria feito que o Brasil, numa hora de mentalidade prática, desse a impressão de gente viva falando uma língua morta. A literatura até então (1928) continuaria a seguir a tendência romântica, pois, ao contrário do que ocorreu na Europa – onde o romantismo dominou apenas de 1830 a 1850 –, no Brasil restaria "o desequilíbrio que separa o lirismo romântico da positividade da vida moderna e das forças vivas e inteligentes que constituem a realidade social" (p.181). E assim, os poetas românticos voltaram-se para o amor e a morte, os dois temas constantes da poesia brasileira; procuraram a "sobrevivência num erotismo alucinante, quase feminino. Representavam assim a astenia da raça, o vício de nossas origens mestiças. Viveram tristes, numa terra radiosa" (p.182). Embora não de maneira sistemática, percebe-se que os Estados Unidos constituem o modelo ao qual Paulo Prado compara o Brasil, indicando as diferenças na colonização dos dois países.

Num capítulo final, que denominou *Post-scriptum*, Paulo Prado procura dar um retrato do Brasil de sua época. Discute em primeiro lugar a questão das raças e, embora já não aceite a teoria de Gobineau, aceita a ideia de que o mestiço degenera depois das primeiras gerações. Como exemplo disso, apresenta o paulista – mestiço de brancos e indígenas – e que, depois de um período de força extraordinária, é agora o caboclo miserável. Além do aspecto biológico, existiria também o aspecto social da escravidão, que teria exercido poderosa influência na vida brasileira, pela "filosofia da senzala" "em maior ou menor escala latente nas profundezas inconfessáveis do caráter nacional" (p.198-9).

Depois, Paulo Prado indica algumas características da vida social do Brasil: o cangaço no interior do país; no Nordeste, as crendices e o fanatismo; no litoral, o progresso explorado por capitais estrangeiros e poucos grupos nacionais que só cuidam de seus interesses particulares; o poder público, incapaz e inoperante, é empecilho e não estímulo ao progresso; a vida econômica é um descalabro; a justiça se confunde com a política. Na vida intelectual, ao lado do analfabetismo quase total das classes inferiores, a bacharelice que finge de intelectualidade; em tudo, o gosto do palavreado, dos discursos cantantes e o vício nacional: a imitação. Do ponto de vista político, o domínio da oligarquia, disfarçada sob o nome de "política dos governadores".

Ao terminar o livro, Paulo Prado sugere que, para tão grandes males, só haveria dois remédios: a guerra ou a revolução. A guerra permitiria o aparecimento de capacidades anuladas pela inveja e pelo egoísmo dos açambarcadores de posições. A revolução, se não for uma revolta de soldados ou a corrida para o poder, poderia ser a "afirmação inexorável de que, quando tudo está errado, o melhor corretivo é o apagamento de tudo que foi feito" (p.218).

A estrutura e a motivação social de *Retrato do Brasil*

Quando se procura verificar o esquema subjacente à descrição de Paulo Prado, chega-se à seguinte relação: assim como o erotismo e a cobiça provocam, no indivíduo, estados de tristeza, o mesmo pode ser observado na sociedade. Se os primeiros colonos vieram para cá em busca do prazer sensual e dos metais preciosos, às gerações seguintes legaram a tristeza, resultado desses dois motivos básicos. A tese parece tão frágil e tão incoerente que talvez fosse desnecessário discuti-la; ainda que o esquema fosse válido na psicologia individual – e evidentemente não é –, seria absurdo numa hipotética psicologia coletiva. Paulo Prado parte da verificação de que a satisfação sexual provoca tristeza – o que já seria discutível, embora não absurdo – e chega à conclusão de que essa tristeza pode ser transmitida às gerações seguintes.

O caso da cobiça é ainda mais curioso, pois essa ambição – que muitos afirmam faltar aos povos subdesenvolvidos – é aqui apontada como vício ou defeito, e não como qualidade. E também a cobiça – analisada nos colonos que vieram para o Brasil, mas não nos países onde se desenvolveria o capitalismo – é responsabilizada pela tristeza, enquanto os países nitidamente capitalistas, como a Alemanha e a Inglaterra, seriam alegres. Aqui, o absurdo parece ainda mais evidente, mas à tristeza colonial Paulo Prado acrescenta o romantismo.

Essa suposição do romantismo como tipicamente brasileiro – quando foi movimento intelectual nitidamente europeu que depois se difundiu pelo mundo – merece talvez um pequeno comentário. Paulo Prado parece considerar apenas o aspecto lírico do romantismo brasileiro, e esquecer todo o movimento nacionalista que nele se integrara, bem como seus aspectos sociais (ver Capítulo 8).

Mas se a estrutura do livro, apesar de sua coerência superficial, sofre dessas contradições básicas, deve ser possível explicar a sua origem, não em postulados teóricos, mas em motivação social. Ora, esta se apresenta no final do livro, quando Paulo Prado imagina que apenas a guerra ou a revolução pode alterar o melancólico panorama do país.

E não é fácil perceber o sentido exato dessa revolução pregada por Paulo Prado. De um lado, insinua-se o seu conteúdo social, pois o autor supõe que a revolução poderia permitir o aparecimento de valores anulados pela oligarquia. De outro, a guerra e a revolução são sugeridas por si mesmas, como se os movimentos armados – qualquer que seja o seu objetivo – pudessem regenerar um país. Esse segundo aspecto aproxima Paulo Prado das doutrinas fascistas, mas aparentemente era ideia já difundida no Brasil. Por exemplo, Humberto de Campos (1940), ao comentar esse livro de Paulo Prado, lembra uma conversa com Olavo Bilac, e em que este teria dito:

– Guerra para apanhar, sim. A guerra vitoriosa agravaria os nossos males, a nossa desgraça. A oligarquia que se acha no poder continuaria nele, a esmagar o povo, a empobrecer a nação, que a guerra teria sangrado. Ao passo que, derrotados, com o inimigo dentro de casa, seriam apeados todos esses pequenos régulos que vêm explorando a República, transformada em fazenda. E, então, surgiriam novos homens, e mudaríamos, pelo menos, o ritmo do nosso destino.

E com desânimo:
– É o recurso que eu ainda vejo...

A revelação parece surpreendente quando se pensa no patriotismo ostensivo de Bilac, no fato de este ter sido o grande incentivador do serviço militar obrigatório e um dos poetas do "porque-me-ufanismo" do início do século. Lembre-se, a título de exemplo, a sua famosa poesia infantil que diz:

Ama com fé e orgulho a terra em que nasceste.
Criança! Não verás país nenhum como este!

Uma observação mais cuidadosa mostra, no entanto, que, para Bilac como para Paulo Prado, se a terra é radiosa, o povo é triste. A culpa do atraso cabe, portanto, ao homem, que deve ser regenerado. Observe-se, uma vez mais, que ainda aqui a teoria de Paulo Prado é incoerente e não apresenta uma alternativa satisfatória: se o brasileiro herdou os males de que padece, como imaginar que uma revolução ou uma guerra possam alterar essas características?

Em resumo, em Paulo Prado a teoria do caráter nacional revela a sua conotação nitidamente ideológica: herdamos traços psicológicos que constituem a nossa maneira de ser. Mas como toda a história resulta de motivação psicológica, não existe uma possibilidade de solução para a tragédia nacional. Ao tentar fugir dessa perspectiva, Paulo Prado é obrigado a uma incoerência total e a supor que uma luta armada poderia modificar o país, quando passou o livro todo a dizer o contrário.

De outro lado, esse programa sugere, embora de maneira embrionária e não totalmente explícita, dois caminhos para a modificação da realidade nacional, mas que Paulo Prado não chegou a explicitar, provavelmente porque vivia num momento de indecisão e pouco esclarecimento político. Num extremo, quase chega a sugerir uma verdadeira revolução, capaz de derrubar a oligarquia, isto é, os grupos dominantes; nesse sentido, sua solução sugere um movimento de esquerda revolucionária. No outro extremo, sua sugestão pode ser entendida como pregação da violência pela violência, e nesse sentido se aproxima do falso heroísmo das doutrinas fascistas que começavam a aparecer no Brasil.

PAULO PRADO

Características psicológicas

Brasileiro	Bandeirantes
1 tristeza	1 ânsia de independência
2 erotismo	2 brutezas
3 cobiça	3 pouco escrupuloso
4 romantismo	4 ambição de mando
5 individualismo desordenado	5 ganância de riqueza (herdada de cristãos-novos)
6 apatia	
7 imitação	

Índio	Negro
1 sensual	1 passividade infantil (na mulher)

15
Em busca do tempo perdido

A fase inicial da carreira de Gilberto Freyre

Se a respeito de alguns autores aqui estudados não dispomos ainda de biografias satisfatórias, isso não pode ser dito a propósito de Gilberto Freyre, pois o seu desenvolvimento intelectual pode ser seguido pelos depoimentos de Diogo de Mello Menezes (1944), José Lins do Rego (1941) e do próprio Gilberto Freyre (1941, p.23-42). Apesar disso, o leitor logo percebe que, embora fale muito de sua história pessoal e a certa altura (Freyre, 1941, p.39) confesse gostar de falar de si mesmo, "com ou sem propósito", essa aparente confissão refere-se a aspectos superficiais e evidentemente secundários em sua personalidade; seus aspectos mais íntimos só serão conhecidos pelos futuros biógrafos. Aqui, será suficiente traçar a sua evolução intelectual, pois esta ajuda a compreender o esquema geral de sua interpretação do Brasil.

Gilberto Freyre nasceu no Recife, em 1900, descendente de tradicionais famílias pernambucanas. Nessa cidade fez os estudos primários e secundários, devendo-se notar que estes últimos foram realizados em escola protestante, mantida por missionários norte-americanos. Esse dado é importante, pois talvez ajude a compreender a sensibilidade de Gilberto Freyre para certos aspectos peculiares da religião católica no Brasil. Concluídos seus estudos secundários, vai para os Estados Unidos, onde frequenta a Universidade de Baylor e a de Columbia; na primeira, obteve o grau de bacharel e, na segunda, realizou os estudos correspondentes ao mestrado. Para este último diploma escreve uma tese a respeito da vida social no Brasil na metade do século XIX, onde a afirmação básica é que as condições de vida do escravo brasileiro dessa época seriam melhores que as do operário europeu do mesmo período. Concluído o curso de mestrado, Gilberto Freyre foi para a Europa; demorou-se especialmente em Portugal e na Inglaterra, e só voltou para o Brasil em 1923, indo residir no Recife.

Logo após o seu regresso, aproxima-se de jovens intelectuais nordestinos, um dos quais – José Lins do Rego – iria tornar-se um dos grandes romancistas brasileiros da década de 1930, e que desse encontro nos deu um esclarecedor depoimento. Por este, verificamos um processo muito frequente na vida intelectual brasileira: o jovem que volta do estrangeiro e de lá nos traz as últimas novidades em arte ou ciência, avidamente recebidas pelos provincianos. E nessa observação não vai nenhuma ironia ou maldade, pois esse encontro de opiniões e estilos diversos é, no Brasil como em outros países, um dos mais vivos fermentos da vida intelectual. No caso de Gilberto Freyre, e do Recife, esse processo deve ter sido mais agudo, não só porque Freyre realizara estudos em sociologia contemporânea – na época, pouco ou nada conhecida no Brasil –, mas também porque essa formação fora feita em língua inglesa, cuja influência no Brasil era tradicionalmente menor que a dos escritores franceses.

Nesse período inicial – que vai, *grosso modo*, de 1923 a 1930 –, é possível distinguir três atividades de Gilberto Freyre: jornalismo, política e vida intelectual. Se não dispomos de elementos para avaliar sua posição como jornalista, as suas iniciativas como político e intelectual parecem reveladoras. Como político, Freyre ligou-se ao governo pernambucano do período de 1926-1930, e isso explica que tenha sido levado ao exílio no estrangeiro, logo após a Revolução de 30. Essa ligação parece indicar que, pelo menos nessa fase inicial, Freyre estava identificado com as forças conservadoras da política brasileira. Quanto à atividade intelectual, foi um dos organizadores do Congresso Regionalista, reunido no Recife em 1925. O trabalho apresentado nesse Congresso – bem como os estudos da mesma época, reunidos no livro *Região e tradição* – indicam que Gilberto Freyre se apresenta como defensor das tradições regionais do Nordeste do açúcar.

O trabalho apresentado no Congresso – "Região, tradição e cozinha" (Freyre, 1941, p.195 ss.)– é, diga-se de passagem, um dos menos significativos de Gilberto Freyre, pois não passa de uma celebração dos pratos tradicionais das famílias ricas do Nordeste, contrapondo-os às novidades "estrangeiras" que começam a aparecer na culinária pernambucana. Mas esse mesmo livro apresenta, do desenvolvimento intelectual de Freyre e de seus trabalhos na década seguinte, uma indicação muito melhor: "Aspectos de um século de transição no Nordeste do Brasil" (ibidem, p.107 ss.). Aí identificamos facilmente o ponto de partida de *Casa grande & senzala*, cujo prenúncio terá sido a sua tese de mestrado sobre a vida social no Brasil do século XIX. O artigo é uma evocação, um pouco histórica, um pouco literária, do século passado em Pernambuco; aí já aparecem os temas prediletos de Gilberto Freyre, isto é, a nobreza da vida dos senhores de engenho, a alegria dos escravos, a delícia da cozinha tradicional, os males e as deformações do progresso do século XX.

A história da sociedade patriarcal no Brasil

Mas é depois do exílio – passado na Europa e nos Estados Unidos – que Freyre obtém ressonância nacional, por meio de um livro que permanece até hoje – e provavelmente permanecerá indefinidamente – como um dos documentos básicos da vida intelectual brasileira: *Casa grande & senzala*, publicado em 1933.

Sob certos aspectos, *Casa grande & senzala* só tem um símile em nossa história literária: *Os sertões*, de Euclides da Cunha. Como *Os sertões*, é um livro que, ostensivamente apresentado como de história ou de interpretação geral do Brasil, vale provavelmente como reconstrução literária – por isso mesmo ambígua, polivalente e imperecível; como *Os sertões*, é um livro pedante, desequilibrado e pretensioso; como *Os sertões*, é um trabalho de principiante nas letras, primeiro livro de um autor e que é, também, sua obra-prima; finalmente, como *Os sertões*, é um livro que procura redimir um grupo incompreendido e desprezado: no caso de Euclides, o sertanejo nordestino; no de Gilberto, o negro. E existe ainda uma outra semelhança: depois de escrever *Os sertões*, Euclides pensa em ampliar a sua análise para outras regiões brasileiras; Gilberto Freyre, depois de *Casa grande & senzala*, tenta ampliar o seu trabalho, pensando-o na continuidade histórica.

Se Euclides foi impedido pela morte de continuar seu trabalho, Gilberto está a ponto de chegar ao fim de seu programa – para o qual falta apenas a publicação de *Jazigos e covas rasas*. Na medida em que já se pode avaliar esse empreendimento, parece não haver dúvida quanto ao erro de Gilberto Freyre: a sua interpretação original foi dada em *Casa grande & senzala*. Os outros livros da série – *Sobrados e mucambos, Ordem e progresso* – apenas repetem o primeiro, e essa repetição, longe de ser um processo de esclarecimento ou ampliação, contribui apenas para banalizar as suas teses – pois estas já estavam implícita ou explicitamente apresentadas em *Casa grande & senzala*. O exame da estrutura desse livro permite confirmar essa impressão.

Na disposição atual, *Casa grande & senzala, Sobrados e mucambos, Ordem e progresso* e *Jazigos e covas rasas* compõem a "Introdução à história da sociedade patriarcal no Brasil". Nessa sequência, *Casa grande & senzala* devia referir-se à colônia (grosseiramente até o século XIX), *Sobrados e mucambos* ao século XIX (e aqui apreender a vida urbana), enquanto *Ordem e progresso* devia referir-se à Primeira República. Ocorre que *Casa grande & senzala* não foi um ensaio escrito para servir a essa sequência: na verdade, é livro que, a partir de um homem da Primeira República, procura suas raízes no passado brasileiro, encontrando-as no passado colonial e nas suas transformações durante o século XIX. Portanto, apresentava a perspectiva que mais tarde seria atribuída a *Ordem e progresso* – isto é, a última fase da sociedade patriarcal.

Essa a primeira deformação da obra de Gilberto Freyre. A segunda, e talvez mais significativa, decorre da história dos últimos trinta anos – em que se deve incluir a nossa história intelectual. Quando Gilberto Freyre publicou *Casa grande & senzala*, em 1933, o livro foi interpretado como uma afirmação corajosa de crença no Brasil, no mestiço e no negro, sobretudo se pensamos no prestígio de um escritor como Oliveira Viana e no predomínio das doutrinas racistas que dariam base ideológica ao nazismo. Hoje, com a independência dos povos africanos e com a luta dos negros norte-americanos pelos seus direitos civis, a posição de Freyre parece inevitavelmente datada e anacrônica. Finalmente, as posições políticas de Gilberto Freyre – tanto no Brasil como com relação ao colonialismo português na África – contribuíram para identificá-lo com os grupos mais conservadores dos países de língua portuguesa e para afastá-lo dos intelectuais mais criadores. Disso resulta que Freyre é hoje, pelo menos no Brasil, um intelectual de direita, aceito pelos grupos no poder, mas não pelos jovens intelectuais.

Teoria e método de Gilberto Freyre

Evidentemente, nas ciências humanas não se pode esperar uma teoria tão rigorosa – ou tão rigorosamente verificável – quanto as encontradas nas ciências naturais. Mas isso não significa que, ao estudar o homem, possamos deixar de buscar a objetividade e a racionalidade. Fugir dessa exigência fundamental corresponde a uma negação dos fatos ou a um desinteresse por eles. Ora, em várias passagens de suas obras Gilberto Freyre procura afirmar, exatamente, o primado do subjetivismo e, portanto, de um inevitável relativismo. Em texto muitas vezes citado por seus críticos, Freyre (1945, v.1, p.32) lembra que, para compreender Durkheim e Karl Marx, não devemos esquecer que ambos eram israelitas. Quando se pensa que Durkheim pode ser considerado exemplo de conservador, enquanto Marx era evidentemente revolucionário, vê-se imediatamente como essa classificação é pouco significativa ou esclarecedora: não é o fato de serem judeus que os leva a posições políticas opostas. De outro lado, para recusar suas teorias – ou para aceitá-las –, não é suficiente conhecer sua origem religiosa. Para recusar ou aceitar uma teoria, o pensamento científico só dispõe de um recurso: cotejá-la com os fatos existentes. E aqui aparece uma diferença fundamental entre Euclides da Cunha e Gilberto Freyre: enquanto o primeiro, embora aceitando uma teoria errada, nem por isso deforma os fatos que observa, Freyre realiza uma tarefa quase oposta: dispõe de uma teoria correta, mas ignora os fatos, de maneira que deforma a realidade.

Bastará um exemplo para identificar esse processo de deformação. Ao comparar o sobrado, habitação de gente rica, e o mucambo, habitação de gente pobre, Gilberto Freyre (1951, p.393) admite que, quando o mucambo é construído em terreno enxuto, e está bem abrigado da chuva, o pobre está mais higienicamente "instalado no trópico" do que o rico. Essa afirmação é tão ousada que precisaria ser documentada com dados sobre mortalidade, temperatura no interior das casas e assim por diante. Sem tais informações, a afirmação é gratuita, muito provavelmente contrária aos fatos.

Agora, cabe perguntar em que teoria Gilberto Freyre fundamentou suas observações, quais as suas hipóteses básicas e, depois, qual o método empregado para comprová-las ou desmenti-las. Diga-se logo que não é fácil identificar as suas teorias fundamentais, embora seja possível encontrar algumas indicações a respeito. Uma teoria evidentemente aceita por Gilberto Freyre é a tese culturalista de Franz Boas, segundo a qual as diferenças entre grupos raciais devem ser explicadas pelo ambiente social, e não por características inatas das raças. Embora Lowie (1946, p.169) afirme que Boas não afastava a possibilidade de encontrar diferenças psicológicas entre as raças, os textos deste último não deixam dúvida quanto à independência entre raça e cultura.[1]

Ora, se não existe essa relação – isto é, se a mesma raça pode apresentar culturas diferentes –, não tem sentido falar em características psicológicas de raças. Até aqui, Gilberto Freyre acompanha bem de perto a teoria de Boas, embora em certos trechos pareça dar, à raça, um peso "psicológico" maior do que o suposto por Boas. Por exemplo, Gilberto Freyre (1951) fala em qualidades "condicionadas" pela raça ou diz que a raça pode dar "predisposições" – expressões que provavelmente não seriam empregadas por Boas. A divergência é mais significativa do que parece à primeira vista. Incapaz de negar ou afirmar uma possível influência racial nas características psicológicas, Franz Boas afirma que a questão está aberta, isto é, depende de téc-

---

[1] Ver Boas (1931, p.141; 1940, p.238-49).

nicas para sua mensuração. Freyre, ao contrário, parte da suposição da existência de tais características – embora as considere como predisposições, submetidas à influência do ambiente social.

Mas onde Gilberto Freyre se afasta quase que totalmente de Franz Boas é na consideração da possibilidade da descrição de características psicológicas de um povo. Boas, aparentemente, partia do problema da descrição de um tipo físico e chegava à conclusão de que nessa descrição reunimos características isoladas e, além disso, nossos critérios dependem dos grupos com que estivermos em contato. Vale dizer, se passamos de uma população de negros para uma de índios, estes serão descritos como possuidores de *lábios finos*; mas se passamos de população branca para a índia, esta será descrita como possuidora de *lábios grossos*.[2] Na descrição das características psicológicas, Boas (1931, p.129) admite que chegamos a tipos e que estes resultam de uma construção subjetiva, pela observação de grande número de indivíduos, cuja variabilidade é desprezada. Consequentemente, a teoria de Boas equivaleria à negação da possibilidade de uma descrição global da "mentalidade de um povo", ou do que seria denominado caráter nacional.

Ora, as interpretações de Gilberto Freyre partem da suposição contrária, isto é, da ideia de que há certas características, não exclusivamente de raças, mas de povos, e que seriam determinadas pela interação de raça e ambiente. Nesse sentido, Freyre indiscutivelmente se afasta de Franz Boas e se aproxima da tradição de estudos brasileiros de caráter nacional. Mas, curiosamente, parece antecipar desenvolvimentos que, logo depois, apareceriam com discípulos de Boas – por exemplo, em Benedict e Mead. O que as duas antropólogas americanas fariam logo depois – embora de forma diversa e com material histórico e não propriamente antropológico – foi fei-

---

2 Ver os comentários de Asch (1966, p.197) em que é citado o trecho de Boas.

to por Gilberto Freyre já em 1933. De qualquer forma, de Franz Boas Freyre conserva o princípio de que não existem raças superiores e inferiores – o que, no ambiente brasileiro da década de 1930, era um princípio, se não totalmente novo, pelo menos esquecido pela grande maioria.

Não é fácil identificar outras influências intelectuais em Gilberto Freyre. De qualquer forma, parece claro que não se prendeu a um esquema geral de explicação – seja antropológico, sociológico ou histórico –, mas baseou suas afirmações em intuições da realidade brasileira. E nada demonstra melhor a origem de suas afirmações do que as discussões a respeito do método de trabalho. A não ser em *Ordem e progresso*, os estudos de Gilberto Freyre parecem utilizar o método histórico, isto é, a reconstrução de uma época por documentos primários: cartas, livros, anotações pessoais, anúncios de jornais etc. No entanto, como estudos históricos, os trabalhos de Freyre têm uma deficiência fundamental: o desprezo total pela cronologia e pelo espaço geográfico dos fatos descritos.

Há duas exceções a isso: em *Ordem e progresso*, o período estudado é aquele imediatamente posterior ao da libertação dos escravos. Ainda aqui, o seu material – apesar das aparências em contrário – é bem assistemático, pois não entrevistou amostra casual da população brasileira. Vale dizer, a partir da indicação das pessoas entrevistadas não podemos saber como foram escolhidas, nem saber qual a sua classe social, nem se existe proporção adequada de indivíduos de diferentes classes. Em todo caso, grosseiramente, seria válida a afirmação de que estudou pessoas cuja infância se passou no início da Primeira República. A outra exceção refere-se a *Nordeste*, pois nesse livro estuda uma região bem delimitada: a zona do açúcar no Nordeste brasileiro.

Mas a intenção declarada de Gilberto Freyre é fazer não história ou história social, mas uma *sociologia genética ou histórica*; no caso da sequência que começa com *Casa grande & senzala*, seria a sociologia genética da família patriarcal no Brasil. Nesse empreendimento, Gilberto Freyre pretende utilizar não só a história, mas "principalmente a história orientada pela psicologia", pois só assim seria possível compreender um brasileiro de nossos dias. Como a sociologia genética se refere principalmente à família, é necessário estudar também a casa, a ocupação do território e as técnicas de produção (Freyre, 1951, p.50-1). Gilberto Freyre sugere que o mesmo indivíduo, valendo-se de suas experiências pessoais, pode ampliá-las, por empatia, para toda a sociedade, mas de forma que o "método objetivo científico" possa permitir – ao participante que é também intérprete – uma verificação de suas induções e intuições (ibidem, p.50).

Como, no entanto, não apresenta dados quantitativos sobre a família patriarcal – isto é, não sabemos quantas famílias patriarcais havia em determinada região e em determinada época –, não temos recursos para saber se suas interpretações ajustam-se, ou não, aos fatos. A rigor, temos apenas as afirmações do autor, mas a estas falta aquilo mesmo que promete inicialmente, isto é, a comprovação objetiva. Os casos concretos mostram a importância dessa situação. Acusado de empregar, quase exclusivamente, material referente ao Nordeste açucareiro, e depois generalizar suas conclusões para o resto do Brasil, responde que suas viagens por outras regiões confirmam suas interpretações (Freyre, 1946, p.72). Ora, é evidente que essas observações assistemáticas não substituem dados históricos a respeito dessas regiões; nem isso desmente o fato de seus dados históricos terem sido obtidos na região nordestina.

Em resumo, não é possível identificar um ponto de vista teórico bem definido na obra de Gilberto Freyre, nem indicar o método por ele empregado para chegar às suas afirmações. Apesar disso, não seria errado dizer que o ponto de partida de sua análise da fusão de raças deve ser atribuído à teoria de Franz Boas. De outro lado, suas afirmações decorrem de intuições pessoais, embora seja certo que estas foram em muitos casos confirmadas por documentos primários do período estudado.

A interpretação da história do Brasil e do caráter nacional brasileiro

No prefácio à primeira edição de *Casa grande & senzala*, Gilberto Freyre (1946, p.17) indica um dos elementos motivadores de seus estudos: quando estudante, em Nova York, vê um grupo de marinheiros brasileiros – mulatos e cafuzos – que lhe parecem "caricaturas de homens". O pessimismo dessa impressão é contrabalançado pelas teorias de Boas, pelas quais pode separar a influência imutável da raça da influência do ambiente físico e social. Disso decorre que, comparada às teorias do período 1920-1940, a descrição de Freyre pareça uma mensagem de confiança e, pelo menos aparentemente, otimismo. E a teoria de Gilberto Freyre é, pelo menos em *Casa grande & senzala*, uma tentativa de descrever e explicar a história brasileira pelo processo de miscigenação. Isso explica o plano da obra que, fundamentalmente, procura descrever os três principais grupos responsáveis pela colonização – portugueses, índios e negros – e sua contribuição para a formação do Brasil.

Antes, entretanto, de analisar esse processo, Gilberto Freyre procura descrever as características gerais da nossa colonização. Tais características provocariam a formação de uma sociedade agrária, escravocrata e híbrida. Para essa colonização nos trópicos, nenhum povo estaria mais preparado do que o português – povo "indefinido entre a Europa e a África". Além disso, pelo contato com os mouros, os portugueses estavam preparados para a mobilidade e a miscibilidade (ibidem, p.92-3). Finalmente, o português, ao contrário do nórdico, se adapta mais facilmente aos trópicos.

Quanto à natureza tropical, Gilberto Freyre discute a imagem estereotipada, tão frequente nas descrições do Brasil. Embora essa natureza seja aparentemente fácil, na verdade dificulta a cultura agrícola organizada. Por isso mesmo, é injusto comparar o trabalho colonizador do português com o dos nórdicos (p.103-4). A esse respeito Gilberto Freyre voltaria várias vezes, para afirmar que, em suas tentativas de colonização tropical, os europeus nórdicos foram menos eficientes que o português. De qualquer modo, no século XVI, os portugueses sonhavam não com a tarefa agrícola, mas com a possibilidade de empreendimento comercial, semelhante ao encontrado na Índia. Só se decidem pela agricultura porque a colônia não oferecia outra possibilidade – mas, a partir de então, revelam-se capazes de criar uma civilização adaptada aos trópicos (p.115).

Gilberto Freyre salienta que apenas indiretamente se interessou pelo aspecto econômico ou político da colonização, preferindo centralizar seu estudo no aspecto social. Para este último, a característica mais importante do português era o seu cosmopolitismo (p.360). Dadas as condições da colonização, era inevitável o sistema implantado no Brasil, isto é, latifúndio com escravos.

Quanto à escravidão de índios e negros, Freyre modifica, pelo menos até certo ponto, a interpretação tradicional da história brasileira. Para ele, o principal obstáculo à escravidão dos índios teria sido não o seu espírito de independência, mas o estágio cultural em que se achavam: habituados à vida nômade, com rala agricultura, tinham dificuldade para a adaptação à vida agrícola sedentária. Isso não significa que o índio não exercesse influência na formação brasileira. Exerceu-a, em primeiro lugar, por intermédio da mulher índia, cuja "sexualidade exaltada" combinou com a do português (p.219). Mas não apenas por essa sexualidade exaltada o índio teve influência em nossa formação. Ainda hoje, "por uma espécie de memória social", o brasileiro sente um resto de animismo indígena. Isso explica que o brasileiro se sinta próximo da floresta, de seus animais e monstros (p.265-6). Outra herança indígena seria a crença no sobrenatural.

Ao considerar a influência negra na formação do brasileiro, entende que, quanto à luxúria, o negro teve menos influência que o português e o índio. O seu papel foi muito mais passivo do que ativo (p.534).

Quanto à caracterização psicológica, Gilberto Freyre supõe que, pela ama-de-leite, o brasileiro teria recebido "a revelação de uma bondade porventura maior que a dos brancos"; teria recebido também a revelação de uma ternura não igualada pelos europeus, um misticismo que enriqueceu a vida afetiva do brasileiro (p.586). Finalmente, a outra influência psicológica do negro teria sido a sua alegria, capaz de quebrar a tristeza e a melancolia de portugueses e índios (p.738 ss.).

No entanto, não seria correto imaginar que Gilberto Freyre tenha limitado sua explicação às características psicológicas dos três grupos que inicialmente entraram em contato no Brasil. Sem dúvida, a ideia de plasticidade do português tem lugar privilegiado nessa explicação; o mesmo se pode dizer da importância que atribui à influência de judeus e cristãos-novos para o desenvolvimento comercial e o cosmopolitismo do português. De outro lado, uma grande parte de sua explicação decorre do tipo de produção, pelo latifúndio, pela monocultura e pelo trabalho escravo. Mas ainda aqui, dá uma importância grande a fatores que seriam denominados psicológicos, pois indica que as relações entre as raças foram muito mais suaves no Brasil do que em outras regiões da América.

Nesse ponto, a sua descrição apresenta algumas contradições muito nítidas. É certo que, pelo menos de passagem, reconhece uma nítida diferença entre os escravos do eito e os encarregados do serviço doméstico; reconhece que o *bom* tratamento era dispensado sobretudo a estes últimos. De outro lado, embora tenha uma documentação muito grande a respeito do sofrimento dos escravos, continua a afirmar que, de modo geral, suas condições de vida não eram más; a propósito, convém lembrar que a tese de mestrado de Gilberto Freyre já era uma tentativa de provar que o escravo brasileiro, na metade do século XIX, tinha nível de vida melhor que o do operário europeu da mesma época. Resumida sua descrição do processo de miscigenação, resta ver como explica a história do Brasil e o caráter do brasileiro, resultante desse processo.

Quanto ao problema do fator básico em nossa história, Gilberto Freyre apresentou duas interpretações. Na primeira (p.122-3), diz textualmente que o "catolicismo foi realmente o cimento de nossa unidade". Na segunda (1951, p.64, 81, 82), diz quase o contrário ao afirmar, e procurar demonstrar, que "mais do que a própria Igreja, considerada elemento independente da família e do Estado, foi a família patriarcal ou tutelar o principal elemento sociológico de unidade brasileira" (p.64). Diz mais, que era em torno da família que giravam os principais acontecimentos brasileiros, e que essa família não deixaria de ser essa influência poderosa, pois ainda hoje determina o personalismo do brasileiro.

Se procurarmos as características descritas no brasileiro, veremos que, em diferentes trabalhos, Gilberto Freyre apresentou perspectivas muito diversas. Há, em primeiro lugar, a contradição entre as características gerais do brasileiro – que é um de seus temas – e as características regionais. Quanto às características gerais, Gilberto Freyre acentua o sadismo na classe dominante e o masoquismo nos grupos inferiores; o animismo; a crença no sobrenatural; o gosto da ostentação; o personalismo; o "culto sentimental ou místico do pai"; o "maternismo"; o "complexo de refinamento"; no caso do mulato, a simpatia.

Convém examinar a origem dessas características. Para Freyre, o erotismo é herança portuguesa; o sadismo de uns e o masoquismo de outros resultam do sistema de escravidão; do regime econômico decorrem o gosto da ostentação e o complexo de refinamento; dos indígenas decorrem o animismo e a crença no sobrenatural; do sistema de família decorrem o "culto do pai" e o "maternismo". Essa enumeração das características mostra que, embora dê importância muito grande à família patriarcal, Freyre não consegue identificar, na realidade psicológica do brasileiro contemporâneo, influências desse sistema – a não ser, talvez, o que denomina culto do pai e maternismo e, em outro sentido, o personalismo.

Quanto às características regionais, Freyre (1947, p.163 ss.) acentua diferenças e semelhanças entre certos tipos regionais. A descrição de tipos regionais, como é feita sem o estabelecimento de relações com características gerais do brasileiro, acaba por desmentir estas últimas. Assim, Freyre aproxima o paulista do cearense, especialmente pela sua mobilidade. De outro lado, salienta o contraste entre o entusiasmo do paulista e a resignação dos brasileiros de outras regiões: considera o mineiro austero, com tendência para a introspecção e o humor; o carioca se aproximaria do baiano, aparentemente por sua maior expansividade; o pernambucano estaria mais próximo do paulista e do gaúcho, pelo que se poderia denominar sua maior agressividade (1951, p.1077).

Características gerais da vida brasileira

Uma das teses de Gilberto Freyre, e a que tem permanecido fiel em suas várias obras, é a adaptação adequada de nossa cultura aos trópicos. Essa tese se completa com a ideia de que no Brasil se desenvolveram condições favoráveis à miscigenação, nas quais os vários grupos puderam exprimir-se. Mais ainda, o Brasil representaria um país com poucas barreiras à ascensão de indivíduos pertencentes a classes ou grupos inferiores. É certo que essas teses foram sempre apresentadas com limitações. Em várias passagens de suas obras, Gilberto Freyre mostra como o regime de monocultura prejudicou o regime alimentar; como o senhor branco abusou do escravo negro, e como este chegou, muitas vezes, ao suicídio ou à fuga para escapar dos maus-tratos. Mas, aparentemente, esses seriam casos excepcionais, que não desmentiriam o clima geral das relações entre raças e classes no Brasil.

Gilberto Freyre e o pensamento conservador

Já foram indicadas as limitações teóricas e metodológicas da obra de Gilberto Freyre. É certo que tais limitações, consideradas em si mesmas, não invalidariam essa obra, pois ele poderia ter chegado a algumas intuições básicas para a explicação do Brasil e dos brasileiros. A dificuldade de sua apreciação justa decorre da ausência de provas para as afirmações fundamentais de sua obra. Por exemplo, em *Interpretação do Brasil* (1947, p.113 ss.), diz textualmente que "nem o sistema de plantação [grande propriedade] nem o sistema monárquico implicaram jamais, no Brasil, em rígidas gradações sociais". Mais adiante, diz que o homem de talento sempre pôde erguer-se às mais elevadas posições. E, no entanto, em outro livro (1951, p.52), parece dizer o contrário, ao afirmar que até o século XIX praticamente só conta a divisão entre senhor e escravo, pois os *status* intermediários seriam sociologicamente desprezíveis.

Não será necessária argumentação muito longa para mostrar que essas duas afirmações são nitidamente contraditórias. Se é possível considerar como significativas apenas as posições extremas – senhor e escravo –, e como um escravo não passava a senhor, nem um senhor a escravo, o sistema era evidentemente rígido. Do outro lado, se não chegamos a essa oposição formal, talvez se observasse uma outra coisa: a segunda afirmação de Gilberto Freyre significa, realmente, que o trabalhador livre, mas sem capital para comprar escravos, estaria fora do sistema econômico. A mobilidade a que se refere Freyre deve ser entendida nessa passagem do escravo a trabalhador (ou desocupado) livre. Mesmo traduzidas para essas formas atenuadas, as afirmações de Freyre continuam falsas. Por exemplo, a afirmação de que o homem de talento sempre pôde elevar-se às mais elevadas posições é evidentemente errada. E se pensarmos no reduzido número de escolas brasileiras, também será fácil compreender que a afirmação deveria ser exatamente invertida.

Mais importante seria, talvez, perguntar de que modo ele pôde chegar, de boa-fé, a afirmações desse tipo. A resposta deve ser encontrada no método empregado pelo autor: como não utiliza dados quantitativos, nem pretende fazer levantamentos amplos de um período, Freyre limita-se à história anedótica. E nessa pode encontrar confirmações aparentes para sua tese, pois é verdade que Gonçalves Dias e Machado de Assis – ambos mestiços – chegaram às mais elevadas posições na literatura brasileira do século XIX.

Mesmo essa confirmação aparente, no entanto, quando examinada mais de perto, é um desmentido à tese. Machado de Assis de várias maneiras procurou esconder sua aparência de mulato, enquanto Gonçalves Dias não conseguiu – pelo fato de ser mestiço – casar-se com moça de classe mais alta. Além disso, os casos de ascensão parecem ocorrer no grupo intelectual, que, como se sabe, é um grupo que, nas sociedades modernas, parece apresentar menor número de preconceitos de classe ou raça. Seria suficiente pensar na Alemanha de há algumas décadas para obter confirmação do princípio: o fato de lá existir intenso preconceito racial contra os judeus não impedia que alguns judeus fossem aceitos nos grupos intelectuais e artísticos.

Examinadas mais de perto, as teses de Gilberto Freyre revelam um outro aspecto: sua história social – ou sociologia genética, como a denomina o autor – não é apenas anedótica. É também escrita e interpretada do ponto de vista da classe dominante. E nesse sentido sua obra é profundamente reveladora – isto é, reveladora dos preconceitos mais conservadores e mais arraigados na classe dominante brasileira. A obra de Freyre revela uma profunda ternura pelo negro. Mas pelo negro escravo, aquele que "conhecia a sua posição" – como o moleque da casa grande, como o saco de pancadas de menino rico, como cozinheira, como ama-de-leite ou mucama da senhora moça. Nesses casos, o branco realmente não tinha preconceito contra o negro, podia até estimá-lo. Mas é muito difícil dizer que isso seja uma peculiaridade da vida brasileira. Parece que o mesmo ocorria nas regiões mais estáveis do sul dos Estados Unidos, num aparente equilíbrio que só seria rompido com a Guerra da Secessão, quando os *yankees* colocaram os negros em posições equivalentes ou quase equivalentes às dos brancos do Sul. E nada revela melhor esse preconceito contra o negro – ou, seria melhor dizer, essa atitude escravocrata – do que as ideias de Gilberto Freyre a respeito da evolução econômica e social do Brasil. Para ele, o negro vivia melhor sob a escravidão do que no regime de liberdade de trabalho; a alimentação do escravo seria melhor até do que a do senhor branco. No entanto, embora diga, a certa altura, que a vida do escravo "não era apenas de alegria", não dá elementos da vida concreta do escravo – a não ser nos aspectos em que esta se ligava à vida dos senhores.

Os documentos contemporâneos da escravidão – mesmo que desprezemos, como facciosas, as descrições dos abolicionistas – estão longe de justificar a ideia de "doçura" nas relações entre senhores e escravos. Veja-se, como exemplo, este significativo trecho de Antonil (1967, p.162), escrito no começo do século XVIII:

> No Brasil, costumam dizer que para o escravo são necessários três PPP, a saber, pau, pão e pano. E, posto que comecem mal, principiando pelo castigo que é pau, contudo, prouvera a Deus que tão abundante fosse o comer e o vestir como muitas vezes é o castigo, dado por qualquer causa pouco provada, ou levantada; e com instrumentos de muito rigor, ainda quando os crimes são certos, de que se não usa nem com os brutos animais, fazendo algum

senhor mais caso de um cavalo que de meia dúzia de escravos, pois o cavalo é servido, e tem quem lhe busque o capim, tem pano para o suor, e sela e freio dourado.

Ou, do mesmo Antonil (p.152), este trecho porventura ainda mais significativo:

> Aos feitores de forma alguma se deve consentir o dar couces, principalmente nas barrigas das mulheres que andam pejadas, nem dar com pau nos escravos, porque na cólera se não medem os golpes, e pode ferir mortalmente na cabeça a um escravo de préstimo, que vale muito dinheiro, e perdê-lo.

Uma prova decisiva da crueldade do sistema de trabalho escravo pode ser encontrada no fato de, três séculos depois de iniciado o tráfico, este continuar a ser a única fonte de trabalhadores. Vale dizer, no regime não havia sequer reprodução da população escrava. Como se viu no Capítulo 12, os dados colhidos por Oliveira Viana mostraram exatamente isso: sem a libertação, os negros se extinguiriam.

Finalmente, resta discutir a significação da família patriarcal para a vida brasileira. A crítica fundamental a essa teoria de Gilberto Freyre já foi feita indiretamente por Caio Prado Júnior (1948, p.350-1), ao afirmar que a família do senhor, da casa grande, era de "minúscula minoria". Em outras palavras, se a família patriarcal caracteriza parcela ínfima da população, é evidente que não poderia exercer a influência suposta por Freyre. Esse erro decorre do fato de Freyre pensar na família patriarcal como organização psicológica e não como forma de domínio ou de estrutura de poder econômico e político. Vale dizer, se a família patriarcal caracteriza parcela ínfima de nossa população, sua influência psicológica só pode ser analisada nessa parcela; mas Gilberto Freyre escreve sob o ponto de vista da casa grande e atribui ao brasileiro aquilo que caracteriza apenas a classe alta.

Se a família patriarcal, no entanto, for considerada sistema de poder, a análise de Freyre ganha uma outra dimensão, não salientada pelo autor, mas nem por isso menos significativa. Se acompanhamos a descrição do poder *patriarcal* e do poder *patrimonialista* de Max Weber (1964, v.I, p.184 ss.; Bendix, 1962, p.329-81), vemos que a descrição de Gilberto Freyre se aproxima desses modelos, embora não se deva esquecer de que Weber falava em tipos ideais, mais ou menos adequados para os casos concretos. Se levamos em conta essa distância entre o tipo e o caso concreto, a adequação é extraordinária, pois temos recursos para compreender a passagem do senhor de engenho para o coronel e a política de clientela.

O patriarca – dono absoluto de sua propriedade, de sua família, de seus escravos – se transforma, depois da libertação dos escravos, no coronel e, depois, no chefe político que decide as questões por meio de suas preferências pessoais e suas relações de família e amizade. Está claro que Gilberto Freyre não leva sua análise à situação atual, a não ser implicitamente, na medida em que compara o presente ao passado, e, nesse caso, não deixa dúvida quanto à sua preferência pelas formas tradicionais.

Aparentemente, aqui estamos diante de um dos focos motivadores do pensamento de Gilberto Freyre, e, para surpresa nossa, esse pensamento – apesar de expressões mais modernas e mais científicas –, sob vários aspectos, não está muito distante do de Oliveira Viana. Como este, Freyre idealiza o passado brasileiro, aí encontrando os homens e as famílias tutelares – homens e famílias que construíram tudo de bom que existe no Brasil. É verdade que Oliveira Viana fala em raças superiores e inferiores, enquanto Gilberto Freyre prefere sugerir uma genética familial e não racial; no entanto, quanto às suas consequências, as teorias não são tão diferentes quanto às vezes se pensa, pois ambos veem o Brasil atual como forma de decadência, de deturpação de formas autênticas.

Como já foi dito antes, contudo, seria injusto interpretar Gilberto Freyre apenas sob esse aspecto. É verdade que, como os outros ideólogos do caráter nacional, Freyre tenta explicar a nossa história por meio de características psicológicas; é verdade, também, que sua história social foi escrita de acordo com o ponto de vista da classe dominante e podia servir, e tem servido, como tênue justificativa ideológica desse domínio. Apesar disso, Gilberto Freyre, sob mais de um aspecto, prenuncia uma outra perspectiva para a análise de nossa história.

Os títulos dados às suas obras principais – *Casa grande & senzala, Sobrados e mucambos, Jazigos e covas rasas* – indicam até que ponto Gilberto Freyre compreende a história brasileira como resultante do trabalho de dois grupos antagônicos – senhores e escravos, proprietários e empregados –, de forma que ultrapassa a parcialidade dos que viam o Brasil como obra de alguns homens notáveis do Império e da República. Mais ainda, a sua história social procura salientar a contribuição negra, ainda que se possa dizer que sua perspectiva indica apenas o pitoresco nessa contribuição.

E aqui chegamos a uma outra aproximação entre *Os sertões* e *Casa grande & senzala*, ou entre Euclides e Freyre. Enquanto Euclides não consegue uma análise objetiva porque, munido de uma teoria errada, percebe sua inadequação, Freyre tem uma teoria correta para fazer a análise, mas não consegue ultrapassar a perspectiva de sua classe social.[3] Disso decorre o desequilíbrio fundamental das duas obras, o seu valor literário e de sugestão, mais que de pensamento rigoroso e sistemático.

E é nesse sentido que Gilberto Freyre fez obra literária, isto é, uma obra cujo valor reside na perspectiva pessoal do autor e não na objetividade da teoria e dos fatos. Isso explica também que os comentadores de Freyre, embora falem de sua teoria sociológica, prefiram não dizer que teoria é essa, nem discutir as suas teses.

---

3 Essa perspectiva de classe foi ironizada por João Cabral de Melo Neto em *Morte e vida severina*, nos versos evidentemente dirigidos a Gilberto Freyre: "mucambo modelar que tanto celebram os sociólogos do lugar".

GILBERTO FREYRE

Quadro das características psicológicas de portugueses, índios, negros e brasileiros

Portugueses

1 flutuante
2 riqueza de aptidões incoerentes, não práticas
3 genesia violenta
4 gosto pelas anedotas de fundo erótico
5 brio
6 franqueza
7 lealdade
8 pouca iniciativa individual
9 patriotismo vibrante
10 imprevidência
11 inteligência
12 fatalismo
13 aptidão para imitar
14 antagonismo de introversão-extroversão
15 mobilidade
16 miscibilidade
17 aclimatabilidade
18 sexualidade exaltada
19 purismo religioso
20 caráter nacional quente e plástico
21 tristeza
22 espírito de aventura
23 preconceitos aristocráticos
24 em alguns grupos, amor à agricultura
25 continuidade social e gosto pelo trabalho longo, paciente e difícil

Índios

1 sexualidade exaltada
2 animismo
3 calado
4 desconfiado

Negros

1 maior bondade
2 misticismo quente e voluptuoso que enriquece a sensibilidade e a imaginação do brasileiro
3 alegria

Brasileiros	Distinções regionais
1 sadismo no grupo dominante	a) pernambucano, paulista e gaúcho
2 masoquismo nos grupos dominados	b) baiano e carioca
3 animismo	c) bandeirantes e cearenses: "expressão de vigor híbrido"
4 crença no sobrenatural	d) paulista: gosto pelo trabalho
5 gosto por piadas picantes	
6 erotismo	e) em algumas outras regiões: resignação
7 gosto da ostentação	
8 personalismo	f) mineiro: austeridade e tendência à introspecção, complexo, sutil e dono de senso de humor
9 culto sentimental ou místico do pai	
10 "maternismo"	
11 simpatia do mulato	
12 individualismo e interesse intelectual permitidos pela vida na "plantação"	g) gaúchos da *zona missioneira*: silenciosos, introspectivos, realistas, distantes, frios, telúricos, instintivos, fatalistas, orgulhosos, "quase trágicos nas crises"
13 complexo de refinamento	

16
Cordialidade e aventura

Sérgio Buarque de Holanda e o homem cordial

Embora conhecido especialmente por seus trabalhos de historiador, Sérgio Buarque de Holanda (1902-1982) – professor de História da Civilização Brasileira na Universidade de São Paulo – publicou também vários estudos de crítica e história da literatura. O ensaio sobre o caráter nacional brasileiro, *Raízes do Brasil*,[1] publicado em 1936, está relativamente isolado em sua obra. E o que inicialmente chama a atenção nesse ensaio é o fato de apresentar, apesar da informação predominantemente histórica, uma perspectiva sociológica e psicológica, que se revela especialmente na tentativa de aplicação de tipologias sociais à vida brasileira.

A segunda observação necessária para a análise de *Raízes do Brasil* é lembrar que, apesar de uma perspectiva sociológica e

---

1 Salvo indicação em contrário, as citações de páginas a seguir referem-se a essa obra.

psicológica, o seu objetivo é fundamentalmente político, dando-se a essa palavra o seu sentido mais amplo, de discussão de formas de governo e seu ajustamento a determinada população. Sob esse aspecto está muito ligado aos problemas da época em que foi escrito. Depois da Revolução de 1930, e no momento de maior prestígio do fascismo de Mussolini e de ascensão do nazismo – Hitler subiu ao poder em 1933 –, era natural que a extrema direita e a extrema esquerda parecessem alternativas igualmente plausíveis para a política brasileira. Na verdade, a Revolução de 1930 parecia uma condenação definitiva do liberalismo integral da Constituição de 1891; e as oscilações de Getúlio Vargas, indiscutivelmente o grande líder político brasileiro do período que vai de 1930 a 1950, mostram até que ponto extrema direita e extrema esquerda dominaram o pensamento político brasileiro dessa época. Mas isso não significa que tivessem dominado a ação política, pois o Partido Integralista e o Partido Comunista aparentemente nunca chegaram – apesar de dois levantes armados de pequena amplitude – a estar próximos do poder.

Entre 1930 e 1937 – data em que Getúlio Vargas organiza um governo, se não fascista, pelo menos de extrema centralização do poder – o maior movimento armado é o de 1932, que os historiadores atuais tendem a caracterizar como reação burguesa, e cujo conteúdo era ainda nitidamente liberal.[2] Apesar disso, a crise de 1929, no Brasil como em muitos outros países, provocou não apenas maior politização do proletariado, mas também a intensificação dos movimentos conservadores. De qualquer forma, para compreender o prestígio dos partidos de direita no período 1920-1940, deve-se lembrar que esses partidos não se apresentavam como defensores do capitalismo, mas, ao contrário, como uma alternativa entre a esquerda e o liberalismo. Aparentemente, foi esse aspecto falsamente revolucio-

---

2 Ver, por exemplo, Carone (1965, p.97-122).

nário que permitiu a adesão de grupos proletários e de jovens intelectuais.

É nesse panorama político que se deve analisar o ensaio de Sérgio Buarque de Holanda: o seu objetivo mais amplo é tentar predizer, pela discussão de nosso passado, o futuro provável da crise então vivida pela sociedade brasileira. Esse esquema, como se verá agora, esclarece o encadeamento dos vários temas apresentados no ensaio e, sobretudo, a sua constante preocupação com a relação entre o indivíduo e o grupo, bem como a relação entre a cultura europeia e a brasileira.

Para Sérgio Buarque de Holanda, o Brasil é caso único de transplantação de cultura europeia para zona tropical e subtropical; o fato de trazermos de outros países nossas formas de vida e procurarmos mantê-las em ambiente diverso faz de nós uns "desterrados em nossa terra". Portanto, antes de investigar a possibilidade de criar algo novo, devemos verificar a nossa herança. Esta veio de Portugal, um país que – como a Espanha, a Rússia, os países balcânicos e, em parte, a Inglaterra – está incompletamente integrado na vida europeia.

O primeiro traço a distinguir os ibéricos de outros europeus é o culto da personalidade: "Para eles, o índice do valor de um homem infere-se, antes de tudo, da extensão em que não precise dos demais, em que não necessite de ninguém, em que se baste" (p.17). Desse culto da independência pessoal resulta a "tibieza das formas de associações que impliquem solidariedade e ordenação entre esses povos" (p.18).

Disso decorrem dois outros traços dos ibéricos: pequena influência dos privilégios hereditários e elementos anárquicos na vida social. Mas essas características não são biologicamente determinadas e não devem ser consideradas independentes das condições reais da vida. Além disso, o culto das virtudes pessoais explica também a ausência, entre os ibéricos, do "espírito de organização espontânea, tão característico de povos protestantes, sobretudo de calvinistas" (p.27). Assim, a sua organização política foi sempre mantida por uma força exterior, modernamente apresentada por ditaduras militares.

Outra característica dos ibéricos é a ausência, entre eles, de "moral fundada no culto ao trabalho, o que também contribui para tornar ainda mais frágil a capacidade de organização social; por isso, a solidariedade entre ibéricos só existe onde existe vinculação de sentimentos, o que não favorece associações em 'plano mais extenso, gremial ou nacional'" (p.30). No entanto, exatamente porque a obediência é difícil para os ibéricos, algumas vezes lhes parece "o único princípio político verdadeiramente forte", e por isso "as ditaduras e o Santo Ofício são formas tão típicas de seu caráter como a inclinação à anarquia e à desordem" (p.30).

Como se vê, Sérgio Buarque de Holanda supõe que, para os ibéricos, a alternativa para a anarquia é um governo ditatorial e intransigente; para esclarecer esse ponto de vista, assinala que, com o desprestígio da obediência cega, em vão temos importado formas de governo capazes de dominar "nosso natural inquieto e desordenado". Embora essa ideia seja em parte amenizada pela suposição de que tais características não são biológicas, na verdade não indica as condições reais que permitiriam sua transformação.

Mais ou menos a mesma coisa pode ser dita a respeito da sua divisão em tipos – o trabalhador e o aventureiro –, embora suas contradições sejam aqui mais evidentes. Admite que os aventureiros – caracterizados por audácia, imprevidência, irresponsabilidade, instabilidade, vagabundagem – foram os principais responsáveis pela conquista e pela colonização do Brasil. E pergunta: "Essa ânsia de prosperidade sem custo, de títulos honoríficos, de posições e riquezas fáceis, tão notoriamente característica do povo de nossa terra, não é bem uma das características mais cruas do espírito de aventura?" (p.40).

A contradição reside no fato de, ao explicar o fracasso da colonização holandesa, dizer que os holandeses só conseguiram atrair aventureiros, e não pessoas inclinadas ao trabalho da terra. Outra contradição aparece na descrição do tipo de economia brasileira: Sérgio Buarque de Holanda diz que o desejo de "riqueza que custasse ousadia, não riqueza que custasse trabalho", explicaria, pelo menos em parte, a agricultura latifundiária aqui instalada. Embora o autor faça distinção entre civilização agrícola e sociedade de raizes rurais, isso não elimina a contradição: não é estranho que aventureiros organizem uma sociedade agrária, inteiramente dependente da terra?

E essa contradição fica ainda mais nítida quando Sérgio Buarque de Holanda fala na herança rural: para ele, a vida na propriedade rural e, por extensão, nas cidades e na política é dominada pelo sentimento de família, e, nesta, o princípio da autoridade, ao contrário do que acontecia nas outras instituições, continuava indiscutível. Assim, o quadro familiar torna-se tão poderoso que persegue o indivíduo, ainda quando fora do recinto doméstico, provocando "uma invasão do público pelo privado, do Estado pela Família" (p.106). Com a ascensão dos centros urbanos, a aristocracia rural foi chamada a ocupar novos cargos, para estes conduzindo a mentalidade familiar – por exemplo, o *talento*, entendido como atividade intelectual e oposto ao esforço físico. "É que para bem corresponder à função que, mesmo sem o saber, lhe conferimos, inteligência há de ser ornamento e prenda, nunca instrumento de conhecimento e ação" (p.107).

Essa descrição é provavelmente correta, embora a explicação seja discutível: a cultura ornamental parece característica de todas as sociedades marcadas por desigualdades muito violentas, e o Brasil não é exceção a isso. Na verdade, o próprio Sérgio Buarque de Holanda mostra como Portugal impediu, por todos os meios, a formação de uma vida intelectual autônoma no Brasil, pois esta ameaçaria o seu domínio. Depois da independência, o quadro pouco se modifica, pois a questão básica da vida social e econômica – a escravidão – não poderia ser discutida pela classe dominante, enquanto a classe dominada não tinha acesso à cultura. É isso que, provavelmente, dá a grande parte da vida intelectual brasileira o seu caráter de fuga, de maneira de evitar e não de enfrentar os problemas raciais. E é certo que, mais adiante, ao discutir a vida intelectual brasileira, Sérgio Buarque de Holanda aproxima-se dessa verificação, ao mostrar o *desencontro* entre as ideias e a vida brasileira, e explicá-lo como decorrência do abismo entre a classe dominante e a grande massa do povo. E isso acentua o fato de a inteligência ornamental não ser decorrência da vida familiar, mas de peculiar organização da vida econômica.

O traço fundamental, sugerido por Sérgio Buarque de Holanda – a *cordialidade* do brasileiro –, foi talvez o aspecto mais discutido em sua descrição. Ainda aqui, seu objetivo é fundamentalmente político, pois discute a relação entre a família e o Estado, e diz que entre os dois não existe "uma gradação, mas antes uma descontinuidade e até uma oposição" (p.23). E "no Brasil, onde imperou, desde tempos remotos, o tipo primitivo da família patriarcal, o desenvolvimento da urbanização ... ia acarretar um desequilíbrio social cujos efeitos permanecem vivos ainda hoje" (p.211). Formados no ambiente da família, os detentores de posições públicas dificilmente compreenderam a "distinção fundamental entre os domínios do privado e do público" (p.212); assim, apenas como exceção, tivemos um sistema administrativo fundado em interesses objetivos.

E aqui Sérgio Buarque de Holanda, por uma expressão que diz ter sido anteriormente utilizada por Ribeiro Couto, diz que

> daremos ao mundo o homem cordial: a lhaneza no trato, a hospitalidade, a generosidade ... representam com efeito um traço definido do caráter brasileiro, na medida, ao menos, em que permanece ativa e fecunda a influência ancestral dos padrões de convívio humano, informados no meio rural e patriarcal. (p.214)

Esses caracteres não representam um aspecto de civilidade, mas indicam "fundo emotivo extremamente rico e transbordante" (p.215). O fato de não sermos ritualistas pode ser percebido em nossa aversão à reverência prolongada diante de superiores. O mesmo horror a distância, que parece constituir, ao menos até agora, o traço mais específico do espírito brasileiro, pode ser observado na forma intimista da religião católica no Brasil.

O conceito de cordial provocou uma curiosa, e cordial, polêmica entre Sérgio Buarque de Holanda e o poeta e ensaísta Cassiano Ricardo.[3] Este sustentou, fundamentalmente, que o conceito cordial não era satisfatório para definir o brasileiro, e que em seu lugar se deveria empregar a palavra bondade. Sustentou, para confirmar essa ideia, que tanto na história da conquista do território quanto em sua vida atual, o brasileiro é mais bondoso e tende a estabelecer harmonia e entendimento; isso se comprovaria também pela ausência de preconceitos raciais entre brasileiros. A resposta de Sérgio Buarque de Holanda é interessante, não só por negar-se a aceitar a conotação de bondade, mas por afirmar que "a própria *cordialidade* não me parece virtude definitiva e cabal que tenha de prevalecer independentemente das circunstâncias mutáveis de nossa existência". Mais ainda, a urbanização tenderia a eliminar esse traço psicológico.

Se, todavia, a cordialidade é uma aptidão para o social, não constitui um fator apreciável de ordem coletiva, pois nosso comportamento revela um apego singular aos valores da individualidade e "raramente nos aplicamos de corpo e alma a um objeto exterior a nós mesmos" (p.227). Donde nossa aversão às atividades morosas e monótonas, seja na vida intelectual seja nas "artes servis"; o trabalho adquire, assim, um fim em nós mesmos, e não no próprio trabalho. De outro lado, o individualismo se revela também no vício do bacharelismo. Enfim, em vários

---

[3] As observações de Cassiano Ricardo e a resposta de Sérgio Buarque de Holanda são reproduzidas em Holanda (1948, 1963).

aspectos da vida cultural, revelamos diversas formas de fuga a uma realidade que sentimos como desprezível e mesquinha.

Finalmente, Sérgio Buarque de Holanda se propõe a examinar o que denomina "a nossa revolução": a passagem da vida rural para a urbana, um "lento cataclismo, cujo sentido parece ser o do aniquilamento das raízes ibéricas de nossa cultura para a inauguração de um estilo de vida novo, que crismamos talvez ilusoriamente de americano... " (p.255). Esse progressivo desaparecimento de nossas formas tradicionais de vida coincide com a decadência da cultura de cana e sua substituição pela do café, quando a cidade deixa de ser dependência da zona rural para tornar-se sua sede. Apesar disso, e apesar da substituição da elite dirigente do Império – recrutada entre proprietários rurais do Nordeste açucareiro –, a República continua a manifestar os mesmos ideais: queremos parecer um povo brando, culto, bem-comportado. Esse objetivo tem sido procurado pela lei escrita, escapando-nos "esta verdade de que não são as leis escritas fabricadas pelos jurisconsultos as mais legítimas garantias de felicidade para os povos e de estabilidade para as nações" (p.266). No entanto, essa transformação só se completará com a superação das raízes personalistas e aristocráticas de nossa vida coletiva.

Esse esquema sugere que *Raízes do Brasil* se constrói em três conjuntos de dados ou três linhas de pensamento: a descrição intuitiva do brasileiro de classe alta; a descrição da passagem da vida rural para a vida urbana; a discussão das virtualidades políticas do Brasil, por uma análise de coerência entre a cultura importada e a realidade nacional. Como essas linhas de pensamento são inevitavelmente heterogêneas, é também inevitável uma contradição lógica na estrutura do ensaio, o que indica a sua situação de ponto intermediário entre o período ideológico e a fase de análise sociológica – ou realista – da vida brasileira.

Na verdade, a primeira linha de pensamento – a descrição psicológica do brasileiro – só poderia sustentar-se, coerentemente, se as características fossem consideradas como permanentes e válidas para todas as classes sociais. Ora, como Sérgio Buarque de Holanda liga essas características à família patriarcal, é evidente que está falando na classe alta, dos grandes proprietários rurais. Se isso é evidente para o leitor, não é explicitado pelo autor, que por isso fala em características gerais e não em forma de domínio político. Isso fica muito claro quando se pensa na cordialidade: esta é, apesar de tudo que diz Sérgio Buarque de Holanda, forma de relação entre *iguais*, entre pessoas de classe alta, e não de relação entre o superior e o subordinado.

A impressão contrária – que também aparece em Gilberto Freyre – não é cordialidade, mas paternalismo: como a distância entre as classes sociais é muito grande, a classe superior tem atitude de condescendência para com a inferior, desde que esta não ameace o seu domínio. Nem é difícil concluir que essa mesma distância mascarou o preconceito racial no Brasil: os negros, colocados em situação que não ameaça os brancos, são tratados cordialmente. No entanto, quando os negros ameaçaram essa posição, foram tratados com crueldade: é suficiente lembrar a história do bandeirante que exibia as orelhas dos negros mortos em Palmares.

A segunda linha de pensamento refere-se à passagem de uma sociedade rural para uma sociedade urbana; aqui, Sérgio Buarque de Holanda utiliza dados da sociologia – e que seriam válidos também para outros grupos – e a concepção da herança ibérica. Em outras palavras, o que aponta como ibérico é o rural e o patrimonialista – tantas vezes descrito pela sociologia europeia e americana, pelos conceitos de comunidade (oposta a sociedade) e de relações primárias (opostas a secundárias). Embora cite esses estudos, Sérgio Buarque de Holanda continua a afirmar a peculiaridade da situação brasileira. Faz a mesma coisa, diga-se de passagem, ao analisar o papel da liderança individual no Brasil, como se em outros países a liderança política também não estivesse entregue a lideranças desse tipo. Basta lembrar que, no momento da publicação de *Raízes do Brasil*, quatro líderes principais concentravam as aspirações políticas de vários países: Hitler, Mussolini, Stalin e Roosevelt.

Finalmente, na terceira linha de pensamento, Sérgio Buarque de Holanda discute as possibilidades de triunfo dos partidos de extrema esquerda e extrema direita. Percebeu – o que não era comum na época – que o fascismo era forma de reação, e não partido revolucionário; percebeu também que o fascismo brasileiro – o integralismo –, embora copiasse o fascismo original, perdera muito de sua ousadia, acomodando-se como partido nitidamente conservador. Quanto ao Partido Comunista, admite que os seus adeptos brasileiros não tinham a disciplina dos partidos comunistas de outros países. Em conclusão, sugere que qualquer revolução só obteria êxito se estivesse de acordo com o que se denominaria o caráter nacional – embora o autor não empregue a expressão. No entanto, como antes já admitiu que esse caráter está em transformação, essa hipótese perde grande parte de sua força.

Em resumo, Sérgio Buarque de Holanda percebe as transformações na vida social, mas, apesar disso, continua preso à ideia de características nacionais, de um passado que determina o presente. Daí as inevitáveis contradições de seu ensaio – que continua válido não por sua teoria global, mas por algumas observações parciais e reconstrução histórica de alguns episódios e de alguns aspectos da vida brasileira.

Fernando de Azevedo: bondade, reserva e desconfiança

Fernando de Azevedo – nascido em Minas Gerais, em 1894 – é talvez mais conhecido pelas suas iniciativas no campo da educação e por seus estudos de sociologia e pedagogia. Seu nome está ligado à reforma da educação pública no antigo Distrito

Federal, hoje Rio de Janeiro, e no Estado de São Paulo, bem como à nova orientação da sociologia no Brasil, a partir da década de 1930. Nem sempre se lembra que na década de 1920 Fernando de Azevedo já se notabilizara por seus estudos de literatura clássica e de crítica literária; no entanto, mesmo os seus trabalhos de sociologia e educação revelam a influência dessa formação inicial, seja no estilo em que são apresentados seja na peculiar amplitude que Fernando de Azevedo lhes dá.

O estudo aqui analisado, sobre o caráter nacional brasileiro,[4] é parte do trabalho geral em que Fernando de Azevedo traça um panorama da cultura brasileira, entendendo-a tanto no sentido amplo – onde inclui a descrição do meio geográfico, das formas de trabalho, organização das cidades, evolução social e política, religião – como no sentido mais restrito de análise da vida artística, literária, científica e educacional. No entanto, como a descrição da psicologia do brasileiro está isolada nesse estudo, não será absurdo analisá-la sem referência ao estudo global; embora isso não permita dar ideia da amplitude de *A cultura brasileira*, não falseia a concepção de caráter nacional aí revelada.

Embora comece sua discussão com uma nota de Durkheim – para quem "um temperamento coletivo ou individual é coisa eminentemente complexa e não poderia ser traduzida numa simples fórmula" –, a descrição de Fernando de Azevedo parece aproximar-se, sob alguns aspectos, da concepção já encontrada em Euclides da Cunha. Realmente, Fernando de Azevedo admite ser impossível uma generalização a partir da observação de indivíduos, de forma que procura não a observação direta, mas a análise dos fatores que condicionem o caráter coletivo. Esses fatores seriam o meio físico, o clima e a raça; eles é que modelam "um povo no momento em que sua alma é virgem ainda" e são capazes, "através da modificação do meio

---

4 Cf. Azevedo (1944, cap.5, p.103-22). A edição original é de 1943.

humano, de perpetuar os traços hereditários que se imprimiram desde o princípio às primeiras gerações".

É perfeito, portanto, o símile entre indivíduo e nação: assim como às vezes se admitiu que o indivíduo seria uma tábula rasa na qual se imprimiriam as influências de vários fatores, Fernando de Azevedo admitiria um momento histórico em que o povo ainda não teria caráter e em que este seria modelado pelo meio físico, clima e raça. Mas a partir daí o símile é abandonado, pois o caráter é transmitido hereditariamente, pela sociedade. Em outras palavras, esta representa uma estabilização do caráter inicial, formado pelos fatores naturais, isto é, o meio físico e a raça.

À medida que a civilização se desenvolve, as forças sociais passam a ter, por isso, maior influência que as naturais; no entanto, Fernando de Azevedo admite que a alma de um povo não é uma "essência eterna", e está sujeita a transformações, embora seja possível encontrar hábitos e tendências mentais "suficientemente persistentes e suficientemente gerais". No caso do brasileiro, como se trata de um povo tido como jovem, essa definição revela-se mais difícil, pois ainda não se realizou "a fusão harmônica dos diversos elementos mentais que entraram em sua composição".

De outro lado, ao examinar a influência dos vários fatores, Fernando de Azevedo não chega a definir-se e efetivamente oscila entre as várias explicações. Inicialmente, parece duvidar que a pressão do meio sobre a raça, "no tempo em que nenhum produto social se interpunha entre um e outro", possa explicar muita coisa na história de um povo. Além disso, discute a ideia de que a mestiçagem de brancos, índios e negros possa explicar diversos traços do povo; parece inclinar-se à ideia de que a mestiçagem explica apenas características de certos grupos e épocas, mesmo porque admite que a fusão jamais chegou a ser completa, tendo sido apenas superficial e aparente. Admite também que, apesar da importância racial e econômica de índios e negros, "a cultura ibérica foi predominante em todos os pontos".

Logo adiante, no entanto, diz que "a raça não deixa de ser um elemento importante", e que os elementos raciais podem ter transmitido "certos caracteres desses povos", pelo menos na medida em que modificaram o caráter do homem branco. Como se vê, nesse ponto Fernando de Azevedo aceita o que inicialmente parecia rejeitar, isto é, característica racial, aparentemente independente da ação do meio. Isso se explica pelo fato de aceitar a teoria europeia que ligava o meio à raça e tentar aplicá-la a uma situação em que houve fusão de raças e culturas. Em outras palavras, no caso brasileiro, o "estado natural" de influência do meio sobre a raça seria impossível e, por isso, Fernando de Azevedo volta à ideia de influência recíproca das raças, embora, como Sérgio Buarque de Holanda, dê maior importância à cultura ibérica.

Ao passar para a descrição concreta do caráter brasileiro, é evidente que Fernando de Azevedo utiliza apenas dados intuitivos e só em alguns casos procura ligar os traços descritos aos fatores que antes enumerou. E é provavelmente o fato de utilizar dados intuitivos que permite a Fernando de Azevedo tentar uma descrição dos vários aspectos do caráter brasileiro, pois nem sempre procura ligar cada um dos traços a uma influência específica – o que lhe dá grande liberdade na indicação dos traços.

Admite que os traços mais frequentemente apresentados no brasileiro são a afetividade, a irracionalidade e o misticismo, que se infiltrariam por todo o caráter, isto é, interfeririam também na vontade e na inteligência, dando a esta última um colorido de emoção e imaginação. Embora reconheça que todos os povos têm uma grande parte de afetividade, admite também que no brasileiro esse aspecto é mais intenso, de forma que a sensibilidade, a imaginação e a religiosidade acabariam por revelar-se em todas as manifestações brasileiras, mesmo naquelas que, superficialmente, revelem maior refinamento intelectual. A afetividade interfere em todos os nossos juízos, nos leva a resolver as questões em termos de "amigos" ou "inimigos" e não por apreciação objetiva. Fernando de Azevedo explica esse traço como decorrência da influência portuguesa e da obra de catequese religiosa.

A religiosidade do brasileiro é diversa da que caracteriza o povo norte-americano: enquanto esta tem um caráter "ético e prático", a do brasileiro seria doméstica e intimista. Embora admita que talvez a natureza tropical e hostil também possa influir, Fernando de Azevedo admite que a religiosidade pode ter determinado a resignação, a docilidade e a submissão diante de fatalidades físicas e morais – traços que também caracterizam o brasileiro. Dessas características decorreria a atitude do brasileiro diante da vida – "misto de indulgência, de piedade e de ironia" – e que seria indício de sua aceitação de uma natureza hostil.

O outro traço bem geral do brasileiro é a sua bondade, derivada da formação cristã e da influência do negro. É a bondade que faz que o brasileiro ignore "distinções de classes e diferenças de raças" e se retraia "diante da brutalidade e da violência"; é também ela que faz que o brasileiro seja facilmente conduzido, "quando se faz apelo à razão e, sobretudo, aos sentimentos". Observa que para essa bondade deve também ter contribuído o isolamento entre os núcleos de povoadores, onde a chegada de uma visita significava sempre a alegria e o contato com terras estranhas; por isso, o forasteiro era sempre bem recebido. Mas essa bondade esteve sempre ligada à reserva e à desconfiança, resultantes do isolamento das povoações e da consciência de constantes perigos e ameaças. Por isso, o brasileiro pode falar pouco e, no outro extremo, falar muito "sem dizer nada ou, ao menos, sem abrir o coração". Essa desconfiança e essa reserva revelam-se num ceticismo carregado de "complacência e bom humor, e de piedade e de ironia em face da vida" – o que Fernando de Azevedo considera extraordinário num "povo simples e jovem, ainda em formação".

Outra característica do brasileiro é a sobriedade, e, nesse ponto, Fernando de Azevedo se opõe explicitamente a Paulo Prado, pois sustenta que o brasileiro não tem e nunca teve interesse fundamental pelo ouro; mesmo a parcimônia – geralmente indicada no mineiro – é desejo de guardar o pouco que tem e não manifestação de usura. Mas logo depois Fernando de Azevedo entra em contradição, pois ao lado da sobriedade indica também a imprevidência, que explica pelas condições de vida, em que as bruscas oscilações convidam à dissipação da riqueza e à confiança na sorte e não na continuidade do trabalho.

Na discussão da vida intelectual, Fernando de Azevedo admite que o brasileiro, embora dê muito valor à cultura, apresenta "uma cultura literária de superfície", tem preferência pelo aspecto formal e pela erudição e, finalmente, não apresenta vigor ou penetração de pensamento, mas apenas a facilidade, a graça, o brilho. De outro lado, não acredita que essas características sejam permanentes; ao contrário, admite que poderão ser modificadas por orientação diferente.

Entre as características gerais indica ainda o individualismo, que não é individualismo criador, encontrável, por exemplo, entre os anglo-saxões; ao contrário, é muitas vezes negativo, pois é uma tendência antissocial de oposição do indivíduo à sociedade. Nesse sentido, embora conduza a "sentimentos de audácia, coragem e altivez", alimenta igualmente a dispersão, a indisciplina e os conflitos. É curioso que, depois de indicar o individualismo, Fernando de Azevedo aponte o sentimento democrático e as tendências igualitárias do brasileiro, embora indique a existência do prestígio pessoal dos chefes. Além disso, segundo Fernando de Azevedo a hierarquização só pode ser observada na sociedade latifundiária e escravocrata. Com a urbanização, essa hierarquia social desaparece e dela nos fica a moral de senhores e escravos, patrões e empregados. Essa moral deu conteúdo social ao personalismo e forma à política, "de que se acham afastados tanto o sentimento de interesse comum quanto o espírito de cooperação".

Depois de dizer que o brasileiro não vê, no Estado, o interesse coletivo, mas sim as pessoas que dispõem do poder, Fernando de Azevedo assim resume as características psicológicas do brasileiro: altruísta, sentimental, generoso, capaz de paixões violentas mas pouco duráveis, pouco amigo da ordem, pacífico, hospitaleiro mas desconfiado, tolerante por temperamento e despreocupado, trabalhador resistente e individualista, mas sem continuidade.

O interesse da descrição de Fernando de Azevedo reside nas suas contradições. Em primeiro lugar, o autor pretende fazer uma síntese das descrições anteriores e, embora recuse várias delas – por exemplo, não aceita o esquema de Paulo Prado, nem o de Afonso Arinos de Melo Franco –, continua a ter um esquema formalmente incompatível. Por exemplo, não tem muito sentido falar em individualismo e, ao mesmo tempo, falar em moral de senzala; ou falar em sobriedade e imprevidência, como se fossem características compatíveis.

Essa contradição, no entanto, ainda não é a mais grave, pois seria possível imaginar a existência de vários tipos de individualismo, ou condições diferentes em que aparecem a sobriedade e a improvidência. Em segundo lugar, Fernando de Azevedo aceita teorias incompatíveis e isso provoca contradições realmente insuperáveis. De um lado, o autor admite que o caráter nacional evolui; de outro, pensa que existem tendências "essenciais" e imutáveis. É difícil imaginar quais os recursos para distinguir entre os dois tipos de características e, de qualquer forma, Fernando de Azevedo não esclarece como pôde distingui-los. Na verdade, o autor pretendeu conciliar a tradição de uma ideologia do caráter nacional e as concepções mais recentes da sociologia; por isso, a sua descrição inevitavelmente oscila, sem definir-se por um dos extremos teóricos.

Finalmente, convém observar a constante comparação com o norte-americano, e que em Fernando de Azevedo se torna um pouco mais explícita. A sua explicitação integral caberia, vários anos depois, a Viana Moog.

Viana Moog e o sentimento de inferioridade diante dos Estados Unidos

Clodomir Viana Moog – nascido em 1906, no Rio Grande do Sul – é romancista e crítico de literatura. No entanto, o livro *Bandeirantes e pioneiros*: paralelo entre duas culturas, ao contrário do que poderia parecer à primeira vista, não está totalmente isolado entre suas obras, que já revelaram interesse por aspectos culturais do Brasil (cf. Moog, 1943).

Bandeirantes e pioneiros é livro nitidamente eclético, em que o autor passa dos dados históricos para os literários, destes para os econômicos e psicológicos. Ao lado das teorias ou descrições eruditas, Viana Moog apresenta suas observações pessoais da vida norte-americana e brasileira. Isso dá ao livro, se não elegância expositiva, pelo menos um colorido literário que certamente falta a muitos dos ideólogos; ao mesmo tempo, o emprego de dados muito diversos dificulta a análise e a crítica. Por exemplo, para mostrar como a falta de profundo sentimento religioso é um dos fatores para a má saúde mental dos brasileiros, Viana Moog cita um trecho de Jung. No entanto, é evidente que Jung lamenta a falta de religiosidade do homem ocidental, e não do brasileiro; por isso, a crítica de Jung é interpretada como prova de deficiência do brasileiro, quando comparado a outros povos, exatamente aqueles que Jung critica. Apesar disso, como Viana Moog conhece os Estados Unidos, o norte-americano que aparece em seu livro não é uma figura imaginária – como ocorre com alguns ideólogos –, mas uma criatura que podemos identificar.

Outro aspecto geral do livro de Viana Moog é a mudança de atitude com relação aos Estados Unidos e à Europa, sobretudo à França. Viana Moog critica, e em certos pontos ridiculariza, a atitude tradicional do brasileiro de classe alta que sempre devotou um grande desprezo à civilização americana, ao mesmo tempo que se sentia irresistivelmente atraído pela cultura tradicional da Europa. Viana Moog, ao contrário, revela uma profunda admiração por vários aspectos da vida norte-americana, embora reconheça que esta, como a brasileira, tem algumas tendências neuróticas. Aqui, interessará não tanto salientar os paralelos estabelecidos pelo autor, mas principalmente os aspectos fundamentais indicados no brasileiro.

Viana Moog parte, explicitamente, da pergunta constante nos ideólogos do caráter nacional brasileiro: como se explicam as diferenças de desenvolvimento entre o Brasil e os Estados Unidos? E, embora em certos momentos pareça afastar-se da pergunta, na realidade todos os temas giram em torno de uma comparação entre os dois países. A primeira resposta – pelas raças – é afastada por Viana Moog pela citação de psicólogos contemporâneos, por exemplo Otto Klineberg, segundo os quais não existem diferenças de capacidade entre grupos raciais. A partir dessa negação, o autor passa a examinar os outros fatores possíveis para uma explicação, tendo o cuidado de lembrar que tais fatores não agem isoladamente.

O primeiro fator seria o geográfico, pois várias regiões brasileiras – por exemplo, a Amazônia – são até agora inacessíveis à civilização. Para documentar essa dificuldade imposta pelo fator geográfico, analisa a experiência da Companhia Ford, que tentou organizar, na Amazônia, uma grande plantação de seringueiras. Outro exemplo da influência negativa do clima seria apresentado pelos norte-americanos que, depois da Guerra de Secessão, emigraram para o Brasil: depois de algumas gerações, esses imigrantes perderam toda a fibra e deles praticamente não resta nenhum traço na vida brasileira.

Em resumo, Viana Moog diria que "não é possível vacilar: considere-se a questão sob o aspecto orográfico, como sob o hidrográfico, ou sob o climático, e as vantagens dos Estados Unidos são óbvias" (p.34).

Embora admita que, para explicar as diferenças entre os Estados Unidos e os países latino-americanos, "a antropogeografia pode muito mais que a etnografia" – isto é, a explicação pelo clima e pelo solo é mais significativa que a apresentada pela raça –, Viana Moog não supõe que se deva aceitar uma explicação única. E o segundo fator que considera é o religioso. De acordo com a conhecida teoria de Max Weber a respeito da relação entre calvinismo e capitalismo, procura explicar os diferentes tipos de colonização nos Estados Unidos e no Brasil. Em primeiro lugar, "da História, sem exagerar as impressões, conclui-se antes que sem protestantismo, ou melhor, sem calvinismo, não haveria nem discriminação racial nem capitalismo" (p.86). Como, para o calvinista, a "fraternidade é irrealizável", chega-se "à justificação e aceitação, como fatos naturais, da desigualdade econômica, da doutrina da desigualdade das raças, e, mais tarde, à aceitação de forças ocultas mais poderosas do que a vontade e a razão (freudismo), e à concepção da luta de classes em que triunfa o mais forte (Hobbes, Darwin, Nietzsche, Marx), em contraste com a crença católica e pré-capitalista na possibilidade da fraternidade universal e de justiça social, sob a égide da Igreja ..." (p.92-3).

Como se vê por essa longa citação, Viana Moog atribui uma influência realmente ampla ao calvinismo, pois este explicaria grande parte das doutrinas do século XIX, mesmo aquelas que, como a de Marx, são contrárias a qualquer discriminação entre os homens. É curioso que, embora explique os teóricos do século XIX, o calvinismo felizmente deixou de lado o século XVIII, de forma que este pôde criar o Iluminismo. Além disso, embora seja bem conhecida a influência das ideias iluministas na organização política dos Estados Unidos, Viana Moog parece que não atribui maior importância a isso.

Ao contrário do que ocorreu nos Estados Unidos, no Brasil não houve discriminação racial. Para isso, segundo Viana Moog, não concorreu apenas a diferença religiosa, mas também o fato de os portugueses emigrarem sozinhos para o Brasil. É essa emigração exclusivamente masculina que explica o aparecimento "das ligações transitórias das mancebias, da luxúria, da lascívia e da imprudência, com todas as devastadoras repercussões que tiveram na emotividade e no caráter nacional" (p.104). Isso significa que não há repulsa biológica do anglo-saxão por negras e mestiças, nem atração biológica dos portugueses por elas; o que existe, em ambos os casos, é pressão religiosa e pressão da comunidade.

Aparentemente, no entanto, Viana Moog dá maior importância à diferença no sentido da colonização: "Um sentido inicialmente espiritual, orgânico e construtivo na formação norte-americana, e um sentido predatório, extrativista e quase só secundariamente religioso na formação brasileira" (p.129). Daqui decorrem outras diferenças entre Brasil e Estados Unidos: os colonizadores portugueses consideravam-se de passagem no Brasil, dispostos a enriquecer e a voltar para a Europa; os colonos dos Estados Unidos renunciavam definitivamente às suas raízes europeias e se dispunham a iniciar uma vida inteiramente nova. É isso que vai dar à vida brasileira o seu caráter de *bandeirismo*, enquanto os Estados Unidos se caracterizam pelo *pioneirismo*. E embora reconheça que "nem todos os povoadores do Brasil foram conquistadores e aventureiros", e "nem todos os povoadores das colônias anglo-saxônicas da América foram vítimas de perseguição religiosa ou manipuladores natos de dinheiro, em disponibilidade", Viana Moog admite que nos Estados Unidos prevaleceu o pioneiro, enquanto no Brasil prevaleceu o bandeirante (p.135). Na cultura, o brasileiro se caracterizaria pelo desinteresse pela ciência, ao mesmo tempo que revelaria interesse pelos *clássicos* e por um falso humanismo.

Um aspecto que revela muito bem a classe social em que Viana Moog pensa ao analisar o brasileiro pode ser encontrado na sua descrição das refeições: para ele, os brasileiros "pomos todo o nosso luxo e esmero na sala de refeições, para os nossos fartos almoços e jantares à portuguesa", enquanto os americanos têm uma sala de almoço que é peça secundária na residência (p.179). Isso mostra bem que Viana Moog não chega a se interessar por uma descrição das refeições da grande maioria dos brasileiros, ou de sua falta de refeições regulares.

Em conclusão, Viana Moog assim resume as diferenças entre os dois países: a geografia favorável, a posição do pioneiro diante do passado, aperfeiçoamento moral e dignificação do trabalho, sintetizam a formação norte-americana; a brasileira decorre de uma precária geografia, das "limitações do bandeirante em relação à conceituação do trabalho e às possibilidades de retificação do passado e de aperfeiçoamento moral do homem e da humanidade" (p.189). Em outras palavras, como o americano acredita no trabalho e está num ambiente favorável, organizou o país mais rico do século XX; o brasileiro, ao contrário, não acredita em trabalho, nem na perfectibilidade do homem, está em ambiente desfavorável e, por isso, o seu país é pobre.

O curioso, nessa argumentação, é que a Viana Moog não ocorra fazer outras comparações. Por exemplo, comparar o desenvolvimento do Japão com o dos Estados Unidos e o do Brasil, pois é provável que, nesse caso, as suas categorias perdessem qualquer valor explicativo.

Em vez de ampliar a pergunta, Viana Moog passa a indicar o que pode salvar o Brasil. Não nega que o Brasil pode precisar de "reforma agrária, reforma econômica, reforma financeira", ou de realizações – como "estradas de ferro e de rodagem, energia elétrica, aproveitamento de quedas de água, imigração do tipo pioneiro e não bandeirante" –, mas acredita que, sem um "exame de consciência nacional", o Brasil não poderá aproveitar suas oportunidades de desenvolvimento, e continuará a ser o que tem sido até hoje: "um país que progride, mas que não se enobrece, um país sem mensagens para o mundo, uma coletividade desorganizada", sem "iniciativas morais", sem "espírito público", "à espera de que taumaturgos ou chefes de bandeira mais ou menos providenciais" venham solucionar os nossos problemas.

Embora Viana Moog prossiga em sua análise e, em certo momento, eleja o malandro quase como símbolo nacional, esses aspectos nada acrescentam de essencial à sua descrição.

O essencial é que Viana Moog representa uma volta à ideologia do começo do século. À primeira vista, o leitor pode ser iludido pelo fato de Viana Moog afastar o pensamento racista, isto é, não admitir diferenças biológicas. Mas na verdade isso é um aspecto secundário, pois se a raça não explica nossa inferioridade, esta deve ser explicada pela religião, pela história, pela colonização predatória – isto é, por fatores que, justamente porque estão no passado, não podem ser modificados.

Ainda aqui, o leitor pode ser inicialmente iludido pelo programa de reformas proposto pelo autor; mas logo se desencanta, ao perceber que o fundamental será um "exame de consciência nacional" – como se alguma vez na história um povo de repente parasse para purgar os seus pecados e iniciar vida nova. E, chegados a esse ponto, talvez não fosse muito absurdo perguntar quem deveria fazer esse "exame de consciência": por acaso os operários que, segundo Viana Moog, não gostam muito do trabalho e desejam enriquecer rapidamente? Ou as multidões de desempregados e subempregados que, pelo exame de consciência, talvez consigam um emprego compensador? Ou os grupos de elite, que pelo exame de consciência se decidiriam a fazer reformas no país?

As perguntas talvez pareçam sarcásticas, mas estão implícitas na teoria de Viana Moog; por elas, percebemos bem claramente qual o esquema implícito na sua ideologia do caráter nacional: a vida econômica é determinada por fatores psicológicos. Estes, por sua vez, são determinados pela história, mas podem ser reformados por intervenção também psicológica. Como essa intervenção é impossível, o povo está condenado à estagnação, a um permanente atraso com relação aos países industrializados.

Características do brasileiro

CASSIANO RICARDO

1 mais emotivo
2 mais coração que cabeça
3 mais propenso a ideologias que a ideias
4 detesta a violência
5 menos cruel
6 menos odioso
7 bondade
8 individualismo

SÉRGIO BUARQUE DE HOLANDA

1 culto da personalidade
2 falta de hierarquia
3 desordem
4 ausência de espírito de organização espontânea
5 inquieto e desordenado
6 ânsia de prosperidade sem custo, de posição e riqueza fáceis
7 "aventureiro"
8 inteligência como ornamento e prenda
9 cordialidade
10 individualismo

FERNANDO DE AZEVEDO

1 afetividade
2 irracionalidade
3 misticismo
4 sensibilidade
5 imaginação
6 religiosidade
7 resignado
8 dócil
9 submisso
10 bondade
11 reserva
12 desconfiança
13 sobriedade
14 imprevidência

15 inteligência superficial e brilhante
16 individualismo
17 sentimento democrático
18 tendências igualitárias
19 altruísmo
20 sentimentalidade
21 generosidade
22 pacífico
23 hospitaleiro
24 tolerante
25 intuitivo

VIANA MOOG

1 apego ao passado europeu e português
2 desconfiança
3 medo do ridículo
4 exibição do sofrimento
5 reserva na expressão da felicidade
6 mania de doenças
7 desamor ao trabalho orgânico
8 sem profundidade religiosa
9 ausência de iniciativa, organização, cooperação, espírito técnico e científico
10 o "trabalho como labéu infamante"
11 vaidade
12 pedantismo
13 "suficiência"
14 valorização de triunfo por meio de habilidade, intriga, cálculo, astúcia
15 delicadeza ou jeito (diversa de cordialidade)
16 suscetibilidade
17 imaturidade emocional
18 indiscriminação racial
19 despreocupação dos aspectos morais da vida
20 desprezo das virtudes econômicas
21 procura de riqueza rápida

Características do norte-americano

1 discriminação racial
2 rompimento com o passado
3 puritanismo
4 crença na bondade essencial da humanidade
5 dignificação do trabalho como meio e como fim

17
Uma filosofia brasileira

As premissas do pensamento brasileiro

João Cruz Costa – nascido em São Paulo, em 1904 – foi por vários anos professor de Filosofia na Universidade de São Paulo, onde procurou interessar seus alunos pelo estudo do pensamento brasileiro. Embora tenha traduzido e comentado filósofos europeus, seus trabalhos mais importantes referem--se a aspectos desse pensamento. E o seu estudo mais geral, aquele que se liga à ideia de caráter nacional, é seu livro sobre o *Desenvolvimento da filosofia no Brasil no século XIX e a evolução histórica nacional*,[1] em que o autor procura estabelecer uma relação entre a história brasileira e as doutrinas filosóficas aceitas por pensadores brasileiros.

Para entender corretamente o problema proposto por Cruz Costa, será necessário esquematizar algumas peculiaridades do

---
1 Publicado em 1950. Várias edições posteriores e tradução para o inglês. Ver também *A filosofia no Brasil*: ensaios (1945).

pensamento brasileiro ou do que se chamaria, com certa impropriedade, filosofia brasileira, isto é, não existe continuidade entre nossos pensadores; isso significa que, em cada geração, esses pensadores refletem apenas as doutrinas surgidas na Europa, nesse momento, ou em época um pouco anterior.

Se pensarmos que a filosofia de determinada época é uma tentativa de solucionar ou, pelo menos, explicitar os problemas desse momento histórico, toda a filosofia brasileira seria uma aventura gratuita do espírito. Não teria objetivo ou, ao contrário, seria apenas uma forma de fuga diante dos problemas brasileiros. Na verdade, essa interpretação negativa do pensamento brasileiro chegou a ser apresentada pelos que defendiam a necessidade de uma cultura ligada à *realidade brasileira*; para esses autores, a importação de ideias europeias seria apenas uma grosseira e inútil imitação, desnecessária para a vida brasileira.

No outro extremo, estariam aqueles que defendem a necessidade de uma *atualização* do pensamento brasileiro, isto é, que pretendem que os brasileiros acompanhem bem de perto o movimento intelectual europeu, pois a filosofia independe de condições históricas particulares e se refere a problemas universais do homem.

Cruz Costa defende uma terceira posição. Para ele, a cultura brasileira não pode desligar-se de suas fontes europeias, pois somos apenas um ramo dessa cultura tradicional e velha de muitos séculos. Mas se não pode ser exclusivamente brasileira, a nossa cultura também não pode ser indiferente às condições peculiares de nossa sociedade. Para Cruz Costa, esses dois extremos conduziriam à esterilidade: num caso, o intelectual brasileiro não teria recursos para entender ou interpretar essa realidade que pretende exprimir; no outro, passaria a viver em função de problemas que não são os da sociedade brasileira.

A solução, para o filósofo brasileiro, consistiria em utilizar a cultura europeia como instrumento para entender a sociedade brasileira, que seria então o seu objeto de estudo ou reflexão. Em última análise – embora isso seja apenas sugerido na obra de Cruz Costa –, essa forma de pensamento poderia até apresentar uma contribuição original para a chamada filosofia ocidental, na medida em que essa filosofia nasce em determinada cultura e pode ser levada à ilusão de um falso universalismo, pois desconhece outras condições de vida e desenvolvimento. O filósofo brasileiro – como o filósofo americano, de modo geral – pode contribuir para a correção dessa visão *etnocêntrica*, pois será capaz de mostrar as limitações de uma filosofia que, supostamente válida para todos os homens, seria válida apenas para o homem europeu.

Essas premissas fazem que Cruz Costa tome, como objeto de sua filosofia, a relação entre o pensamento brasileiro e a história do Brasil. Isso o conduz a buscar, se não a originalidade, pelo menos o estilo peculiar que revestiu o pensamento brasileiro, em quatro séculos de experiência nos trópicos.

História, psicologia e pensamento

Na busca desse estilo do pensamento brasileiro, Cruz Costa parte, como outros historiadores da cultura brasileira, dos elementos formadores de nossa sociedade: o índio, o negro, o português. Quanto ao indígena, supõe que dele ficaram, no brasileiro, "o sentimento de rebeldia e o de resignação do caboclo; deslumbramento e desconfiança diante do estrangeiro". No negro devemos encontrar a origem da "contraditória e dramática história de sensualidade e abnegação que iria marcar a psicologia de nosso povo" (p.25). Mas é no português que, segundo Cruz Costa, devemos encontrar o elemento básico de nossa formação.

Ora, a concepção portuguesa da cultura caracteriza-se pela valorização pragmática da existência. E essa concepção explica o progresso da ciência natural e da náutica durante o período das navegações e na época imediatamente anterior a estas.

Quando se inicia a colonização do Brasil, já a cultura portuguesa tinha entrado em decadência, provocada pela política do monopólio, pelo despovoamento do Reino para a aventura do comércio asiático, pelo luxo e pelo amor das exterioridades nas classes mais altas. O experimentalismo tinha sido abafado por um falso humanismo – retórico e formal –, de maneira que a cultura portuguesa se desviara de seu verdadeiro sentido.

No Brasil, durante o período colonial, continuará a existir esse divórcio entre a cultura livresca – aceita pela classe alta – e o trabalho prático da colonização. No século XVIII, por exemplo, o combate à influência dos enciclopedistas indica esse *fechamento* da vida brasileira e portuguesa a influências e transformações da Europa.

Quando, a partir do início do século XIX, os brasileiros entram em contato com as correntes intelectuais da Europa, há como que um deslumbramento. Nessa época, segundo Cruz Costa, "marcada pela europeização, a inteligência brasileira voltava-se para os diferentes mercados da Europa onde se supria" (p.77). A realidade era esquecida, e os intelectuais procuravam os moldes literários, artísticos e filosóficos da Europa. Por isso mesmo, as ideias aceitas e difundidas nessa época parecem inteiramente desconexas.

A partir de 1850, com a extinção do tráfico de escravos e o desvio dos capitais para outras atividades, o Brasil entra em novo período de desenvolvimento não apenas econômico, mas também intelectual. Este se tornará nítido a partir de 1870. De 1870 a 1900, a filosofia que maior projeção obtém no Brasil é a positivista, na sua versão comtiana. Aqui se nota – a partir da primeira divulgação positivista de Pereira Barreto – uma intenção prática ou pragmática; nesse sentido, a manifestação positivista se distingue de outras tendências filosóficas aceitas na mesma época por pensadores brasileiros. No entanto, a influência dos positivistas ortodoxos foi menos significativa do que parece à primeira vista. Logo no início da República, desta se afastam os positivistas ortodoxos.

Vista globalmente, a interpretação de Cruz Costa poderia ser resumida da seguinte forma. Portugueses e brasileiros não revelam inclinação pela pesquisa dos problemas mais distantes da vida imediata; ao contrário, toda a atividade em que se salientam é marcada pelo interesse prático, pela utilidade das ideias e teorias. Embora em certos períodos de sua história se possa encontrar o predomínio da retórica e do formalismo vazio, isso parece uma deformação das tendências mais constantes ou profundas.

Cruz Costa e a renovação do pensamento brasileiro

Embora Cruz Costa dê, formalmente, grande importância aos fatores psicológicos – pois o espírito prático é apresentado como o núcleo fundamental do pensamento português e brasileiro –, suas afirmações básicas independem de tais fatores. Ao indicar o Brasil como o objeto da filosofia brasileira, desde que esta obtenha seus instrumentos intelectuais na tradição filosófica universal, Cruz Costa propôs um novo caminho à reflexão filosófica.

Aqui não cabe, naturalmente, uma discussão exaustiva dessa tese, nem da sua possível riqueza para o desenvolvimento da filosofia brasileira. No entanto, convém indicar que essa interpretação é uma forma de superar, na filosofia, um dilema permanente na cultura brasileira: o conflito entre o local e o universal. Na teoria de Cruz Costa, esse conflito é falso e apresenta alternativas igualmente estéreis. De outro lado, essa investigação se volta, pelo menos num primeiro momento, para a nossa história intelectual e social; mas, no pensamento de Cruz Costa, o estudo da história, longe de ser uma forma de saudosismo ou restauração do passado, é uma forma de libertar-se deste. Dadas essas premissas, é quase inevitável concluir que a filosofia de Cruz Costa – embora seja uma filosofia que não ousa dizer o seu nome – é uma teoria aberta, é mais um programa de investigação que uma afirmação definitiva. De acordo com essa filosofia, nada impede que num segundo momento se possa chegar a uma análise mais profunda ou mais complexa da relação entre o pensamento brasileiro e a nossa história. Nada impede, igualmente, que em outro momento se possa chegar a uma forma de ultrapassar essa distância entre o pensamento europeu e a realidade brasileira. Nesse momento, a filosofia brasileira terá criado, a partir da análise de nossa realidade, um instrumento para sua análise.

Mas se assim é, se Cruz Costa apenas anuncia uma filosofia que poderá caminhar em várias direções, algumas das quais imprevisíveis para nós, terá criado efetivamente uma forma de pensar a relação entre o pensamento brasileiro e a nossa realidade histórica? Embora não seja fácil responder à pergunta, é possível dizer que Cruz Costa demonstrou, pelo menos para determinado período de nossa história, que a relação estabelecida por nossos filósofos era falsa. Além disso, demonstrou que a aceitação do sistema filosófico, pelo pensador brasileira, era mais ilusória que real. Ao serem enunciadas no Brasil, as fórmulas filosóficas sofreram uma deformação peculiar, e essa deformação – resultante de um estilo de pensamento – seria resultante de características permanentes do povo brasileiro, sobretudo o seu *pragmatismo*.

Concordemos ou não com essas conclusões, representam um primeiro balanço global do pensamento brasileiro, aquilo que se chamaria uma filosofia da história da filosofia brasileira – ainda que a ironia de Cruz Costa pudesse rejeitar palavras tão ricas para indicar o seu estudo. Nas dimensões brasileiras, essa filosofia de nosso pensamento corresponde à filosofia de nossa história que foi tentada por Euclides da Cunha.

Do ponto de vista deste ensaio, a grande limitação da obra de Cruz Costa é a sua tese psicológica, isto é, a ideia de que o português e o brasileiro se caracterizam pelo pragmatismo. Para discutir essa tese não é sequer necessário sair da obra de Cruz Costa. De fato, depois de mostrar que durante menos de um século o pensamento português é prático e experimental, voltado para as coisas úteis e imediatas, mostra que durante vários séculos esse mesmo pensamento se perdeu nos jogos da retórica e de um humanismo vazio e anacrônico. Não é estranho que a característica de um povo seja aquela que se manifesta em pequeno período de sua história, para depois ser sufocada pela tendência oposta?

De outro lado, se confrontarmos essa tese com as outras descrições das características psicológicas do brasileiro, veremos que o pragmatismo é talvez das características menos indicadas; ao contrário, há tendência para descrever as características opostas, isto é, o desprezo pela realidade, a fuga pela fantasia inútil.

Por isso, analisada de um outro ponto de vista, a teoria de Cruz Costa pode ser interpretada no esquema da história romântica, isto é, no esquema que admite uma continuidade nas várias expressões da vida intelectual de um povo. Por isso também, sua teoria escapa ao que aqui se denomina a ideologia do caráter nacional, pois esta é sempre uma explicação pessimista para a vida brasileira. Em Cruz Costa, ao contrário, supõe-se uma tendência básica que pode, em certos momentos históricos, ser sufocada e substituída por tendências estranhas ao caráter do povo; no entanto, este só se encontra e só se exprime realmente quando volta às suas inclinações autênticas. No caso da cultura luso-brasileira, essa autenticidade reside no pragmatismo, na solução dos problemas imediatos do homem. Nesse sentido, não seria pior nem melhor do que as tendências autênticas de outros povos; seria, como para os românticos, uma forma de pensar que tem o mesmo direito e o mesmo valor de outras formas.

18
Superação das ideologias

Aqui não será necessária uma análise do período em que se destrói a ideologia do caráter nacional brasileiro. Na verdade, esse período, aqui considerado grosseiramente como o que se inicia na década de 1950, já está fora do objeto deste ensaio. Por isso, aqui serão apresentadas apenas indicações dos vários rumos observáveis nos estudos atuais sobre o Brasil, não se devendo supor, naturalmente, que sejam os únicos. De qualquer forma, são talvez os mais significativos, aqueles que caracterizam a análise intelectual do Brasil nos dias atuais.

Período intermediário: a ruptura no pensamento ideológico

Evidentemente, não existe um momento determinado em que se possa assinalar o fim do pensamento ideológico e o início de uma nova fase das ciências sociais no Brasil, ou de nossa vida intelectual. Em outras palavras, trata-se de um lento processo de afirmação de novas tendências, em que o fato mais significativo é talvez a nova posição aceita pela elite intelectual: enquanto na fase ideológica o grupo intelectual se identifica com as classes dominantes, na fase seguinte os intelectuais, se não se identificam com as classes desprotegidas, procuram ver o conjunto da sociedade.

A rigor, esse esquema exigiria que Sérgio Buarque de Holanda e Cruz Costa fossem colocados numa etapa intermediária: se, de um lado, continuam presos a um esquema ideológico – pois continuam a pensar em características psicológicas como determinantes da vida social ou da história do pensamento –, de outro, prenunciam a nova etapa. É por isso que Sérgio Buarque de Holanda tende a considerar o homem *cordial* como figura do passado, a ser superada pelas novas condições de vida; é por isso que Cruz Costa, embora afirme o caráter *prático* do pensamento português e brasileiro, procura mostrar a transformação desse pensamento diante das condições reais da existência.

De outro lado, não se deve imaginar que a fase anteriormente examinada não tenha apresentado contribuições positivas. Muito ao contrário, os chamados "estudos brasileiros", ainda que formulados numa perspectiva errada ou deformadora, certamente despertaram o interesse por vários problemas, permitiram o levantamento de dados e a apresentação de hipóteses explicativas. Se em alguns casos – por exemplo, com Oliveira Viana ou Gustavo Barroso – a deformação ideológica chega a um ponto extremo, de maneira que sua contribuição é quase nula, em outros – como em Gilberto Freyre – os dados, ainda que referentes a apenas uma região e a uma classe, são significativos.

Em outras palavras, se existe uma ruptura na perspectiva, em alguns casos existe também continuidade, como se a fase aqui denominada ideológica fosse uma etapa no longo processo de autoconsciência de um povo. E vale a pena lembrar que, em alguns casos, o mesmo autor passa de uma perspectiva para outra, do que é bom exemplo a obra de Monteiro Lobato. Numa primeira fase – indicada no Capítulo 11 –, Monteiro Lobato é o crítico impiedoso do caipira, no qual vê o responsável pela situação da agricultura brasileira. Num segundo momento, ao conhecer os problemas de saúde do caipira, sobretudo suas verminoses, Monteiro Lobato escreve:

> Perdoa-me, pois, pobre opilado, e crê no que te digo ao ouvido: és tudo isso sem tirar uma vírgula, mas ainda és a melhor coisa desta terra. Os outros, os que falam francês, dançam o tango, fumam havanas e, senhores de tudo, te mantêm nessa geena infernal para que possam a seu salvo viver vida folgada à custa do teu dolorido trabalho, esses, meu caro Jeca Tatu, esses têm na alma todas as verminoses que tu tens no corpo. Doente por doente, antes tu, doente só do corpo. (1945, p.XXVII)[1]

Depois, Monteiro Lobato tem a experiência de viver nos Estados Unidos, como adido comercial do governo brasileiro. Aparentemente, foi depois dessa experiência que, a partir de 1931, se inicia a sua terceira fase de explicação do Brasil. Em artigo escrito nessa época, o autor indica muito claramente sua reação às ideologias, pois diz que

> a pobreza, a lentidão do desenvolvimento do Brasil sempre me preocupou vivamente. Refleti comigo durante anos, com a sensação de que as causas geralmente apontadas para explicar o fenômeno eram causas secundárias; e que antes de aprendermos a causa primária, a causa das causas, nada poderia ser feito para mudar a situação. (p.XXXI)

A seguir, de acordo também com os modelos da época, indica a comparação entre Brasil e Estados Unidos, mas em vez de supor que a diferença estava nos elementos humanos, con-

---

[1] *Urupês*: os trechos citados a seguir são dessa obra.

clui que a diferença fundamental residia na utilização do ferro e do petróleo. A sua conclusão, por ser oposta à do pensamento da época, deve ser mencionada. Depois de mostrar a influência do petróleo nos Estados Unidos, escreve:

> Enquanto esse milagre se operava ao norte do continente, um país ao sul, de igual extensão territorial e povoado com os mesmos tipos de elementos humanos, europeu, negro e índio, permanecia em profundo estado de dormência. Um pântano com quarenta milhões de rãs coaxantes, uma a botar a culpa na outra do mal-estar que todas sentiam. (p.XXXIV)

A partir daí, Monteiro Lobato será um dos maiores defensores da industrialização do Brasil e chegará a organizar uma companhia para explorar o petróleo brasileiro. Mesmo em seus livros para crianças, a todo momento insiste nesses temas, numa tentativa de criar uma nova consciência social e política no Brasil. Já no fim da vida, Monteiro Lobato passou a apoiar o Partido Comunista do Brasil – então em funcionamento legal no país –, mas essa fase final de seu pensamento não precisa ser analisada aqui. O importante a salientar é que Monteiro Lobato passa, de uma fase nitidamente ideológica – em que responsabiliza a classe mais pobre pelo atraso do país –, para uma fase de explicação econômica, pelo desenvolvimento industrial e energético do Brasil.

Em outros autores aproximadamente da mesma época, podemos observar, embora de maneira menos nítida, a mesma passagem de uma explicação fundamentalmente psicológica ou racial da vida brasileira para uma explicação econômica.

Por exemplo, Osório da Rocha Diniz procura mostrar que o Brasil não progrediu, embora tivesse recursos para isso, porque não explorou suas jazidas de ferro e de petróleo. A diferença entre o seu pensamento e o de outros que explicam o atraso do Brasil é muito nítida:

Da nossa falta de orientação no sentido de captar as fontes naturais de energia a fim de "industrializar" o Brasil, foi dos fatores que impediram ser o Brasil um país intensamente industrial – originou-se o não termos podido repetir na América do Sul o fenômeno anglo-americano, porém nada impede de o repetirmos ainda se orientarmos de maneira sagaz e objetiva a política econômica e indústria brasiliana. (Diniz, 1940, p.22)

Por isso, o autor coloca em segundo plano as explicações anteriores para o nosso atraso, dizendo que são fatores ponderáveis, mas não insuperáveis, e analisa a interferência de grandes companhias no desenvolvimento do Brasil. Embora, com outros autores da época, Diniz compare a riqueza norte-americana à pobreza brasileira, os seus dados são quase todos econômicos. Por exemplo, depois de perguntar por que o Brasil não enriquece, o autor responde com dados a respeito da utilização de máquinas no Brasil e nos Estados Unidos. Além disso, seu livro procura denunciar a compra de companhias de eletricidade por firmas estrangeiras. Aparentemente, no entanto, o autor parece dar pouca ênfase ao problema de capital para o desenvolvimento, tendo-se a impressão de que este seria apenas um ato de vontade do governo ou da população.

Outro aspecto da ruptura no pensamento a respeito do caráter nacional pode ser observado na crítica às teorias racistas. Em alguns casos – por exemplo, com Batista Pereira –, a crítica às teorias racistas apresenta um caráter nitidamente nacionalista, em que não falta a afirmação de grandeza do Brasil e dos brasileiros. Batista Pereira (1934, p.256) chega a opor a moralidade brasileira a uma suposta imoralidade europeia:

> Não falo por prazer nestas tristes coisas. Falo para avisar, prevenir e remediar. O Brasil precisa defender-se do contágio europeu. Precisa estabelecer, na sua sociedade, um cordão sanitário que o isole dos maus elementos que lhe trazem a peste moral. É a melhor resposta ao seu desprezo.

Nem todo o livro, no entanto, está marcado por esse tom – que na realidade revela o ressentimento diante das teorias europeias –, e Batista Pereira combate, com argumentos sensatos, as teorias racistas.

Em livro um pouco posterior, Ataliba Viana (1944) propõe, explicitamente, o que denomina o "complexo de inferioridade" do brasileiro, e apresenta seu livro como o processo de sua cura. Ataliba Viana é importante por ser dos primeiros a apresentar não apenas objetos realmente contemporâneos às teorias de superioridade dos brancos e de inferioridade de negros e mestiços, mas também críticas às noções de "atavismo", tão empregadas pelos teóricos brasileiros da época. Além de mostrar que a genética moderna não admite a transmissão de caracteres adquiridos, Ataliba Viana é talvez o primeiro a esclarecer a relação entre características psicológicas e situações concretas. Por exemplo, critica Gilberto Freyre porque este explica reações atuais do brasileiro por situações existentes séculos atrás. Como se vê, Ataliba Viana tentou afastar os dois principais argumentos da ideologia do caráter nacional: a explicação pela raça e pela história. A sua demonstração é tão lúcida que, quando verifica a permanência de alguns traços, indica a permanência das mesmas condições que os provocaram inicialmente. Finalmente, deve-se lembrar um outro aspecto de seu livro: Ataliba Viana sugere que a única alternativa aberta para o Brasil é o seu ingresso numa fase capitalista de desenvolvimento.

Foi talvez Roquette Pinto, no entanto, o autor que mais insistentemente combateu a ideia da inferioridade racial do brasileiro, e isso num momento em que essa inferioridade parecia indiscutível para os autores brasileiros. A título de exemplo, convém lembrar algumas frases suas que resumem essas opiniões:

> A vista de todos os dados ... pode-se concluir que nenhum dos tipos da população brasiliana apresenta qualquer estigma de degeneração antropológica. Ao contrário. As características de

todos eles são as melhores que se poderiam desejar. (Roquette Pinto, 1933)

Essas críticas, embora indiquem um momento muito significativo no pensamento brasileiro, não apresentam ainda uma interpretação positiva e global, capaz de opor-se às interpretações anteriores.

Caio Prado Júnior e uma nova interpretação da história brasileira

Essa nova interpretação da história do Brasil coube a Caio Prado Júnior (1908-1990). Embora tenha publicado várias obras importantes a respeito de aspectos da história brasileira,[2] sua obra histórica mais importante continua a ser *Formação do Brasil contemporâneo* (1948), ainda que o autor não tenha publicado os trabalhos sistemáticos que continuariam a análise aí empreendida.

Formação do Brasil contemporâneo tem por subtítulo a indicação de *colônia* porque a intenção de Caio Prado Júnior foi apresentar um panorama do Brasil num dos seus momentos decisivos – isto é, o fim do período colonial –, a fim de explicar as fases posteriores. Para isso, o autor divide o panorama em três aspectos: o povoamento, a vida material e a vida social. No entanto, antes de descrevê-los, indica o que denominou o "sentido da colonização" e chega a uma análise que se tornou clássica para os que estudam o Brasil: para compreender a nossa história, é necessário pensar que a colonização do Brasil procurou obter produtos tropicais, isto é, inexistentes na Europa. Esse sentido da colonização permite compreender as característi-

---

2 Ver *História econômica do Brasil* (1945) e *Evolução política do Brasil e outros estudos* (1963).

cas do povoamento do Brasil, bem como vários dos aspectos da vida material e social da colônia. Esse sentido determina a escolha dos produtos agrícolas aqui obtidos e, mais ainda, as fases de desenvolvimento e decadência das diferentes regiões brasileiras.

Em outras palavras, a nossa economia não estava dirigida para as necessidades do mercado interno, mas para as exigências do mercado europeu. Isso determina o tipo de exploração do solo e de organização da produção – a grande propriedade monocultora e escravocrata –, bem como as pequenas proporções da economia de subsistência, isto é, destinadas ao consumo dos colonos.

Embora Gilberto Freyre (1946, p.54) tenha reclamado para si a primazia dessa interpretação, dizendo que a apresentou antes de Caio Prado Júnior, a verdade é que há um abismo entre as duas análises. É certo que Gilberto Freyre falou em "economia monocultora, latifundiária e escravocrata", mas, em vez de procurar suas consequências para a vida brasileira, passou a uma análise que se aproximaria muito mais de estudo antropológico, isto é, tentou examinar os caracteres culturais de portugueses, índios e negros. Caio Prado Júnior, ao contrário, vê esse tipo de economia como consequência do sentido da colonização, e é esse sentido que determina as outras características da vida brasileira.

Sob outro aspecto, o ensaio de Caio Prado Júnior distingue-se das interpretações anteriores: em vez de escolher uma região ou um aspecto da vida brasileira e, em torno desse aspecto particular, fazer girar toda a história do Brasil, parte de esquema objetivo e mostra como as atividades das várias regiões decorrem da atividade básica. Um exemplo será suficiente para indicar as consequências desse esquema para a interpretação da vida brasileira.

Como os outros historiadores, Caio Prado Júnior encontra os documentos sobre a população desocupada da colônia.

No entanto, em vez de interpretar esse dado como consequência da decadência nos trópicos ou da degeneração do híbrido, mostra como o sistema econômico da colônia conduziria fatalmente a esse resultado, pois praticamente não oferecia oportunidade para o trabalho livre. É nesse sentido que Caio Prado Júnior representa um momento decisivo na superação do pensamento ideológico: as características da colônia não são determinadas por misteriosas forças impostas pelo clima ou trazidas pelas raças formadoras, mas resultam do tipo de colonização imposto pela economia europeia.

Em Caio Prado Júnior também aparece a comparação com os Estados Unidos, mas as diferenças são apresentadas não pela raça ou pelo clima, mas pelo tipo de empreendimento agrícola possível na zona temperada ou na zona tropical.

Em resumo, *Formação do Brasil contemporâneo* assinala um novo momento na interpretação histórica do Brasil: já não se trata de explicar a situação do país por um ou outro fator – a raça, o clima, a escravidão, as características psicológicas dos colonizadores –, mas de interpretá-la em razão do *sentido da colonização*. Essa interpretação é fundamentalmente dinâmica, e a análise das tensões criadas pelo sistema permitirá a Caio Prado Júnior reinterpretar vários episódios de nossa história, não porque esta seja monótona repetição de si mesma, mas porque um momento resulta das condições criadas pelo momento anterior ou por novas condições do mercado externo, para o qual estava voltada a produção brasileira. Por exemplo, o efêmero desenvolvimento da cultura do algodão dependeu de novas condições do mercado internacional dessa fibra; a sua queda teve a mesma origem, e independia dos produtores brasileiros.

A mensagem final desse livro de Caio Prado Júnior é, comparada às ideologias, evidentemente otimista: as características da vida brasileira não foram impostas pelo destino, mas por condições concretas que podem ser modificadas. Mas, por isso mesmo, não apresenta o otimismo ingênuo dos que consideravam o Brasil um país extremamente rico, ou dos saudosistas, que apresentam a nossa colonização como exemplo para o resto do mundo.

Análise sociológica da situação racial

As ideologias analisadas nas páginas anteriores mostram como é falsa a ideia – que parece fazer parte da autoimagem do brasileiro – de que o Brasil é país sem preconceito racial. Aparentemente, só na década de 1950 é que se iniciam no Brasil as pesquisas que procuram uma resposta objetiva para a situação racial no Brasil. É a partir daí que o negro deixa de ser analisado pelo seu aspecto religioso, ou pelas suas sobrevivências religiosas na cultura brasileira, para ser analisado como parte da sociedade. Nesse sentido, devem ser lembradas as pesquisas de Octávio Ianni e Fernando Henrique Cardoso sobre a história e a situação do negro em Santa Catarina, Paraná e Rio Grande do Sul,[3] pois ambos apresentam um quadro muito diverso do que foi tradicionalmente descrito.

É verdade que o estudo de zonas do Nordeste, por Wagley (s. d.) e Thales de Azevedo (1953), parece dar imagem um pouco diversa da situação racial em outras regiões do Brasil.

Entre os trabalhos sobre o negro brasileiro, dentro da nova perspectiva, o mais ambicioso e mais amplo é talvez o de Florestan Fernandes (1965),[4] que o classifica, de maneira bem ampla, como "um estudo de como o Povo emerge na história". Por isso, estuda não apenas a história do negro a partir da Abolição, mas a sua situação atual numa sociedade de classes. Do ponto de vista das

---

3 Ver, principalmente, Cardoso & Ianni (1960), Ianni (1962) e Cardoso (1962).
4 Cf., também, o estudo anterior, Bastide & Fernandes (1959). Em outros estudos, Florestan Fernandes (1960a, 1960b) sugere a perspectiva sociológica para o estudo da situação brasileira.

ideias encontradas entre os ideólogos do caráter nacional, o estudo de Florestan Fernandes é significativo por mostrar as raízes da desorganização do grupo negro, bem como sua impossibilidade de integração numa sociedade que se industrializa, e na qual encontra a *competição* de imigrantes brancos. Com a análise de Florestan Fernandes, é possível compreender – por condições reais da vida social – a observação de Nina Rodrigues, que, com a inferioridade racial, explicava o fato de o negro, ao contrário de portugueses recém-chegados ao Brasil, não conseguir sua independência econômica. De outro lado, essa análise de Florestan Fernandes, escrita na perspectiva do negro brasileiro, é bom antídoto para a descrição paternalista de Gilberto Freyre, que considera quase que exclusivamente a perspectiva do branco em contato com o negro empregado em trabalho doméstico.

Também no estudo dos movimentos messiânicos de populações rurais, sociólogos e ensaístas superaram a perspectiva racial dos primeiros estudos. Por exemplo, Maurício Vinhas de Queirós (1966, p.287) liga o movimento messiânico do Contestado – no Paraná e em Santa Catarina – a tensões econômicas e sociais e não a sobrevivências raciais:

> Um movimento messiânico, como foi o que descrevemos no Contestado, é todo aquele em que um número maior ou menor de pessoas, em estado de grande exaltação emotiva, provocada pelas tensões sociais, se reúnem no culto a um indivíduo considerado portador de poderes sobrenaturais, e se mantêm reunidas na esperança mística de que serão salvas de uma catástrofe universal e (ou) ingressarão ainda em vida num mundo paradisíaco: a terra sem males, o reino dos céus, a cidade ideal...

Análise equivalente foi realizada por Rui Facó (1965) para movimentos sociais do Nordeste, explicando-os não como delinquência ou "atraso" racial, mas como consequência, fundamentalmente, da grande propriedade e das suas transformações nos últimos anos.

Os estudos de comunidade

Embora os estudos de comunidade tenham sido muito criticados, a verdade é que, com todas as suas limitações, podem dar uma imagem do tipo de vida de determinadas populações. O erro seria, evidentemente, imaginar que a sociologia e a psicologia social possam depender exclusivamente de estudos desse tipo. No caso do Brasil, onde existem tantas e tão grandes diferenças regionais, os estudos de comunidade podem dar uma imagem mais adequada do ajustamento humano às várias condições reais.

Entre os numerosos estudos de comunidades brasileiras, aqui serão lembrados os de Antonio Candido (1964) – que, a rigor, não seria assim classificado –, de Donald Pierson (1966) e de Charles Wagley (1953).

Antonio Candido estuda um grupo caipira do interior de São Paulo e traça não apenas a história dessa cultura marginal, mas também a sua crise atual, num momento de transformação. Embora seja difícil generalizar, o grupo estudado por Antonio Candido apresenta muitas características de grupos rurais de grande parte de São Paulo, Minas Gerais, Goiás e Mato Grosso. Esse grupo foi mencionado por Euclides da Cunha – como exemplo da decadência do bandeirante – e, como se viu há pouco, seria condenado e depois justificado por Monteiro Lobato. Na análise de Antonio Candido (1964, p.180), o ajustamento do caipira é visto num processo mais amplo:

> O nosso estudo procurou mostrar o seu baixo nível de vida, baseado em mínimos definidos historicamente para uma situação de seminomadismo e ocupação primitiva de um solo vasto. Atualmente, eles não se justificam, dadas as possibilidades tecnológicas e sociais, sobretudo a possibilidade de distribuir com mais equilíbrio as oportunidades e os bens. Ao seu lado desenvolveram-se outros níveis, que agora contrastam fortemente com eles, tornan-

do-os moralmente inaceitáveis. De fato, a situação atual é a do caipira entregue a seus miseráveis recursos, adaptando-se penosamente a uma situação nova e vertiginosa de mudança, por meio de técnicas materiais e sociais que tinham sido elaboradas para uma situação geral desaparecida.

Esse pequeno trecho não apenas desmente a visão rósea que do caipira tiveram os regionalistas do pré-modernismo, ou a interpretação pessimista dos ideólogos; mais importante do que isso, explica objetivamente a origem de uma situação e suas tensões atuais.

O estudo de Donald Pierson é a descrição da vida caipira em pequena vila nas proximidades de São Paulo, enquanto Charles Wagley faz o mesmo para região muito diversa – uma vila na região amazônica. E hoje existem estudos sobre comunidades de várias regiões brasileiras, de forma que seria possível construir, a partir de dados objetivos, um novo *retrato do Brasil,* embora sem a unidade e a simplicidade daqueles que foram apresentados pelos ideólogos do caráter nacional brasileiro.

O nacionalismo a partir da década de 1950

O Instituto Superior de Estudos Brasileiros (ISEB), cuja atividade vai de 1956 a 1964, quando foi extinto pelo governo militar que assumiu o poder em abril desse ano, apresentou um momento muito curioso na história do nacionalismo brasileiro e, indiretamente, das teorias sobre o caráter nacional. E, embora seja até certo ponto incorreto falar numa ideologia do Iseb – pois alguns cientistas que com ele colaboraram nem sempre aceitaram os mesmos esquemas de pensamento –, parece possível delimitar os seus objetivos básicos.

Um dos textos mais significativos para a compreensão da teoria formulada pelo ISEB é o de Álvaro Vieira Pinto (1959).

As teses fundamentais do autor podem ser assim resumidas. Em primeiro lugar, o desenvolvimento só é possível com a tomada de consciência pela massa – e não apenas pela elite dirigente – da necessidade de desenvolvimento do país. Em segundo, de acordo com o autor, "o processo nacional é um todo orgânico, o seu movimento é um só". Por isso, não apenas a vida política deve girar em torno dos problemas do desenvolvimento; também a educação deve ser reformulada em razão do desenvolvimento nacional. Não será difícil identificar, no programa proposto, um esquema ainda romântico de nacionalismo: as decisões devem surgir da massa, pelo voto, e só os escolhidos pelas massas poderão executar as tarefas desenvolvimentistas. Como os românticos, Álvaro Vieira Pinto supõe uma unidade nacional, isto é, supõe que o desenvolvimento possa unir as classes sociais.

Outro exemplo significativo para a compreensão do esquema de pensamento do ISEB é o estudo de Hélio Jaguaribe (1958), que fez especialmente uma análise de alternativas econômicas para o desenvolvimento. Sem nenhuma malícia, a sua posição deve ser classificada como oportunista, da qual o melhor exemplo é o tratamento que recomenda para o Partido Comunista Brasileiro: admite que, num primeiro momento, e para conseguir o comércio com o Leste Europeu, o Partido é útil e constitui uma força nacionalizante e antiimperialista. Depois, no entanto, de normalizar suas relações com o Leste, o Brasil já não precisará do Partido Comunista e será aconselhável tomar medidas de "contenção ou repressão" do comunismo.

No grupo ligado ao ISEB, convém lembrar ainda Guerreiro Ramos (1957), ensaísta brilhante, embora frequentemente pessoal e, portanto, também parcial. A sua intenção é formular uma sociologia autenticamente brasileira; no entanto, como afasta as pesquisas de pormenores, acaba por defender e justificar as interpretações amplas ou globais – do estilo das que foram examinadas nos capítulos anteriores. Além disso, a aceitação de interpretações globais e *brasileiras* faz que, apesar de algumas críticas à teoria da arianização, tente revalorizar um ensaísta como Oliveira Viana. Aparentemente, a sua visão nacionalista o impede de ver que o programa de Oliveira Viana não tinha nenhuma relação com a realidade histórica ou presente do Brasil.

Além de sua obra técnica de economista, Celso Furtado interessa ao tema deste ensaio por apresentar bem nitidamente – e de forma objetiva –, além de uma visão global da economia brasileira, um programa de desenvolvimento do Nordeste.[5] O primeiro aspecto é significativo por explicar, por dados econômicos, e não mais ideológicos, as regiões de maior ou menor desenvolvimento; nesse sentido, a sua obra continua e em grande parte confirma a de Caio Prado Júnior. O segundo aspecto apresenta duas tendências significativas para este ensaio. De um lado, Celso Furtado faz uma análise da estrutura econômica e social do Nordeste, indicando os seus pontos críticos e as possibilidades de solução; nesse sentido, sua análise contraria inteiramente a interpretação de Gilberto Freyre, que, como se viu, tende a interpretar a vida nordestina como situação de equilíbrio. De outro lado, Celso Furtado inverte os argumentos dos teóricos sulistas – principalmente de São Paulo –, que tendiam a ver o Nordeste como "peso morto" na economia brasileira e o Estado de São Paulo como espoliado por outras unidades da Federação.

Por meio de argumento estritamente econômico, Celso Furtado procura mostrar como o crescente desequilíbrio entre as várias regiões ameaça a unidade nacional. Este é um dos seus argumentos para justificar a chamada *Operação Nordeste*, ponto de partida da Sudene, isto é, a repartição federal destinada a promover o desenvolvimento do Nordeste, impedindo que os

---

5 Sob o primeiro aspecto, ver, sobretudo, *Formação econômica do Brasil* (1963); sob o segundo, *Operação Nordeste* (1959).

425

investimentos continuem a ser feitos na região Centro-Sul. Aqui se encontra, portanto, algumas dezenas de anos depois, a tese quase simetricamente oposta à de Alfredo Elllis Júnior.

Seria erro imaginar, no entanto, que o nacionalismo ligado ao desenvolvimento – e aqui indicado, para facilidade de exposição, em apenas alguns dos seus representantes, sobretudo os do ISEB – tenha conseguido catalisar os diferentes grupos de intelectuais brasileiros. Na verdade, muitos continuaram a ver, na chamada ideologia do desenvolvimento, um programa que, pelo menos em prazo um pouco maior, acabaria por favorecer apenas alguns grupos da sociedade brasileira. E não será difícil citar vários autores que mostram os conflitos de interesse entre vários grupos políticos e econômicos. Lembre-se, apenas como exemplo, o magistral artigo de Paul Singer (1965) sobre as classes dominantes na política brasileira, em que o autor analisa os partidos de direita no Brasil e sugere que o nacionalismo da década de 1950 estava ligado especialmente à pequena burguesia.

Em resumo, e embora essa análise escape ao objetivo deste ensaio, a perspectiva de alguns anos talvez já permita dizer que foi impossível, ao nacionalismo da década de 1950, realizar a união nacional conseguida pelo romantismo. De outro lado, na história da ideologia do caráter nacional, esse nacionalismo – pela divulgação de algumas teses econômicas, pelo combate ao imperialismo econômico, pela discussão das possibilidades de desenvolvimento – parece ter contribuído para eliminar definitivamente, pelo menos nos grupos intelectuais de certo nível, qualquer interesse pelo caráter nacional brasileiro.

A universalidade da literatura brasileira

Como se viu nos Capítulos 7, 8 e 11, a literatura brasileira frequentemente apresentou como programa a expressão da realidade nacional; ao mesmo tempo – como o salientam Alceu

Amoroso Lima e Antonio Candido – a nossa literatura apresenta, em outras épocas, uma tendência universalizante. A partir do romantismo essa oscilação é bem nítida, sobretudo na poesia: se os românticos tentam exprimir as peculiaridades do Brasil e dos brasileiros, os parnasianos e simbolistas procuram os temas universais e clássicos; a seguir, os modernistas se voltam para a expressão do Brasil, enquanto a partir da chamada geração de 1945 os poetas retomam os temas universais.

Embora esse esquema seja correto e sumarie as várias etapas da nossa literatura, pode-se perguntar se ainda continua válido, se ainda pode ser aplicado à literatura brasileira contemporânea. Ao fazer essa pergunta, talvez se perceba que o esquema indicava uma literatura característica de um período de imaturidade: de um lado, expressão de uma realidade cujas virtualidades estéticas ainda não eram percebidas; de outro, tentativa de expressão estética de uma realidade não conhecida e não vivida pelo escritor brasileiro. Por isso, o romantismo, ao tentar a expressão da realidade brasileira, chegava a uma literatura esteticamente muito pobre, frequentemente estereotipada; no outro extremo, o parnasianismo incorporava um universo mais rico, dispunha de maiores recursos formais – mas isso resultava de simples imitação de autores europeus.

Seja ou não verdadeira essa explicação, o que parece certo é que a nossa melhor literatura atual supera a dicotomia regional--universal, pois encontra uma forma esteticamente válida para exprimir a realidade tipicamente brasileira. Mais importante ainda, essas obras revelam, abaixo das peculiaridades da situação brasileira, os conflitos humanos subjacentes em qualquer literatura. Em outras palavras, a grande literatura brasileira contemporânea não chega, por seu aprofundamento, a descobrir a *alma brasileira*, mas revela, na situação do homem brasileiro, as situações fundamentais dos homens de outras épocas e lugares.

Nesse sentido, também a literatura brasileira supera a ideologia de um caráter nacional brasileiro. Embora seja possível dar vários outros exemplos do processo – por exemplo, pela poesia de Carlos Drummond de Andrade, quando exprime o conflito filho-pai –, aqui serão escolhidas apenas duas obras, uma de prosa e outra de poesia, em que é mais nítida a superposição de regional-universal.

Em *Grande sertão: veredas*, de Guimarães Rosa, o drama do homem diante do bem e do mal aparece na vida do jagunço, que é um fenômeno típico do sertão brasileiro; ou, o que é o mesmo, ao descrever o que parece tipicamente brasileiro, o artista descobre apenas uma outra versão do drama de Fausto, isto é, do homem que vende a alma ao diabo. Riobaldo, o herói do romance, chega ao fim da vida sem saber se o demônio existe ou não, sem saber se teve ou não valor o pacto que tentou fazer com o príncipe do mal. Para responder a essa pergunta angustiante, examina não apenas a sua vida e a vida de seus amigos e inimigos, mas também os aspectos do bem e do mal que se revelam na natureza. Se esta é a natureza brasileira, cujas peculiaridades poetas e prosadores tentaram descrever, nela Riobaldo descobre manifestações de uma ambiguidade que domina o homem e todo o universo. Considere-se, como um exemplo entre muitos possíveis, a observação da mandioca:

> Melhor, se arrepare: pois, num chão, e com igual formato de ramos e folhas, não dá a mandioca mansa que se come comum, e a mandioca-brava, que mata? Agora, o senhor já viu uma estranhez? A mandioca-doce pode de repente virar azangada – motivos não sei; às vezes se diz que é por replantada no terreno sempre, com mudas seguidas, de manaíbas – vai em amargando, de tanto em tanto, de si mesma torna peçonhas. E, ora veja: a outra, a mandioca-brava, também é que às vezes pode ficar mansa, a esmo, de se comer sem nenhum mal. E que isso é? (Rosa, 1956)

Em *Morte e vida severina* (auto de Natal pernambucano), João Cabral de Melo Neto (1967) apresenta uma situação peculiar do Nordeste brasileiro: o retirante que foge da seca do sertão para o litoral úmido. No entanto, ao contrário dos antecessores, que aí viam o peculiar e o exótico, quando não o especificamente racial – pense-se, por exemplo, em Euclides da Cunha –, João Cabral aí descobre o homem diante da morte e da vida. Severino, o herói do poema, é, de um lado, o retirante típico, o homem miserável que ao fugir da morte, em busca de vida, só encontra o espetáculo da morte; a natureza é aí também a natureza nordestina. Nesse sentido, o poema de João Cabral é a versão estética da miséria nordestina, que economistas e historiadores tentam analisar e superar. Mas de outro lado, o poema propõe, em toda a sua integridade, o homem diante da morte. Depois de percorrer todo o caminho que leva do sertão a Recife, quando se convence de que caminhou para a morte, e não para a vida, Severino é despertado pelo nascimento de uma criança. É a vida reconquistada, ou recomeçada.

E, assim, no casebre miserável, diante de vizinhos pobres que ali vêm repartir sua miséria, o mundo todo se ilumina em festa, pois a vida renasce e, para o espectro ou o desejo de morte,

> (e) não há melhor resposta
> que o espetáculo da vida:
> vê-la desfiar seu fio,
> que também se chama vida,
> ver a fábrica que ela, mesma,
> teimosamente, se fabrica,
> vê-la brotar como há pouco
> em nova vida explodida;
> mesmo quando é assim pequena
> a explosão, como a ocorrida;
> mesmo quando é uma explosão
> como a de pouco, franzina;
> mesmo quando é a explosão
> de uma vida severina.

Sumário e conclusões

Do exame até aqui empreendido, algumas conclusões parecem seguras. As ideias sobre caráter nacional surgem nos momentos de crise, e acompanham os movimentos nacionalistas. Em alguns casos, é depois das derrotas militares que o grupo intelectual tenta revelar características permanentes, capazes de garantir a unidade de um povo. Foi assim na Alemanha vencida por Napoleão, e foi assim na França derrotada por Bismarck. Como foi sugerido em páginas anteriores, o *nacionalismo paulista* – que não ultrapassou o seu estado embrionário – teve um período áureo logo depois da derrota na Revolução de 1932. A ameaça ou a realização de uma guerra difícil também podem provocar um movimento nacionalista, acompanhado por ideologias do caráter nacional, pois estas procuram convencer um povo de suas boas qualidades, ao mesmo tempo que demonstram as características indesejáveis do inimigo, real ou potencial. Isso foi exemplificado por teorias norte-americanas – que durante a Segunda Guerra Mundial exaltavam as virtudes do caráter americano, ao mesmo tempo que demonstravam os *defeitos* do caráter alemão ou japonês, e que durante a guerra fria com a União Soviética sugeriam os defeitos do caráter russo.

As teorias racistas, ao contrário, tendem a dividir a nação, pois dentro desta indicam partes heterogêneas, quando não antagônicas. O exame das teorias de Lapouge e Gobineau, sobretudo do primeiro, indica o caráter de luta de classe das teorias racistas: na medida em que estas apresentam diferenças biológicas entre raças – que são também classes sociais –, justificam o domínio de um grupo sobre outro, mas, ao mesmo tempo, negam a unidade nacional. Num segundo momento, as teorias racistas são empregadas pelos ideólogos do imperialismo, e aí justificam o domínio do europeu branco sobre os povos coloniais.

As ideologias do caráter nacional brasileiro seguem bem de perto o esquema das doutrinas europeias. Numa primeira fase, aparece a revelação da terra e, já no século XVIII, o sentimento nativista. Este ainda não é nacionalismo, pois revela mais a ideia de local de nascimento que a reivindicação de unidade nacional. Esta aparecerá com a independência e o romantismo, e neste caso acompanha o esquema estabelecido pelo romantismo alemão. Esta é uma fase de formação da nacionalidade, e de otimismo e de atribuição de traços positivos ao brasileiro, sobretudo ao índio – apresentado como símbolo da nacionalidade.

Uma terceira fase se inicia por volta de 1880 e só terminará na década de 1950. Essa é, a rigor, a fase da ideologia do caráter nacional brasileiro. É nesse período que a teoria racial é aceita pelos autores brasileiros, e aqui servirá – como inicialmente na Europa – para justificar o domínio das classes mais ricas. Além disso, as teorias raciais permitem aos ideólogos explicar o atraso do Brasil pela existência de grupos de raças *inferiores*, e de mestiços. À teoria racista se reúne, nessa época, a tese do determinismo geográfico – ou antropogeografia –, que é também uma forma de racismo, pois liga o povo ao seu ambiente geográfico e à formação de um grupo racial.

Na verdade, não é fácil explicar por que essas teorias foram aceitas no Brasil. De um lado, como sua aceitação coincide com a abolição da escravatura, poder-se-ia pensar que as teorias racistas constituem a forma de defesa do grupo branco contra a ascensão social dos antigos escravos. De outro, poderia ser apenas a justificativa para a manutenção desses grupos numa condição de semi-escravidão. E assim como os europeus justificavam seu domínio pela incapacidade dos povos mestiços, as classes dominantes justificavam seus privilégios pela incapacidade dos negros, índios e mestiços.

Também não é fácil explicar como foi possível superar essa fase da ideologia do caráter nacional. Houve, é certo, a desmoralização das teorias racistas com a derrota do nazismo; houve também o avanço das ciências sociais, que já no início do século XX abandonaram as teses de Gobineau e Lapouge. No entanto, a teoria culturalista, entre os ideólogos do caráter nacional brasileiro, foi às vezes empregada como outra teoria para justificar a inferioridade não de raças, mas de estágios culturais. Essa fase, embora sem estabelecer o critério rigidamente biológico da teoria racista, desta se aproxima porque o ideólogo considera o negro, o índio e o mestiço como *objetos*, isto é, não se identifica com eles, ou neles não percebe as qualidades especificamente humanas.

De outro lado, é certo que a superação da fase ideológica não se deu repentinamente. Existiu, por exemplo, a crítica de um Manuel Bomfim, mas que não obteve repercussão; apareceram também as críticas de pormenor, como a de Eduardo Frieiro (1957), que vê diferenças entre indivíduos, não entre povos. Anos mais tarde, houve as críticas de Otto Klineberg (1948) e Roger Bastide (1948). O primeiro sustentava a inexistência de base empírica para a atribuição de traços psicológicos, enquanto o segundo observava que a sociologia tinha destruído as tentativas de descrição de caráter nacional. Em todo o caso, parece correto dizer que não foram essas críticas as responsáveis diretas pelo desaparecimento das ideologias do caráter nacional.

Poder-se-ia apresentar, como hipótese a ser verificada posteriormente, a sugestão de que a ideologia do caráter nacional brasileiro passou a ter menos significação e começou a desaparecer no momento em que as condições objetivas da vida econômica de certo modo impuseram a necessidade de um novo nacionalismo. Em outras palavras, à medida que se acentua a industrialização brasileira, é a economia do país que passa a ser posta em jogo, e a luta pela independência econômica substitui as explicações da inferioridade nacional. Por isso, a década de 1950 apresenta a luta pelo monopólio estatal de petróleo e, de modo geral, pela defesa da economia. Se, até esse momento, os Estados Unidos são vistos como o modelo dos países latino-americanos e, como diz Leopoldo Zea (1952, p.55), constituem "a fonte de todos os seus sentimentos de inferioridade", a partir da década de 1950 passam a ser vistos como o foco do imperialismo econômico. E, como em toda afirmação nacionalista, existe nesse período um tom otimista que contrasta com o pessimismo da fase ideológica.

Seja ou não correta essa hipótese, a mudança foi também provocada por uma atitude diferente do intelectual brasileiro com relação às classes mais pobres, e sobretudo com relação às raças inferiorizadas no processo de colonização. No caso do negro, essa nova atitude pode ser exemplificada com Florestan Fernandes (1965, p.XIV): "Enfim, os leitores irão notar (e alguns, provavelmente, estranhar) um constante esforço de projeção endopática na situação humana do negro e do mulato. Devemos salientar que essa projeção nasce de uma simpatia profunda e de um desejo ardente de compreender os dilemas com que o 'negro' se defronta socialmente". Aqui se está, evidentemente, no polo oposto ao dos intelectuais que viam no negro um fator de atraso do Brasil ou um objeto de estudo de crenças religiosas primitivas. No caso do índio, essa mudança pode ser observada no estudo de Roberto Cardoso de Oliveira (1964), que é uma tentativa de análise do processo de integração dos tukunas na sociedade dos brancos.

Não só nas ciências sociais se dá essa mudança de perspectiva. Como se viu no capítulo anterior, o aprofundamento da literatura brasileira conduz à descoberta, não de peculiaridades do brasileiro, mas de sua humanidade no sentido mais amplo. E também aqui, essa revelação parece possível na medida em que o escritor brasileiro, longe de procurar o pitoresco ou exótico, que era, pelo menos em parte, a perspectiva da literatura regionalista, se identifica com o homem que apresenta ao leitor.

O domínio em que o estudo do caráter nacional parece ter alguma vitalidade é o da psicologia social, no campo que se denomina pesquisa intercultural (cf. Hereford & Natalício, 1967). Como, nesse caso, as pesquisas são muito recentes, e algumas estão ainda em realização, parece muito cedo para qualquer afirmação fundamentada. Coisa semelhante pode ser dita a respeito de estudos sobre motivação para a mobilidade social (Hutchinson et al., 1960). A direção das pesquisas, no entanto, justifica o temor de que esses trabalhos repitam o esquema já analisado no Capítulo 4 – sobretudo com David McClelland –, em que se pensa na motivação psicológica como a variável que explica o desenvolvimento. Se isso for correto, a essas pesquisas cabem as mesmas críticas apresentadas ao esquema de McClelland.

Finalmente, seria possível perguntar se as características psicológicas atribuídas ao brasileiro têm alguma relação com a realidade. O número e a diversidade de tais características justificam a ideia de que não podemos imaginar sua correspondência com nenhum grupo brasileiro, e muito menos com o brasileiro. Não existe nenhuma prova de que um povo tenha características psicológicas inexistentes em outro. Quando muito seria possível pensar em características mais importantes num grupo do que em outro, mas isso só poderia ser feito por técnicas quantitativas e por distinção entre grupos regionais e de classe. Mas ainda que algum dia se chegue a esse tipo de estudo, as características psicológicas não poderão ser entendidas como fonte de desenvolvimento histórico e social. Ao contrário, as condições da vida social é que determinam as características psicológicas, embora estas, depois, possam também influir na vida social. E ainda aqui será preciso distinguir: o passado atua no presente e pode ser uma força determinante da ação, mas isso só ocorre quando forças do passado continuam no presente (Lewin, 1952, p.43-59). Não existe a "misteriosa comunicação" do passado com o presente, a não ser que aquele continue a atuar diretamente neste; ou, em outras palavras, quando se transforma a situação, o que continua a influir é apenas o que, na situação nova, restou da anterior.

As ideologias do caráter nacional brasileiro frequentemente representam, portanto, não uma autêntica tomada de consciência de um povo, mas apenas um obstáculo no processo pelo qual uma nação surge entre as outras, ou pelo qual um povo livre surge na história.

Índice onomástico

O índice acolhe em itálico títulos das obras e nomes de personagens.

A

Abreu, Casimiro de 223-4
Adler, A. 175-6
Adorno, T. 26-7, 76
Albano, Idelfonso 280
Alcântara Machado, A. 185-6, 294-5
Alencar, José de 227-30, 235, 267, 279
Allport, G. F. 131
Alvarenga Peixoto, Inácio José de 213
Amaral, Azevedo 320-1
América 232
América Latina: males de origem 331
Ammon, O. G. 38, 292
Amoroso Lima, A. 266-8, 278, 427
Anastasi, A. 54
Anchieta, José de 205
Andrada e Silva, José Bonifácio de 220
Andrade, Carlos Drummond de 344, 428
Andrade, Mário de 344-5
Antonil, A. J. 372-3
Antonio Conselheiro 179, 270, 275-6, 278
Ariès, P. 217-8
Aristóteles 36
Asch, S. E. 135, 169, 362

Azevedo, Álvares de 224
Azevedo, Fernando de 186, 388-95, 41
Azevedo, Thales de 420

B

Baccarat, S. 309
Baldus, H. 135, 137-8, 140
Bandeirantes e Pioneiros 395
Barbosa, Domingos Caldas 213-4
Bardot, Brigitte 143
Barroso, Gustavo 325-7, 412
Bastide, Paul Arbousse 16
Bastide, Roger 16, 420, 433
Bendix, R. 374
Benedict, Ruth 62-3, 67, 83-5, 87, 89-90, 95, 106, 111, 123-4, 135, 147, 167, 171, 362
Bettelheim, Bruno 141
Bilac, Olavo 184, 351-2
Birket-Smith, K. 55
Bismarck, O. 431
Boas, Franz 52-3, 62, 361-5
Bomfim, Manuel 329-36, 339-41, 433
Bosi, Alfredo 278-9, 329
Brandão, Ambrósio Fernandes 197, 201
Bréal, Michel 240
Brown, J. F. 55-6
Bruner, J. S 135
Buchanan, W. 126-7
Buchner 187, 241
Buckle, H. T. 241, 245-6
Burnouf, E. 240
Byron 219

C

Cabeleira, O 266-7
Caboclos, Os 281

Cabral, Pedro Álvares 197
Calvino 72
Caminha, Pero Vaz de 193, 195-6
Camões 260
Campos, Humberto de 351
Canção do Exílio 222
Canção do Tamoio 227
Candido, Antonio 161-3, 209, 211, 221, 241, 279, 281, 329, 422, 427
Canto do guerreiro 227
Canto Genetlíaco 213
Caramuru 209-10
Cardim, Fernão 197, 201
Cardoso, Fernando Henrique 420
Carone, Edgar 380
Carpeaux, Otto Maria 40
Casa grande e senzala 357-9, 363, 365, 375
Cassirer, E. 37, 40-1, 48
Castello, José Aderaldo 198, 203, 205, 211, 220, 221
Castro Alves, A. de 219, 232-3
Cavalcanti Proença, M. 226, 267
Caxias 310
Celso, Afonso 255, 257-64
Chamberlain, A. F. 38
Claudius, Mathias 40
Coelho, Ruy 135
Comte, Auguste 241, 276, 301
Condorcet 39-40, 42, 51, 169
Correa, Diogo Alvares 210
Cortesão, Jaime 195, 201
Costa, Claudio Manuel da 205, 211-2
Costa, João Cruz 16, 403-9, 412
Couto, Ribeiro 384
Cunha, Euclides da 39, 47, 237, 266, 268-70, 276-7, 280,

282-4, 290, 358, 360, 389, 408, 422, 429

D

Darwin, Charles 38, 237, 241, 276, 286, 397
Del Picchia, Menotti 281
Dennis, Ferdinand 221-2
Descartes, René 40
Desenvolvimento da filosofia no Brasil no início do século XIX e a revolução histórica nacional 403
Dias, Gonçalves 219, 222-3, 226, 228-9, 231-2, 266, 371
Dias, Henrique 260
Diniz, Osório da Rocha 414-5
Dobzhanski, T. 55
Du Bois, Cora 67
Dunn, L. C. 55
Durão, Santa Rita 210-1
Durkheim, Emile 190, 360, 389

E

Ellis Junior, Alfredo 305, 309-12
Embree, J. F. 95
Erikson, E. H. 93-5

F

Facó, Rui 421
Fávero, Flaminio Feijó 284
Febvre, Lucien 301
Feijó 307, 31
Fernandes, Florestan 420-1, 434
Fiedler, L. A. 191
Figueiredo, Fidelino de 58
Filosofia no Brasil, A 403
Formação do Brasil contemporâneo 417, 419

Fouillée, A. 48-50
Foulquié, P. 71
Freire, Oscar 284
Freud, S. 25, 64-6, 68-71, 76, 82, 92-3, 112, 150-2, 175-6, 317
Freyre, Gilberto 186, 226, 237, 290, 310, 355-76, 387, 412, 416, 418, 421, 425
Frieiro, Eduardo 433
Fromm, E. 26, 69, 71-6, 78, 92, 115-6
Fuga 344
Furtado, Celso 425
Fyfe, H. 55-6

G

Gallaher Junior, A. 140
Gama, J. Basílio da 212-3
Gândavo, P. de M. 197-8
Garimpeiro, O 267
Garrett, Almeida 221-2
Gaúcho, O 267
Gentil, Alcides 337
Glazer, N. 76
Gobineau, A. 37-8, 2401, 292, 304, 331, 349, 432-3
Goethe, W. 40, 45, 241
Goldman, L. 182-3
Gonçalves Dias, A. 219, 223, 226, 228-9, 231-2, 266, 371
Gonçalves, Ricardo 281
Gonzaga, Tomás Antonio 205
Gorer, G. 95-100, 102-4, 106, 111-3, 147, 153, 167
Grande sertão: veredas 428
Guarani, O 227
Gubernatis, conde Ângelo de 240
Guimarães, Bernardo 267

H

Haeckel, A. 187, 241
Hartmann, H. 153
Hegel, F. 42-3
Heider, Fritz 18, 180
Heinse 40
Herder, J. G. 39-43, 45
Hereford, C. F. 435
Hertz, F. 29
Herzog, E. 105
História da América portuguesa 203
História da literatura brasileira 244, 250
História secreta do Brasil 325
Hitler, A. 74, 89, 93, 320, 380, 388
Hobbes, T. 397
Holanda, Sérgio Buarque de 186, 205-7, 210-1, 213-4, 221, 379, 381-8, 391, 401, 412
Homans, G. C. 180
Horney, K. 92
Huxley, J. 241
Hyman, H. H. 27

I

Ianni, O. 420
Iemanjá 316
Inkeles, A. 114-5, 121-2
Inocência 267
Iracema 227-9
Isabel, princesa 259
Itaparica, frei Manuel de S. M. 205-6

J

Jacobi, J. 169, 316
Jaguaribe, Hélio 424
Jagunços, Os 268

James West (pseud. Carl Whiters) 69, 140
Janowitz, M. 141
Jeca Tatu 280, 413
Jennings, H. S. 55
João VI, rei D. 297
Jones, E. 64
Jung, C. G. 169, 175-6, 314, 316, 395

K

Kardiner, A. 66-9, 75-6, 83, 111-2
Kinsey, A. 65
Klineberg, O. 36, 54, 396, 433
Klinger, M. 40
Kohler, W. 168
Kohn, N. 26, 29, 36, 41
Kracauer, S. 107-8

L

La Blache, Vidal de 301
Lamarcke 187
Lange, F.-A. 293
Lanson, G. 48
Lapouge, G. V. 36-7, 292, 302, 432-3
Laveley, E. 241
Le Bon, G. 187
Le Play, P. G. F. 293
Leites, N. 110
Lenormant, F. 240
Lenz, J. M. R. 40
Lerner, D. 122, 124-5
Lerroux, Pedro 241
Letourneau, C. 48, 50-1, 238
Levinson, D. J. 114
Lévi-Strauss, Claude 140-2, 160
Lévy, Michel 246
Lévy-Bruhl, L. 170, 314

Lewis, Oscar 158-9, 163
Lindesmith, A. R. 92
Linton, Ralph 20
Lisboa, J. Francisco 259
Lobato, Monteiro 279-80, 413-4, 422
Löwenthal, L. 189
Lopes Neto, J. Simões 279
Lourenço Filho 16
Lowie, R. 52, 62, 361
Lukács, G. 71, 182-3
Lundu do escritor difícil 344
Lutero 72
Luzia-Homem 279

M

Machado de Assis, J. M. 185-6, 236, 254, 371
Maia, Alcides 279
Magalhães, Gonçalves de 220-1
Malinowski, B. 62, 65
Mannheim, Karl 182
Mann, Thomas 43, 94
Marcondes Cabral, Anita Castilho e 15
Maria de Jesus, Carolina 159
Martins, Wilson 198, 290-1, 329, 345
Marx, Karl 43, 69, 70-1, 183, 187, 190, 360, 397
Matos, Gregório de 204, 207, 209, 228-9
Maul, Carlos 330
McClelland, D. 116-9, 166, 435
McGranaham, D. V. 108-9
Mead, Margaret 79-83, 87, 89, 1005-6, 111, 113-4, 167, 171, 362
Meinecke, F. 40-1

Melo Franco, Afonso Arinos de 321-4, 327, 394
Mello Menezes, Diogo de 355
Melo Neto, João Cabral de 375, 428
Mesmer, F. A. 237
Metraux, R. 105-6
Metternich 31
Meyer, Augusto 237
Molleschot, J. 241
Monroe, Marilyn 143
Moog, C. Viana 192, 263, 395-400
Morais e Silva, Antonio de 228
Moritz, K. P. 40
Morte e vida severina 375, 428
Mullahy, P. 92
Müller, Max 240
Murdock, G. P. 25
Murray, H. A. 123
Mussolini, B. 330, 380, 388

N

Napoleão 31, 216, 260, 307, 431
Navio negreiro, O 232
Nesturj, M. F. 443
Neves, Artur 280
Nietszsche, F. 45, 94, 397
Nina Rodrigues, R. 283-91, 312, 317, 421

O

Oliveira, Armando de Sales 326
Oliveira, Manuel B. de 205-6
Oliveira, Roberto Cardoso de 434
Oliveira Viana, F. J. de 38, 237, 290-305, 313, 317, 325, 329, 331, 359, 373-4, 412, 425

Olympio, Domingos 279
Ortega y Gasset, J. 56, 58

P

Paes Leme, Fernão Dias 302
Paiva, Manuel de Oliveira 266, 268
Paixão Cearense, Catulo da 279
Pareto, Vilfredo 190
Pedro I, imperador D. 299
Pedro II, imperador D. 259, 299
Peixoto, Afrânio 284
Pelo sertão 268
Pereira, Batista 415-6
Pereira Filho 197
Petrullo 135
Pedra Branca 228
Piaget, Jean 171
Pierson, Donald 422-3
Pinto, Álvaro Vieira 423-4
Pires, Cornélio 279
Pires, Homero 284
Pombo, Rocha 280
Pontes, Eloy 337
Populações meridionais do Brasil 292, 300, 302-3
Porque me ufano do meu país 257
Prado, Paulo 184, 186, 312, 329, 343, 345-373, 393-4
Prado Jr., Caio 231, 373, 417-9, 425
Proença, Cavalcanti 226, 267
Prosopopeia 205

Q

Queirós, Maurício Vinhas de 421
Queiroz, Eça de 47

R

Raízes do Brasil 379, 386, 388
Ramos, Artur 284, 304, 312-20, 327
Ramos, Graciliano 185
Ramos, Guerreiro 424
Ramos, Hugo de Carvalho 279
Ratzel, F. 292
Read, Herbert 21
Redfield, Robert 161-2
Rego, José Lins do 355-6
Rénan 239-40
Retrato do Brasil 345-6, 350
Ribeiro, João 228
Ribot, T. 293, 336
Ricardo, Cassiano 345, 401
Rickman, J. 95, 102
Riesman, David 74, 76-9, 115-6
Riobaldo 428
Rocha Pita, Sebastião 203
Rocha Pombo, José Francisco da 280
Rohéim, G. 91-2, 153
Romanell, Patrick 57-8
Romero, Sílvio 236-8, 240-55, 267, 270, 274, 283, 290, 306
Roosevelt, F. D. 388
Roquette Pinto, E. 290, 416-7
Rosa, João Guimarães 281, 428
Rosenfeld, Anatol 40

S

Salgado, Plínio 186-7, 190
Sampaio, Teodoro 295
Sansom, George 97
Sanches, E. 228
Saudades 223
Schaffner, B. 87-90, 122

Scherer, E. 239-40
Schiller, F. 40
Schlesinger, R. 169
Sears, R. R. 141
Seltiz, C. 188
Sergi, G. 293
Sertões, Os 269, 276-7, 358, 375
Sheatsley, P. B. 27
Schultz, Herald 135-7, 161
Sighele, S. 293
Silva Alvarenga, Manuel da 209
Silveira, Valdomiro 266, 278, 281
Simões de Paula, Eurípedes 15
Singer, Milton 111
Singer, Paul 426
Soares de Souza, Gabriel 197, 199, 200, 204, 210
Sodré, Nelson Werneck 291-2, 329
Sombart, W. 183
Souza, Inglês de 268
Spencer, H. 187, 241, 285, 301
Spengler, O. 41, 45, 322
Stalin, Josef 388
Stoetzel, J. 122-4
Stouffer, S. A. 79
Stonequist, E. V. 53
Strauss, A. L. 92
Sullivan, H. S. 92
Summer, W. G. 24-8

T

Tácito 259
Tagiuri, R. 135
Taine, Hyppolyte 48-50, 155, 239-40, 259
Taques, Pedro 300
Tarde, G. 190, 293
Taunay, A. d'E. 267, 295

Távora, Franklin 266-7
Tax, S. 140
Teixeira, Bento 205
Thompson, C. 92
Torres, Alberto 336-40
Tourville, H. 293
Tyler, L. E. 54

U

Uraguai 212

V

Vacherot, 239
Vallois, H. V. 52
Varela, Fagundes 225, 266
Vargas, Getúlio 309, 380
Veríssimo, José 286
Viana, Ataliba 416
Vicente do Salvador, Frei 202
Vidal de la Blache 301
Vieira da Cunha, Mário Wagner 16
Vogt, K. 241

W

Wagley, Charles 140, 420, 422-3
Wayne, J. 108-9
Weber, M. 21, 25, 29, 72, 94, 117, 183, 190, 374, 397
Withers, Carl v. James West 69, 140
Wolfenstein, M. 110
Woltmann, L. 38

Z

Zborowski, Mark 105
Zea, Leopoldo 434
Zola, Emile 47, 254

Bibliografia

ABREU, C. *Obras de Casimiro de Abreu*. Ed. de Souza da Silveira. São Paulo: Ed. Nacional, 1940.
ADORNO, T. et al. *The authoritarian personality*. New York: Harper, 1950.
ALCÂNTARA MACHADO, A. *Cavaquinho e saxofone*. Rio de Janeiro: J. Olympio, 1940.
_____. *Vida e morte do bandeirante*. 2.ed. São Paulo: Martins, 1943. (1.ed. 1920)
ALENCAR, J. *Obra completa*. Rio de Janeiro: Aguilar, 1958. 4v.
ALLPORT, G. F. *Pattern and growth in personality*. New York: Holt, 1961.
ALMEIDA, M. *Brasil errado*. 2.ed. Rio de Janeiro: Simões, 1953. (1.ed. 1933)
AMARAL, A. *O Brasil na crise atual*. São Paulo: Ed. Nacional, 1934.
AMOROSO LIMA, A. "Afonso Arinos". In:_____. *Estudos literários*. Rio de Janeiro: Aguilar, 1966.
ANASTASI, A. *Testes psicológicos*: teoria e aplicação. Trad. Dante Moreira Leite. São Paulo: Herder, USP, 1965.
ANASTASI, A., FOLEY JUNIOR, J. P. *Differential psychology*: individual and group differences in behavior. Ed. rev. New York: Macmillan, 1949.
ANDRADE, C. D. de. *Poesias*. Rio de Janeiro: J. Olympio, 1942.

ANDRADE, M. de. *Aspectos da literatura brasileira*. São Paulo: Martins, s. d.

_____. *Poesias*. São Paulo: Martins, 1941.

ANTONIL, A. J. *Cultura e opulência do Brasil*. São Paulo: Ed. Nacional, 1967. (Texto da edição de 1711)

ARIÈS, P. *Centuries of childhood*: a social history of family life. Trad. do francês por Robert Baldick. New York: Vintage Books, 1965.

ASCH, S. E. *Social Psychology*. Englewood Cliffs: Prentice Hall, 1952. cap8.

_____. *Psicologia social*. Trad. Dante Moreira Leite e Miriam Moreira Leite. 2.ed. São Paulo: Ed. Nacional, 1966.

AZEVEDO, F. de. *A cultura brasileira*. 2.ed. São Paulo: Ed. Nacional, 1944.

AZEVEDO, T. *Les élites de couleur dans une ville brésilienne*. Paris: Unesco, 1953.

BACCARAT, S. *Capacetes de aço*. São Paulo: 1932.

BALDUS, H. Psicologia étnica. In: KLINEBERG, O. et al. *Psicologia moderna*. São Paulo: Agir, 1953.

_____. O xamanismo na aculturação de uma tribo tupi do Brasil Central. *Revista do Museu Paulista*, n.15, p.319-27, 1964. (Nova Série).

BARNETT, A. *The human species*: a biology of man. London: Macgiblon Kee, 1950.

BARROSO, G. *História secreta do Brasil*. Primeira parte: do descobrimento à abdicação de D. Pedro I. São Paulo: Ed. Nacional, 1934.

_____. *História secreta do Brasil*. Segunda parte: da abdicação de D. Pedro I à maioridade de D. Pedro II. Rio de Janeiro: Civilização Brasileira, 1937. [Registre-se a existência de um terceiro volume: *Da maioridade de D. Pedro II à República*. Rio de Janeiro: Civilização Brasileira, 1939. (N. do O.)].

BASTIDE, R. La psychologie ethnique en Amérique du Sud. *Revue de Psychologie des Peuples*, v.3, n.1, p.27-39, jan. 1948.

BASTIDE, R., FERNANDES, F. *Negros e brancos em São Paulo*. São Paulo: Ed. Nacional, 1959.

BENDIX, R. *Max Weber*: an intelectual portrait. New York: Doubleday & Company, 1962.

BENEDICT, R. *Patterns of culture*. New York: Penguin Books, 1934.

_____. *The chrysanthemum and the sword*: patterns of Japanese culture. Boston: Houghton Mifflin, 1946.

BETTELHEIM, B., JANOWITZ, M. *Dynamics of prejudice*: psychological and sociological study of veterans. New York: Harper, 1950.

BILAC, O. *Poesias*. 19.ed. São Paulo: Francisco Alves, 1942.

BIRKET-SMITH, K. *Razas humanas*: la evolución de la humanidad. Trad. Felipe Jimenez de Asúa. Buenos Aires: Editorial Pleamar, 1949.

BOAS, F. The problem of race. In: CALVERTON, V. F. (Org.) *The making of man*: an outline of anthropology. New York: Random House, 1931.

_____. *Race, language and culture*. New York: Macmillan, 1940.

BOMFIM, M. *A América Latina*: males de origem. Rio de Janeiro: Garnier, 1905.

_____. *O Brasil*. São Paulo: Ed. Nacional, 1935. (Com nota explicativa de Carlos Maul)

BOSI, A. *O pré-modernismo*. São Paulo: Cultrix, 1966.

BRANDÃO, A. F. *Diálogos das grandezas do Brasil*. Rio de Janeiro: Dois Mundos, 1943.

BROWN, J. F. *Psychology and the social order*: an introduction to the dynamic study of social fields. New York, London: McGraw-Hill, 1936.

BRUNER, J. S., TAGIURI, R. The perception of people. In: LINDZEY, G. (Org.) *Handbook of social psychology*. Cambridge Mass.: Addison-Wesley, 1954.

BUCHANAN, W. et al. *How nations see each other*. Urbana: University of Illinois Press, 1953.

CAMPOS, H. de. *Crítica*. 4.ed. Rio de Janeiro: J. Olympio, 1940. (Primeira Série)

CANDIDO, A. *Formação da literatura brasileira*. São Paulo: Martins, 1959.

_____. *O método crítico de Sílvio Romero*. 2.ed. São Paulo: Faculdade de Filosofia, Ciências e Letras (USP), 1963. (Boletim 266, Teoria e Literatura Comparada n.1)

_____. *Os parceiros do Rio Bonito*: estudo sobre o caipira paulista e a transformação dos seus meios de vida. Rio de Janeiro: J. Olympio, 1964.

_____. *Literatura e sociedade*: estudos de teoria e história literária. São Paulo: Ed. Nacional, 1965.

CARDIM, F. *Tratados da terra e gente do Brasil*. São Paulo: Ed. Nacional, 1939.

CARDOSO, F. H. *Capitalismo e escravidão no Brasil meridional*: o negro na sociedade escravocrata do Rio Grande do Sul. São Paulo: Difusão Europeia do Livro, 1962.

CARDOSO, F. H., IANNI, O. *Cor e mobilidade social em Florianópolis*. São Paulo: Ed. Nacional, 1960.

CARONE, E. *Revoluções do Brasil contemporâneo (1922-1938)*. São Paulo: Dominus, 1965.

CARPEAUX, O. M. *A literatura alemã*. São Paulo: Cultrix, 1964.
CASSIRER, E. *El mito del estado*. Trad. de Eduardo Nicol. México: Fondo de Cultura Económica, 1947.
_____. *El problema del conocimiento*. Trad. W. Roces. México: Fondo de Cultura Económica, 1948. v.4.
_____. *Las ciencias de la cultura*. México: Fondo de Cultura Económica, 1951.
CASTELLO, J. A. *Gonçalves de Magalhães: trechos escolhidos*. Rio de Janeiro: Agir, 1961.
_____. *A literatura brasileira*: manifestações literárias da era colonial. 2.ed. São Paulo: Cultrix, 1965.
CASTRO ALVES, A. de. *Obra completa*. Rio de Janeiro: Aguilar, 1960.
CAVALCANTI PROENÇA, M. "José de Alencar na literatura". Nota preliminar a *O sertanejo*. In: ALENCAR, J. de. *Obra completa*. Rio de Janeiro: Aguilar, 1958. v.3, p.1013-5.
CELSO, A. *Porque me ufano do meu país*. 12.ed. Rio de Janeiro: F. Briguiet, 1943. [A primeira edição (Rio de Janeiro: Laemmert & C) é na verdade de 1901. (N. do O.)]
COELHO, R. Os karaíb negros de Honduras. *Revista do Museu Paulista*, v.15, p.7-212, 1964. (Nova Série)
COMMAGER, H. S. *The American mind*: an interpretation of American thought and character since the 1880's. New Haven: Yale University Press, 1950.
CORTESÃO, J. *A carta de Pero Vaz de Caminha*. Rio de Janeiro: Livros de Portugal, 1943.
CHRISTIE, R., JAHODA, M. (Org.) *Studies in the Scope and Method of the Authoritarian Personality*. Glencoe: Free Press, 1954.
CRUZ COSTA, J. *A filosofia no Brasil*: ensaios. Porto Alegre: Globo, 1945.
_____. *O desenvolvimento da filosofia no Brasil* no século XIX *e a evolução nacional*. São Paulo: s. n., 1950.
CUNHA, E. da. *Contrastes e confrontos*. 8.ed. Porto: Lello & Irmãos, 1941.
_____. *Obra completa*. Rio de Janeiro: Aguilar, 1966. 2v.
DINIZ, O. da R. *O Brasil em face dos imperialismos modernos*. São Paulo: Ed. Nacional, 1940.
DUNN, L. C., DOBZHANSKI, T. *Heredity, Race and Society*. New York: Penguin Books, 1946.
ELLIS JÚNIOR, A. *Populações paulistas*. São Paulo: Ed. Nacional, 1934.
ELLIS JÚNIOR, A. *Os primeiros troncos paulistas e o cruzamento euro--americano*. São Paulo: Nacional, 1936.

ERIKSON, E. H. *Childhood and society*. New York: Norton, 1950.
FACÓ, R. *Cangaceiros e fanáticos*: gênese e lutas. Rio de Janeiro: Civilização Brasileira, 1965.
FERNANDES, F. *Ensaios de sociologia geral e aplicada*. São Paulo: Pioneira, 1960a.
_____. *Mudanças sociais no Brasil*: aspectos do desenvolvimento da sociedade brasileira. São Paulo: Difusão Europeia do Livro, 1960.
_____. *A integração do negro na sociedade de classes*. São Paulo: Dominus, 1965.
FIEDLER, A. L. *Love and Death in the American Novel*. Ed. rev. New York: Delta, 1966.
FIGUEIREDO, F. de. *Últimas aventuras*. Rio de Janeiro: Empresa A Noite, 1941.
FOUILLÉE, A. *Bosquejo psicológico de los pueblos europeos*. Trad. Ricardo Rubio. Madrid: s. n., 1903.
FOULQUIÉ, P. *A psicologia contemporânea*. Trad. Haydée Camargo Campos. 2.ed. São Paulo: Ed. Nacional, 1965.
FREUD, S. *Totem and taboo*. Trad. James Strachey. New York: W. W. Norton, 1950.
_____. "Civilization and its discontents". In: _____. *The major works of Sigmund Freud*. Trad. Jean Rivière. Chicago: Encyclopaedia Britannica, 1952. p.788-9.
FREYRE, G. *Nordeste*: aspectos da influência da cana sobre a vida e a paisagem do Nordeste do Brasil. Rio de Janeiro: J. Olympio, 1937.
_____. *Região e tradição*. Rio de Janeiro: J. Olympio, 1941.
_____. *Sociologia*. Rio de Janeiro: J. Olympio, 1945. 2v.
_____. *Casa grande & senzala*. 5.ed. Rio de Janeiro: J. Olympio, 1946. 2v.
_____. *Interpretação do Brasil*. Trad. Olívio Montenegro. Rio de Janeiro: J. Olympio, 1947.
_____. *Sobrados e mucambos*. 2.ed. Rio de Janeiro: J. Olympio, 1951. 3v.
_____. *Ordem e progresso*. Rio de Janeiro: J. Olympio, 1959. 2t.
_____. *Casa grande & senzala*. 12.ed. Brasília: Editora da UnB, 1963.
FRIEIRO, E. *O brasileiro não é triste*. Rio de Janeiro: Instituto Nacional do Livro, 1957. (1.ed. 1931)
FROMM, E. *Escape from Freedom*. New York: Rinehart, 1941.
_____. *Man for himself*. New York: Rineholt, 1947.
FROMM, E. *The Sane Society*. New York: Rinehart, 1955.
_____. *Marx's Concept of Man*. New York: Frederik Ungar Publishing, 1961a.

FROMM, E. *The Forgotten Language*. New York: Rinehart, 1951.

_____. *Beyond the Chains of Illusion*: My Encounter with Marx and Freud. New York: Simon and Schuster, 1962.

FURTADO, C. *Operação Nordeste*. Rio de Janeiro: ISEB, 1959.

_____. *Formação econômica do Brasil*. Brasília: Editora da UnB, 1963.

FYFE, H. *The Illusion of National Character*. London: Watts & Co., 1946.

GALLAHER JUNIOR, A. *Plainville Fifteen Years Later*. New York: Columbia University Press, 1961.

GÂNDAVO, P. de M. *Tratado da província do Brasil*. Rio de Janeiro: Instituto Nacional do Livro, 1965.

GENTIL, A. *As ideias de Alberto Torres*. São Paulo: Ed. Nacional, 1932. (Síntese com um índice remissivo)

GOBINEAU, A. [1854] *Essai sur l'inégalité des races humaines*. 5.ed. Paris: Librairie de Paris: s. d.

GOLDMAN, L. *Ciências humanas e filosofia*. Trad. Lupe Cotrim Garaude e J. Arthur Gianotti. São Paulo: Difusão Europeia do livro, 1967.

GONÇALVES DIAS, A. *Poesia completa e prosa escolhida*. Rio de Janeiro: Aguilar, 1959.

GORER, G. *The Americans*. London: The Cresset Press, 1948a.

_____. Themes in Japanese character. In: HARING, D. G. (Org.) *Personal Character and Cultural Milieu*. Syracuse: Syracuse University Press, 1948b. p.273-90.

_____. *Exploring English Character*. London: The Cresset Press, 1955.

GORER, G., RICKMAN, J. *The People of Great Russia*: A Psychological Study. New York: Chanticler Press, 1950.

HARTMANN, H. KRIS, E., LOEWENSTEIN, R. M. Some Psychoanalytic Comments on "Culture and Personality". In: WILBUR, G. B., MUENSTERBERGER, W. (Org.) *Psychoanalysis and Culture*. New York: International University Press, 1951.

HEIDER, F. *The Psychology of Interpersonal Relations*. New York: John Wiley & Sons, 1958.

HEREFORD, C. F., NATALÍCIO, L. (Org.) *Proceedings of Xth Interamerican Congress of Psychology*. México: Trillas, 1967.

HERTZ, F. *Nationality in History and Politics*. London: Kegan Paul, 1950.

HOLANDA, S. B. de. *Raízes do Brasil*. 2.ed. Rio de Janeiro: J. Olympio, 1948.

HOLANDA, S. B. de. *Antologia dos poetas brasileiros da fase colonial*. Revisão crítica de Aurélio Buarque de Holanda Ferreira. Rio de Janeiro: Instituto Nacional do Livro, 1953. 2v.

HOLANDA, S. B. de. *Raízes do Brasil*. 4.ed. rev. pelo autor. Brasília: Editora da UnB, 1963. (1.ed. 1936)

HOMANS, G. C. *The Human Group*. New York: Harcourt, 1950.

HUTCHINSON, B. et al. (Org.) *Mobilidade e trabalho:* um estudo na cidade de São Paulo. Rio de Janeiro: INEP, 1960.

HYMAN, H. H., SHEATSLEY, P. B. The Authoritarian Personality: A Methodological Critique. In: CHRISTIE, R., JAHODA, M. (Org.) *Studies in th Scope and Method of the Authoritarian Personality*. Glencol: Free Press, 1954.

IANNI, O. *As metamorfoses do escravo*: apogeu e crise da escravatura no Brasil meridional. São Paulo: Difusão Europea do Livro, 1962.

IANNI, O. et al. *Políticas e revolução social no Brasil*. Rio de Janeiro: Civilização Brasileira, 1965.

INKELES, A. Industrial man: the relation of status to experience, perception and value. *The American Journal of Sociology*, v.661, p.1-31, Jul. 1960.

_____. *O que é sociologia?* Trad. Dante Moreira Leite. São Paulo: Pioneira, 1967.

INKELES, A., LEVINSON, D. J. National Character: the Study of Modal Personality and Sociocultural Systems. In: LINDZEY, G. (Org.) *Handbook of Social Psychology*. Cambridge: Addison Wesley, 1954. v.2, p.977-1010.

INKELES, A. et al. Modal Personality and Adjustment to the Soviet Sociopolitical System. In: KAPLAN, B. (Org.) *Studying Personality Cross-Culturally*. Evanston: Row, Paterson & Co., 1961. p.201-24.

JACOBI, J. *The Psychology of C. G. Jung*. Trad. Ralph Manheim. New Haven: Yale University Press, 1962.

JAGUARIBE, H. *O nacionalismo na atualidade brasileira*. Rio de Janeiro: ISEB, 1958.

JENNINGS, H. S. et al. *Aspectos científicos del problema racial*. Trad. Felipe Jimenez de Asúa. Buenos Aires: Editorial Losada, 1946.

JONES, E. *The life and work of Sigmund Freud*. New York: Basic Books, 1956.

JUNG, C. G. et al. *Man and his Symbols*. London: Alden Books, 1964.

KARDINER, A. *The Psychological Frontiers of Society*. New York: Columbia University Press, 1945.

KARDINER, A. The Concept of Basic Personality Structure as an Operational Tool in the Social Science. In: HARING, D. G. (Org.) *Personal Character and Cultural Milieu*. Syracuse: Syracuse University Press, 1948.

KLINEBERG, O. Psychologie et Caractère National. *Révue de Psychologie des Peuples*, v.3, n.1, jan. 1948.

_____. As diferenças raciais. Trad. Gioconda Mussolini. São Paulo: Ed. Nacional, 1966.

KOHN, H. *Historia del nacionalismo*. México: Fondo de Cultura Económica, 1949.

_____. Race conflict. *Encyclopaedia of the Social Sciences*. New York, v.13, p.36-41, 1951.

KRACAUER, S. *From Caligari to Hitler*: A Psychological History of the German Film. New York: Princeton University Press, 1947.

LANSON, G. *Histoire de la littérature française*. 12.ed. Paris: Librairie Hachette, 1912.

LERNER, D. An American Researcher in Paris: Interviewing Frenchmen. In: KAPLAN, B. (Org.) *Studying Personality Cross-Culturally*. Evanston: Row, Peterson & Co., 1961.

LÉVI-STRAUSS, C. *Anthropologie structurale*. Paris: Plon, 1958.

LÉVY-BRUHL, L. *La mentalité primitive*. Paris: PUF, 1922.

LETOURNEAU, C. *La psychologie ethnique*: mentalité des races et des peuples. Paris: Librairie Schleicher Frères, s. d.

LEWIN, K. *Resolving Social Conflicts*: Selected Papers on Group Dynamics. New York: Harper, 1948.

_____. *Field Theory in Social Sciences*: Selected Theorectical Papers. London: Tavistok, 1952.

LEWIS, O. *Life in a Mexican Village*: Tepoztlán Restudied. Urbana: University of Illinois Press, 1951.

_____. *The Children of Sánchez*: Autobiography of a Mexican Family. New York: Randon House, 1961.

LINDESMITH, A. R., STRAUSS, A. L. Critique of culture – personality writings. *American Sociological Review*, v.15, p.587-600, 1950.

LINTON, R. *O homem*: uma introdução à antropologia. Trad. Lavínia Vilela. São Paulo: Martins, 1943.

LOBATO, J. B. M. *Urupês*: outros contos e coisas. 2.ed. "Edição ônibus", organizada e prefaciada por Artur Neves. São Paulo: Nacional, 1945.

LÖWENTHAL, L. *Literature, Popular Culture and Society*. Englewood Cliffs: Prentice-Hall, 1961.

LOWIE, R. *Historia de la etnologia*. Versão espanhola de Paul Kirchoff. México: Fondo de Cultura Económica, 1946.

LUKÁCS, G. *La destruction de la raison*. Trad. René Cérard, André Cisselbrecht, Joei Lefebvre, Edouard Pfrinner. Paris: L'Arche, 1959.

MACHADO DE ASSIS, J. M. *A semana*: crônicas. São Paulo: W. M. Jackson, 1937.
McGRANAHAM, D. V., WAYNE, I. A Comparative Study of National Characteristics. In: MILLER, J. G. (Org.) *Experiments in Social Process*. New York: McGraw-Hill, 1950.
MALINOWSKI, B. *Sex and Repression in Savage Society*. 3.ed. London: Routledge & Kegan Paul, 1949.
MANNHEIM, K. *Ideologia e utopia*. Trad. Emílio Willems. Porto Alegre: Globo, s. d.
MARIA DE JESUS, C. *Quarto de despejo*: diário de uma favelada. São Paulo: Francisco Alves, 1960.
MARTINS, W. A literatura e o conhecimento da terra. In: COUTINHO, A. (Org.) *A literatura no Brasil*. Rio de Janeiro: Ed. Sul Americana, 1955.
_____. *A literatura brasileira*: o modernismo (1916-1945). São Paulo: Cultrix, 1965. v.6.
McCLELLAND, D. C. *The Achieving Society*. New York: The Free Press, 1967. (1.ed. 1961)
MEAD, M. *And keep your powder dry*: an anthropologist looks at America. New York: Morrow, 1942.
MEAD, M., MÉTRAUX, R. (Org.) *The Study of Culture at a Distance*. Chicago: Chicago University Press, 1953.
_____. *Soviet Attitudes Toward Authority*: An Interdisciplinary Approach to the Problem of Soviet Character. New York: Morrow, 1955.
MEINECKE, F. *El historicismo y su genesis*. Trad. José Mingarso y San Martín e Tomás Muñoz Molina. México: Fondo de Cultura Económica, 1943.
MELO FRANCO, A. A. de. *Mar de sargaços*. São Paulo: Martins, 1944.
_____. *Portulano*. São Paulo: Martins, [1945].
_____. *Conceito de civilização brasileira*. São Paulo: Ed. Nacional, 1936.
_____. *O índio brasileiro e a Revolução Francesa*. Rio de Janeiro: J. Olympio, 1937.
_____. *Um estadista da República*. Rio de Janeiro: J. Olympio, 1953.
_____. *A alma do tempo*: memórias. Rio de Janeiro: J. Olympio, 1961.
MELLO MENEZES, D. de. *Gilberto Freire*. Notas biográficas com ilustrações, inclusive desenhos e caricaturas. Rio de Janeiro: Casa do Estudante do Brasil, 1944.
MELLO NETO, J. C. de. *Morte e vida severina e outros poemas em voz alta*. 2.ed. Rio de Janeiro: Sabiá, 1967.
MENDONÇA, C. S. de. *Sílvio Romero*: sua formação intelectual (1851-1880). São Paulo: Ed. Nacional, 1938.

MEYER, A. Nota preliminar a *O gaúcho*. In: ALENCAR, J. de. *Obra completa*. Rio de Janeiro: Aguilar, 1958. v.3, p.409-18.

MOOG, C. V. *Uma interpretação da literatura brasileira*. Rio de Janeiro, Casa do Estudante do Brasil, 1943.

_____. *Bandeirantes e pioneiros*; paralelo entre duas culturas. Porto Alegre: Globo, 1954.

MURDOCK, G. P. Ethnocentrism. *Encyclopaedia of the Social Sciences*, (New York), v.5, p.613-4, 1951.

NESTURJ, M. F. *Las razas humanas*. Moscou: Editorial Progresso, s. d.

NINA RODRIGUES, R. *Os africanos no Brasil*. São Paulo: Ed. Nacional, 1932.

_____. *As raças humanas e a responsabilidade penal no Brasil*. 3.ed. São Paulo: Ed. Nacional, 1938.

OLIVEIRA, M. B. de. *Música do Parnaso*. Prefácio e organização de Antenor Nascentes. Rio de Janeiro: Edições de Ouro, 1967. (Original de 1705)

OLIVEIRA, R. C. de. *O índio e o mundo dos brancos*: a situação dos tukuna do Alto Solimões. São Paulo: Difusão Europeia do Livro, 1964.

OLIVEIRA VIANA, F. J. de. *Evolução do povo brasileiro*. 2.ed. São Paulo: Ed. Nacional, 1933. (1.ed. 1923)

_____. *Raça e assimilação*. 2.ed. aum. São Paulo: Ed. Nacional, 1943. (1.ed. 1921)

_____. *Populações meridionais do Brasil*: história, organização, psicologia. Rio de Janeiro: J. Olympio, 1952. 2v.

ORTEGA Y GASSET, J. *España invertebrada*. Madrid: Revista do Ocidente, 1948.

PAIVA, M. de O. *Dona Guidinha do poço*. Rio de Janeiro: Edições de Ouro, 1965.

PEIXOTO, A. A vida e a obra de Nina Rodrigues. In: RODRIGUES, N. *As raças humanas e a responsabilidade penal no Brasil*. 3.ed. São Paulo: Ed. Nacional, 1938.

PEREIRA, B. *Pelo Brasil maior*. São Paulo: Ed. Nacional, 1934.

PIAGET, J. *La psychologie de l'intelligence*. 3.ed. Paris: Colin, 1952.

PIERSON, D. *Cruz das Almas*. Rio de Janeiro: J. Olympio, 1966.

PINTO, A. V. *Ideologia e desenvolvimento nacional*. Rio de Janeiro, ISEB, 1959.

PRADO JÚNIOR, C. *História econômica do Brasil*. São Paulo: Brasiliense, 1945.

PRADO JÚNIOR, C. *Formação do Brasil contemporâneo*: colônia. 3.ed. São Paulo: Brasiliense, 1948. (1.ed. 1942)

_____. *Evolução política do Brasil e outros estudos*. 4.ed. São Paulo: Brasiliense, 1963.

PRADO, P. *Retrato do Brasil*: ensaio sobre a tristeza brasileira. 4.ed. Rio de Janeiro: F. Briguiet, 1931.

QUEIROZ, M. I. P. de. *Messianismo e conflito social*: a guerra sertaneja do Contestado: 1912-1916. Rio de Janeiro: Civilização Brasileira, 1966.

QUENTAL, A. de. *Prosas escolhidas*. Seleção e prefácio de Fidelino de Figueiredo. Rio de Janeiro: Livros de Portugal, 1942.

RAMOS, A. *O folklore negro no Brasil*. Rio de Janeiro: Civilização Brasileira, 1935.

_____. *Introdução à psicologia social*. Rio de Janeiro: J. Olympio, 1936.

_____. *A criança problema*. São Paulo: Ed. Nacional, 1939.

_____. *O negro brasileiro*: etnografia religiosa. 2.ed. aum. São Paulo: Nacional, 1940.

_____. *A aculturação negra no Brasil*. São Paulo: Ed. Nacional, 1942.

_____. *Introdução à antropologia brasileira*. Rio de Janeiro: Casa do Estudante do Brasil, 1943 e 1947.

RAMOS, G. et al. *Introdução aos problemas do Brasil*. Rio de Janeiro: ISEB, 1956.

_____. *Introdução crítica à sociologia brasileira*. Rio de Janeiro: Editorial Andes, 1957.

RAMOS, G. *Memórias do cárcere*. Rio de Janeiro: J. Olympio, 1953.

READ, H. *A Concise History of Modern Paintings*. New York: Frederick A. Praeger, 1959.

REDFIELD, R. *Civilização e cultura de folk*: estudo de variações culturais em Yucatan. Trad. de Asdrúbal Mendes Gonçalves. São Paulo: Martins, 1949.

REGO, J. L. do. Notas sobre Gilberto Freyre. In: FREYRE, G. *Região e tradição*. Rio de Janeiro: J. Olympio, 1941.

RIBEIRO, J. *A língua nacional*: notas aproveitáveis. 2.ed. São Paulo: Ed. Nacional, 1933.

RIESMAN, D., GLAZER, N. *Faces in the Crowd*. New Haven: Yale University Press, 1953.

RIESMAN, D., DENNEY, R., GLAZER, N. *The Lonely Crowd*: A Study of the Changing American Character. New Haven: Yale University Press, 1950.

RÓHEIM, G. *Psychoanalysis and anthropology*. New York: International University Press, 1950.

ROMANELL, P. *La formación de la mentalidad mexicana*: panorama actual de la filosofia en México (1910-1950). México: El Colegio de Mexico, 1954.

ROMERO, S. A literatura brasileira e a crítica moderna. In: MENDONÇA, C. S. de. *Sílvio Romero*: sua formação intelectual (1851-1880). São Paulo: Nacional, 1938. p.86-7.

_____. O caráter nacional e as origens do povo brasileiro (1871). In: MENDONÇA, C. S. de. *Silvio Romero*: sua formação intelectual (1851-1880). São Paulo: Ed. Nacional, 1938a.

_____. Provocações e debates. In: MENDONÇA, C. S. de. *Sílvio Romero*: sua formação intelectual (1851-1880). São Paulo: Ed. Nacional, 1938. p.48-52.

_____. *História da literatura brasileira*. 6.ed. Rio de Janeiro: J. Olympio, 1960. (Original de 1888)

ROQUETE PINTO, E. *Ensaios de antropologia brasileira*. São Paulo: Ed. Nacional, 1933.

ROSA, J. G. *Grande sertão: veredas*. Rio de Janeiro: J. Olympio, 1956.

ROSENFELD, A. (Org.) *Autores pré-românticos alemães*. São Paulo: Herder, 1965.

SALGADO, P. *Despertemos a nação*. Rio de Janeiro: J. Olympio,1935.

SANCHES, E. *Língua brasileira*. São Paulo: Ed. Nacional, 1940.

SALVADOR, Frei Vicente. *História do Brasil* (1550-1627). 5.ed. São Paulo: Melhoramentos, 1965.

SCHAFFNER, B. *Father Land*: A Study of Authoritarianism in the German Family. New York: Columbia University Press, 1948.

SCHLESINGER, R. *Marx: his time and ours*. London: Kegan Paul, 1950.

SCHULTZ, H. Informações etnográficas sobre os Erigpagtsá (canoeiros) do Alto Juruena. *Revista do Museu Paulista*, v.15, p.213-314, 1964. Nova Série.

SEARS, R. R. Experimental studies of projection: I. Attribution of traits. *J. Soc. Psychology*, v.7, p.151-63, 1936.

SELTIZ, C. et al. *Métodos de pesquisa nas relações sociais*. Trad. Dante Moreira Leite. São Paulo: Herder, USP, 1967.

SINGER, M. A Survey of Culture and Personality Theory and Research. In: KAPLAN, B. (Org.) *Studying Personality Cross-Culturally*. Evanston: Row, Peterson & Co., 1961.

SINGER, P. A política das classes dominantes. In: IANNI, O. et al. *Políticas e evolução social no Brasil*. Rio de Janeiro: Civilização Brasileira, 1965.

SODRÉ, N. W. *A ideologia do colonialismo*: seus reflexos no pensamento brasileiro. Rio de Janeiro: Civilização Brasileira, 1961.

_____. *História da literatura brasileira*: seus fundamentos econômicos. 4.ed. Rio de Janeiro: Civilização Brasileira, 1964.

SOUZA, G. S. de. *Notícia do Brasil*. São Paulo: Martins, s. d.

STOETZEL, J. *Jeunesse sans chrysanthème ni sabre*: étude sur les attitudes de la jeunesse japonaise d'après guerre. Paris: Plon, 1954.

STONEQUIST, E.V. *O homem marginal*: estudo de personalidade e conflito cultural. (Trad. Asdrubal Mendes Gonçalves). São Paulo: Martins, 1948.

STOUFFER, S. A. et al. *The American Soldier.* Princeton: Princeton University Press, 1949-50. 4v.

SUMMER, W. G. *Folkways*: a study of the sociological importance of usages, madriness, customs, mores and morals. New York: s. n., 1965. (1.ed.1906)

TAINE, H. *Notes sur l'Angleterre.* 12.ed. Paris: Librairie Hachette, 1903.

TAGIURI, R., PETRULLO, L. (Org.) *Person Perception and Interpersonal Behavior.* Stanford: Stanford University Press, 1958.

TAUNAY, A. d'E.: *São Paulo no século XVI.* Tours: E. Arraul, 1921.

TAX, S. et al. (Org.) *An Appraisal of Anthropology Today.* Chicago: Chicago University Press, 1953.

THOMPSON, C., MULLAHY, P. *La psychanalyse*: ses évolutions, ses developpements. Trad. André Green. Paris: Gallimard, 1956.

TORRES, A. *A orgnização nacional.* Primeira parte: a Constituição. São Paulo: Ed. Nacional, 1933. (1.ed. 1914)

_____. *O problema nacional brasileiro*: introdução a um programa de organização nacional. São Paulo: Nacional, 1933. (1.ed. 1914).

TYLER, L. E. *The Psychology of Human Differences.* New York: Appleton Century Crofts, 1947.

VALLOIS, H. V. Race. In: KROBER, A. L. (Org.) *Anthropology Today*: An Encyclopedic Inventory. Chicago: Chicago University Press, 1953.

VIANA, A. *Gente sem raça.* São Paulo: Ed. Nacional, 1944.

WAGLEY, C. *Races et classes dans le Brésil rural.* Paris: Unesco, s. d.

_____. *Amazon Town*: A Study of Man in the Tropics. New York: Macmillan, 1953.

WEBER, M. *Economía y sociedad*: esbozo de sociologia compreensiva. 2.ed. Trad. J. M. Echavarria, J. R. Parella, Eduardo Garefa Maynes, Eugenio Imaz e José Ferrater Mora. México: Fondo de Cultura Económica, 1964. 2t. (O original é de 1922)

WOLFENSTEIN, M., LEITES, N. *Movies:* A Psychological Study. Glencoe: The Free Press, 1950.
ZÉA, L. *La filosofía como compromiso y otros ensayos*. México: Tezontle, 1952.
ZBOROWSKI, M., HERZOG, E. *Life is with People*: The Jewish Little Town in Eastern Europe. New York: International University Press, 1952.

SOBRE O LIVRO

Formato: 14 x 21 cm
Mancha: 23 x 39 paicas
Tipologia: Iowan Old Style 10/14
Papel: Offset 75 g/m² (miolo)
Cartão Supremo 250 g/m² (capa)
7ª edição Editora Unesp: 2007
8ª edição Editora Unesp: 2017

Rua Xavier Curado, 388 • Ipiranga - SP • 04210 100
Tel.: (11) 2063 7000 • Fax: (11) 2061 8709
rettec@rettec.com.br • www.rettec.com.br